Hartmut Wasser (Hrsg.)

Thomas Jefferson. Historische Bedeutung und politische Aktualität

D1725881

Thomas Jefferson

Historische Bedeutung und politische Aktualität

Zum 250. Geburtstag des „Weisen von Monticello"

Hrsg. v. Hartmut Wasser

unter Mitwirkung von
Kurt Jochen Ohlhoff
Übersetzer: Rüdiger Hipp

Ferdinand Schöningh

Paderborn · München · Wien · Zürich

Bildquellen:

C. Harrison Conroy Co., Charlotte, N. C. (S. 27); Instructional Resources Corp./ The American History Slide Collection (S. 15, 49, 50, 67, 99, Titelbild); National Gallery of Art, Washington, D. C. (S. 83, 130)

Die Deutsche Bibliothek – CIP Einheitsaufnahme

Thomas Jefferson: historische Bedeutung und politische Aktualität; zum 250. Geburtstag des „Weisen von Monticello"/hrsg. v. Hartmut Wasser unter Mitw. von Kurt Jochen Ohlhoff. Übers.: Rüdiger Hipp. – Paderborn; München; Wien; Zürich: Schöningh, 1995

ISBN 3-506-79633-X

NE: Wasser, Hartmut [Hrsg.]

Gedruckt auf chlorfrei gebleichtem Papier

© 1995 Ferdinand Schöningh, Paderborn
Verlag Ferdinand Schöningh GmbH, Jühenplatz 1, D-33098 Paderborn

Printed in Germany. Herstellung: Buchdruckwerkstätten Hannover GmbH

ISBN 3-506-79633-X

Inhaltsverzeichnis

Vorwort

Während die Vereinigten Staaten von Amerika 1993 den 250. Geburtstag Thomas Jeffersons zum Anlaß genommen haben, sich des großen Virginiers und seiner fortdauernden „legacies" in durchaus kritischer Perspektive zu erinnern, hat man in Deutschland die Kontinuität der Nichtbeachtung des „gewaltigsten Apostels der Demokratie" (Alexis de Tocqueville) und großen Liberalen von Monticello gepflegt, wie stets in den vergangenen hundert Jahren. Keine Biographie, keine wissenschaftliche Analyse wesentlicher Bereiche des Jeffersonschen Lebens, Denkens oder Handelns, kein Roman über den „Weisen von Monticello", kaum ein Beitrag in historischen Periodika; die Deutschen haben sich mit ein paar (zumeist ganz und gar marginalen) Gedenkartikelchen in wenigen Tages- und Wochenzeitungen begnügt und sich an das Diktum eines jungen Journalisten (der für eben ein renommiertes Wochenblatt die Feder spitzt) gehalten, der 250. Geburtstag eines (wohl nicht unbedeutenden!) amerikanischen Gründervaters habe vor den aktuellen Tagesangelegenheiten zurückzustehen.

Gewiß verwundert solches Banausentum in unserem Lande ebenso wenig, wie der Umstand prima facie Erstaunen auslöst, daß die USA ihren großen Toten durch eine Fülle hervorragender Publikationen, durch aufregende, die Aktualität der Geschichte begreifbar machende Symposien und Historie verlebendigende Ausstellungen zelebriert haben. Denn zum einen ist, ganz abgesehen von mangelndem Sinn für (fortwirkende) historische Traditionen in der Gegenwart (gewiß nicht nur beim Journalistenstand), Thomas Jefferson von der deutschen Wissenschaft immer negiert worden: Seit Otto Vosslers vergleichender Studie amerikanischer und europäischer Revolutionsideale von 1929, die wesentlich um den Virginier kreiste, ist weiter nichts mehr zu vermelden gewesen, sieht man von einigen Dissertationen ab; selbst neuere deutsche Staatslexika, biographische Nachschlagewerke oder politikwissenschaftliche Handbücher erwähnen Jefferson allenfalls in ihren Registern.

Ohne an dieser Stelle Ursachenforschung betreiben zu wollen, sei doch ein Grund für das große Schweigen in Sachen Jefferson vermerkt. Anglo-amerikanische Demokratietheorie mit ihrer nüchternen Anthropologie, ihrem pragmatisch-pluralistischen Gesellschaftsmodell und ihrer herrschaftsskeptischen Institutionenlehre hat in der politischen Kultur Deutschlands bestenfalls nach dem Zweiten Weltkrieg Wurzeln schlagen können; deutsches Politikverständnis erwärmte sich lieber an utopischen Demokratie-Entwürfen rousseauistisch-marxistischer Provenienz oder autoritären sozio-politischen Ordnungsmodellen. Bedürfte es eines Beweises für diese These, er ließe sich auf dem Markt der Publikationen finden: Die liberal-demokratischen „Klassiker" aus anglo-amerikanischer Feder von den (Jeffersonschen) „Notes on the State of Virginia" bis zu den „Federalist Papers", von den „Reflections on the French Revolution" Edmund Burkes bis zu John Stuart Mills Schriften „On Liberty" oder zum „Representative Government", sogar die französische Variante in Gestalt der Werke Alexis de Tocquevilles, sind (fast immer) Mangelware, brauchbare Studienausgaben für die politische Bildungsarbeit nicht verfügbar gewesen.

Zum zweiten aber will es doch als ganz natürlich erscheinen, daß der „Herr von Monticello" im amerikanischen Gedächtnis eine viel lebendigere Präsenz einnimmt als hierzulande, hat er doch seit seinem Tode als Schöpfer und Verkörperung des „Amerikanismus" gegolten, gewiß nie unbestritten oder kritischer Reflexion entzogen, aber doch von einer identitätsstiftenden Leuchtkraft für die transatlantische Sozietät, wie sie nur noch dem „Vater der Nation", George Washington, oder dem „Bewahrer der Nation", Abraham Lincoln, eignet.

Wie immer gilt auch im Falle der defizitären Jefferson-Rezeption in Deutschland selbst noch im Jubiläumsjahr, daß keine Regel ohne Ausnahme sei: Die Amerika-Häuser in Hannover und Hamburg haben zusammen mit dem Zentrum für Europa- und Nordamerikastudien der Universität Göttingen und der Deutschen Gesellschaft für Amerikastudien im Verein mit der Universität Hamburg vom 8. - 9. November 1993 in der Universitätsbibliothek Göttingen und vom 13. - 15. Mai 1994 im Haus Rissen/Hamburg zwei Jefferson-Symposien organisiert, umrahmt von je einer Ausstellung in Göttingen zum Thema „Das Werk Thomas Jeffersons in den Beständen der Niedersächsischen Staats- und Universitätsbibliothek" und im Amerika-Haus Hamburg mit Bezug auf „Jeffersonian Legacies". Ausgewiesene Kenner der Biographie, der Philosophie und politischen Leistung des „Herrn von Monticello", an amerikanischen und deutschen Hochschulen lehrend, haben in Vorträgen und Arbeitskreisen die Wirkungsgeschichte und fortdauernde Relevanz des Jeffersonschen „Erbes" vom derzeitigen Forschungsstand her beleuchtet und historischen wie politisch-aktuellen Maßstäben unterworfen. Daß die Tagungsbeiträge publiziert, der politischen Bildungsarbeit verfügbar und einer breiteren Öffentlichkeit zugänglich gemacht werden, rechtfertigt sich primär durch die politisch-philosophische und kulturgeschichtliche Bedeutung des dritten Präsidenten der USA für das Projekt der Moderne. Gerade in Deutschland, die Wiederholung sei gestattet, wo das westlich-anglo-amerikanische Demokratiemodell sich bis zum heutigen Tage ständiger Anfechtung von linken und rechten Flügelpositionen des politischen Spektrums ausgesetzt sieht, und sich die Gesellschaft erst nach 1945 ernsthaft auf das Wagnis liberal-demokratischer Herrschaft eingelassen hat, ist angesichts vielfältiger Anfechtungen und Herausforderungen der neunziger Jahre die Beschäftigung mit der Demokratietheorie, dem Gesellschafts-, Politik- und Staatsverständnis eines Thomas Jefferson dort bedeutungsvoll, wo es um die definitive Konsolidierung der geistigen Grundlagen der zweiten deutschen Demokratie geht.

Wenigstens zwei zusätzliche Begründungen für Sinn und Zweck vorliegender Publikation sollen noch Erwähnung finden. Im Zeichen wachsender Irritationen im transatlantischen Kooperationsgefüge nach dem Ende des Ost-West-Konflikts gewinnt die Beschäftigung mit Jeffersons Vita und Werk eine hochgradig aktuelle, in der früheren Forschung stark vernachlässigte Bedeutungsdimension. Das Bekenntnis des Virginiers zum Atlantizismus, sein Bemühen um zivilisatorische Brückenschläge über den Atlantik hinweg, sein beharrliches Eintreten für die Einheit Amerikas und Europas in aufklärerischer, dem Menschheitsfortschritt verpflichteter Absicht, sein Selbstverständnis als Amerikaner, Europäer und Weltbürger weisen über die bevorstehende Jahrhundert-, nein: Jahrtausendwende hinweg in eine Zukunft, die nur dann sein wird, wenn der Westen sich erneut der Pflege seines gemeinsamen geistesgeschichtlichen Erbes, seiner „Wertegemeinschaft" verschreibt, wenn sich die Nationen und ihre Bürger zumindest partiell zur Weltbürgergesellschaft fortentwickeln. Gerade die Auseinandersetzung mit der Lebensleistung des Virginiers kann jenem engen Nationalismus und Provinzialismus Paroli bieten, der in den neunziger Jahren die „Alte" wie die „Neue" Welt gleichermaßen heimsucht.

Und ebenso mag die Beschäftigung mit der Biographie Thomas Jeffersons deshalb von Nutzen sein, weil sich aus ihr Gegenkräfte zu den Gesetzlichkeiten moderner „Mediakratie", den Gefahren kultureller Nivellierung im Zeichen der Massengesellschaft und den vielfach beklagten Defiziten an „Bürgersinn" gerade auch in der westlichen Staatengemeinschaft ausgangs des zweiten Jahrtausends herleiten lassen. Leben und Werk des Virginiers vermitteln ein Modell bildungsbürgerlicher Individualität, die sich, zumindest partiell, vom Verhaftetsein an den „Zeitgeist" lösen, kritisch Stärken und Schwächen der eigenen „Gegenwart" analysieren und Visionen entwickeln kann, wie „Leben, Freiheit und das Streben nach Glück" unter den Menschen in einer zukunftsverpflichteten Gesellschafts- und Herrschaftsordnung zu befördern sind. Der „Weise von Monticello" verkörpert exemplarisch den „homo politicus", den Verfechter einer „civil society", lebt wie kein anderer Tugenden eines „Republikanertums", das Engagement für das öffentliche Wohl, liberal-demokratische Gesinnung und Weltoffenheit im Denken und Trachten aufs eindringlichste zu verbinden weiß. Daß solche Qualitäten (nicht nur, aber gerade auch) im bundesrepublikanischen Gemeinwesen ungenügend ausgebildet sind, darf als communis opinio gelten; ob sie sich nicht eben auch durch Rückgriff und Verweis auf Exempla der modernen Geschichte wieder erzeugen lassen?

Die Beiträge der vorliegenden Publikation wollen solche (und andere) Probleme aufgreifen, Zusammenhänge zwischen Geschichte und Gegenwart zur Anschauung bringen, die „Modernität" Thomas Jeffersons an ausgewählten Beispielen belegen, aber auch seine „Zeitgebundenheit" nicht verschweigen, wo sie in seinen Aussagen, Haltungen und Handlungsweisen anzutreffen ist. Das „Allgemeine" soll ebenso Erwähnung finden (vgl. die Beiträge von Appleby, Leffler und Wasser I) wie das „Besondere" (siehe die übrigen Beiträge); der „Mensch" Thomas Jefferson soll wenigstens umrißhaft genauso in Erscheinung treten wie der politische Philosoph und Bildungstheoretiker (vgl. die Beiträge von Heun, Nicolaisen, O'Neil, Sheridan I), und schließlich werden auch Aspekte der praktischen Politik des „Staatsmannes" Thomas Jefferson beleuchtet (Sheridan II).

Alle Beiträge sind in deutscher Sprache gehalten, die ursprünglich englisch Abgefaßten ins Deutsche übersetzt, um den Nutzen der Publikation in Deutschland zu mehren. Inhalt und Tenor verdeutlichen Konsens und Dissens aktueller Jefferson-Forschung, die ebenso in „Ambivalenzen" des Virginiers wie in Kontroversen und Widersprüchlichkeiten unserer eigenen Zeit wurzeln. Dabei versteht sich von selbst, daß jeder Autor seinen Zugriff auf das Sujet der Publikation selbst zu verantworten hat. Um politisch Interessierten Chancen kritisch-autonomer Bewertung des Dargestellten zu eröffnen, sind den Beiträgen jeweils einige ausgewählte und relevante Quellen zu den thematisierten Sachverhalten zugeordnet, offizielle Dokumente, öffentliche Papiere oder Briefe, die das Buch vor allem auch für die politische Bildungsarbeit erschließen sollen. Beiden Zwecken dienen auch die Literaturverweise am Ende der Kapitel, die wesentliche (und auch hierzulande halbwegs zugängliche) Titel aus der unermeßlichen Fülle des angelsächsischen Jefferson-Schrifttums vorstellen und kommentieren; in diesem Kontext ist zuguterletzt auch die ausführliche Zeittafel angesiedelt, die das Buch beschließt. Wie unmittelbar das Projekt Lehrende an Schulen und Hochschulen ansprechen will, wie sehr Herausgeber und Autoren hoffen, die Erinnerung an Thomas Jefferson möchte den Geschichts-, Politik- und (anglo-amerikanischen) Landeskundeunterricht befruchten, mag schon der Hinweis signalisieren, daß der Verein für Unterrichtsmaterial zur Amerikakunde mit Sitz in Hamburg ein „Teaching Module", ein didaktisches Beiheft zu vorliegender Publikation für die Hand von Lehrern mit Materialien, Unterrichtsbeispielen und didaktisch-methodischen Erörterungen ankündigt, das im Rahmen eines „Teacher Workshop" in Haus Emsen/Hamburg in Kooperation zwischen Hochschul- und Gymnasiallehrern erarbeitet worden ist. Zum Schluß darf das Danksagen nicht vergessen werden. Es richtet sich an Konsul Paul Denig und Manfred Strack vom Amerika-Haus Hamburg, die das Zustandekommen beider Symposien ermöglicht haben; es wendet sich an Kurt Jochen Ohlhoff vom Amerika-Haus Hannover, der die endgültige Druckvorlage erstellt und vielfältige technische Unterstützung bei der Herstellung des Buches geleistet hat. Die Amerika-Häuser Hamburg und Hannover haben das finanzielle Fundament gelegt, auf dem die Drucklegung des Bandes erst möglich wurde, der Ferdinand Schöningh-Verlag und sein Lektor Michael Werner das Projekt verständnisvoll begleitet. Daß aus heterogenen Manuskripten überhaupt ein erster Gesamtentwurf des Buches erarbeitet werden konnte, ist das Verdienst meiner Mitarbeiterin an der Pädagogischen Hochschule Weingarten, Vera Fuchs, und meiner studentischen Hilfskraft Jutta Schmelzer. Ihnen beiden gilt mein besonderer Dank.

Hartmut Wasser

Hartmut Wasser

Thomas Jefferson:
Philosoph, Staatsmann, Gelehrter und Literat[*]

Im Dezember 1962, es sind erst 30 Jahre her, lud der damalige amerikanische Präsident John F. Kennedy eine Gruppe von Nobelpreisträgern zum Dinner in seinen Amtssitz nach Washington und pries, so die Überlieferung, die Erschienenen in der Tischrede „als die außergewöhnlichste Ballung von Talent..., die sich jemals im Weißen Haus zusammengefunden hat - mit einer Ausnahme freilich, mit Ausnahme Thomas Jeffersons, wenn er hier alleine speiste."

Thomas Jefferson (1743-1826), an dessen 250. Geburtstag wir uns heute erinnern, Thomas Jefferson, Verfasser der Unabhängigkeitserklärung und dritter Präsident der USA, ein uomo universale, ein Mensch nach dem Idealbild der Renaissance, mehr noch: vielleicht einer der allerletzten Kompetenzgeneralisten in der sich ankündigenden Moderne, der den Wissensstand und die Wissensmöglichkeiten seiner Zeit in sich vereinigte und schöpferisch zu nutzen wußte? Ganz gewiß, und solche Erwähnung tut not hierzulande, wo man wenig hat wissen wollen über den „Weisen von Monticello", der nach fast vierzigjähriger Tätigkeit im öffentlichen Dienst seines Landes seit 1810 endlich auf dem verträumten Hügel bei Charlottesville in Virginia seinen wissenschaftlichen Neigungen und praktischen Tätigkeiten als Gutsbesitzer hat leben können, freilich nicht ungestört, was der anhaltende Strom mehr oder minder berühmter Zeitgenossen aus der Alten und Neuen Welt den „kleinen Berg" hinauf bekundete; ganz gewiß, ich wiederhole es, ist dieser Thomas Jefferson ein uomo universale gewesen, auch wenn die Amerikaner selbst, sieht man von der historischen Zunft ab, solches vergessen haben und im Vir-

---

[*] Der hier veröffentlichte Text gibt einen Vortrag wieder, der den allgemeinen Rahmen des vom Amerika-Haus Hannover und vom Zentrum für Europa- und Nordamerikastudien der Universität Göttingen am 8. und 9. November 1993 veranstalteten Jefferson-Symposions abstecken sollte. Der solchermaßen definierte Charakter des Textes hat den Verzicht auf Fußnoten, einen Anmerkungsapparat und bibliographische Verweise nahegelegt. Es soll bloß erwähnt sein, daß die angeführten Jefferson-Zitate, vom Verf. übersetzt, aus folgenden Publikationen entnommen sind: Adrienne Koch and William Peden (Hrsg.), The Life and Selected Writings of Thomas Jefferson, New York 1972; Merrill D. Peterson (Hrsg.), The Portable Thomas Jefferson, New York 1977; Thomas Jefferson, Betrachtungen über den Staat Virginia, hrsg. v. Hartmut Wasser, Zürich 1989. Ebenso muß vermerkt werden, daß der Autor den großen Jefferson-Biographien von Dumas Malone und Merrill D. Peterson vielfältig verpflichtet ist und für Teil VII des Beitrags dem knappen, aber vorzüglichen Essay von Tilo Schabert: Die atlantische Zivilisation. Über die Entstehung der einen Welt des Westens, in: Peter Haungs (Hrsg.), Europäisierung Europas?, Baden-Baden 1989, S. 41ff.

ginier bloß den Verfasser der Unabhängigkeitserklärung verehren oder mehr staunend als wissend Jeffersons architektonischem Meisterstück Monticello - Andrea Palladios Villa Rotonda bei Vicenza nachempfunden - Reverenz erweisen.

Über seine politischen Verdienste wird gleich zu reden sein; aber es gibt gute Gründe, die Jubiläumsreflexionen nicht allein auf den „homo politicus" aus Virginia zu konzentrieren. Einen Augenblick lang soll wenigstens des Universaltalents gedacht werden, des Thomas Jefferson also, der um seiner vielseitigen Lebensgestaltung willen als Exempel gelten darf. Der Virginier ist Natur- und Geisteswissenschaftler in einem, Gartenbauer und Architekt, Biologe und Paläontologe, Geometer, Physiker und Astronom, Zeichner und Musiker, Schriftsteller und Erzieher, Jurist und Religionswissenschaftler, Philologe und Philosoph, vor allem auch: Erfinder, dessen Patente die automatische Türe und den Speiseaufzug, eine Kopiermaschine und die Heftzwecke einschließen. Wer sich heute etwa in die „Notes on the State of Virginia", Jeffersons Buchsolitär, hineinliest, kommt aus dem bewundernden Staunen ob der Kunst des Autors nicht mehr heraus, inzwischen längst voneinander getrennte Wissenschaften, beziehungslos auseinander gedriftete Themen und Gegenstände, zerbrochene Zusammenhänge noch als Einheit zu fassen, das Disparate der Moderne noch unter den Kontext stiftenden Gestaltungswillen eines einzelnen zu zwingen.

Dabei tut die Feststellung der Größe des Mannes keinen Abbruch, er habe auf vielen Feldern der Wissenschaft bloß als Dilettant geackert, es habe - sehen wir von der zeitlebens ungebrochen zweckfreien Leidenschaft für die Paläontologie ab - der Utilitarismus, ein utilitaristischer Pragmatismus wohl mehr, also etwas Urangelsächsisch-Amerikanisches, sein Forschen beflügelt; es habe sein rastloser Geist wenig ganz und gar Originelles hervorgebracht, es seien schließlich manche seiner wissenschaftlichen Thesen und Theorien im Fortgang der Zeit als unzulänglich entlarvt worden; und schließlich, er sei in manchem doch ein Kind seiner Zeit und als solches auch ihren Unzulänglichkeiten verhaftet geblieben.

Nein, der „uomo universale" darf nicht vergessen werden, wo es Thomas Jeffersons zu gedenken gilt, verkörpert er doch wie kein zweiter den „Geist der Zeiten", den Geist der aufklärerischen Jahrzehnte ausgangs des achtzehnten Jahrhunderts; verkörpert ihn in exemplarischer Weise, die Chancen und Risiken der frühen Moderne, Errungenschaften und Widersprüchlichkeiten der Epoche konturiert. Gerade weil die heutige Vielfalt und Zersplitterung des Wissens und der Wissenschaften eine Jeffersonsche Lebensleistung kategorisch ausschließen, rührt die Beschäftigung mit Leben und Werk des Herrn von Monticello uns Nachgeborene auf eigentümliche Weise an: Wie um die Wende vom achtzehnten zum neunzehnten Jahrhundert, wohlgemerkt: in der zivilisatorischen „Neulandsituation" der jungen USA, einem Gemeinwesen ohne entwickelte „Infrastruktur" im Reich der Wissenschaften und Künste, ein Mensch in unermüdlichem Schaffensdrang das Wissen der Zeit nicht bloß in sich aufnimmt, sondern es auch noch vorantreibt, selbst dort, wo er irrt, verleiht dem eingangs erwähnten Lobpreis aus dem Munde John F. Kennedys durchaus Seriosität, ist in der genaueren Beschreibung des hier bloß Angedeuteten für sich genommen schon ein abendfüllendes Thema.

Aber da sind ja noch andere, eminent wichtige Gründe, die auch im Heute noch zur Beschäftigung mit dem Virginier drängen. Da ist der politische Philosoph Thomas Jefferson, der zwar nie systematisch, aber stets gründlich und zukunftsweisend - nur wenige Amerikaner, Verfassungsväter allesamt, und wenige Europäer tun es ihm darin gleich - über die Befindlichkeit des Menschen als eines animal sociale, über das Wesen der Gesellschaft und die „gute" politische Ordnung nachdenkt, die Macht ermöglicht, ohne Freiheit zu verderben; da ist, zum andern, der politische Praktiker Thomas Jefferson, der weniger als Gouverneur von Virginia, aber doch als Präsident der USA die Exekutive, die ihm als Theoretiker suspekt erscheint, mit instinktivem Wissen um die Gesetzlichkeiten politischer Macht höchst effektiv handhabt - ohne eklatante Widersprüche, wir werden öfter darüber zu reden haben, geht es in seinem Leben nun einmal nicht ab. Die Welt kann auch ausgangs des zweiten Jahrtausends noch viel von ihm lernen, wenn sie nur will: die Deutschen zuerst, denen nach der überraschend geschenkten Wiedervereinigung die Gestaltung der „guten" Ordnung im Bereich von Gesellschaft und Politik erneut aufgetragen ist; die Europäer insgesamt, die nach dem Zerfall der Sowjetmacht und dem Zusammenbruch der sozialistischen Systeme einmal mehr über das Wesen der Demokratie nachzudenken haben, vor allem darüber, wie man sie dauerhaft installiert; die Amerikaner nicht zu vergessen, die sich seit einer Reihe von Jahren so schwertun mit dem Funktionieren ihrer Regierung und denen über der Schulterung der Weltmachtbürde das Wissen um die Notwendigkeit von Bildung und Erziehung, um die Grundlagen gesellschaftlichen Wohlbefindens im eigenen Haus, abhanden gekommen ist.

Und schließlich wäre da noch ein letzter, wenn ich es richtig sehe, besonders wichtiger Grund, sich des Lebens und der Leistung Thomas Jeffersons zu vergewissern. In einem weltgeschichtlichen Augenblick, wo nach Beendigung des Kalten Krieges Europa und die USA auseinander driften, obwohl doch die Gefahren der Zukunft nur im Verbund zu bewältigen sind, kann das Bekenntnis des Virginiers zur gemeinsamen, zur atlantischen Zivilisation als Exempel wirken, verdient sein Versuch des kulturellen Brückenschlags über den Atlantik hinweg neue Aufmerksamkeit, weist seine geistige Identität als Amerikaner, Europäer und Weltbürger in die Zukunft, die nur dann sein wird, wenn sich im Laufe der Zeit die Nationen und ihre Bürger in essentiellen Politikbereichen zur Weltbürgergesellschaft fortentwickeln.

I

Thomas Jefferson, der politische Denker, Theoretiker, Philosoph, jawohl, auch: Philosoph, wenn wir nur von dem hierzulande erhobenen Anspruch abgehen, es müsse ein solcher seine Gedanken in kontinuierlich-konsistenter Weise entfalten und schließlich zum rundum proportionierten System zusammenfügen - kann in knapp bemessener Zeit und auf begrenztem Raum bloß ganz holzschnittartig konturiert werden. Dabei gilt festzuhalten, daß der „Weise von Monticello" ein unruhiger Geist, ein unbeharrlicher Denker ist, daß er gerne abschweift, von einem Thema zum zweiten und dritten springt und manche seiner Auffassungen und Wertungen im Laufe seines Lebens modifiziert. Was Wunder, daß ihm solche (vermeintliche und wirkliche) „Sprunghaftigkeit" des Denkens bei seinen Gegnern den Vorwurf des Opportunismus, des „den Leuten nach dem Mund Reden", der „Ambivalenz", ja sogar, nachzulesen in den Tagebucheintragungen des sechsten Präsidenten der USA, John Quincy Adams aus den 1830er Jahren, die Anschuldigung der „Duplizität", mehr noch: der Unaufrichtigkeit eingetragen hat („der er wohl selbst nicht ganz gewahr gewesen sei, weil er sich und anderen stets etwas vorgemacht habe"). Bis in welche sumpfigen Untiefen hinein sich letztlich politisch motivierte Gegnerschaft allerorten verirren kann, mag der Satz eines zu seiner Zeit viel gelesenen Autors, T.B. Hamilton, in seinem Buch „Man and Manners in America" (1833) belegen: „Der moralische Charakter Jeffersons war abstoßend. Dauernd quengelte er über Freiheit, Gleichheit und den degradierenden Fluch der Sklaverei, ließ jedoch seine eigenen Kinder versteigern und machte auf diese Weise seine Ausschweifungen noch zu Geld". Sprunghaftigkeit, zuweilen gar Inkonsequenz, ich wiederhole es, gehören ins Bild des Denkens, auch des politischen, bei Jefferson; bei seinen Bewunderern haben ihm Gedankensprünge und die Gabe assoziativen Raisonierens freilich das Lob der Offenheit, der Flexibilität und Vielseitigkeit eingetragen, das Etikett des „großen Liberalen" zuguterletzt, vielleicht des größten der modernen Ära überhaupt.

II

Wir müssen einen Augenblick bei der Person des Virginiers verweilen, ehe wir uns dann endgültig seinen programmatischen Positionen zuwenden, weil im Charakter, im Wesen Jeffersons gewiß ein Schlüssel zum Verständnis der offenkundig polarisierenden Wirkung seiner Existenz, seiner politischen Aktivitäten, vor allem: seines politisch-philosophischen Bemühens und seines literarischen Werkes insgesamt zu finden ist. Wenn bis zum heutigen Tage die große, alles oder nahezu alles erklärende Biographie Thomas Jeffersons aussteht - trotz beeindruckender Annäherungen amerikanischer Historiker, vor allem der sechsbändigen, zwischen 1943 und 1977 erschienenen Biographie Dumas Malones oder den tiefgründigen Bemühungen Merrill D. Petersons -, wenn sich neben Jefferson in der Ahnengalerie amerikanischer Präsidenten höchstens noch Abraham Lincoln (und mit Abstrichen Franklin Delano Roosevelt) dem fixierenden Zugriff der Zeitgenossen und der Nachwelt zu entziehen wissen, so hat dies mit der irisierenden Wesensvielfalt dieser Charaktere, aber auch mit dem gelungenen Versuch der Genannten zu tun, ihre Innenwelt, ihre Intimsphäre vor öffentlicher Durchleuchtung zu schützen.

Thomas Jefferson (1743 - 1826)
Verfasser der Unabhängigkeitserklärung und dritter Präsident
der Vereinigten Staaten von Amerika

Ein paar Zitate aus den Werken großer Jefferson-Biographen mögen als Beleg für das Gesagte dienen. Henry Adams, Aristokrat, großer Historiker und Geschichtsphilosoph, hat um die Jahrhundertwende in seiner umfangreichen Analyse der Präsidentschaften Jeffersons und Madisons vom ersteren gesagt, er lasse sich nur „Strich für Strich mit einem feinen Bleistift" skizzieren, und die vollendete Darstellung seines Bildes habe zur Voraussetzung, daß in ihm die ständige „Veränderung und das unbestimmte Flackern seiner halb-transparenten Schatten" lebe und zum Ausdruck gebracht werden könne. Merrill Peterson läßt seiner Frustration nach Jahrzehnten eindringlichen Jefferson-Studiums mit den Worten freien Lauf: „Es ist ein niederschmetterndes Bekenntnis: Jefferson bleibt für mich zuguterletzt ein nicht zu durchdringender Mensch"; und der ebenfalls schon erwähnte Dumas Malone schließlich beklagt „die Anmaßung", die ihm eingeredet habe, „er werde Jefferson völlig begreifen und umfassen". Nach langjähriger Kärrnerarbeit an der Biographie des Virginiers glaube er aber nicht mehr, daß er selbst oder irgend eine andere Einzelperson eben dies zu leisten vermöchte.

Jefferson ist ein Mensch in all seiner Widersprüchlichkeit: Kind seiner Zeit und doch in seinem Denken und Trachten schon in der Zukunft siedelnd: „Ich liebe Träume der Zukunft mehr als Gedanken an Vergangenes", schreibt der Virginier seinem Freund John Adams 1816 in einem Brief von Monticello, gewiß ein ungewöhnliches Bekenntnis für einen Dreiundsiebzigjährigen. Jefferson ist Sklavenhalter und in seinen anthropologischen Annahmen noch dem Zeitgeist verhaftet, wenn er (in den „Notes on the State of Virginia") den „Verdacht" vorträgt, „daß die Schwarzen... gegenüber den Weißen sowohl in körperlicher als auch geistiger Hinsicht minderwertig sind"; doch propagiert er zugleich die Sklavenemanzipation. Der Herr von Monticello ist „Eigner" Dutzender von Schwarzen, die seine Güter bewirtschafteten und ihm (wenigstens zuweilen) schöpferische Muße schufen, dabei aber, wie Zeugnisse belegen, „gnädiger" Herr, der, südstaatlicher Lebensphilosophie seiner Zeit weit voraus, am Faktum der Sklavenhaltergesellschaft gelitten und den moralischen Niedergang des Landes wie das Aufbrechen sozialer Gewaltsamkeit für eine nahe Zukunft prophezeit hat, wenn sie sich der, zugegebenermaßen schwierigen, Aufgabe der Sklavenemanzipation versage. Daß ihn die wiederholt geäußerten Sorgen wirklich umtrieben, daß sie keinesfalls bloße Lippenbekenntnisse eines der Welt gegenüber distanzierten „philosophe" gewesen sind, belegen die scharfen Attacken gegen den Sklavenhandel in seinem Entwurf der Unabhängigkeitserklärung von 1776 (die freilich dem Einspruch vieler Kongreßmitglieder zum Opfer fielen), sein Versuch, die Sklaverei vom gesamten „Nordwestterritorium", also den unerschlossenen Weiten des amerikanischen Westens, fernzuhalten und die einschlägigen Passagen in den „Betrachtungen über den Staat Virginia", die - trotz der erwähnten Zweifel an der Selbstbestimmungsfähigkeit der Schwarzen - das Wagnis der Emanzipation zum frühest möglichen Zeitpunkt fordern.

Thomas Jefferson ist Aristokrat und Demokrat zugleich und in einem: das erstere in seinem Lebenszuschnitt, seinen intellektuellen Vorlieben und kulturellen Neigungen, in einem höheren Sinne gewiß auch in manchen Ecken seines Politikverständnisses, dort etwa, wo er in einem Brief an John Adams die Notwendigkeit regierungsfähiger Eliten für das Gedeihen auch demokratisch verfaßter Gemeinwesen bestätigt - „Ich stimme mit Ihnen überein, daß es eine natürliche Aristokratie unter den Menschen gibt, die ihre Wurzeln in der Tugend und den Talenten gründet. Daneben gibt es auch eine künstliche Aristokratie, die auf Reichtum und Geburt beruht, aber der Tugend und Talente entbehrt; wäre es anders, gehörte sie zur erstgenannten Schicht. Ich betrachte die Existenz der natürlichen Aristokratie als kostbarstes Geschenk der Natur für die Unterrichtung, die Hoffnungen und die Regierung der Gesellschaft" -; Demokrat hingegen in seinem lebenslangen Credo - „Die Schafe sind miteinander glücklicher als unter der Fürsorge der Wölfe" - und im politischen Handeln. Kein Geringerer als Alexis de Tocqueville hat in seinem Amerikabuch Jefferson „als den gewaltigsten Apostel, den die Demokratie je besessen hat", bezeichnet.

Thomas Jefferson, Skeptiker der Macht und wirkungsvoll agierender Politiker - wie lange ließe sich allein bei dieser Gegensätzlichkeit verweilen. „Politische Ämter", so schreibt er in einem Brief an Tench Coxe (1799), „sind immer eine Quelle der Versuchung", und „wann immer einer sein begehrliches Auge auf sie richtet, beginnt sich Korruption in seinem Verhalten anzukündigen." Man müsse der stets drohenden Machtverkrustung und Versteinerung der politischen Herrschaftsverhältnisse - wer Macht besitzt, will sie aus vielerlei Gründen nicht mehr preisgeben - rebellischen Geist entgegensetzen, es sei der Baum der Freiheit dann und wann mit Tyrannenblut zu gießen, Verfassungen sollten von jeder neuen Generation einer Totalrevision unterworfen werden, um auch ihr die Chance politischer Selbstverwirklichung zu gewähren, die Erde gehöre den Lebenden - solches und anderes radikal Dahergeredetes und Dahingeschriebenes trägt ihm bei seinen politischen Gegnern das diffamierende Etikett des „Ideologen" ein, des unpolitischen „Träumers" wohl auch; daß die Regierung gewiß die beste sei, die am wenigsten regiere und in weiser Selbstbeschränkung der zarten Pflanze bürgerlicher Freiheit Entwicklungsmöglichkeiten biete - aus dieser Meinung hat der Virginier zeit seines Lebens nie ein Hehl gemacht. Ergreifend der Brief an den Nachbarn James Monroe vom Mai 1782, in dem Jefferson Rechenschaft ablegt, warum er nach vielen Jahren des öffentlichen Wirkens - als Abgeordneter in Virginia, Mitglied des Kontinentalkongresses, als Gouverneur seines Heimatstaates in schlimmer Kriegszeit - endlich der Politik Valet sagen wolle: gewiß auch wegen der Verleumdungen, die auf seine Amtsführung als Kriegsgouverneur zielten (und die kurz darauf wie ein Kartenhaus in sich zusammenfielen) - „Verleumdungen, die eine Wunde in sein Gemüt" geschlagen hätten, „die nur das alles heilende Grab" schließen könne -; mehr noch, „weil das Verwalten öffentlicher

Ämter und privates Elend untrennbar miteinander verbunden sind" und es jedem Menschen erlaubt sein müsse, wenigstens einen Teil seines Lebens in mentaler Ruhe und glücklicher Kreativität verbringen zu dürfen. Und doch verfügt der gleiche Thomas Jefferson über einen untrüglichen politischen Führerinstinkt, ist ihm der Gestus des Befehlens vertraut, gilt er zu Recht als brillanter Verfasser politischer Schriften, vor allem aber: ist er ein effizienter „Macher" der Politik; wenn es denn sein muß, weiß er, wie eine Partei zu organisieren und für politische Zwecke zu instrumentalisieren ist, regiert er als Präsident im gewaltenteiligen Herrschaftssystem der USA trotz allen verfassungsrechtlichen und verfassungspolitischen Behinderungen mit respektablem Erfolg, hat insgesamt keiner der frühen Präsidenten Amerikas die Regierungsmaschinerie wirkungsvoller betätigt.

Der homo politicus Jefferson ist nicht einfach einzuordnen, ist nicht der Politiker stromlinienförmigen Zuschnitts, an den wir uns heute leider gewöhnt haben; besitzt Kanten und Ecken und tut sich zuweilen schwer damit, theoretische Einsichten und praktisches Handeln in Einklang zu bringen. Wo manches in seiner Demokratietheorie (mindestens in der Rückschau) „ideologisch" (oder sagen wir: vormodern, ganz und gar dem achtzehnten Jahrhundert verhaftet) anmutet - sein Traum von einer agrarisch orientierten Republik der kleinen Leute, seine Philippiken gegen das Städtische, die großen Metropolen, die ihm als Brutstätten der Korruption und Anarchie erscheinen wollen, gegen Industrialisierung, ein zentralisiertes Bankensystem oder staatlichen Wirtschaftsinterventionismus -, hat er als politisch Handelnder stets die „normative Kraft des Faktischen" respektiert, die Bildung breiter Koalitionen angestrebt, die möglichst viele Schichten der Bevölkerung am Geschäft des Regierens beteiligen sollten, hat er während seiner Präsidentschaft Handel und Gewerbe tatkräftig gefördert, sich auch um internationale Vereinbarungen auf diesem Felde gemüht, und dabei alles andere als eine weltfremde Politik betrieben.

III

Dieser Mensch, dieser Charakter Thomas Jefferson in seiner Vielfalt, seiner Ambivalenz, seiner Widersprüchlichkeit: er bietet Angriffsflächen, die seine politischen Gegner erbarmungslos nutzen, als er ihnen, den „Federalists", der Partei seines Intimfeindes Alexander Hamilton und seines einstigen Revolutionsgefährten und, fügen wir gleich hinzu, seines Freundes der späteren Jahre, John Adams, mit seiner Demokratisch-Republikanischen Partei 1796 und dann mit Erfolg im Jahre 1800 die Präsidentschaft streitig macht. Wie sehr der „Ideologe" aus Monticello das Machtestablishment der „Federalists" - die Kreise um Hamilton, Adams, um Washington und andere prominente Gründerväter - ausgangs der neunziger Jahre beunruhigt hat, läßt sich an deren Reaktion ablesen: Mit fragwürdigen Mitteln haben sie die Meinungsfreiheit im Lande unterdrückt und die Jefferson-"Republikaner" nach allen Regeln politischer Kunst malträtiert.

Dabei hat dann niemand besser als der im Jahr 1800 zum dritten Präsidenten der USA gewählte „Oppositionsführer" den Vorwurf des Doktrinarismus widerlegen können. Indem er den Unterlegenen nicht mit gleicher Münze heimzahlte, vielmehr die Wunden des politischen Kampfes durch den in seiner Inaugurationsrede verkündeten Kurs der Versöhnung schließen wollte, setzte er in der jungen Republik demokratische Zeichen, veranschaulichte er jedermann das Lebensgesetz des demokratischen Wettbewerbs, das im friedlichen Machtwechsel und im moderaten Übergang von einer Regierung zur anderen beschlossen liegt. Leicht ist ihm dieser Kurs angesichts der üblen Verleumdungen, die seine Feinde dem Menschen und Politiker Jefferson entgegenschleuderten, gewiß nicht gefallen. Jedes Detail seines Buches etwa haben die „Anti-Jeffersonians" damals hin und her gewendet, um es auf seine Brauchbarkeit im Machtkampf zu überprüfen. Konzise Gedankengänge haben sie verstümmelt und zerfetzt, um die Bruchstücke anschließend zur Waffe demagogischer Agitation zu schmieden. Jeffersons Bekenntnis zur Aufklärung und zum Ethos der Wissenschaft haben ihm den Vorwurf eingetragen, ein „entsetzlicher Atheist" zu sein; seine Überlegungen zur Entstehung der Erde oder zur Abstammung der Indianer galten als perfides Manöver zur Unterminierung der biblischen Autorität; sein Bericht über das Schicksal der von Weißen hingeschlachteten Familie des Mingohäuptlings Logan und die darin aufschimmernde Empörung trugen ihm wütende Angriffe und den Vorwurf der Nestbeschmutzung, der lügnerischen Verzerrung der Fakten und allgemeinen Heuchlertums ein. Und auch sein Privatleben - wen wundert es im puritanisch eingefärbten Amerika - wurde als Kette von Verfehlungen und Skandalen denunziert: der Schmierenjournalist James Thompson Callender hat sich dabei besonders dubiose Meriten erworben und vor- wie nacheheliche „Verfehlungen" des Virginiers in der Öffentlichkeit breit geklatscht, Faktum und Hörensagen in seinen Skandalbrei gerührt, vor allem die (vermeintliche oder wirkliche, genaues wissen wir darüber nicht, weil die Quellen, mindestens die schriftlichen, fehlen) Verbindung des Virginiers mit Sally Hemings, der jungen Mulattensklavin, Halbschwester seiner verstorbenen Frau Martha, „enthüllt".

Wie auch immer, im hitzigen Kampfesklima einer noch nicht gefestigten Demokratie, in einer erst im Entstehen begriffenen liberalen „Streitkultur" wirkt der Virginier polarisierend: „Thomas Jefferson", schreibt in den 1830er Jahren einer der ersten ernst zu nehmenden Biographen des Virginiers, George Tucker, seines Zeichens Professor für Moralphilosophie an der Universität von Virginia, „Thomas Jefferson wurde das Schicksal zuteil, von seinen Freunden am meisten geliebt und vergöttert und von seinen Gegnern unter den Zeitgenossen am meisten gehaßt und geschmäht zu werden".

Und eben dieser Umstand hat neben den individuellen Eigenarten des Herrn von Monticello, über die wir andeutungsweise gesprochen haben, auch das literarische

Werk, das politisch-philosophische Credo Jeffersons in helles Licht und dunklen Schatten getaucht, ihm jedenfalls die Eindeutigkeit der Bewertung versagt.

IV

Dabei besteht kein Zweifel, daß Thomas Jefferson, so wenig „systematisch" er gedacht und geschrieben haben mag, zeit seines Lebens an bestimmten politisch-philosophischen Prinzipien festgehalten hat, auch nicht müde geworden ist, sich zu ihnen zu bekennen und sie nach Kräften zu befördern. Sie finden sich in Schriften und Unternehmungen, die ihrem Erzeuger selbst so bedeutsam erschienen sind, daß er sie später auf seinem Grabstein vermerkt wissen wollte: die Rede ist von der Unabhängigkeitserklärung, vom „Gesetz zur Religionsfreiheit in Virginia" und von der Gründung der „University of Virginia". Nimmt man die 1774 erschienene Schrift „Summary View of the Rights of British America", sein mehrfach erwähntes Buch über den Staat Virginia, eine Reihe von Denkschriften zu öffentlichen Angelegenheiten und einzelne aus der Vielzahl der von ihm geschriebenen Briefe (von 18.000 hat er Kopien aufbewahrt und 25.000, die er erhielt, hat er abgeheftet) zusammen und vergißt auch die beiden Inaugurations-reden von 1801 und 1805 nicht, so breitet sich in der Summe des Genannten das Gebäude seines Denkens vor uns aus, dem einige tragende Pfeiler eingezogen sind.

> „Folgende Wahrheiten erachten wir als selbstverständlich: daß alle Menschen gleich geschaffen sind; daß sie von ihrem Schöpfer mit gewissen unveräußerlichen Rechten ausgestattet sind; daß dazu Leben, Freiheit und das Streben nach Glück gehören; daß zur Sicherung dieser Rechte Regierungen unter den Menschen eingesetzt werden, die ihre rechtmäßige Macht aus der Zustimmung der Regierten herleiten; daß, wann immer irgendeine Regierungsform sich als diesen Zielen abträglich erweist, es Recht des Volkes ist, sie zu ändern oder abzuschaffen und eine neue Regierung einzusetzen und diese auf solchen Grundsätzen aufzubauen und ihre Gewalten in der Form zu organisieren, wie es ihm zur Gewährleistung seiner Sicherheit und seines Glückes geboten zu sein scheint...".

In diesen (und anderen) Sätzen aus der amerikanischen Unabhängigkeitserklärung vom 4. Juli 1776 offenbart sich der politische Philosoph Thomas Jefferson, der die politische Moderne einläutet, den modernen Rechts- und Verfassungsstaat, der auf ganz neuen Legitimitäts- und Autoritätsprinzipien beruht, mit herkömmlichem Staats- und Herrschaftsverständnis bricht. Der Verfasser beansprucht keine „Originalität" für seinen großen Entwurf, weiß, wie tief seine Überzeugungen im Werk eines John Locke, in den Schriften der schottischen Moralphilosophie so und ganz allgemein in den Gedanken der europäischen Aufklärung über die „gute" Ordnung von Politik und Herrschaft wurzeln; zeit seines Lebens verweist er aber doch auch wieder voll Stolz auf das „Neue", das im amerikanischen Gemeinwesen von 1787 aus der Synthese solcher Traditionen mit amerikanischen „Erfindungen" im Bereich der Staatstheorie und politischen Praxis erwächst. Vor allem: Das Überlieferte wie das „Neue" gewinnen durch Jeffersons großen stilistischen Duktus, der geschult ist am Exempel der römischen Historiker und Philosophen, politische Stoßkraft und universalistische Geltung: die Idee staatsbürgerlicher Freiheit und Gleichheit, das Prinzip des auf Volkssouveränität und Gesellschaftsvertrag gegründeten Gemeinwesens, der gewaltenteilig und föderalistisch organisierte Staat, der Glaube an die Macht der Vernunft und an die Chance des Fortschritts auch bei der Gestaltung politischer und sozialer Ordnung.

Daß die Trennung der transatlantischen Kolonien vom Mutterland nicht bloß als erste große Kolonialrevolte der Neuzeit Eingang in die Geschichtsbücher gefunden hat, vielmehr zur ersten demokratischen Revolution der Moderne geriet, daß in den USA nach Ernst Noltes umstrittener Terminologie zwischen 1776 und 1787 der „erste Staat der Linken" Gestalt gewonnen hat, ist ganz wesentlich Thomas Jefferson zuzuschreiben, der wie kein anderer und lebenslang vom Segen einer naturrechtlich verankerten, in freiheitlicher Gesinnung gegründeten, in liberalen Institutionen wirksam werdenden, pluralistisch verfaßten und insgesamt rationalen Ordnungsprinzipien verpflichteten „Herrschaft des Volkes" überzeugt gewesen ist.

In einem Brief an Elbridge Gerry vom 26. Januar 1799 übermittelt Jefferson dem Gouverneur von Massachusetts „sein politisches Glaubensbekenntnis". Die neuen Prinzipien der Politik, Grundrechte, das imperium limitatum, die durch gewaltenteilige und föderale Strukturen gebändigte Herrschaft gehören dazu, die in die amerikanische Verfassung eingegangen sind; eine „rigoros frugale und einfache Regierung", frugal in ihren Machtbefugnissen, einfach und bescheiden in ihrer Selbstdarstellung; „Religionsfreiheit" und Widerstand gegen alle Versuche, die Dominanz einer Konfession über andere zu schaffen; „Pressefreiheit" und Widerstand gegen politische Manipulationen, die das Verfassungsrecht der Bürger beschneiden wollen, „das Verhalten ihrer Agenten" zu kritisieren; „und schließlich bin ich dafür, den Fortschritt der Wissenschaft in allen Bereichen zu ermutigen und kämpfe dagegen an, im menschlichen Geist... das Mißtrauen gegen seine eigenen Visionen zu erzeugen und rückwärts statt vorwärts zu schreiten, wenn man Verbesserungen und Fortschritt anpeilt".

Jefferson läßt sich durchaus beim Wort nehmen, wo die Umsetzung ihm unverzichtbar erscheinender Prinzipien in politische Realität ansteht. Nehmen wir den Grundsatz der Simplizität und Bescheidenheit gouvernementaler Selbstdarstellung als Gewährsexempel. Am Inaugurationstag, dem 4. März 1801, geht der eben nach heftigen Auseinandersetzungen vom Repräsentantenhaus gewählte Präsident zu Fuß (und in Begleitung einiger Freunde) vom Gasthaus, in dem er logiert, zum Kapitol; nach der Zeremonie begibt er sich zu seiner Unterkunft zurück, setzt sich zum Abendessen nieder, und als die anderen Gäste ihn auffordern, als nun amtierender Präsident der USA doch an der Stirnseite der Tafel Platz zu nehmen, antwortet er höflich, aber bestimmt, er wolle seinen gewohnten Sitzplatz beibehalten. Und solches Gesinnungsrepublikanertum wird Jefferson als Herr im Weißen Haus so demonstrativ praktizieren, daß die einfachen Umgangsformen, die ungekünstelte Schlichtheit, die lockere Haltung und stupende Natürlichkeit des Virginiers von manchen europäischen Botschaftern und Diplomaten, zuweilen aber auch von heimischen Widersachern als provinzielle Kleinkariertheit oder taktische Pose abgewertet worden sind. Vor allem der englische Botschafter Merry mit Gemahlin, ohnehin frustriert von der großen Baustelle Washington, hat immer wieder das Unbehagen in Briefen und Gesprächen abgeladen, das ihm Jeffersons formloses Gebaren bereitete; daß ihn der Präsident sogar am Tag der Übergabe seines Beglaubigungsschreibens, würden wir heute sagen, ganz unprätentiös, in Pantoffeln empfing, „Hose, Jacke und Hemd im Zustand äußerster Schlampigkeit", hat Merry als „einstudierte Nachlässigkeit" bezeichnet und als „gewollten Affront gegen die Regierung seiner Majestät" - woran gewiß etwas sein mochte, aber auch wiederum nicht soviel, wie der erboste Engländer vermutete: Jefferson war nämlich auch sonst zumeist „informell" gekleidet, wenn er im Weißen Haus seinen Amtsgeschäften nachging.

Jeffersons unbändiger Freiheitsdrang und sein ungebrochener Glaube an das Volk als Träger politischer Herrschaft - ein aufgeklärtes, ein gebildetes, ein republikanisch gesinntes Volk allerdings - ist niemals ernsthaft angezweifelt worden, was immer auch sonst Widersprüchliches über ihn zu sagen gewesen ist. Abraham Lincoln schrieb 1859 in einem Brief an H.J. Pierce, die Prinzipien Jeffersons verkörperten die Definitionen und Axiome der freien Gesellschaft; und der (verstorbene) Herausgeber der großen, auf mehrere Dutzend Bände konzipierten Gesamtausgabe des Jeffersonschen Schrifttums, Julian P. Boyd, hat 1950 in seiner allgemeinen Einführung zur Edition vermerkt, die publizierten Papiere seien allesamt der Idee der Freiheit und des self-government verpflichtet. Thomas Jefferson gehört in die vorderste Reihe derer, die den Dreiklang der Moderne - politische Demokratie, Marktwirtschaft und Bürgergesellschaft - komponiert haben, von der wir, Mitglieder der „Atlantischen Gemeinschaft", in den letzten Jahrzehnten so vorteilhaft Nutzen gezogen haben. Und dieser Thomas Jefferson will, wenn er dem visionären „empire of liberty" zu politischer Realität verhilft, damit keine Erfindung allein für die USA propagieren, sondern ein zukunftsorientiertes Globalmodell, glaubt, daß die Amerikaner als erstes (nicht: einmaliges!) Volk den allgemeinen Zug der menschlichen Entwicklung zu einer besseren, vernunftgemäßen Ordnung der gesellschaftlichen und politischen Verhältnisse zu verwirklichen suchen, weiß, daß Freiheit erst dann als gesichertes Gut gelten darf, wenn ihr universelle Geltung zukommt. Der aufklärerische Optimismus, der die

„empire of liberty"-Konzeption prägt, mag uns inzwischen abhanden gekommen sein; der Anspruch aber gilt heute genauso wie vor zweihundert Jahren. Bürgerliche Grundrechte, vor allem Rechte auf Unversehrtheit der Person, freie Betätigung und Bewegung, Gleichheit der Anrechts- und Teilnahmechancen, um die wichtigsten konkret zu benennen, sind Grundpfeiler des modernen Verfassungsstaats und ermöglichen Gemeinwesen, in denen Menschen unterschiedlicher ethnischer, kultureller oder religiöser Zugehörigkeit friedlich zusammenleben können. Sie machen den Kern des aufklärerischen Gesellschaftsvertrags aus, der darüber hinaus Regeln der politischen Ordnung enthält, die Machtmißbrauch erschweren, Herrschaft begrenzen und den gewaltlosen Machtwechsel gewährleisten und schließlich auch Grundelemente der Marktwirtschaft umfaßt, die - immer unter gewissen, stets neu zu diskutierenden Voraussetzungen - ihren Anteil zur Schaffung freiheitlicher Lebensverhältnisse beitragen. Thomas Jefferson setzt auf diese Bausteine einer „Verfassung der Freiheit" und propagiert die Bürgergesellschaft als Lebenswelt von Freien, die im Rahmen von verfassungsrechtlich gesicherten Institutionen, Regeln und Normen die Eigentätigkeit von Menschen in pluralistischen Assoziationen, in Gruppen und Verbänden, Unternehmen und Organisationen fordert und gewährleistet.

Thomas Jefferson als politischer Philosoph: er ist nicht nur Verkünder republikanisch-demokratischer Ideale, nicht bloß Verfechter der Idee der „Bürgergesellschaft", der „civil society", er weiß auch um eine ihrer wichtigsten Voraussetzungen (und wird nicht müde, ihre Verwirklichung einzuklagen): allgemeine Bildung ganz generell, staatsbürgerliche Bildung im besonderen. In einem Brief an den Mentor aus Studientagen, den Juristen und Humanisten George Wythe, der am „College of William and Mary" in Williamsburg gelehrt und seinen Lieblingsschüler nach Kräften gefördert hat, geschrieben am 13. August 1786 aus Paris, verkündet der Repräsentant der USA in Frankreich sein Bildungscredo in eindringlichen Worten:

> „Ich bin der Meinung, daß der 'Gesetzentwurf für eine allgemeinere Verbreitung des Wissens' das bei weitem wichtigste Vorhaben in unserem gesamten Legislativprogramm darstellt [Die Rede ist von einem gesetzgeberischen Projekt der Legislative Virginias, der Verf.]. Kein anderes festes Fundament kann für die Erhaltung der Freiheit und allgemeinen Glückseligkeit errichtet werden... Predigen Sie, mein lieber Freund, einen Kreuzzug gegen die Unwissenheit; verwirklichen und vervollkommnen Sie das Gesetz zur Bildung des Volkes. Lassen Sie unsere Mitbürger wissen, daß allein das Volk uns vor jenen Übeln beschützen kann [wie sie ihm europäischer Absolutismus, politischer und kirchlicher Autoritarismus in Frankreich und anderswo damals vor Augen geführt haben, der Verf.], und daß die Steuern, die für diesen Zweck aufgebracht werden müssen, höchstens den tausendsten Teil dessen ausmachen, was wir Königen, Priestern und Adligen zu

zahlen haben, die sich unter uns breit machen werden, wenn wir das Volk in Unwissenheit halten."

Jeffersons Idee eines dreistufigen Bildungssystems für Virginia, in Form einer Pyramide, mit gemeindlichen Elementarschulen als Basis und einer Staatsuniversität als Spitze, findet zwar fürs erste noch keine parlamentarischen Mehrheiten in seinem Heimatstaat (ein Hinweis neben vielen anderen, daß der Modernist Jefferson den Zeitgenossen zuweilen weit voraus gewesen ist, daß seine „konkreten Utopien" die Landsleute bloß zögerlich den Aufbruch zu neuen Ufern wagen ließen); bis zu seinem Lebensende aber wird der Virginier für die Einsicht kämpfen, daß zwischen demokratischer Stabilität, politischer Freiheit, gesellschaftlichem Fortschritt und allgemeiner (staats-)bürgerlicher Bildung ein enger Zusammenhang besteht. Immerhin widerfährt dem alten Herrn auf Monticello die Genugtuung, daß das virginische Staatsparlament im Jahr 1816 Mittel für die Errichtung einer Staatsuniversität bewilligt; er folgt mit Begeisterung dem Auftrag, seine lebenslange Idee endlich selbst noch verwirklichen zu dürfen. Ein letztes Mal wird er die Vielfalt seiner Talente in den Dienst der res publica stellen, als Planer und Architekt eines in der Neuen Welt damals beispiellosen „academic village", als Organisator und Einkäufer für die Bibliothek, als Verfasser von Lehrplänen und Studienordnungen, als Ratgeber in Berufungsangelegenheiten. Ein Jahr vor seinem Tod öffnet die University of Virginia in Charlottesville ihre Pforten, säkular und modern in ihrer inneren Verfassung, kosmopolitisch in ihrer Orientierung, dem Ideal „akademischer Freiheit" so weit verpflichtet, wie Thomas Jefferson dies gegen einen nachhinkenden Zeitgeist hat durchsetzen können. Er selber hat in einem Brief an William Roscoe Jahre vor der Eröffnung der Universität das Prinzip akademischer Freiheit geradezu lehrbuchhaft mit den Worten definiert: „Diese Einrichtung wird auf die unbegrenzbare Freiheit des menschlichen Geistes gegründet werden. An ihr werden wir keine Angst davor haben, der Wahrheit überall dorthin zu folgen, wohin sie uns immer führen mag, an ihr werden wir keinen Irrtum dulden, wenigstens so lange nicht, wie die Vernunft ihn in Freiheit bekämpfen kann."

V

Thomas Jefferson, der Politiker: er hat Erstaunliches vollbracht als aktiv Handelnder. Die Zeit hindert uns daran, im einzelnen aufzulisten, was alles seinem Konto gutzuschreiben ist, wo die Resultate der Politik in den Jahrzehnten zwischen 1770 und 1810 mit Blick auf fortschrittliche Entwicklungsprozesse im „Old Dominion" Virginia oder die Konsolidierung der jungen amerikanischen Republik gewogen werden. Jedenfalls hat die Creme der amerikanischen Historikerzunft, wann immer sie in den zurückliegenden Jahrzehnten zur Bewertung der Administrationen zusammentrat, nicht umsonst Thomas Jefferson gemeinsam mit Abraham Lincoln, George Washington und Franklin Delano Roosevelt zu den vier „großen" Präsidenten gezählt, die das Land in zweihundert Jahren hervorgebracht hat, zu denen, „die ihr Amt mächtiger hinterließen, als sie es übernommen haben", zu denen, die Vorbilder, Handlungsmuster und Standards geschaffen haben, an denen sich ihre (schwächeren) Nachfolger orientieren konnten.

Seit 1769 Mitglied des kolonialen Parlaments in seinem Heimatstaat, gibt Jefferson schon wenige Jahre später seine bürgerliche Anwaltsexistenz zugunsten der Politik auf und stellt die ihm eigene juristische Kompetenz und intellektuelle Kraft vorbehaltlos in den Dienst des amerikanischen Freiheitsstrebens. Republikanischer Bürgersinn treibt ihn, der mitten in der entscheidenden Phase seiner privaten Lebensplanung steckt - gerade ist die Heirat mit Martha Skelton, einer vierundzwanzigjährigen Witwe aus angesehenem Hause vollzogen, der Bau von Monticello begonnen worden, der ihn ein Leben lang fordern wird, jenem von der Natur und Jeffersons genialer Planung gehätschelten Ort, der einen hohen französischen Offizier später entzückt hat ausrufen lassen, der Herr von Monticello sei „der erste Amerikaner, der die schönen Künste zu Rate gezogen habe, um herauszufinden, wie man sich vor dem Wetter schützt" - republikanischer Bürgersinn also treibt ihn stärker an als politischer Ehrgeiz, wo er sich dem Dienst an der res publica verschreibt. Als Jefferson im Juni 1775 als virginischer Delegierter beim Zweiten Kontinentalkongreß in Philadelphia, einer revolutionären und in den Augen des Mutterlandes illegalen Körperschaft, erschien, genoß er, wie John Adams damals geschrieben hat, schon „eine Reputation als Literat und Wissenschaftler", war sein „glückliches Talent für die Komposition" in aller Munde. Der Ruf hielt an: Ein Jahr später wurde er, mit Benjamin Franklin und besagtem John Adams, in einen fünfköpfigen Kongreßausschuß berufen, um jene Unabhängigkeitserklärung zu entwerfen, welche die Legitimität der Trennung vom Mutterland vor aller Welt begründen und rechtfertigen sollte. Daß der junge Mann aus Virginia mit der Aufgabe betraut wurde, allein die Rohfassung herzustellen; daß sein Entwurf, nach geringfügigen Eingriffen der beiden prominenten Älteren, dem Kongreß vorgelegt wurde, der ihn nach mehrtägiger Debatte und mancherlei Veränderungen schließlich am 4. Juli 1776 verabschiedet hat, fasziniert angesichts der welthistorischen Bedeutung dieses Dokuments auch noch aus der Distanz von mehr als zweihundert Jahren.

Die Frühphase des Unabhängigkeitskrieges erlebt Jefferson in der Politik Virginias als Mitglied des dortigen Delegiertenhauses und endlich als Gouverneur des Landes von 1779 - 81. Gemeinsam mit Gleichgesinnten schafft er es, im durchaus konservativ gesonnenen „Old Dominion" die Revision überkommener Gesetze nach den Maßstäben der Unabhängigkeitserklärung voranzutreiben und rundweg revolutionär zu nennende Veränderungen in der Sozialstruktur des Landes zu erzwingen. Alte Feudalverhältnisse werden in diesen Jahren überwunden, das Strafrecht wird liberalisiert, der Anglikanismus durch die Trennung von Staat und

Kirche seiner machtpolitischen Privilegien entkleidet. Als Gouverneur in schwerer Zeit, die Briten verwüsten das Land nach allen Regeln der Kunst, lernt er aber auch die dunklen Seiten der Politik kennen; und als der Tod seiner Frau im September 1782 auch die privaten Grundlagen seiner Monticello-Existenz erschüttert, nimmt er bald darauf Abschied für viele Jahre, von Virginia zuerst, dann von Amerika überhaupt. Noch einmal erweist er aber zuvor als Delegierter seines Landes beim Bundeskongreß allüberall dort seine Unentbehrlichkeit, wo Innovationen gefragt, wo dem Fortschritt Wege zu bahnen sind. Berichte, Gutachten und Memoranden schreibt er am laufenden Bande - einunddreißig an der Zahl in den sechs Herbst- und Wintermonaten des Jahres 1783/84 -; am wichtigsten wird der „Entwurf für eine zeitweilige Regierungsgewalt im westlichen Territorium" werden, der eingeht in die „Nordwest-Verordnung" von 1787, in der das Gleichheitsprinzip Anwendung finden soll auf die riesigen, erst noch zu erschließenden Territorien zwischen Pennsylvania, Ohio, Mississippi und den kanadischen Seen, ein ganz und gar antikoloniales Dokument, eine veritable Revolution im Umgang zwischen „etablierten" Staaten und „Neuland"-Territorien, Zeugnis der Jeffersonschen Philosophie, die Politik und Moral als Einheit begreift und auf die radikaldemokratische Ordnung menschlichen Zusammenlebens setzt.

Im Sommer 1784 reist Jefferson schließlich als Gesandter der USA nach Europa, wo er zwei andere Revolutionsführer, John Adams und Benjamin Franklin, beim Abschluß von Wirtschaftsverträgen mit der Alten Welt unterstützen soll. In Paris, wo er bald darauf Franklins Nachfolge als Alleinbevollmächtigter der USA am französischen Königshof antritt, an der Seine also und auf Reisen durch Italien, Frankreich, die Niederlande und Deutschland durchlebt er seine glücklichsten Jahre, öffnen sich ihm bislang noch unbekannte Türen nach Europa. 1789 kehrt er dann wieder nach Amerika zurück, nachdem er in Paris gerade noch die Geburtswehen der Revolution bis zur Verabschiedung der „Erklärung der Menschenrechte" erlebt hat. Daß ihm der Ruf über den Atlantik vorausgeeilt ist, ein erfolgreicher Botschafter seines Landes gewesen zu sein, über politisches Fingerspitzengefühl und diplomatisches Verhandlungsgeschick zu verfügen, hat seine Hoffnungen vereitelt, jetzt endgültig in Monticello Wurzeln schlagen zu dürfen. Statt dessen dringt der frisch gewählte erste Präsident der USA, George Washington, in ihn, als „Secretary of State" in seinem Kabinett zu dienen. Glücklich geworden ist er mit dieser Position nicht. Der Erzdemokrat war vom Ausmaß der „konservativen Wende" schockiert, die Amerika während seiner europäischen Mission überrollt hatte; und daß im Kabinett mit Alexander Hamilton ein ebenso ambitionierter wie geschickter Anhänger der „Wende" als Finanzminister agierte und in den Grundfragen damaliger Politik den Gegenpol zu Jeffersons Positionen verkörperte, hat Jefferson den Abschied vom Ministeramt zur Jahreswende 1793/94 leicht gemacht. Und doch hat ihn die Politik rasch noch ein weiteres Mal eingeholt, als er gerade dabei gewesen ist, als Herr von Monticello sich endlich ganz

Monticello.
Hauptwohnsitz Jeffersons, von ihm geplant, entworfen,
und lebenslang aus- und umgebaut

der Bewirtschaftung und Verwaltung seiner Güter zu widmen und einige Ordnung in das Gewirr seiner Finanzen zu bringen; Geldsorgen haben ihn damals wie in den letzten Jahren seines Lebens arg geplagt, selbst verschuldete ebenso wie solche, die nicht von ihm zu verantworten gewesen sind. Zwar schrieb er noch im April 1795 dem Freund James Madison, es sei „der geringe Anflug von Ambition seiner jüngeren Jahre" längst verschwunden und eine Präsidentschaftskandidatur gewiß kein Thema für ihn; als ihn aber Gesinnungsfreunde ein Jahr später bestürmen, für die „Demokratischen Republikaner" in den Ring zu steigen gegen die „Föderalisten" um John Adams und Alexander Hamilton, will er sich auch dieser Aufgabe nicht versagen, „das Staatsschiff auf republikanischen Kurs zu führen, bevor es allzuweit von seinen wahren Prinzipien leewärts abgetrieben" werde.

Jefferson verliert die Wahlen von 1796 denkbar knapp; aber die Aussicht schreckt ihn nicht, als Vizepräsident in das Kabinett des Siegers John Adams einzutreten, wie dies kurioserweise damals noch die Verfassung der USA vorgesehen hat; er setzt auf die Freundschaft zum Mitstreiter aus revolutionären Tagen, muß aber rasch erkennen, daß die innen- und außenpolitischen Ziele der „Hamiltonians" im Kabinett dominieren und die „Föderalisten" ein rigoroses Unterdrückungsprogramm gegen die Opposition praktizieren. Nicht zuletzt die schikanösen Fremden- und Aufruhrgesetze haben aber dann in einem Land, das den Prinzipien eines „natürlichen Liberalismus" huldigt, Abneigung gegen das Machtestablishment und Sympathie für die in ihrer Existenz bedrohten Republikaner hervorgerufen: im Winter 1800 übertragen die Wähler der Jefferson-Opposition die Macht im Weißen Haus und auf dem Kapitol.

VI

Die zwei Amtszeiten des Präsidenten Thomas Jefferson zwischen 1801 und 1809 prägen und formen die Frühgeschichte der amerikanischen Republik in erheblichem Ausmaß. Der Wahlsieg des Virginiers und seine Versöhnungspolitik im Weißen Haus - „wir sind alle Republikaner und alle Föderalisten", lautet der Kernsatz seiner ersten Inaugurationsrede von 1801 -, hat der jungen Demokratie mit der Demonstration eines friedlichen Machtwechsels und der Schaffung einer den politischen Gegner respektierenden „Streitkultur" unschätzbare Dienste geleistet. Die lockere Schlichtheit der präsidentiellen Amtsführung hat das Modell einer demokratisch konturierten Staatsmacht in den Herzen der Amerikaner gefestigt und (da und dort aufflackernden) „monarchischen" Sehnsüchten definitiv den Garaus bereitet. Als unumstrittener und politisch versierter Führer der „Demokratischen Republikaner" nutzt er die Partei, um Exekutive und Legislative zu „verzahnen", Macht- und Kontrollmöglichkeiten des Weißen Hauses gegenüber dem Kongreß zu etablieren und damit ein Beispiel zu setzen, daß auch im gewaltenteiligen System der USA effektiv regiert werden kann. Er lenkt von außen die Geschäfte der Fraktion in beiden Häusern der Legislative, nimmt Einfluß auf die Besetzung parlamentarischer Schlüsselpositionen und schafft es, der Gesetzgebung des Landes seinen Stempel aufzudrücken. Wie sehr man auf dem Kapitol den politischen Willen des Präsidenten respektiert hat, zeigt allein schon der Umstand, daß Jefferson seine Vetomacht gegen unliebsame Gesetze in der achtjährigen Amtszeit nicht ein einziges Mal hat einsetzen müssen. Den größten Triumph und die bitterste Niederlage hat der Präsident auf dem Feld der Außenpolitik erfahren. Im Jahr 1803 stimmt Napoleon unter unverhülltem diplomatischen Druck aus Washington dem Verkauf des weit über zwei Millionen Quadratkilometer großen „Louisiana"-Gebietes an die USA zu, wie das riesige Einzugsgebiet des Mississippi und seiner Nebenflüsse damals genannt wird; für ganze fünfzehn Millionen Dollar kann Jefferson das bestehende Territorium der USA nahezu verdoppeln. Daß er dabei die US-Verfassung bis an ihren äußersten Winkel hat dehnen müssen - sie weist den Bundesgewalten keine spezifischen Befugnisse zu, territoriale Neuerwerbungen, gleich welcher Größe zu tätigen und den USA einzuverleiben und legt gewiß keine solche Kompetenz in die Hände der Exekutive -, hat ihn den Ausweg der Verfassungsänderung suchen lassen, der freilich am Zeitdruck auflief; Jefferson hat mit seiner Kaufaktion zugleich einen Präzedenzfall (zum Guten wie zum Schlechten) geschaffen, auf den sich später Präsidenten beriefen, wenn sie aus wirklicher oder vermeintlicher Notwendigkeit politische Entscheidungen am Rande der Legalität trafen und dabei „übergeordnetes Interesse" geltend machten. Die Niederlage andererseits: Der Präsident versucht verzweifelt, die USA aus dem eskalierenden britisch-französischen Konflikt herauszuhalten, dessen Ausläufer die junge Republik erschüttern. Als die amerikanische Schifffahrt und Handelspolitik den wechselseitigen Blockadeunternehmungen der europäischen Mächte zum Opfer zu fallen drohen, setzt der Präsident im Dezember 1807 ein Embargo für alle ausländischen Erzeugnisse durch, als Alternative zum Krieg und Experiment zugleich, die Wirksamkeit „friedlichen Zwanges", Lieblingsidee des Virginiers, in internationalen Streitigkeiten zu erproben. Doch im Kampf um die Durchsetzung des Embargos, das den Interessen New Yorks und der Neuengland-Staaten zuwiderlief und einem blühenden Schmugglergeschäft auf die Sprünge half, hat sich seine Administration zerschlissen; ihre letzten Regierungswochen werden von der Rücknahme der Handelsrestriktionen überschattet. Jefferson, dem das Präsidentenamt eh und je als „prächtiges Elend" erscheinen wollte, ist darüber der Staatsgeschäfte ganz und gar überdrüssig geworden, hat aber scharfsichtiger als seine politischen Gegner im Scheitern der Embargopolitik den unvermeidlich werdenden Krieg, den zweiten gegen das einstige Mutterland antizipiert, der tatsächlich bald darauf, im Jahre 1812, ausgebrochen ist.

VII

Am 11. März 1809 kehrt der sechsundsechzigjährige Thomas Jefferson der Hauptstadt Washington und der großen Politik endgültig den Rücken, bricht ein letztesmal auf in den vertrauten Raum von Monticello, der ihm nach eigenem Bekunden seine „tiefsten Befriedigungen" vermittelt hat. Im allgemeinen bewirken die Großen der Geschichte nicht mehr viel, nachdem sie, freiwillig oder gezwungen, von ihren öffentlichen Ämtern Abschied genommen haben. Jeffersons siebzehnjähriger „Ruhestand" aber könnte gewiß als Vorlage zu einer weiteren Lebensgeschichte dienen. Besucher aus aller Welt, bedeutende und die unvermeidlichen Voyeure, strömten jetzt auf den „kleinen Berg" bei Charlottesville, um mit dem „Weisen von Monticello" Gedanken auszutauschen oder sich in seinem Ruhme zu sonnen; wer immer kam, traf einen rastlos Tätigen, einen eminent Wachen und einen Mann an, der Amerikanisches und Europäisches, Nationales und Kosmopolitisches im Denken und Tun zusehends ineinander flocht. Jefferson, der Atlantiker, Jefferson auch der Globalist, beides auf dem Fundament überzeugten Amerikanertums: ein aufregendes Kapitel seiner Biographie, seines geistig-politischen Vermächtnisses - es wäre soviel darüber zu sagen.

Zum Beispiel dieses: daß in den vor uns liegenden Jahren allgemeiner Unsicherheit, in einer internationalen Umwelt mit anarchischen Strukturen und einer chaotischen Dynamik unser gedeihliches Fortkommen in Deutschland, in Europa und - wenngleich gewiß in geringerem Maße - in den USA von der anhaltenden Bereitschaft und Fähigkeit zur transatlantischen Kooperation und dem engagierten Bekenntnis zur westlichen Wertegemeinschaft abhängt. Dem Begriff nach hat wohl als erster der schon erwähnte Geschichtsphilosoph und Historiker Henry Adams von der Notwendigkeit einer „atlantischen Gemeinschaft" gesprochen, die er als kulturelles und politisches Bündnis zwischen Amerika und Europas atlantischen Randstaaten definierte; heute umschließt der Begriff glücklicherweise auch Deutschland, gegen dessen expandierende Macht Adams seinerzeit noch Barrieren errichten wollte. Aber die Fortdauer solcher Bündnisgemeinschaft ist nicht per se gewährleistet, setzt vielmehr ein ständiges Mühen um Verständnis für die politischen, gesellschaftlichen, kulturellen und psychologischen Befindlichkeiten der jeweiligen Partner voraus, die Mühe des Wissenserwerbs und der Informationsverarbeitung. Daß da auf beiden Seiten des Atlantik in der Vergangenheit in dieser Hinsicht viel versäumt worden ist (und die Partner noch in der Gegenwart eine so verstandene Bündnispflege sträflich vernachlässigen), kann an dieser Stelle bloß vermerkt, nicht im einzelnen belegt werden.

Auch in solch aktuellem Kontext mag die Besinnung auf Thomas Jefferson nützlich und heilsam sein, der an der Wende vom achtzehnten zum neunzehnten Jahrhundert - gemeinsam übrigens mit dem großen Benjamin Franklin - einer von seiner Erscheinung tief beeindruckten Öffentlichkeit exemplarisch die Lebensform einer „atlantischen Existenz" dargestellt und demonstriert hat, zu welcher Fülle menschlicher Realität die propagierte und verwirklichte „Kultur der Freiheit" im Rahmen der „atlantischen Zivilisation" den Einzelnen befähigen kann. Dieses Exempel ist alles andere als selbstverständlich gewesen, ist doch damals Europa im

Bewußtsein seiner kulturellen Dominanz kaum zur Wahrnehmung einer eigenständigen Identität der „Neuen Welt" befähigt oder offen gewesen (die aber unabdingbare Voraussetzung für die Begründung des atlantischen Zivilisationsmodells ist), sind auch in der jungen amerikanischen Republik vielfältige Vorurteile gegenüber dem europäischen Ursprung gepflegt worden. Von ihnen ist auch Jefferson gewiß nicht frei gewesen. In einem Brief aus Paris warnt er im Oktober 1785 den jungen Freund John Banister vor den Nachteilen einer Ausbildung amerikanischer Jugendlicher in Europa. „Sie alle aufzuzählen, würde einen ganzen Band füllen", schreibt er und fährt fort:

> „Ich will ein paar solcher Nachteile herausgreifen. Wenn ein junger Mann nach England geht, lernt er dort Trinken, Boxen und die Teilnahme an Pferderennen. Sie stellen die Besonderheiten der englischen Erziehung dar. Die nachfolgenden Gegebenheiten charakterisieren sowohl die Erziehung dort wie in anderen Ländern Europas. Hier wie dort erwirbt der junge Amerikaner eine Vorliebe für europäischen Luxus und Verschwendung und verachtet dann die Schlichtheit in seinem eigenen Lande; er blickt fasziniert auf die Privilegien der europäischen Aristokraten, und sieht dann mit Abscheu auf die beglückende Gleichheit, die der Arme mit dem Reichen in seinem eigenen Land genießt...; er wird durch die stärkste aller menschlichen Leidenschaften weiblichem Ränkespiel ausgeliefert, das seinem Glück und dem anderer zuwiderläuft, oder verfällt der Leidenschaft für Huren, die seiner Gesundheit abträglich ist; im einen wie im anderen Fall lernt er, eheliche Treue als die einem Gentleman unangemessene und Glück ausschließende Lebensart zu betrachten; er erinnert sich ständig an die sinnliche Aufmachung und entsprechende Künste der europäischen Frauen und bemitleidet oder verachtet die keuschen Gefühle und die Einfachheit der Frauen in seinem eigenen Lande";

so geht die Jeremiade immer weiter fort und gipfelt schließlich in der Sorge, derjenige werde nicht fähig sein, seine eigene Sprache mit Eleganz mündlich oder schriftlich zu nutzen, der sich im Alter von fünfzehn bis zwanzig Jahren im Ausland aufhält. Und ein Jahr später beklagt er in einem Brief an George Wythe, daß in den europäischen Ländern „Ignoranz, Aberglaube, Armut und Unterdrückung von Körper und Seele in jeglicher Form so fest in der Masse der Menschen verankert sind, daß ihre Erlösung von diesen Übeln nicht erhofft werden kann." Thomas Jefferson, der Radikaldemokrat, sieht rot, wird ungerecht und verzerrt die Realitäten, wo er vom Europa der Autoritäten und Zwänge, vom Kontinent der Könige und Pfaffen handelt. Noch der „Weise von Monticello" hegt seine Vorurteile und geißelt am 1. August 1816 in einem Brief an John Adams Bigotterie und „Jesuitentum" in Europa.

> „Wir (Amerikaner) werden zweifelsohne auch mit unseren Torheiten leben müssen. Die eine oder andere wird immer herumspuken. Aber es werden

Torheiten aus Enthusiasmus, nicht aus Bigotterie oder aus Jesuitentum sein. Bigotterie ist die Seuche der Ignoranz oder krankhafter Gemüter; Enthusiasmus die der freien und heiteren Geister. Erziehung und freier Gedankenaustausch wirken ihnen entgegen. Wir sind dazu berufen, einen Wall gegen die Wiederkehr von Ignoranz und Barbarei zu bilden. Das alte Europa wird sich auf unsere Schultern stützen müssen, um, so gut es eben kann, gefesselt an Pfaffen und Könige, neben uns herzuhumpeln."

Nicht bloß Abneigung gegen das Europa der Könige und Pfaffen führt Jefferson hier die Feder; hinter solcher Schmähung der „Alten Welt" steckt auch puritanisches Gedankengut und aufklärerischer Optimismus in einem und verdichtet sich zur Vision eines dem Menschheitsfortschritt verpflichteten Amerika, dessen stetig zunehmende Attraktivität die moralisch-politische Dekadenz Europas zukünftig überwinden soll. Und nicht zuletzt wirkt hier auch die anhaltende Entrüstung über Amerikabilder der „Alten Welt" nach, die zwischen Lobpreis und Verleumdung, zwischen Idealisierung und Verdunkelung schwanken, und dabei allemal Zerrbilder produzieren. Daß dabei vor allem die hämisch-abwertenden Kommentare sogenannter „Geistesgrößen" zur „Neuen Welt" den aufgeklärten Virginier, den doch immerhin die Intellektuellenkreise in Paris als einen der ihren, als einen „philosophe" betrachtet hatten, besonders verletzten, verwundert weiter nicht und findet seinen Ausdruck in den vehementen Attacken, die Jefferson in den „Betrachtungen über den Staat Virginia" gegen die Verleumder Amerikas führt.

An erster Stelle ist da der Comte de Buffon zu nennen, Generalintendant des Pariser „Jardin du Roi", Mitglied der Akademie und aller anderen gelehrten Gesellschaften Europas, eine Zelebrität im Reich der Naturwissenschaften, die ihresgleichen sucht, und deshalb von Jefferson auch mit aller Vorsicht und gebotenem Respekt angegangen wird. Getreu der Devise des deutschen Dichters Friedrich Hebbel, er wolle das Land - die Rede ist von Amerika -, „ohne je dort gewesen zu sein, ... besser malen, als ob er darin geboren wäre", entwirft Buffon ein Phantasiegemälde der „melancholischen Regionen" der „Neuen Welt". Nach der Sintflut später aufgetaucht als die übrige Welt (und deshalb bis zum Rande „angefüllt mit feuchten und schädlichen Dünsten"), könne sie nur „kalten Menschen" und „schwachen Tieren" Lebensgrundlagen bieten, vor allem „Insekten, Reptilien und all den Lebewesen, die sich im Schlamm herumwälzen". Der brasilianische Tapir geriet dem Schmähenden zu „diesem Elefanten der Neuen Welt", und das Lama mußte sich höhnische Vergleiche mit dem Kamel gefallen lassen. Die größten Tiere Amerikas erreichten höchsten den vierten Teil der Ausmaße ihrer europäischen Äquivalente; Tierimporte aus Europa schrumpften unter den Lebensbedingungen in der Neuen Welt zu zwergenhaften Karikaturen ihrer selbst. Der männliche Indianer schließlich wollte Buffon als „schwach und klein in den Zeugungsorganen" erscheinen; „er hat weder Körperhaare noch einen Bart und keinerlei Begierde nach dem weiblichen Teil seiner Rasse... Ihm fehlt jede Lebendigkeit und seine Seele ist leblos".

Jefferson, der in seiner Pariser Zeit mit Buffon persönlich zusammengetroffen ist und Briefe ausgetauscht hat, rückt in den „Notes" manches zurecht. Voll Respekt zunächst, wie schon bemerkt: Der Stand der Forschung reiche bei weitem noch nicht aus, um so schwerwiegende Behauptungen über klimatisch bedingte Gedeihens- oder Verelendungsprozesse zu belegen, wie sie der Franzose frisch von der Leber weg imaginiert hatte. Dann aber fährt er seinem Widerpart dort detailliert in die Parade, wo er Gewicht, Ausmaß und Erscheinungsformen der amerikanischen Fauna „von der Maus bis zum Mammut" empirisch verifiziert; je mehr Jefferson rechnet und vergleicht, umso deutlicher tritt die „Überlegenheit" der heimischen Tierwelt zutage. Vor allem rückt er mit Entschiedenheit jenem Bild zu Leibe, das der Franzose von den „Wilden" Amerikas gepinselt hatte. Anders als Buffon wußte der Virginier, wovon er sprach, hatte er doch seit Kindheitstagen enge Kontakte mit Indianern unterhalten und sich mit ihren Sitten und Gebräuchen vertrauter gemacht als die meisten seiner Mitbürger.

Knapper und harscher fällt Jeffersons Replik auf die Amerikaphantasien des im Elsaß geborenen Niederländers, des Abbé de Pauw und seines französischen Standesbruders Abbé Raynal aus, die sie in weit verbreiteten Büchern dahergefabelt hatten. Beiden wollte das ferne Land jenseits des Atlantik als geistig-moralische Wüstenei erscheinen, bar jeder intellektuellen Potenz. Die Natur hatte der „Neuen Welt" so übel mitgespielt, daß dort recht eigentlich nur degenerierte oder monströse Wesen überleben konnten; von diesem Kontinent, auch von dem jungen Staatswesen USA, hatte die Welt nichts, jedenfalls nichts Gutes zu erwarten. Selbst solche Menschen, deren Talente in Europa zu den schönsten Hoffnungen berechtigt hatten, verkümmerten zum Nichts, wenn sie erst einige Zeit jenseits des Ozeans verbracht hatten. (Wie stark solche Fabeleien das Amerikabild mancher europäischer Intellektuellen geprägt haben, beweisen etwa Briefe Nikolaus Lenaus, geschrieben während und nach seiner „USA-Exkursion" 1832/33, die ein Zerrbild des Landes nach den Vorgaben der Genannten vermitteln!).

Über solch unverfrorenen Schwachsinn ist selbst dem umgänglichen Thomas Jefferson der Kragen geplatzt; mit Vorliebe hat er später überall erzählt, wie Benjamin Franklin in Paris eine Party gab, zu der auch der Abbé Raynal geladen war, der hier, wie überall, seine Theorie menschlicher Degeneration in der „Neuen Welt" zum besten gab. Franklin bat daraufhin erst die französischen Gäste, dann die amerikanischen, sich zu erheben. Es fügte sich, hat Jefferson berichtet, daß „letztere von bester Statur und Gestalt, erstere aber bemerkenswert klein geraten waren"; der Abbé selbst stellte sich als „mere shrimp", als purer Knirps, heraus.

Wo Thomas Jefferson anti-europäische Attacken reitet, wendet er sich gegen antiquierte und dekadente Gesellschafts- und Herrschaftsstrukturen der Alten Welt, gegen ihre aristokratisch-feudalen Sozietäten und ihre autoritär-monarchischen Politik- und Kirchenregimes. Oder er reagiert auf ebenso diffamierende wie ignorante

Kommentare von selbsternannten Amerika-"Experten", nicht allein, weil sie seinen Patriotismus kränken, sondern weil sie auch seinen Wahrheits- und Wissenschaftssinn beleidigen und Chancen schmälern, im rationalen Diskurs, im geistig-kulturellen Austausch zwischen Europa und Amerika die bessere Welt der „Atlantischen Zivilisation" zu schaffen.

Die Aufklärung, die Verwirklichung der Kultur der Freiheit, mußte hier wie dort, in Amerika wie in Europa geschaffen werden, wenn sie von Dauer sein sollte; der Atlantik durfte nicht trennen, sondern sollte zusammenwachsen lassen, was zusammengehörte: in dieser Überzeugung trafen sich damals Intellektuelle der Alten Welt mit führenden Repräsentanten der Neuen. Über die Frage, wie das „imperium limitatum" zu schaffen sei, wie die politische Macht, ohne die Gesellschaften nicht existieren können, eingerichtet werden müsse, auf daß sie die Verfassung der Freiheit gewährleiste; über die Frage, wie Frieden, zivilisatorischer Fortschritt und individuelle Glückseligkeit der ganzen Menschheit zugeeignet werden können; über die Frage auch, was der Mensch sei, und wie das Zusammenwirken der Wissenschaften und Künste seine Entwicklung zum Höheren befördern möge, über solche und andere Fragen denkt man ausgangs des achtzehnten Jahrhunderts in Paris und London, in Königsberg und Weimar, in Boston und Philadelphia mit der gleichen gelehrten Kenntnis und denkerischen Konsequenz nach.

Thomas Jefferson denkt mit, denkt da und dort voraus und ist in diesem Sinne, genauso wie Benjamin Franklin, ein großer Atlantiker gewesen. Voller Neugier, aber auch mit unverhohlenem Selbstbewußtsein nimmt der amerikanische Repräsentant in Frankreich im Gastland und auf seinen Reisen in andere Länder der Alten Welt am europäischen Leben teil, weiß, wen und was er sehen, wen er sprechen will, hat die Kultur Europas schon in Amerika erlernt. Er bewegt sich wie selbstverständlich in der einen Zivilisation, der er sich zugehörig fühlt, und die er zu vertiefen sucht, diesseits und jenseits des Atlantik. Austausch von Kenntnissen und Fähigkeiten, wechselseitiges Lernen voneinander, lautet die Devise seiner „grand tour" durch Europa. Gewiß fehlt noch das Gleichgewicht im Austausch kollektiver Güter. Wo die Amerikaner vor allem ihre philosophischen Reflexionen über die richtige Ordnung moderner Gemeinwesen und ihre politischen Erfahrungen mit der Revolution in den Diskurs einbringen können - Jefferson berät Lafayette im Juni und Juli 1789 bei dessen Arbeit an einer französischen „Erklärung der Menschenrechte" -, konnte Europa die Neue Welt vor allem im Reich der schönen Künste unterweisen und beim Aufbau einer wissenschaftlichen Infrastruktur hilfreich sein - man müsse dem (amerikanischen) Neuankömmling im Kreis der etablierten Mächte billigerweise die Chance der Entwicklung einräumen, auch die Griechen hätten ihren Homer, die Römer ihren Vergil, die Franzosen ihren Racine und Voltaire, die Briten ihren Shakespeare und Milton nicht am Beginn ihrer kollektiven Existenz hervorgebracht, vermerkt der Verfasser der „Notes". Mit über 130 Kisten Gepäck kehrt Jefferson im Winter 1789 nach

Amerika zurück; Gemälde und Skulpturen, eine Bibliothek (die später Grundstock für die „Library of Congress" in Washington werden wird), Skizzen von architektonischen Erkundungen, aber auch Baumschösslinge, Gräser, Samen und anderes mehr sollen der Neuen Welt zugute kommen. Und bis in sein hohes Alter hinein wird er auf Monticello nicht müde werden, an Europa teilzunehmen, aus Amerika und, was wichtiger ist, in Amerika.

Vereinzelt blicken die intellektuellen Zirkel in Europa ihrerseits fasziniert auf das Gedeihen der jungen transatlantischen Republik, die vorwegnimmt und demonstriert, was auch Europa künftig zu vollbringen hat: „die allmähliche Entwicklung zur Gleichheit", die Einführung des Prinzips der Volkssouveränität, der Demokratie in einem Wort - „wo denn sonst könnten wir (Europäer, d. Verf.) größere Hoffnungen und größere Lehren finden als dort", fragt der französische Aristokrat Alexis de Tocqueville in seinem großen Amerikabuch. In der Umsetzung europäisch-amerikanischer Aufklärungsdogmen in praktische Politik durch die amerikanische Revolution erfahren Menschen diesseits und jenseits des Atlantik eine gemeinsame Universalität, die Geburtsstunde einer atlantischen Zivilisation. „Gott helfe den Amerikanern, sich den Weg in die Freiheit zu erkämpfen", hat ein norwegischer Kleriker im Umkreis des Unabhängigkeitskrieges geschrieben, „damit die Menschheit nicht in Knechtschaft untergehe"; und sein Amtskollege Richard Price, enger Freund Benjamin Franklins, verkündet im Revolutionsjahr 1789 in London, daß „die amerikanische Revolution, neben dem Einzug des Christentums unter den Menschen, sich als der wichtigste Schritt im fortschreitenden Gang der Menschen zum Besseren erweisen wird."

VIII

Thomas Jefferson, politischer Philosoph, respektierter Staatsmann, glühender Patriot, engagierter Atlantiker, visionärer Kosmopolit, der die Vielheit in der Einheit liebt und weiß, daß die atlantische Zivilisation Freiheit zur Vielfalt in der Einheit bedeutet, er hätte so gerne nocheinmal den lebenslangen Überzeugungen Nachdruck verliehen durch seine Teilnahme an den Feierlichkeiten zum fünfzigsten Jahrestag der Unabhängigkeitserklärung in Washington. Aber die Physis verwehrt dem Dreiundachtzigjährigen die beschwerliche Reise vom „Kleinen Berg" in die Hauptstadt. „Es trägt beträchtlich zu den Leiden meiner Krankheit bei, daß sie die persönliche Teilnahme an den Festlichkeiten jenes Tages verhindert", schreibt der Greis in seinem letzten bislang publizierten Brief vom 24. Juni 1826 an Roger C. Weightman, der mit den Vorbereitungen der Festivitäten in Washington betraut ist. Sein Glaube aber ist ungebrochen, daß die Entscheidung von 1776

> „für die ganze Welt (für einige Teile früher, für andere später, aber zuguterletzt eben für ihre Gesamtheit) das Signal zum Aufbruch der Menschen sein wird, ihre Ketten zu zerbrechen, mit denen sie sich, überredet

von klerikaler Ignoranz und Aberglauben, selbst gebunden haben, und dann Segen und Sicherheit der Selbstregierung zu erringen… Alle Augen sind heute für die Menschenrechte geöffnet… Die Allgemeine Verbreitung der Wissenschaft hat jedermann inzwischen die unbestreitbare Wahrheit offenbart, daß die Masse der Menschen nicht mit Sattelzeug auf dem Rücken geboren ist und wenige Begünstigte mit Stiefeln und Sporen, um auf ihr rechtmäßig und mit dem Beifall Gottes zu reiten. Solche Einsichten eröffnen begründete Hoffnungen für alle Menschen."

Am 24. Juni 1826 legt sich der „Weise von Monticello" endgültig zum Sterben nieder; verfügbare Quellen berichten, er sei bis kurz vor seinem Tode bei klarem Verstand und gewohnter Heiterkeit geblieben. In der Nacht vom 2. zum 3. Juli verliert er das Bewußtsein und kommt nur noch für Augenblicke zu sich. Dr. Dunglison, sein Arzt und Freund, berichtet, Jeffersons letzte Worte seien am Abend des 3. Juli zu vernehmen gewesen. „Ist es der Vierte", habe ihn der Sterbende gefragt, worauf er antwortete: „Er wird bald anbrechen". Der Tod tritt am 4. Juli 1826 gegen ein Uhr mittags ein. Wenn man die Begebenheiten dieses merkwürdigen Tages zusammenanschaut, fallen einem die Worte des sechsten Präsidenten der USA, John Quincy Adams, ein, es sei die Hand Gottes in den Ereignissen des 4. Juli 1826 sichtbar geworden. Wenige Stunden vor Thomas Jefferson war der Gefährte aus Revolutionstagen, Mitunterzeichner der Unabhängigkeitserklärung, der zweite Präsident und politische Gegner der Jahrhundertwende, enger Freund dann der späteren Jahre, war John Adams im hohen Alter von 91 Jahren angeblich mit den Worten „Thomas Jefferson lebt noch" ein paar hundert Meilen entfernt gestorben; hoffnungsfrohe Erinnerung, feine Ironie, wer weiß, vielleicht auch ein wenig Neid mögen in dieser berühmt gewordenen Sentenz mitgeschwungen haben. Und eben dieser Thomas Jefferson stirbt in dem Augenblick, da fünfzig Jahre zuvor der Kontinentalkongreß nach dreitägigen Beratungen die „Declaration of Independence" angenommen hatte. Das eigenartige Zusammentreffen der Daten und Ereignisse am 4. Juli 1826 hat die Menschen in Amerika unmittelbar elektrisiert und mitgewirkt an der Entstehung eines Jefferson-Mythos, der in späteren Phasen der amerikanischen Geschichte immer wieder politisch instrumentalisiert worden ist - zuletzt im Januar 1993 durch William Jefferson Clinton, den zweiundvierzigsten Präsidenten der USA, der bei seiner Inauguration mehrfach Bezüge zum Begründer seiner Partei hergestellt hat. Der frühere Gouverneur von Arkansas, dem George Bush im Wahlkampf wiederholt eine „europäisch soziale" Orientierung vorgeworfen hatte, verkündete seine Entschlossenheit, liberalen Werten im Sinne Jeffersons neue Geltung zu verschaffen. Sie sollen seinem Land zu neuem Schwung verhelfen und die Faszination Amerikas nach draußen neu begründen. Bill Clinton könnte, wenn er Vorsätze in politische Realität transformieren kann, auch die Idee der „Wertegemeinschaft" über den Atlantik hinweg einmal mehr mit Leben und Strahlkraft versehen. Die Verkündung von Prinzipien kann gewiß keine praktische Politik ersetzen. Aber ohne politische Symbolik und Vision degeneriert Politik zu bürokratischer Alltagsroutine, kann sie die Zustimmung und Teilnahmebereitschaft der Regierten nicht dauerhaft sichern. Politische Symbolik, die auf Thomas Jefferson rekurriert, tut gut in schwerer Zeit: die Wahrheit sollte auf beiden Seiten des Atlantik gelten.

Dokumente zum Leben und Werk von Thomas Jefferson

Nachfolgend sollen Texte präsentiert werden, so weit vorhanden in deutscher Sprache, die Jeffersons zeitübergreifende Bedeutung belegen. Sie stehen im Kontext mit Leistungen, die dem Virginier selbst so gewichtig erschienen, daß er sie auf seinem Grabstein vermerkt wissen wollte - die Rede ist von der Unabhängigkeitserklärung (deren partiell revidierter Rohentwurf von ihm verfaßt worden ist), dem Gesetz zur Religionsfreiheit in seinem Heimatstaat (vergl. S. 165/166, sowie der Gründung der University of Virginia.) Zusätzlich sollen einige Briefe die Denkweisen und Überzeugungen des "Herrn von Monticello" verdeutlichen.

1. Die amerikanische Unabhängigkeitserklärung (4. Juli 1776)

Wenn es im Zuge der Menschheitsentwicklung für ein Volk notwendig wird, die politischen Bande zu lösen, die es mit einem anderen Volke verknüpft haben, und unter den Mächten der Erde den selbständigen und gleichberechtigten Rang einzunehmen, zu dem Naturrecht und göttliches Gesetz es berechtigen, so erfordert eine geziemende Rücksichtnahme auf die Meinung der Menschheit, daß es die Gründe darlegt, die es zu der Trennung veranlassen.

Folgende Wahrheiten erachten wir als selbstverständlich: daß alle Menschen gleich geschaffen sind; daß sie von ihrem Schöpfer mit gewissen unveräußerlichen Rechten ausgestattet sind; daß dazu Leben, Freiheit und das Streben nach Glück gehören; daß zur Sicherung dieser Rechte Regierungen unter den Menschen eingesetzt werden, die ihre rechtmäßige Macht aus der Zustimmung der Regierten herleiten; daß, wann immer irgendeine Regierungsform sich als diesen Zielen abträglich erweist, es Recht des Volkes ist, sie zu ändern oder abzuschaffen und eine neue Regierung einzusetzen und diese auf solchen Grundsätzen aufzubauen und ihre Gewalten in der Form zu organisieren, wie es ihm zur Gewährleistung seiner Sicherheit und seines Glückes geboten zu sein scheint. Gewiß gebietet die Weisheit, daß von alters her bestehende Regierungen nicht aus geringfügigen und vorübergehenden Anlässen geändert werden sollten; und demgemäß hat jede Erfahrung gezeigt, daß die Menschen eher geneigt sind zu dulden, solange die Mißstände noch erträglich sind, als sich unter Beseitigung altgewohnter Formen Recht zu verschaffen. Aber wenn eine lange Reihe von Mißbräuchen und Übergriffen, die stets das gleiche Ziel verfolgen, die Absicht erkennen läßt, sie absolutem Despotismus zu unterwerfen, so ist es ihr Recht und ihre Pflicht, eine solche Regierung zu beseitigen und neue Wächter für ihre künftige Sicherheit zu bestellen.

So haben diese Kolonien geduldig ausgeharrt, und so stehen sie jetzt vor der zwingenden Notwendigkeit, ihre bisherige Regierungsform zu ändern. Die Regierungszeit des gegenwärtigen

Königs von Großbritannien ist von unentwegtem Unrecht und ständigen Übergriffen gekennzeichnet, die alle auf die Errichtung einer absoluten Tyrannei über diese Staaten abzielen. Zum Beweise dessen seien der gerecht urteilenden Welt Tatsachen unterbreitet:

Er hat Gesetzen seine Zustimmung verweigert, die für das Wohl der Allgemeinheit äußerst nützlich und notwendig sind.

Er hat seinen Gouverneuren verboten, Gesetze von sofortiger und drängender Wichtigkeit zu erlassen, es sei denn, daß ihr Inkrafttreten bis zur Erlangung seiner Zustimmung suspendiert würde; und wenn sie derart suspendiert waren, unterließ er es vollkommen, sich mit ihnen zu befassen.

Er hat es abgelehnt, andere Gesetze zugunsten großer Bevölkerungskreise zu verabschieden, wenn diese Menschen nicht auf das Recht der Vertretung in der Legislative verzichten wollten, ein für sie unschätzbar wichtiges Recht, das nur Tyrannen furchtbar ist.

Er hat die gesetzgebenden Körperschaften nach ungewöhnlichen und unbequemen Plätzen einberufen, die von dem Aufbewahrungsort ihrer öffentlichen Urkunden und amtlichen Unterlagen weit entfernt lagen, zu dem einzigen Zweck, sie durch Ermüdung zur Unterwerfung unter seine Maßnahmen zu bringen.

Er hat wiederholt Abgeordnetenkammern aufgelöst, weil sie mit männlicher Festigkeit seinen Eingriffen in die Rechte des Volkes entgegengetreten sind.

Er hat sich lange Zeit hindurch geweigert, nach solchen Auflösungen neue Vertretungen wählen zu lassen; dadurch ist die gesetzgeberische Gewalt, die untilgbar ist, an das Volk zurückgefallen, dem es nunmehr freisteht, sie auszuüben; der Staat aber bleibt in der Zwischenzeit allen Gefahren eines Einfalles von außen und Erschütterungen im Innern ausgesetzt.

Er hat sich bemüht, die Besiedlung dieser Staaten zu hemmen; zu diesem Zweck hat er den Vollzug der Einbürgerungsgesetze für Ausländer behindert; sich geweigert, andere Gesetze in Kraft zu setzen, die deren Einwanderung nach hier fördern sollten; und die Bedingungen des Neuerwerbs von Land erschwert.

Er hat die Rechtsprechung hintertrieben, indem er Gesetzen über die Erteilung richterlicher Befugnisse seine Zustimmung versagte.

Er hat Richter hinsichtlich der Amtsdauer und der Höhe und des Zahlungsmodus ihrer Gehälter von seinem Willen abhängig gemacht.

Er hat eine Unzahl neuer Behörden geschaffen und Schwärme von Beamten hierhergesandt, um unser Volk zu drangsalieren und seine Substanz aufzuzehren.

Er hat in Friedenszeiten ohne Zustimmung unserer gesetzgebenden Versammlung auf unserem Boden stehende Heere unterhalten.

Er hat danach gestrebt, das Militär von der Zivilgewalt unabhängig zu machen und es ihr überzuordnen.

Er hat sich mit anderen zusammengetan, um uns eine Form der Rechtsprechung aufzuzwingen, die der Verfassung fremd und von unseren Gesetzen nicht anerkannt war;

und er hat ihrern Maßnahmen einer vorgeblichen Rechtsprechung seine Billigung erteilt, um starke Kontingente bewaffneter Truppen bei uns zu stationieren;

um diese durch ein Scheingerichtsverfahren vor jeglicher Bestrafung für etwaige Mordtaten zu bewahren, die sie an den Einwohnern dieser Staaten verüben; um unseren Handel mit allen Teilen der Welt zu unterbinden;

um uns ohne unsere Einwilligung Steuern aufzuerlegen;

um uns in vielen Fällen des Rechtes auf ein ordentliches Verfahren vor einem Geschworenengericht zu berauben;

um uns zur Aburteilung wegen angeblicher Vergehen nach Übersee zu verschleppen;

um in einer Nachbarprovinz das freie englische Rechtssystem zu beseitigen und dort eine Willkürregierung zu errichten und deren Befugnisse zu erweitern, um sie dadurch gleichzeitig zu einem Präzedenzfall und einem geeigneten Werkzeug für die Einführung der gleichen absoluten Herrschaft auch in diesen Kolonien zu machen;

um uns unsere Freibriefe zu entziehen, unsere wichtigsten Gesetze aufzuheben und unsere Regierungsform grundlegend zu ändern;

um unsere eigene gesetzgebende Gewalt aufzuheben und sich selbst als mit der unumschränkten gesetzgebenden Gewalt über uns betraut zu erklären.

Er hat seinen Herrschaftsanspruch hier dadurch aufgegeben, daß er uns als außerhalb seines Schutzes stehend erklärte und Krieg gegen uns führte.

Er hat unsere Meere geplündert, unsere Küsten verheert, unsere Städte niedergebrannt und unsere Mitbürger getötet.

Er schafft gerade jetzt große Heere fremder Söldner heran, um das Werk des Todes, der Verheerung und der Tyrannei zu vollenden, das er bereits mit Grausamkeit und Treuebrüchen begonnen hat, die ihresgleichen kaum in den barbarischsten Zeiten finden und des Oberhauptes einer zivilisierten Nation völlig unwürdig sind.

Er hat unsere auf hoher See gefangengenommenen Mitbürger gezwungen, die Waffen gegen ihr Land zu erheben, um zu Henkern an ihren Freunden und Brüdern zu werden oder selbst von deren Händen zu fallen.

Er hat im Innern Aufstände in unserer Mitte angezettelt und versucht, auf unsere Grenzbewohner die erbarmungslosen indianischen Wilden zu hetzen, deren Kriegführung bekanntlich darin besteht, ohne Unterschied des Alters, Geschlechts oder Zustands alles niederzumetzeln.

In jedem Stadium dieser Bedrückung haben wir in der untertänigsten Form um Abhilfe nachgesucht: Unser wiederholtes Bitten ist lediglich durch wiederholtes Unrecht beantwortet worden. Ein Monarch, dessen Charakter durch jede seiner Handlungen in dieser Weise gekennzeichnet wird, die einem Tyrannen zuzutrauen ist, kann nicht geeignet sein, über ein freies Volk zu herrschen.

Wir haben es auch nicht an Aufmerksamkeit gegenüber unseren britischen Brüdern fehlen lassen. Wir haben sie von Fall zu Fall warnend auf die Versuche ihrer Gesetzgeber verwiesen, eine ungerechtfertigte Rechtsgewalt über uns zu erlangen. Wir haben sie an die

Umstände gemahnt, unter denen unsere Auswanderung und Ansiedlung erfolgten. Wir haben an ihr natürliches Gerechtigkeitsgefühl und ihre Hochherzigkeit appelliert und sie bei den Banden unserer gemeinsamen Herkunft beschworen, von diesen Übergriffen abzulassen, die unvermeidlich zum Abbruch unserer Verbindungen und Beziehungen führen müßten. Auch sie sind der Stimme der Gerechtigkeit und der Blutsverwandtschaft gegenüber taub geblieben. Wir müssen uns daher mit der notwendigen Folgerung aus unserer Trennung abfinden und sie wie die übrige Menschheit behandeln: als Feinde im Krieg, als Freunde im Frieden.

Daher tun wir, die in einem gemeinsamen Kongreß versammelten Vertreter der Vereinigten Staaten von Amerika, unter Anrufung des Obersten Richters über diese Welt als Zeugen für die Rechtschaffenheit unserer Absichten namens und im Auftrag der anständigen Bevölkerung dieser Kolonien feierlich kund und zu wissen, daß diese Vereinigten Kolonien freie und unabhängige Staaten sind und es von Rechts wegen bleiben sollen; daß sie von jeglicher Treuepflicht gegen die britische Krone entbunden sind und daß jegliche politische Verbindung zwischen ihnen und dem Staate Großbritannien vollständig gelöst ist und bleiben soll; und daß sie als freie und unabhängige Staaten das Recht haben, Krieg zu führen, Frieden zu schließen, Bündnisse einzugehen, Handel zu treiben und alle anderen Handlungen vorzunehmen und Staatsgeschäfte abzuwickeln, zu denen unabhängige Staaten rechtens befugt sind.

Und zur Erhärtung dieser Erklärung verpflichten wir uns gegenseitig feierlich in festem Vertrauen auf den Schutz der göttlichen Vorsehung zum Einsatz unseres Lebens, unseres Gutes und der uns heiligen Ehre.

Die vorstehende Erklärung wurde auf Anweisung des Kongresses als Dokument ausgefertigt und von folgenden Mitgliedern unterzeichnet:

John Hancock.

New Hampshire:
Josiah Bartlett; William Whipple; Matthew Thornton.

Massachusetts Bay:
Samuel Adams; John Adams; Robert Treat Paine; Elbridge Gerry.

Rhode Island:
Stephen Hopkins; William Ellery.

Connecticut:
Roger Sherman; Samuel Huntington; William Williams; Oliver Wolcott.

New York:
William Floyd; Philip Livingston; Francis Lewis; Lewis Morris.

New Jersey:
Richard Stockton; John Witherspoon; Francis Hopkinson; John Hart; Abraham Clark.

Pennsylvania:
Robert Morris; Benjamin Rush; Benjamin Franklin; John Morton; George Clymer; James Smith; George Taylor; James Wilson; George Ross.

Delaware:
Caesar Rodney; George Read; Thomas M'Kean.

Maryland:
Samuel Chase; William Paca; Thomas Stone; Charles Carroll of Carrollton.

Virginia:
George Wythe; Richard Henry Lee; Thomas Jefferson; Benjamin Harrison; Thomas
Nelson, Jr.; Francis Lightfoot Lee; Carter Braxton.

North Carolina:
William Hooper; Joseph Hewes; John Penn.

South Carolina:
Edward Rutledge; Thomas Heyward, Jr.; Thomas Lynch, Jr.; Arthur Middleton.

Georgia:
Button Gwinnett; Lyman Hall; George Walton.

Es wurde beschlossen, daß Abschriften dieser Erklärung an die einzelnen Abgeordnetenkammern, Konvente und Komitees, Sicherheitsausschüsse oder -räte sowie an die einzelnen Befehlshaber der kontinentalen Truppen gesandt werden sollen und daß sie in jedem der Vereinigten Staaten vor der Armee bekanntgegeben werde.

Thomas Jefferson: Betrachtungen über den Staat Virginia, hrsg. v. Hartmut Wasser, Zürich 1989, S. 469 ff.

2. Brief an Peter Carr, die Gründung der University of Virginia betreffend (Monticello, 7. September 1814)

DEAR SIR,-On the subject of the academy or college proposed to be established in our neighborhood, I promised the trustees that I would prepare for them a plan, adapted, in the first instance, to our slender funds, but susceptible of being enlarged, either by their own growth or by accession from other quarters.

I have long entertained the hope that this, our native State, would take up the subject of education, and make an establishment, either with or without incorporation into that of William and Mary, where every branch of science, deemed useful at this day, should be taught in its highest degree. With this view, I have lost no occasion of making myself acquainted with the organization of the best seminaries in other countries, and with the opinions of the most enlightened individuals, on the subject of the sciences worthy of a place in such an institution. In order to prepare what I have promised our trustees, I have lately revised these several plans with attention; and I am struck with the diversity of arrangement observable in them no two alike. Yet, I have no doubt that these several arrangements have been the subject of mature reflection, by wise and learned men, who, contemplating local circumstances, have adapted them to the conditions of the section of society for which they have been framed. I am strengthened in this conclusion by an examination of each separately, and a conviction that no one of them, if adopted without change, would be suited to the circumstances and pursuit of our country. The example they set, then, is authority for us to select from their different institutions the materials which are good for us, and, with them, to erect a structure, whose arrangement shall correspond with our own social condition, and shall admit of enlargement in proportion to the encouragement it may merit and receive. As I may not be able to attend the meetings of the trustees, I will make you the depository of my ideas on the subject, which may be corrected, as you proceed, by the better view of others, and adapted, from time to time, to the prospects which open upon us, and which cannot be specifically seen and provided for. In the first place, we must ascertain with precision the object of our institution, by taking a survey of the general field of science, and marking out the portion we mean to occupy at first, and the ultimate extension of our views beyond that, should we be enabled to render it, in the end, as comprehensive as we would wish.

1. Elementary schools.

It is highly interesting to our country, and it is the duty of its functionaries, to provide that every citizen in it should receive an education proportioned to the condition and pursuits of his life. The mass of our citizens may be divided into two classes - the laboring and the learned. The laboring will need the first grade of education to qualify them for their pursuits and duties; the learned will need it as a foundation for further acquirements. A plan was formerly proposed to the legislature of this State for laying off every county into hundreds or wards of five or six miles square, within each of which should be a school for the education of the children of the ward, wherein they should receive three years' instruction gratis, in reading, writing, arithmetic as far as fractions, the roots and ratios, and geography. The Legislature at one time tried an ineffectual expedient for introducing this plan, which having failed, it is hoped they will some day resume it in a more promising form.

2. General schools.

At the discharging of the pupils from the elementary schools, the two classes separate - those destined for labor will engage in the business of agriculture, or enter into apprenticeships to such handicraft art as may be their choice; their companions, destined to the pursuits of science, will proceed to the college, which will consist, 1st of general schools; and, 2d, of professional schools. The general schools will constitute the second grade of education.

The learned class may still be subdivided into two sections: 1, Those who are destined for learned professions, as means of livelihood; and, 2, The wealthy, who, possessing independent fortunes, may aspire to share in conducting the affairs of the nation, or to live with usefulness and respect in the private ranks of life. Both of these sections will require instruction in all the higher branches of science; the wealthy to qualify them for either public or private life; the professional section will need those branches, especially, which are the basis of their future profession, and a general knowledge of the others, as auxiliary to that, and necessary to their standing and association with the scientific class. All the branches, then, of useful science, ought to be taught in the general schools, to a competent degree, in the first instance. These sciences may be arranged into three departments, not rigorously scientific, indeed, but sufficiently so for our purposes. These are, I. Language; II. Mathematics; III. Philosophy.

I. Language. In the first department, I would arrange a distinct science. 1, Languages and History, ancient and modern; 2, Grammar; 3, Belles Lettres; 4, Rhetoric and Oratory; 5, A school for the deaf, dumb and blind. History is here associated with languages, not as a kindred subject, but on the principle of economy, because both may be attained by the same course of reading, if books are selected with that view.

II. Mathematics. In the department of Mathematics, I should give place distinctly: 1, Mathematics pure; 2, Physico-Mathematics; 3, Physics; 4, Chemistry; 5, Natural History, to wit: Mineralogy; 6, Botany; and 7, Zoology; 8, Anatomy; 9, the Theory of Medicine.

III. Philosophy. In the Philosophical department, I should distinguish: 1, Ideology; 2, Ethics; 3, the Law of Nature and Nations; 4, Government; 5, Political Economy.

But, some of these terms being used by different writers, in different degrees of extension, I shall define exactly what I mean to comprehend in each of them.

I. 3. Within the term of Belles Lettres I include poetry and composition generally, and criticism.

II. 1. I consider pure mathematics as the science of, 1, Numbers, and 2, Measure in the abstract; that of numbers comprehending Arithmetic, Algebra and Fluxions; that of Measure (under the general appellation of Geometry), comprehending Trigonometry, plane and spherical, conic sections, and transcendental curves.

II. 2. Physico-Mathematics treat of physical subjects by the aid of mathematical calculation. These are Mechanics, Statics, Hydrostatics, Hydrodynamics, Navigation, Astronomy, Geograpy, Optics, Pneumatics, Acoustics.

II. 3. Physics, or Natural Philosophy (not entering the limits of Chemistry) treat of natural substances, their properties, mutual relations and action. They particularly examine the subjects of motion, action, magnetism, electricity, galvanism, light, meteorology, with an etc. not easily enumerated. These definitions and specifications render immaterial the question whether I use the generic terms in the exact degree of comprehension in which others use them; to be understood is all that is necessary, to the present object.

3. Professional Schools.

At the close of this course the students separate; the wealthy retiring, with a sufficient stock of knowledge, to improve themselves to any degree to which their views may lead them, and the professional section to the professional schools, constituting the third grade of education, and teaching the particular sciences which the individuals of this section mean to pursue, with more minuteness and detail than was within the scope of the general schools for the second grade of instruction. In these professional schools each science is to be taught in the highest degree it has yet attained. They are to be the

1st Department, the fine arts, to wit: Civil Architecture, Gardening, Painting, Sculpture, and the Theory of Music; the

2d Department, Architecture, Military and Naval; Projectiles, Rural Economy (comprehending Agriculture, Horticulture and Veterinary), Technical Philosophy, the Practice of Medicine, Materia Medica, Pharmacy and Surgery. In the

3d Department, Theology and Ecclesiastical History; Law, Municipal and Foreign.

To these professional schools will come those who separated at the close of their first elementary course, to wit:

The lawyer to the law school.

The ecclesiastic to that of theology and ecclesiastical history. The physician to those of medicine, materia medica, pharmacy and surgery.

The military man to that of military and naval architecture and projectiles.

The agricultor to that of rural economy.

The gentleman, the architect, the pleasure gardener, painter and musician to the school of fine arts.

And to that of technical philosophy will come the mariner, carpenter, shipwright, pumpmaker, clockmaker, machinist, optician, metallurgist, founder, cutler, druggist, brewer, vintner, distiller, dyer, painter, bleacher, soapmaker, tanner, powdermaker, saltmaker, glassmaker, to learn as much as shall be necessary to pursue their art understandingly, of the sciences of geometry, mechanics, statics, hydrostatics, hydraulics, hydrodynamics, navigation, astronomy, geography, optics, pneumatics, physics, chemistry, natural history, botany, mineralogy and pharmacy.

The school of technical philosophy will differ essentially in its functions from the other professional schools. The others are instituted to ramify and dilate the particular sciences taught in the schools of the second grade on a general scale only. The technical school is to abridge those which were taught there too much in extenso for the limited wants of the artificer or practical man. These artificers must be grouped together, according to the particular branch of science in which they need elementary and practical instruction; and a special lecture or lectures should be prepared for each group. And these lectures should be given in the evening, so as not to interrupt the labors of the day.

The school, particularly, should be maintained wholly at the public expense, on the same principles with that of the ward schools. Through the whole of the collegiate course, at the hours of recreation on certain days, all the students should be taught the manual exercise; military evolutions and manoeuvers should be under a standing organization as a military corps, and with proper officers to train and command them.

A tabular statement of this distribution of the sciences will place the system of instruction, more particularly in view:

1st or Elementary Grade in the Ward Schools. Reading, Writing, Arithmetic, Geography.

2d, or General Grade.

1. Language and History, ancient and modern.

2. Mathematics, viz: Mathematics pure, Physico-Mathematics, Physics, Chemistry, Anatomy, Theory of Medicine, Zoology, Botany and Mineralogy.

3. Philosophy, viz: Ideology, and Ethics, Law of Nature and Nations, Government, Political Economy.

3d, or Professional Grades.

Theology and Ecclesiastical History; Law, Municipal and Foreign ; Practice of Medicine;

Materia Medica and Pharmacy; Surgery; Architecture, Military and Naval, and Projectiles; Technical Philosophy; Rural Economy; Fine Arts.

On this survey of the field of science, I recur to the question, what portion of it we mark out for the occupation of our institution? With the first grade of education we shall have nothing to do. The sciences of the second grade are our first object; and, to adapt them to our slender beginnings, we must separate them into groups, comprehending many sciences each, and greatly more, in the first instance, than ought to be imposed on, or can be competently conducted by a single professor permanently. They must be subdivided from time to time, as our means increase, until each professor shall have no more under his care than he can attend to with advantage to his pupils and ease to himself. For the present, we may group the sciences into professorships, as follows, subject, however, to be changed, according to the qualifications of the persons we may be able to engage.

I. Professorship.

Languages and History, ancient and modern. Belles-Lettres, Rhetoric and Oratory.

II. Professorship.

Mathematics pure, Physico-Mathematics. Physics, Anatomy, Medicine, Theory.

III. Professorship.

Chemistry, Zoology, Botany, Mineralogy.

IV. Professorship.

Philosophy.

The organization of the branch of the institution which respects its government, police and economy, depending on principles which have no affinity with those of its institution, may be the subject of separate and subsequent consideration.

With this tribute of duty to the board of trustees, accept assurances of my great esteem and consideration.

The Life and Selected Writings of Thomas Jefferson, hrsg. von Adrienne Koch/ William Peden, New York 1972 (The Modern Library), S. 642ff.

3. „These are my principles"
(Brief an Elbridge Gerry, Philadelphia, 26. Januar 1899)

I do then, with sincere zeal, wish an inviolable preservation of our present federal Constitution, according to the true sense in which it was adopted by the States, that in which it was advocated by its friends, and not that which its enemies apprehended, who therefore became its enemies; and I am opposed to the monarchising its features by the forms of its administration, with a view to conciliate a first transition to a President and Senate for life, and from that to an hereditary tenure of these offices, and thus to worm out the elective principle. I am for preserving to the States the powers not yielded by them to the Union, and to the legislature of the Union its constitutional share in the division of powers; and I am not for transferring all the powers of the States to the General

Government, and all those of that government to the executive branch. I am for a government rigorously frugal and simple, applying all the possible savings of the public revenue to the discharge of the national debt; and not for a multiplication of officers and salaries merely to make partisans, and for increasing, by every device, the public debt, on the principle of its being a public blessing. I am for relying, for internal defence, on our militia solely, till actual invasion, and for such a naval force only as may protect our coasts and harbors from such depredations as we have experienced; and not for a standing army in time of peace, which may overawe the public sentiment; nor for a navy, which, by its own expenses and the eternal wars in which it will implicate us, will grind us with public burthens, and sink us under them. I am for free commerce with all nations; political connection with none; and little or no diplomatic establishment. And I am not for linking ourselves by new treaties with the quarrels of Europe; entering that field of slaughter to preserve their balance, or joining in the confederacy of kings to war against the principles of liberty. I am for freedom of religion, and against all manoeuvres to bring about a legal ascendancy of one sect over another: for freedom of the press, and against all violations of the Constitution to silence by force and not by reason the complaints or criticisms, just or unjust, of our citizens against the conduct of their agents. And I am for encouraging the progress of science in all its branches; and not for raising a hue and cry against the sacred name of philosophy; for awing the human mind by stories of raw-head and bloody bones to a distrust of its own vision, and to repose implicitly on that of others; to go backwards instead of forwards to look for improvement; to believe that government, religion, morality, and every other science were in the highest perfection in ages of the darkest ignorance, and that nothing can ever be devised more perfect than what was established by our forefathers. To these I will add, that I was a sincere well-wisher to the success of the French revolution, and still wish it may end in the establishment of a free and well-ordered republic; but I have not been insensible under the atrocious depredations they have committed on our commerce. The first object of my heart is my own country. In that is embarked my family, my fortune, and my own existence. I have not one farthing of interest, nor one fibre of attachment out of it, nor a single motive of preference of any one nation to another, but in proportion as they are more or less friendly to us. But though deeply feeling the injuries of France, I did not think war the surest means of redressing them. I did believe, that a mission sincerely disposed to preserve peace, would obtain for us a peaceable and honorable settlement and retribution; and I appeal to you to say, whether this might not have been obtained, if either of your colleagues had been of the same sentiment with yourself.

These, my friend, are my principles; they are unquestionably the principles of the great body of our fellow-citizens, and I know there is not one of them which is not yours also. In truth, we never differed but on one ground, the funding system; and as, from the moment of its being adopted by the constituted authorities, I became religiously principled in the sacred discharge of it to the uttermost farthing, we are united now even on that single ground of difference. . .

The Life and Selected Writings of Thomas Jefferson, a.a.0., S. 544ff.

Ausgewählte Biographien zum Leben und Werk von Thomas Jefferson

Die Literatur über Thomas Jefferson ist so umfangreich, daß sie als kaum noch überschaubar gelten muß. Das komplexe Charakterbild und die Ambivalenzen im Denken und Handeln des Virginiers haben im Verein mit seiner Bedeutung für die Ausformung des „American Creed" jede Generation in den USA zu immer neuer Beschäftigung mit dem „Weisen von Monticello" getrieben; welches Bild von Thomas Jefferson dabei entstanden ist, und wie es sich im Laufe der Zeit verändert hat, wird meisterhaft beschrieben von Merrill D. Peterson: The Jefferson Image in the American Mind, New York 1962. Nachfolgend werden bloß einige zeitgenössische Biographien von Rang aufgelistet, von denen freilich keine in deutscher Sprache vorliegt. Als Standardbiographie gilt Dumas Malone: Jefferson and His Time, 6 Bde., Boston 1948-81. Sie ist die umfangreichste und gründlichste Darstellung des Lebens und Wirkens Thomas Jeffersons und ein unentbehrliches Nachschlagewerk dort, wo man spezifischen Details (und der Literatur darüber!) dieses Lebens auf die Schliche kommen will.

Daß es gelingen kann, einen fundierten und haftenden Eindruck von der historischen Bedeutung des Virginiers auch auf knapperem Raum zu vermitteln, beweist das einbändige Werk von Merrill D. Peterson: Thomas Jefferson and the New Nation. A Biography, New York 1970. Als jüngere Versuche der Annäherung an das komplexe Phänomen Thomas Jefferson seien noch genannt Noble E. Cunningham, Jr.: In Pursuit of Reason. The Life of Thomas Jefferson, Baton Rouge/London 1987, der die unglaubliche Vitalität und geistige Spannbreite des von ihm Porträtierten veranschaulicht; und die eingängig geschriebene Darstellung von Alf. J. Mapp, Jr.: Thomas Jefferson. A Strange Case of Mistaken Identity, 2 Bde.; bislang Bd. I, Lanham/New York/London 1987, der von 1743 bis zur Inauguration Jeffersons als 3. Präsident der USA im Jahre 1801 reicht. Unmittelbar vor Drucklegung ist erschienen Peter Nicolaisen: Thomas Jefferson, Reinbek, 1995 (rm 405), eine anschauliche Kurzbiographie.

Wer Spezialliteratur zum genannten Sujet sucht, sei verwiesen auf Eugene L. Huddleston: Thomas Jefferson. A Reference Guide, Boston 1982 und Frank Shuffelton: Thomas Jefferson. A Comprehensive Annotated Bibliography of Writings About Him, 1826 - 1980, New York 1983.

Schließlich seien noch einige jüngere Editionen von Texten, Dokumenten, Memoranden, Briefen etc. aus der Feder Thomas Jeffersons erwähnt. Die historisch-kritische Gesamtausgabe der Primärquellen erscheint als vielbändiges Unternehmen seit 1950 an der Princeton University und wird erst im nächsten Jahrhundert fertiggestellt. Bislang liegen 22 Bände vor von Julian P. Boyd et al. (Hrsg.), The Papers of Thomas Jefferson, Princeton 1950ff., die Jeffersons Korrespondenz bis August 1791 und einen Indexband enthalten; vermutlich wird das Werk bei seinem Abschluß mehr als 70 Bände umfassen. Eine wertvolle Edition der Primärquellen, freilich ohne den Vollständigkeitsanspruch des Boydschen Projekts, ist um die Jahrhundertwende herausgegeben worden von Paul L. Ford: The Writings of Thomas Jefferson, 10 Bde., New York 1892-1899. Eine sehr gute, einbändige Auswahl wichtiger Jeffersontexte liegt vor in Merrill D. Peterson (Hrsg.), Thomas Jefferson. Writings, New York 1984.

Thomas Jeffersons „Buchsolitär" ist in englischer und deutscher Sprache zugänglich. Siehe William Peden (Hrsg.), Notes on the State of Virginia, Chapel Hill 1954, und Hartmut Wasser (Hrsg.), Thomas Jefferson. Betrachtungen über den Staat Virginia, Zürich 1989.

Unterzeichnung der Unabhängigkeitserklärung am 4. Juli 1776
in der Independence Hall in Philadelphia

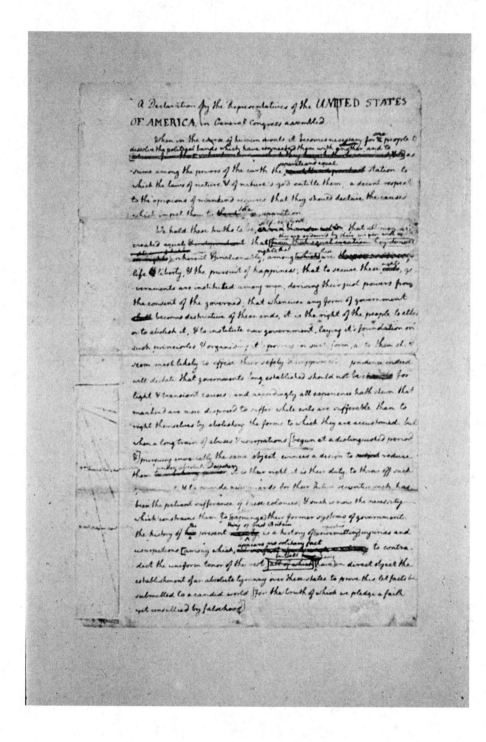

Jeffersons Entwurf der ersten Seite der Unabhängigkeitserklärung

Joyce Appleby

Die fortwirkenden Spannungen in der Jeffersonschen Tradition

Der 250. Geburtstag von Thomas Jefferson war am 13. April 1993, doch die Feierlichkeiten begannen schon im Herbst 1992, als in Charlottesville Sozialwissenschaftler zusammenkamen, um über das vielschichtige Vermächtnis Jeffersons zu referieren und zu diskutieren. Inzwischen hat jede größere Bibliothek in den Vereinigten Staaten zu Jefferson eine Ausstellung eingerichtet. Das Jubiläumsjahr scheint auf der ganzen Welt zu einem gesteigerten Interesse an Jefferson geführt zu haben. Ein Jahr später finden wir uns hier in Hamburg zusammen, wo die USIA aus Anlaß des 75. Geburtstags der Universität Hamburg eine weitere Konferenz über Jefferson veranstaltet. Und ein aufwendiger Film über Jeffersons Aufenthalt in Paris wird bald in die Kinos kommen.

Das „Erbe" Jeffersons ist ein angemessenes Thema für eine Konferenz. Jefferson hat zwar von Vermächtnissen nicht viel gehalten, doch hat er einige sehr bedeutende hinterlassen. Wie von keiner anderen politischen Gestalt erwarten wir von Jefferson, daß er uns Amerika verständlich macht. Während die Begriffe „Wilsonian", „Jacksonian", „Washingtonian" oder „Lincolnesque" auf eine geschichtliche Periode verweisen, hat das Wort „Jeffersonian" auch heute noch eine aktuelle Bedeutung.

Jede der beiden großen Parteien beruft sich gern auf Jefferson. Bill Clintons zweiter Vorname ist Jefferson, und es war kein Zufall, daß er die Feiern anläßlich seiner Amtseinsetzung in Monticello beginnen ließ. Ronald Reagan beanspruchte Jefferson ebenso nachdrücklich für sich; er riet uns, den Nachfahren, „aus Thomas Jeffersons Leben eine Blume zu pflücken und sie für immer in der Seele zu tragen".

Selbst das, was Jefferson nicht tat, gewinnt im Laufe der Zeit an Bedeutung. Bei einer NBC/Wall Street Journal-Umfrage waren 31 Prozent der Befragten der Meinung, daß Jefferson in der Verfassunggebenden Versammlung von Philadelphia eine sehr wichtige Rolle gespielt habe. Als die Verfassunggebende Versammlung im Jahr 1787 tagte, hielt sich Jefferson in Wirklichkeit als Gesandter in Paris auf (und lieferte auf diese Weise den Stoff für den eben erwähnten Film über die Pariser Jahre des Virginiers).

Das schönste Kompliment machte John F. Kennedy, als er mit den Nobelpreisträgern der westlichen Welt im Weißen Haus dinierte. Er brachte einen Toast auf seine Gäste aus und pries sie als „die ungewöhnlichste Ansammlung von Talent und Wissen, die jemals im Weißen Haus versammelt war - ausgenommen Thomas Jefferson, wenn er hier ganz allein speiste."

Das Erbe Jeffersons ist vielschichtig und hat sich für uns, wie Sie aus meinem Abriß früherer Gedenkveranstaltungen ersehen werden, im Laufe der Zeit gewandelt. An seinem hundertsten Geburtstag im Jahr 1843 spalteten die in der Unabhängigkeitserklärung enthaltenen Prinzipien des Naturrechts eine in der Sklavenfrage zerstrittene Nation. Jefferson wurde fast nur im Norden geehrt, wo sein Eintreten für ein Verbot der Sklaverei in den Nordwestterritorien stark beachtet wurde. Einige Jahre später beantragte David Wilmot, ein Kongreßabgeordneter aus Pennsylvania, die Sklaverei in den im Mexikanischen Krieg erworbenen Gebieten zu verbieten, und bei fast allen Reden im Plenum des Kongresses wurde die Erinnerung an Jefferson wachgerufen.

Fünfzig Jahre danach, an Jeffersons 150. Geburtstag im Jahr 1893, war sein Ruhm weitgehend verblaßt. Weil er Sklavenhalter gewesen war und gegenüber der Bundesregierung die Rechte der Einzelstaaten verteidigt hatte, sah man in ihm eine Ursache des Bürgerkrieges der Jahre 1861-65. Selbst sein Eintreten für die Demokratie war suspekt. Die „Brahmanen" in Boston und die Bankiers der Wall Street, die jetzt das Land unter ihrer Kontrolle hatten, waren alles andere als begeistert von Leuten, die nicht mehr als genügsame Farmer in einem fernen Grenzgebiet eine Existenzgrundlage erkämpften, sondern als Arbeiter in der nahegelegenen Stadt wilde Streikdrohungen ausstießen.

Einer berühmten Edition von Jeffersons Schriften stellte der Herausgeber eine Rechtfertigung voran; Paul Ford, ein Sprecher des siegreichen Nordens, erläuterte seinen Lesern, Jefferson sei im Gegensatz zu den Föderalisten gewillt gewesen, mit der jahrhundertealten Tradition zu brechen, daß das Volk von der Intelligenz, den Reichen und den „besseren Kreisen" des Landes vor sich selbst geschützt werden müsse, und daß die amerikanische Demokratie ihn deshalb zu ihrem Anführer und Sprachrohr gemacht habe.

Als 1943 der zweihundertste Geburtstag Jeffersons zur Erinnerung anstand, war die Demokratische Partei zum Glück erneut an der Macht. Sie reklamierte ihn als einen ihrer Gründer. Zur selben Zeit, als Jefferson geehrt werden sollte, wurde das Briefporto erhöht. Man beließ das Porträt George Washingtons auf der alten Ein-Cent-Marke und zierte die neue Drei-Cent-Marke mit dem Porträt Jeffersons. Zuvor hatte der Kongreß die „Thomas Jefferson Memorial Commission" einberufen, welche in der Hauptstadt den Standort für ein Denkmal aussuchen und dessen Planung und Bau überwachen sollte. Der feierliche erste Spatenstich geschah 1938 in Anwesenheit Franklin Delano Roosevelts; am 13. April 1943 wurde das Denkmal enthüllt. Wegen der kriegsbedingten Metallknappheit bestand die erste Statue von Jefferson aus Gips.

Von dieser Kommission stammt das ehrgeizigste Publikationsprojekt der amerikanischen Geschichte - der Plan, alle schriftlichen Äußerungen Thomas Jeffersons zu veröffentlichen. Dabei geht es um fast 19 000 Einzelstücke - persönliche und amtliche Schreiben, Gesetzentwürfe, Ansprachen und Direktiven. Der erste Band erschien 1950. Inzwischen sind die Herausgeber beim Jahr 1794 angelangt. Noch unberücksichtigt sind die Jahre Jeffersons als Vizepräsident, als Präsident sowie die knapp zwei Jahrzehnte des Ruhestands, in denen der Herr von Monticello sich der Gründung der „University of Virginia" widmete. Möglicherweise wird das Publikationsvorhaben zu Jeffersons dreihundertstem Geburtstag im Jahr 2043 abgeschlossen sein - knapp vor dem hundertjährigen Jubiläum des Projekts im Jahr 2050.

Im Jahr 1943 war von Jeffersons Lob der Farmer als tugendhafter Grundlage der amerikanischen Demokratie die Rede. Die Anhänger des „New Deal" priesen seine Beiträge zur Modernisierung der Landwirtschaft - die Erfindung einer Dreschmaschine, die Verbesserung des Pfluges, die Einführung des Merinoschafes in Virginia und die Bemühungen um die Bodenkonservierung. Experten des Landwirtschaftsministeriums waren so begeistert von Jefferson, daß sie ihr Auditorium nach ihm benannten.

1993, im Jahr von Jeffersons 250. Geburtstag, waren die Forscher kritischer und erkannten schärfer, um welchen Preis die von Jefferson definierte Freiheit gefeiert werden konnte. Ich möchte diesen Punkt, der mich zu meinem Thema zurückbringt, weiter ausführen, doch wie die meisten Historiker muß ich zunächst zurückgehen, um anschließend voranzukommen. Mehr als jeder andere Führer hatte Jefferson eine Vision, wofür Amerika einstehen sollte. Das Wort umreißt das Problem. 1776 mußten die Vereinigten Staaten für etwas einstehen, weil die Einzelstaaten keinen anderen Zusammenhalt hatten. Im Gegensatz zu den Monarchien und sonstigen Staatswesen des 18. Jahrhunderts hatten die Amerikaner keine gemeinsame Geschichte, keine allen gemeinsame Vorstellung von Obrigkeit oder göttlicher Vorsehung. Die Regionen, aus denen die Vereinigten Staaten zusammengesetzt waren - die Neuenglandstaaten, die Mittelatlantikstaaten und der Süden -, hatten ihre eigenen Traditionen, doch diese schlossen Außenstehende aus und behinderten die Entstehung einer integrativen Identität für das Ganze. Den Menschen fehlte die beruhigende Gewißheit, das Land über lange Zeit hinweg bewohnt zu haben, und den einzigen gemeinsamen Nenner, die britische Souveränität, hatten sie absichtlich eliminiert.

Da es an Symbolen gemeinsamer Erfahrungen fehlte, wie Edmund Burke sie für England evozieren konnte, mußten sich die Amerikaner erst einmal auf die Suche machen. Die verschiedenen Staaten wurden nur von politischen Institutionen zusammengehalten sowie von einem bedeutsamen Dokument: der Unabhängigkeitserklärung. In ihr sind mit bewundernswerter Klarheit die Gründe genannt, welche die Kolonien dazu zwangen, ihre politischen Bindungen an Großbritannien zu lösen. Mit der Auflistung dieser Gründe wurden implizit jene mit der englischen Tradition verbundenen spezifischen, konkreten und von historischen Ereignissen herstammenden Rechte aufgegeben. Die Rechte der Engländer hatten bei den amerikanischen Kolonisten versagt, und diese wandten sich deshalb einer abstrakten, rationalistischen Rechtstheorie zu.

Die Unabhängigkeitserklärung brachte der politischen Philosophie jedoch keine grundlegenden Neuerungen. Ihre Konzeptionen wurzeln im englischen Denken des 17. Jahrhunderts; viele von denen, die sie unterzeichneten, sahen keinen Konflikt zwischen den Naturrechten und ihrer eigenen Befürwortung einer traditionellen Gesellschaftsordnung. Das radikale Potential der Unabhängigkeitserklärung kam erst in den folgenden 25 Jahren zum Vorschein, in erster Linie durch Jeffersons Bemühungen, eine restriktive Interpretation der Prinzipien von 1776 zu verhindern. Er war es, der in jenem kritischen Vierteljahrhundert, als eine nationale Identität im Entstehen war, die Ziele des Durchschnittsamerikaners bestimmte und sich dafür einsetzte, daß Begriffe wie „natürliche Gleichheit" und „Volkssouveränität" wortwörtlich genommen wurden.

Es war nicht klar, was die Unabhängigkeitserklärung im Jahr 1776 bedeutete, oder was es tatsächlich beinhaltete, wenn die Unabhängigkeit mit folgenden Worten erklärt wurde: „Wir halten diese Wahrheiten für selbstverständlich: daß alle Menschen gleich geschaffen sind, daß sie alle von ihrem Schöpfer mit bestimmten unveräußerlichen Rechten ausgestattet sind, zu denen das Leben, die Freiheit und das Streben nach Glück zählen. Daß, um diese Rechte zu sichern, Regierungen unter den Menschen eingesetzt sind, die ihre gerechten Machtbefugnisse durch die Zustimmung der Regierten erhalten."

Für den Großteil der revolutionären Elite enthielt diese Beschwörung von Naturrechten fast keine radikalen Perspektiven. Man erwartete weiterhin Unterordnung und stützte die Autorität patriarchalischer Familien, etablierter Kirchen und der bestehenden Herrschaftsinstitutionen. Als Jefferson sich 1793 mit seiner Sache an die mit Parteipolitik nicht vertrauten Wähler wandte, waren die Machtpositionen in den neu konstituierten Vereinigten Staaten mit Männern besetzt, die aus konservativen Kreisen stammten und keinen intellektuellen Wagemut bewiesen. Viele, unter ihnen auch Vizepräsident John Adams, bezogen ihre Überzeugungen aus einer Art säkularisiertem Calvinismus, einem Sammelsurium von Weisheiten, die aus der Antike und aus der Bibel stammten: Männer und Frauen sind anfällig für die Sünde, und die Gesellschaft ist degenerativen Krankheiten ausgesetzt. Ihrer Ansicht nach war das Neue an den Vereinigten Staaten nicht, daß diese der Menschheit eine neue Hoffnung auf Befreiung gaben, sondern daß sie gelehrten Staatsmännern eine neue Gelegenheit boten, die Lektionen der Vergangenheit anzuwenden. Als sich die amerikanischen Kolonien von Großbritannien trennten, befreiten sie sich nach Meinung dieser nationalen Führer von den Korrumpierungen des Mutterlandes, aber nicht von dem reinen Vorbild selbst, und dieses Vorbild lehrte, daß Ordnung wichtiger sei als Freiheit, und daß diese Ordnung nur von Gentlemen aufrechterhalten werden könne, die mittels komplizierter Wahlprozesse aus der Masse der Wähler herausgefiltert worden waren.

Die amerikanische Unabhängigkeit war für sie eine nachträgliche Ergänzung ihres großartigen englischen Erbes der Freiheit unter dem Gesetz.

Jefferson hatte etwas anderes im Sinn: die Möglichkeit der Befreiung der Menschen (und er meinte damit leider nur die Männer) von einengenden Institutionen. Er hatte den Eindruck, daß der Durchschnittsmensch wie Gulliver mit hundert Banden gefesselt war. Er stellte sich eine Auflösung der alten Gesellschaftsordnung vor, so daß Menschen, die ihrer wahren Natur so lange entfremdet waren, diese wiederfinden könnten.

Um dies zu erreichen, mußte Jefferson, wie Paul Ford, der Herausgeber der ersten bedeutenden Jefferson-Edition, bemerkte, mit der althergebrachten Weisheit brechen, daß das Volk von der Intelligenz, den Reichen und den 'besseren Kreisen' des Landes vor sich selbst geschützt werden müsse. Doch als sich Jefferson gegen diese Vorstellung wandte, baute er auf ein neues Konzept der menschlichen Natur, das ihre Einheitlichkeit betonte.

In seiner Auseinandersetzung mit Sozialkonservativen - den Männern, die unter den Präsidenten Washington und Adams hohe Ämter innehatten -, trat Jefferson für die Freiheit des weißen Durchschnittsbürgers ein, indem er auf dem Prinzip natürlicher Gleichheit bestand. Er zog gegen Privilegien zu Felde und machte sich den neuen Enthusiasmus für die Naturwissenschaften zunutze, die in der Gesellschaft wie in der Natur Gesetzmäßigkeiten erforschten. Gegen die vorherrschende Meinung, daß der Mensch schwach, wankelmütig und der Führung bedürftig sei, setzte Jefferson die aufklärerische Vorstellung vom rationalen, sich weiterentwickelnden, unabhängigen Menschen, der fähig sei, für sich und seine Familie zu sorgen, wenn sich bloß die Institutionen ihrer ständigen Eingriffe in das Leben der Bürger enthielten.

Als Jefferson diese für die damalige Zeit neue Ansicht vortrug, gab er der Naturrechtsphilosophie eine wissenschaftliche Interpretation, die das Allgemeingültige in der Schöpfungsordnung betonte. Zu der von Jefferson skizzierten sozialen Ordnung gehörte außerdem eine Abkehr von überkommenen Vorstellungen hinsichtlich der Rolle der Zeit und der Natur. Das traditionelle politische Denken stufte alle Veränderungen als Zufallsprodukte ein; ihm zufolge kam es mit der Zeit zu Unglücksfällen und Störungen der Stabilität, ja zu Zyklen des Zerfalls. Das liberale, aufgeklärte Denken verband den Begriff der Zeit mit der Vorstellung von Weiterentwicklung und Fortschritt. Die Zukunft würde grundlegend anders sein, weil die im Gange befindlichen Prozesse die Gesellschaft fortlaufend veränderten. Man brauchte über die Vergangenheit nicht viel zu wissen, weil das Schicksal der Menschen in der Zukunft lag. Es bedurfte keiner Institutionen, um die Entwicklung der Menschen zu lenken und zu fördern, weil die Angelegenheiten der Menschen von einem natürlichen, spontanen Ordnungsmechanismus geregelt wurden, wenn es den strebenden Individuen freigestellt war, ihren eigenen Weg zu finden.

Jefferson hinterließ den Amerikanern eine Vorstellung von Freiheit, die auf der Idee einer natürlichen, von den positiven Aktivitäten freier Menschen geschaffenen sozialen Harmonie basierte. Den offensichtlichsten Widerspruch zu den Gründungsprinzipien der Vereinigten Staaten stellte die Sklaverei dar. Weil es für eine der individuellen Freiheit verpflichtete Nation zutiefst unehrlich war, Sklaverei zuzulassen, entstand die erste Emanzipationsbewegung, als die Staaten des Nordens Gesetze erließen, welche die Sklaverei künftig für unzulässig erklärten. Die Spannungen und Widersprüche, auf die es mir ankommt, sind jedoch viel weniger offenkundig; sie ergeben sich aus dem Umstand, daß Jeffersons Naturrechtsdoktrin neue Vorurteile schuf, die nicht nur für die Emanzipationsarbeit im Süden sondern auch für die Anwendung der Rechte auf freigelassene Sklaven, amerikanische Ureinwohner und Frauen insgeheim Hindernisse aufstellten.

William Duane, ein hitzköpfiger irischer Journalist und ausgewiesener Radikaler, beschrieb Jefferson als den besten Staubentferner, den er je getroffen habe. Die Metapher ist zutreffend, weil es Jeffersons eigentümliche Beziehung zum Abgeschlossenen und Feststehenden war - den Dingen, die Staub ansammeln -, die ihn von fast allen seinen Altergenossen in der revolutionären Elite unterschied. Die Naturrechtsphilosophie stellte sich ihm nicht, wie für manche andere, als ein auf die Stoiker zurückgehender intellektueller Diskurs dar; sie kündigte vielmehr ein neues, emanzipatorisches Programm an, dessen Ziel es war, die alte soziale Ordnung aufzulösen, damit die Menschen, die so lange ihrer wahren Natur entfremdet waren, diese wiederfinden konnten. Wie für Thomas Paine erforderte die Anwendung der Naturrechte auch für Jefferson radikale Umgestaltungen des traditionellen staatlichen Gemeinwesens. Wichtiger noch: die tote Hand der Vergangenheit mußte von den Schultern der Lebenden entfernt werden. Doch im Gegensatz zu Paine war Jefferson kein entwurzelter Intellektueller; er betrieb seinen Reformfeldzug inmitten von Amerikas triumphierender intellektueller Elite.

In den Jahren, die Jefferson als amerikanischer Gesandter in Paris verbrachte, begeisterte er sich für die Idee, die schweigende Zustimmung der Regierten zur Herrschaft durch eine wirkliche und explizite Bejahung geltender Gesetze zu ersetzen. „Die Erde gehört den Lebenden zur Nutznießung!", schrieb er an Madison.[1] Dann nahm er diese Aussage wortwörtlich und machte sich daran, den optimalen Zeitabstand zwischen Volksabstimmungen zu berechnen für den Fall, daß jede Generation ihr eigenes Plebiszit abhalten sollte über die Gesetzgebung, die ihr Leben bestimmte. Auch in der Sprache war für Jefferson die restriktive Gewalt der Vergangenheit am Werke. Wenn schon bestehende Gesetze jede Generation der Lebenden einschränkten, um wieviel hinderlicher war noch das mit der Sprache tradierte konzeptionelle Vokabular. Jefferson sah im Puristen den Feind sprachlicher Freiheit. Indem er zu den Wörtern „Purismus" und „Neologismus", die er eben kennengelernt hatte, Überlegungen anstellte, führte er aus: „Ich bin kein

Freund des sogenannten Purismus, ich beneide vielmehr die Neologie, die diese beiden neuen Wörter ohne jede Autorität in unser Wörterbuch eingeführt hat. Ich halte den Purismus für den Zerstörer der Ausruckskraft und der Schönheit der Sprache; die Neologie hingegen verbessert beide und trägt zu ihrer Fülle bei."[2]

Jefferson definierte Wörterbücher als Sammlungen von Wörtern, die bereits durch den Gebrauch legitimiert waren. Die Gesellschaft nannte er eine Werkstätte für Wörter. Jeffersons positive Einstellung zur Neologie, zu Neologismen und zur Neologisierung wurde von seinem Freund John Adams nicht geteilt, mit dem er im hohen Alter die Korrespondenz wieder aufnahm. „Erklären Sie mir doch bitte diesen neologischen Titel!" schrieb Adams an Jefferson im Hinblick auf ein Buch über Ideologie. „Was bedeutet das Wort? Als Bonaparte es benützte, war ich entzückt davon, weil wir gemeinhin von allen Dingen entzückt sind, die wir nicht verstehen. Bedeutet es Idiotismus? Die Wissenschaft von der Geistesgestörtheit? Der Verrücktheit? Die Theorie des Deliriums? Oder ist es die Wissenschaft von der Selbstliebe? Der Selbstachtung?"[3] Adams ironisierte so die unerschütterliche Liebe seines Freundes für das Neue.

Für Jefferson war die Vergangenheit durch starre Privilegien und allerlei oberfläch-lich-hinfällige Arrangements gekennzeichnet. Die herrschenden Ideen der Gesell-schaften des Ancien Régime fanden ihren Ausdruck in Formen, die sich durch die Rituale, die Zeremonien und die Etikette des täglichen Lebens dem Bewußtsein einprägten. Die Menschen lebten sozusagen in einer von ihrem wahren Selbst losgelösten Maskerade, während sie die Rollen spielten, die ihnen die hierarchi-schen Institutionen Kirche und Staat auferlegten. Jeffersons Ansicht nach sollten Ideen eine befreiende und keine einengende Wirkung haben. In freien Ländern würden sich Formen des gesellschaftlichen Zusammenlebens entwickeln, nicht einfach vorgegeben sein. Wenn es keine festgefügten Praktiken, fortbestehende Gesetze, in Ehren gehaltene Verfassungen und einengende Terminologien gäbe, würde die Erfahrung selbst dem Geist das Material für jedwede Entscheidungsfin-dung liefern. Auf immer und ewig befreit wäre damit der Mensch als „homo faber", der allumfassende Mensch, den Tyrannen, Priester und Obrigkeiten vor sich selbst versteckt gehalten hatten. „Wir können nicht länger behaupten, daß es nichts Neues unter der Sonne gibt", schrieb Jefferson kurz nach seiner Wahl zum Präsidenten an Joseph Priestley. „Denn dieses ganze Kapitel in der Geschichte des Menschen ist neu. Die große Ausdehnung unserer Republik ist neu. Ihre spärliche Besiedelung ist neu. Die gewaltige Welle der öffentlichen Meinung, die über sie hinweggerollt ist, ist neu."[4]

Indem Jefferson die Herausforderung annahm, das von der Natur Geplante zu interpretieren, verwandelte er sich in einen Protagonisten des Wandels - der tiefgreifen-den Umgestaltung der sozialen Beziehungen und politischen Formen seiner Nation. Wie stereotyp sein aufklärerischer Glaube an den Fortschritt auch gewesen sein mag

- er hatte als Führer einer politischen Bewegung, die ihn ins Präsidentenamt brachte, die einzigartige Gelegenheit, seine Ideen in die Tat umzusetzen.

Indem er Freiheit als Befreiung von historischen Institutionen verstand, machte Jefferson Amerika in gesellschaftlicher Hinsicht zum Vorreiter des Menschengeschlechts. Nicht nur die Amerikaner, sondern alle Menschen wollten die Unterdrückung vergangener Zeiten los sein, hieß es. Während diese Behauptungen anderswo eher gleichgültig aufgenommen wurden, verwandelte sich für die Amerikaner die angebliche Universalität ihrer Werte in empirische Aussagen über die menschliche Natur. Die Behauptung, daß allen Menschen das Streben nach Freiheit und die Fähigkeit, ein unabhängiges Leben zu führen, gemeinsam sei, lieferte die wissenschaftliche Basis für die nationale Grundüberzeugung Amerikas. Sie befreite die Amerikaner außerdem von der historischen Last der Geschichte, die jede Generation mit der nachfolgenden durch ererbte Verantwortlichkeiten verbindet. War es die Realität, die Belohnungen und Strafen austeilte, dann war eine andere Art von Freiheit denkbar, eine Freiheit, die allein die Unterordnung unter die Natur akzeptierte.

Eine Philosophie, die lehrte, daß die Natur die moralischen Zielsetzungen des menschlichen Lebens offenbarte, und die dann das Recht des Menschen, nach seinem eigenem Glück zu streben, als ein von der Natur verliehenes verstand, vertrug sich gut mit den tatsächlichen Neigungen der meisten Amerikaner. Sie schuf jedoch mit ihrer Verwechslung von Fakten und Idealen etwas, was ich als eine Jeffersonsche Spannung bezeichnet habe. Amerikas Naturrechtsphilosophie brachte nicht einfach Hoffnungen zum Ausdruck; sie gab vor, die Realität zu erklären. Ihre Behauptungen waren sowohl normativ als auch präskriptiv. Faktisch lehrte sie, daß alle Menschen gleich seien; philosophisch betrachtet, daß alle Menschen gleiche Rechte haben sollten. Doch in der Praxis wurden nur diejenigen, die dem Idealbild des freiheitsliebenden und sich weiterentwickelnden Menschen entsprachen, in die Kategorie „alle Menschen" aufgenommen. Im Laufe der Zeit machte die „Sprache der Einheitlichkeit" aus Unterschieden Abweichungen. Menschen, die sich von der eingeführten Norm unterschieden, wurden schließlich als Abweichler betrachtet. Und wenn ihnen ihre Rechte versagt wurden, war es die Natur, die die Ausnahme verfügt hatte. Dadurch, daß sie trotz offenkundiger Unterschiede auf einer Einheitlichkeit der Menschen bestanden, waren Jeffersons Anhänger in der Lage, die Natur im Kampf gegen die Hierarchien für sich zu verpflichten. Jefferson bezeichnete die Natur als den Ursprung der Ordnung. Die Doktrin vom Naturrecht war gegenüber historischen Privilegien ein mächtiger Befreier, doch sie entwickelte ihre eigene Form des Ausschlusses. Das absichtliche Durcheinanderbringen des Natürlichen und des durch die Umstände Bedingten hatte unheilvolle Auswirkungen, als, wie gesagt, der Gedanke einer einheitlichen menschlichen Natur mit dem Recht auf Leben, auf Freiheit und auf das Streben nach Glück verknüpft wurde.

Wir können feststellen, daß die erwähnten Thesen sich am stärksten auf Afrikaner, Indianer und Frauen auswirkten. Die Rasse wurde zum Unterscheidungsmerkmal der anglo-amerikanischen Sklaverei, und im Laufe der Jahre wurden deren soziale Folgen dem genetischen Erbe eines bestimmten Volkes zugeschrieben, wobei der Zustand der Versklavung allmählich mit der Natur der Versklavten gleichgesetzt wurde. Dieses absichtliche Durcheinanderbringen des Natürlichen und des durch Umstände Bedingten (das erfahrungsgemäß häufig genug vorkommt) hatte unheilvolle Auswirkungen, als der Gedanke einer einheitlichen menschlichen Natur mit dem Recht auf Leben, auf Freiheit und auf das Streben nach Glück verknüpft wurde. Vor diesem philosophischen Hintergrund müssen Jeffersons Bemerkungen in den „Betrachtungen über den Staat Virginia" gesehen werden. Dort brachte Jefferson etwas zum Ausdruck, was er als einen „Verdacht" bezeichnete: daß die Schwarzen gegenüber den Weißen sowohl in körperlicher als auch in geistiger Hinsicht minderwertig seien. Nicht durch die Lebensbedingungen sei die Inferiorität der Schwarzen gegenüber den Weißen entstanden; die Natur habe sie geschaffen.[5]

Jefferson war ein erklärter Feind der Sklaverei, doch ging er gegen diese für den Süden kennzeichnende Institution behutsam vor. Er formulierte das Verbot der Sklavenhaltung im Nordwest-Territorium, nahm jedoch die Ausdehnung der Sklavenhaltung in den Südwesten hin. Als einer der Revisoren der kolonialen Gesetze Virginias entwickelte Jefferson einen Plan für eine stufenweise Emanzipation; er zog ihn jedoch in letzter Minute zurück. Überdies enthielten seine Emanzipationsvorschläge stets die Klausel, daß freigelassene Schwarze aus dem Staat entfernt und anderswo angesiedelt werden sollten. Er konnte es ertragen, daß die Rassen in einer Zeit der Sklaverei zusammenlebten; eine zweirassige Gesellschaft freier Männer und Frauen konnte er sich nicht vorstellen. Seine Vorbehalte brachte er klar zum Ausdruck: „Tief verwurzelte Vorurteile bei den Weißen, zehntausend Erinnerungen der Schwarzen an ihnen zugefügte Verletzungen; neue Provokationen, die wirklichen, naturgeschaffenen Unterschiede und viele andere Umstände würden uns aufteilen in Parteien und Erschütterungen verursachen, die wahrscheinlich nie enden würden, es sei denn, die eine oder die andere Rasse wäre ausgelöscht."[6]

Obwohl Jefferson einige wirkungsmächtige Zeilen zu Papier brachte, die die Sklaverei nachdrücklich verurteilten, zeigte er den Sklaven gegenüber wenig Mitgefühl und scheute sich, die Institution zu attackieren, als er die Macht besaß, etwas gegen sie zu unternehmen. In seinen mittleren Jahren unterließ er es trotz der Bitten seiner jungen Bewunderer gänzlich, die Sklaverei zu verurteilen. Im Gegensatz zu anderen schickte er seine Sklaven nicht in die Revolutionsarmee, und als er bei seinem Ableben einen stark verschuldeten Besitz und 200 Sklaven hinterließ, erhielten nur fünf ihre Freiheit - die anderen wurden versteigert, damit die Schulden abgetragen werden konnten.

Bezeichnenderweise verschob Jefferson die Lösung des Problems in eine Zukunft, in der junge Männer, die „die Prinzipien der Freiheit ... mit der Muttermilch

eingesogen haben", die Führung übernehmen würden. Die Rassendiskriminie-
rung, die sich für seine Vorfahren beim Aufbau des Sklavensystems in Virginia als
so nützlich erwies, hat auch bei ihm ihre Spuren hinterlassen. All den von ihm
aufgeführten Unterschieden zwischen Europäern und Afrikanern fügte Jefferson
die Hautfarbe der Neger hinzu - „jenen unverrückbaren schwarzen Schleier". Eine
ganz andere Sensibilität zeigte Jeffersons französischer Freund DuPont de Nemours
mit seiner zutreffenden Bemerkung, daß die Haut eine merkwürdige Uniform sei.

Von Jeffersons zwiespältiger Haltung waren auch die Indianer betroffen. Bei ihnen
galt nicht eine angeborene Minderwertigkeit, sondern ihre kulturelle Verweige-
rung als Ursache ihrer disqualifizierenden Andersartigkeit. Jefferson hegte für die
amerikanischen Ureinwohner viel mehr Sympathie als für Afrikaner. Er war von
ihrer Sprache fasziniert und sammelte indianische Wörter. Trotz seiner anthropologischen Wißbegierde hinsichtlich der Kultur der amerikanischen Ureinwohner
sprach er sich für eine Verschmelzung der Indianer mit der weißen amerikanischen
Gesellschaft aus. Als Präsident verfolgte er zunächst eine Politik der Assimilation.
„Erklären Sie den Eingeborenenhäuptlingen", schrieb er einem Territorialgouver-
neur, „daß sie die gemeinschaftliche Jagd aufgeben und sich der Landwirtschaft
widmen müssen. Sagen Sie ihnen, daß sie daraufhin ihre Frauen von den Feldern
abziehen können."[7] Als die Indianer für dieses Projekt weniger Begeisterung
zeigten als er selbst, änderte Jefferson seine Haltung und betrieb eine Politik der
Indianervertreibung. Damit kehrte er zu einem Standpunkt zurück, den er zuvor
einem Kommandeur der Revolutionsjahre, George Rogers Clark, anvertraut
hatte: „Wenn wir einen Feldzug gegen diese Indianer führen, sollte das Ziel ihre
Ausrottung sein oder ihre Vertreibung über die Seen des Flusses Illinois hinaus. Sie
und wir können wohl kaum in derselben Welt leben."[8] Dies ist eine nicht sehr
angenehme Erinnerung auch an die „ethnischen Säuberungen", die von Amerikanern des 19. Jahrhunderts unternommen wurden.

Jefferson fühlte sich in der Gesellschaft von Frauen wohl. Wie Benjamin Franklin
hat er eine reizende Sammlung von Briefen an seine Favoritinnen hinterlassen,
doch im Gegensatz zu Franklin sind von ihm Bemerkungen des Inhalts überliefert,
daß Frauen in der Politik nichts zu suchen hätten, und zwar - bezeichnenderweise
- wegen ihrer Wesensart. Frauen waren zum Vergnügen der Männer geschaffen,
und es gab für Männer nichts Verdrießlicheres als Frauen, die sich mit Politik
beschäftigten. Das war eine verbreitete Auffassung, die jedoch von manchen
Mitstreitern Jeffersons nicht geteilt wurde. Als Finanzminister Albert Gallatin
seinem Präsidenten vorschlug, Frauen für einige der unbesetzten bundesstaatli-
chen Dienststellen zu benennen - etwa als Postvorsteherinnen, wies Jefferson
diesen Vorschlag barsch zurück: Die Ernennung einer Frau für ein öffentliches
Amt sei eine Innovation, auf die die Öffentlichkeit nicht vorbereitet sei - und er
genausowenig.[9]

Die Jeffersonsche Spannung, die im amerikanischen Nationalbewußtsein weiterlebt, hat mit dem Problem des Andersseins zu tun. Als Jefferson die komplexen gesellschaftlichen Unterschiede des Ancien régime attackierte, gab er den Naturrechten eine besonders starke Bedeutung, indem er auf der realen und fundamentalen Gleichheit der menschlichen Natur bestand. Diese Aussage bildete die Grundlage des amerikanischen Credos. Sie diente als wissenschaftliche These wie auch als moralischer Anspruch; Indizien für eine Unterschiedlichkeit lösten dagegen nur Verunsicherung aus. Der Gedanke, daß sie die universelle menschliche Natur verkörpere, erhob die amerikanische Nation, doch diese Erhöhung ging einher mit einer feindseligen Haltung gegenüber Abweichungen, ganz gleich, ob diese von der genetischen Ausstattung, von gesellschaftlichen Umgangsformen oder von wirtschaftlichen Entwicklungen herrührten.

Es wäre ein schwerer historischer Irrtum, die Bedeutung von Jeffersons Feldzug gegen die Tyranneien der Vergangenheit gering einzuschätzen. Daß die verdeckten Auswirkungen der Klassenunterschiede schädlicher seien als der offensichtliche Mißbrauch des Status, kann nur der Uninformierte behaupten. Es trifft auch nicht zu, daß es in Gesellschaften traditioneller Art keine Außenseiter gibt, keine geächteten Männer und Frauen, die in die Randbereiche des gemeinschaftlichen Lebens gedrängt werden. Die gesellschaftlichen Vorurteile werden jedoch meist als Schutz der Tradition gerechtfertigt, während der Liberalismus eine universelle Gemeinschaft proklamiert und es dann der Natur überläßt, über die Mitgliedschaft zu entscheiden.

Die Menschen haben eine tiefe Sehnsucht nach einem Neubeginn - nach einer „tabula rasa", einer Gegenwart, die von den Fehlschlägen der Vergangenheit befreit ist. Um an einen Neubeginn glauben zu können, statt sich nur danach zu sehnen, war eine neue Deutung der Situation des Menschen erforderlich. Jefferson bot eine solche neue Deutung an, indem er der Natur eine höhere Bedeutung beimaß als der Geschichte, und das Versprechen dieses Neubeginns verband er mit der Sache der Freiheit. Dieses Vorbild führte in Amerika wiederholt zu neuen Anfängen: zu Theodore Roosevelts „New Nationalism", Franklin D. Roosevelts „New Deal", Woodrow Wilsons „New Freedom", John F. Kennedys „New Frontier" oder Ronald Regans „New Federalism". Von der 1782 auf dem Großsiegel der Republik verkündeten „New Order for the Ages" bis zu George Bushs „New World Order" zwei Jahrhunderte danach haben die Amerikaner versucht, den befreienden Akt ihrer Revolution immer wieder neu zu durchleben.

Dieser Aufforderung zur Erneuerung zu folgen, bedeutete gleichzeitig eine Absage an die Vergangenheit, das geschichtliche Gedächtnis und die kulturellen Besonderheiten der überlieferten Gesellschaftsordnung. So verknüpfte die Vertreibung der Indianer und die Kolonisierung der Afrikaner für Amerikas revolutionäre Generation Jeffersons Freiheitsvision mit der Eliminierung der Verschiedenheit.

Die neue Menschheit sollte auf einem leeren Kontinent Gestalt gewinnen. Die daraus resultierende Spannung in der amerikanischen Ideologie ist in der gesamten Geschichte der Vereinigten Staaten erhalten geblieben; Jefferson machte sie erträglich. Seinem Beispiel folgend, brachten es die Amerikaner zuwege, die Konflikte zu ertragen, die ihre Bejahung universeller Freiheit und ihre Intoleranz gegenüber sozialer Verschiedenartigkeit mit sich brachte.

Jefferson gab einem der attraktivsten Grundgedanken des „amerikanischen Experiments" Ausdruck: Daß die politische und wirtschaftliche Freiheit die durch Unwissenheit, Aberglaube und Tyrannei geschaffenen Unterschiede eliminieren könne. Die ökonomische und politische Freiheit würden sich durch ihr Zusammenwirken ihre moralische Aufgabe gegenseitig erleichtern und eine von den Mißständen der Vergangenheit belastete Welt reformieren. Durch die Teilnahme der Individuen am wirtschaftlichen und politischen Leben würden künstliche Barrieren entfernt werden; die Menschen könnten Mensch sein in einem neuen Zeitalter der Gleichwertigkeit. Jefferson stellte die natürlichen Rechte in den Mittelpunkt der amerikanischen Identität, auch weil er erreichte, daß seine Prinzipien von zwei geistesverwandten Nachfolgern weiterverfolgt wurden. Als Grundlage seiner liberalen Reformen diente die Vorstellung von einer wissenschaftlich nachweisbaren natürlichen Sozialordnung. Sein Erfolg verwandelte diesen Grundgedanken in ein amerikanisches Credo, doch seine Betonung der Einheitlichkeit der Natur hat der Akzeptanz von Abweichungen entgegengewirkt und hat damit den höchsten Idealen der Nation eine Tradition der Diskriminierung hinzugesellt.

Als Adams und Jefferson nach Beendigung ihrer öffenlichen Karrieren wieder miteinander korrespondierten, erforschten sie taktvoll die Ursache ihrer gegensätzlichen Ansichten. Adams war wie üblich etwas bärbeißig und geißelte in seinen Briefen die Torheit der Welt, während Jefferson mit seinen philosopischen Überlegungen ruhige Gewässer ansteuerte. Adams Ansichten über die menschliche Natur waren wie die der Engländer stärker von Calvin als von Locke beeinflußt. Zu fragen wäre, ob Jefferson die Ironie spürte, als Adams bemerkte: „Sie haben einen ausgeprägten Geschmack, welcher Zukunftsträume der Geschichte der Vergangenheit vorzieht."[10] Die dreizehn Jahre währende Korrespondenz endete erst mit ihrem Ableben. Erstaunlicherweise starben beide am 4. Juli 1826, dem 50. Jahrestag der Unabhängigkeitserklärung, bei deren Niederschrift sie mitgewirkt hatten. Die Gedanken von John Adams gingen auf dem Sterbebett zu seinem alten Freund und politischen Rivalen. Seine letzten Worte waren: „Thomas Jefferson lebt noch." Dasselbe gilt für Jeffersons Erbe und für die Spannungen, die es geschaffen hat.

Anmerkungen

1   Jefferson an James Madison (6. September 1789), in: Julian P. Boyd et. al. (Hrsg.), The Papers of Thomas Jefferson, Princeton, 1950f. , Bd. 15, S. 392-97.

2   Jefferson an John Waldo (16. August 1813), in: Andrew A. Lipscomb/Albert E. Bergh (Hrsg.), The Writings of Thomas Jefferson, 20 Bde., Washington, D.C., 1903/04, Bd.13 , S. 340.

3   John Adams an Jefferson (16. Dezember 1816), in: Lester J. Cappon (Hrsg.), The Adams-Jefferson Correspondence, Chapel Hill, 1959, Bd.2 , S. 500-501.

4   Jefferson an Joseph Priestley (21. März 1801), in: Paul L. Ford (Hrsg.), The Writings of Thomas Jefferson, New York, 1904-05, Bd.7, S. 54-56.

5   William Peden (Hrsg.), Notes on the State of Virginia, Chapel Hill, 1955, S. 138-43.

6   Ebd., S. 138.

7   Bernard W. Sheenan: Seeds of Extinction: Jeffersonian Philantrophy and the American Indian, Chapel Hill, 1973, S. 168-81 und S. 244-50.

8   Jefferson an George Rogers Clark (1. Januar 1780), in: Boyd, Jefferson Papers, Bd.3, S. 259.

9   Jefferson an Albert Gallatin (13. Januar 1807), in: Henry Adams (Hrsg.), The Writings of Albert Gallatin, 3 Bde., Philadelphia, 1879, Bd. 1, S. 328.

10 Adams an Jefferson (9. August 1816), in: Cappon (Hrsg.), Adams-Jefferson Correspondence, Bd.2, S. 487.

Texte und Dokumente

1. Merrill D. Peterson zu Fragen des Jeffersonbildes aus drei Jahrzehnten

THE GREAT MAN makes history-and is consumed by it. He swiftly becomes a symbol, perhaps many symbols, through which men of different persuasions and at different times seek to comprehend their experiences and state their purposes. Confusion and error, legend and myth, wish and aspiration transform the life that has thus been imaginatively extended in posterity. The process is never the same with any two individuals. George Washington, for example, was a demigod before he died, and forever after, with barely a shade of turning, the lonely and immutable monument of American glory. "He created his own silence whilst the others were obliged to await the hand of time".

Andrew Jackson, to take another American instance, witnessed the creation of his own legend years before he became President. "The symbol for an age," as John William Ward has shown, Jackson was also encompassed by it. Thomas Jefferson presents a case altogether different from either of these, perhaps from any other known to history. When he died, Americans thought to shape his life and work into a symbol of the fabled republic. But Jefferson was not of an age, not limpid, not stereotyped, not a demigod. An ill-arranged cluster of meanings, rancorous, mercurial, fertile, the Jefferson Image was constantly evolving. Crudely unfinished at his death, his contract untransacted, Jefferson was fulfilled in the procession of the American mind. The templed god of an American faith in 1943 was, therefore, a different Jefferson from the one who lived in the remote spaces behind 1826.

The chronicle of his progress calls, in retrospect, for some final accounting of Jefferson's prodigious vigor and kaleidoscopic changeability. At the beginning was the man. He lived eighty-three years, helped to found a nation, reflected deeply, wrote voluminously, and plied himself at countless tasks. The image mirrored Jefferson's prodigality. In the vast corpus of his mind anyone could find things to arouse anger or sympathy, invite ridicule or admiration. He was a great rhetorician, one who lived on the spiritual capital of his words even more than on the tangible rewards of his work. "He walked through life pencil in hand." The written record of a life such as his could not be consistent in every detail. He willingly risked the hobgoblin "consistency," and risked too the vicious constructions which his regard for the amenities of human intercourse enabled his enemies to put on his thoughts. Their shifting contexts were easily ignored; Jefferson seemed to exist in a historical void. Men called him a philosopher, and demanded of him more thorough and timeless wisdom than he could supply. He never had the occasion, probably never the desire, to work out a systematic statement of his philosophy. So he appeared before posterity with his rich intellectual garments dangling and disarrayed. This was relatively inconsequential except in the main arena of his life and reputation, politics. His failure to codify political ideas and doctrines confused his followers, enabled fractional and pseudo Jeffersonians of various descriptions to cut his creed into pieces, and contributed, some thought disastrously, to the rule of expediency in American politics and the general collapse of the Jeffersonian polity. Whether or not this lack of a firm political code seriously weakened Jefferson's powers of resistance, there did seem to be a wide gap between his theories and his actions. His reputation suffered accordingly, but chiefly in quarters where it did not amount to much anyway. The loss was far more than offset by the gain. For just as Jefferson multiplied himself through the range and variety of his interests, he doubled, quite unconsciously of course, his political usefulness to the generations, simultaneously posing in himself the dilemmas they must face, by seeming to recommend one thing in theory and another thing in practice. The Louisiana Purchase offered the most striking instance of this curious doubling of Jefferson's significance, though numerous others may be recalled.

Which Jefferson Do You Quote? Clinton Rossiter asked in a recent magazine article. He counted seven different Jeffersons still being "batted around the political arena": Anti-Statist, States'-Righter, Isolationist, Agrarian, Rationalist, Civil Libertarian, Constitutional Democrat. And there had been, still were, several others. Of course, Rossiter had his own opinion as to the real Jefferson, and he decried the presence of Jefferson's flag on any craft other than his own. Jefferson had been so indiscriminately parceled out, Rossiter thought, "he may yet be classed as a long-winded trimmer and be allowed to sink into disuse." And so he had been classed many times, but without sinking into disuse. "If he goes on belonging to everyone he may end up belonging to no one." And yet it was precisely because Jefferson lent himself to everyone that he had been so useful, that he had been for generations after his death a political watchword, that his reputation was carried forward until, indeed, he belonged to everyone and no one.

While the man explains much, it cannot explain why posterity felt the need constantly to recall Jefferson to its experience. He could be quoted on every side of every question, it was often said; but why did men quote him? First, because among the nation's founders Jefferson was the most eloquent exponent of political ideals which were to be called democratic and which were to become virtually synonymous with the American ideal. Had his life not been enough, the circumstances of his death and the subsequent course of events assured his preeminence as a democratic symbol. As such, he was vociferously hated by some; but the symbol and the ideal were fortified by the massive power of public opinion. Second, because of the compelling sense of tradition in American politics. Politicians were the main carriers of Jefferson's reputation. Its history was determined to a very large extent by political events, and particularly by the fortunes of the Democratic party. The strange fascination with the nation's classic age, combined with the stereotyped images of the American conflict, kept alive the historical debate in which Jefferson figured as protagonist of democracy. Third, because Jefferson was implicated in the successive crises of the democratic experiment. American history sometimes seemed a protracted litigation, negotiations and hearings, trials and appeals in endless number, on Jefferson. The major trial during the first period of his posthumous reputation turned on the ideological conflict between republicanism and democracy. It was practically decided, so far as it concerned the Union, by the Civil War. In the second period it turned more precisely on the conflict between the individualistic and anti-statist clauses of the Jeffersonian creed, on the one side, and the humanitarian and progressivist clauses, on the other side. The verdict in this case called for the subordination of the formal elements of doctrine and principle to the "spirit of Jefferson" - the New Deal solution to the dilemma. Finally, Jefferson summoned the imagination because he prefigured a civilization and furnished important clues to its ethos. When Americans outgrew the political hero, their interest quickened in the cultural hero. Difficult as it was to form Jefferson's varied qualities and activities into a single design, the cultural image best presented itself at Monticello, "portico facing the wilderness." Here was luminously preserved for the inspiration of men in search of their own cultural identity the two heritages discovered in Jefferson - pioneer and aristocrat, American and world-citizen, the values of nature and of civilization - which, fruitfully joined in him, signified the common heritage of America.

Merrill D. Peterson: The Jeffersonian Image in the American Mind, New York 1960, S. 443-446.

II

Americans have been assessing and reassessing and fighting over the legacy of Thomas Jefferson from the hour of his death on July 4, 1826, the fiftieth anniversary of the Declaration of Independence. Such an event could not but be seen as providential, more especially as his fellow revolutionary, John Adams, hundreds of miles away in Massachusetts, passed away on the same day. Providence had decreed, said Edward Everett in his eulogy of the departed sages, "that the revolutionary age of America be closed up, by a scene as illustriously affecting as its commencement was appalling and terrific."

It was the so-called one-party period of American politics. However, that one party, the Democratic-Republican party of which Jefferson was the honored founder, was splitting apart. A coalition of the politically aggrieved and ambitious who had adopted Andrew Jackson as their leader claimed the Jeffersonian mantle exclusively for themselves. They revived the spirit and tenets of the original party conflict of Republicans and Federalists and cast present-day issues in its terms. Their opponents, beginning with the president, John Quincy Adams, who wished to bury memories of that conflict, were perforce

Hamiltonian Federalists in disguise. Calling themselves National Republicans, and later on Whigs, they repeatedly disputed the Jacksonian claim to the Jeffersonian tradition, but it proved a losing battle. According to their political mythology, the ascendant Jacksonian Democrats had returned the wayward government to the righteous foundations laid by Jefferson in 1800. He was their watchword, their polestar, their touchstone, "the highest democratic authority in America." His teachings and writings, gathered in four stout volumes and published in 1829, the year Jackson became president, were said to be "textbooks of liberal political principles and axioms from which the modern politician deduces present applications and solutions." What principles and axioms? Individual liberty. Equal rights for all, special privileges for none. Let the people rule. Democratic simplicity. State rights and strict construction. In general, that "sum of good government" Jefferson epitomized in his first inaugural address: "A wise and frugal government, which shall restrain men from injuring one another, which shall leave them otherwise free to regulate their own pursuits of labor and improvement, and shall not take from the mouth of labor the bread it has earned." Political debate went forward in the shadow of the great conflict between Jefferson and Hamilton. To good Jeffersonian Democrats, their hero's highest claim to fame was that he established a political party which permanently fixed the character and destiny of the country.

With the coming of the Civil War, however, this tradition was discredited. Many in the North in 1861 held Jefferson's legacy responsible for secession, disunion, and bloodshed. They hailed the triumph of Union arms as a vindication of Alexander Hamilton's vision of a strong and supreme national government. Jefferson's fame went into eclipse. But it revived with the revival of the Democratic party near the turn of the century. Increasingly, as American democracy was challenged by a new and ruthless industrial order, the problem appeared to be one of adapting the Jeffersonian democratic legacy to new social and economic conditions. In an age of growing concentrations of power, when oppression was the consequence of too much rather than too little liberty, when the aggressions against the individual were likely to arise in the economic rather than the political order - in such an age the old Jeffersonian dogmas of state rights, individualism, and minimal government were incapable of renewing Jefferson's vision of democratic progcess. How were the ills of the society to be remedied by recourse to the individualistic tradition whence they came? History had turned Jefferson's political universe upside down, and every liberal and progressive impulse ran toward making the national authority the overlord of certain rights, chiefly those touching property, previously reserved to the states or held to be private. The New Deal of Franklin D. Roosevelt facilitated this crucial transition in the career of the Jefferson symbol and legacy. National power and purpose grew without disturbing the axis of the democratic faith. For all practical purposes, the New Deal ended the historic Jefferson-Hamilton dialogue in American history. It was no longer possible to polarize the traditions; and while political debate might continue to resound to the clashes of old symbols and slogans, they no longer served the old purposes.

During the last half century or so, the image of Jefferson the Renaissance Man, the multifaceted hero of civilization, has largely eclipsed the political hero. President Roosevelt dedicated the Jefferson Memorial in 1943 to the surest and truest image, Apostle of Freedom. But he realized that the man enshrined in the pantheon transcended politics. Jefferson had come to stand for ideals of beauty, science, and learning enriched by the

Alexander Hamilton (1755- 1804)
war einer der wichtigsten politischen Führer der jungen Vereinigten Staaten und
erster Finanzminister von 1789 -1795. Als Befürworter einer starken Zentralregierung
und der gewerblichen Wirtschaft stand er in Opposition zu Thomas Jefferson, der die
Rechte der Einzelstaaten und das agrarische Wirtschaftssystem stärken wollte.

heritage of the ages, yet distinctly American in outline; and so the president lauded him as one who had "led the steps of America into the paths of the permanent integrity of the Republic." This Jeffersonian legacy had been rediscovered in the twentieth century. The establishment of Monticello as a national shrine in 1923 played an important part in the rediscovery, for the man it disclosed was not the Great Democrat, but the Olympian humanist. Jefferson emerged as a major American prophet of public education in the writings of such democratic-minded educators as John Dewey and James Bryant Conant. As working scientists, they became curious about the American beginnings of inquiry in their fields, and encountered Jefferson at every turn. And so they wrote articles on "Jefferson the Naturalist," "Jefferson the Vaccinator," "Pioneer Botanist," "Pioneer Student of American Geography," "Father of American Paleontology," and so on. Probably the most important discovery made about Jefferson in this century lays in the field of architecture. Fiske Kimball, the premier student, crowned him "the father of our national architecture," and by underscoring his indebtedness to the Renaissance Italian, Andrea Palladio, contributed to the growing appreciation of him as an American Leonardo. Jefferson was a man of parts. Even if his political legacy should fall into disuse, the legacy of the Renaissance Man seemed likely to keep his memory alive.

Merrill D. Peterson, in: Peter S. Onuf: Jeffersonian Legacies, Charlottesville 1993, S. 457-459.

Ausgewählte Literatur zum Thema „Das Erbe Thomas Jeffersons"

Zwei grundlegende Werke müssen Erwähnung finden:

Merrill D. Peterson, The Jeffersonian Image in the American Mind, New York 1960,

eine umfassende Darstellung der historischen Entwicklung des Jeffersonbildes in der amerikanischen Gesellschaft; Peter S. Onuf (Hrsg.), Jeffersonian Legacies, Charlottesville 1993, eine Sammlung von 15 Vorträgen, die im Rahmen eines Symposiums der „University of Virginia" im Oktober 1992 gehalten wurden und den derzeitigen Stand der Jefferson-Forschung widerspiegeln. Historiker unterschiedlicher „Schulen" und wissenschaftlicher Ausrichtung, darunter eine beträchtliche Schar von „Revisionisten" bewerten Jeffersons politische Praxis und Theorie, seine Biographie und sein Wertesystem vor dem Hintergrund amerikanischer Probleme der neunziger Jahre.

Phyllis K. Leffler

Jeffersons Vermächtnis in der modernen Welt

Unsere Heldengestalten haben es gegenwärtig nicht leicht. Wer anderer Meinung ist, möge sich den Aufschrei in Erinnerung rufen, der im Oktober 1992 den amerikanischen Kontinent erfüllte, als die Fünfhundertjahrfeier von Columbus' „Begegnung" (so nannte man es schließlich) mit der „Neuen" Welt stattfand. Das Jubiläum führte zu wütenden Demonstrationen und löste Empörung aus bei ethnischen Gruppen, die der Meinung waren, Columbus sei die Verkörperung einer eurozentrischen und patriarchalischen Überheblichkeit, die zur Eroberung und zur ökologischen Katastrophe geführt habe - ja zum Völkermord an amerikanischen Eingeborenenpopulationen. Zu jener Zeit schlug ein Anthropologieprofessor des Macalester College vor, den „Columbus Day" als nationalen amerikanischen Feiertag abzuschaffen, weil Columbus einen gewaltigen Sklavenhandel ausgelöst habe; im Bundesstaat Montana bildete sich eine Gruppe mit der Bezeichnung „Submuloc" („Columbus" von hinten), die bestrebt war, den Einfluß von Columbus auf einheimische Kulturen rückgängig zu machen.[1] Im Smithsonian Museum war man bei der Auswahl der Ausstellungsstücke darauf bedacht, möglichst unvoreingenommen vorzugehen; die Ausstellungsstücke stellten die Kontaktaufnahme und die sich daraus ergebenden Folgen in den Mittelpunkt sowie die „Saat" des Wandels. Angesichts dieser Reaktion auf Christoph Columbus - einen arglosen Forschungsreisenden, der im Interesse des Handels auf der Suche nach Ostindien war - dürfte es nicht überraschen, daß im Jahr 1993 in einem renommierten Sammelband ein Aufsatz stand, in welchem Jefferson als „...ein zügelloser und negrophober virginischer Pflanzer"[2] gebrandmarkt wurde. Manche unserer Professorenkollegen lassen ja bei ihrer Auslegung des Beweismaterials bisweilen die wünschenswerte Zurückhaltung vermissen, aber das waren nun wirklich starke Worte! Immerhin läßt sich daraus ersehen, daß Kultfiguren an Beliebtheit eingebüßt haben und die unseren nationalen Heldengestalten vormals entgegengebrachte Verehrung inzwischen suspekt geworden ist.

Die Mentalität des Zeitalters

Jede geschichtliche Epoche hat ihren spezifischen Zeitgeist, ihre „mentalité". Sie schlägt den Grundton an, der implizit und oft unbewußt in unserem Denken mitschwingt. Im 19. Jahrhundert wandte sich der Zeitgeist vorwiegend der nationalen oder kulturellen Identität zu, die auch durch die Betonung der industriellen und wirtschaftlichen Entwicklung in den Mittelpunkt gerückt wurde. Nationale Heldengestalten waren "in", weil solche Individuen eine Glorifizierung der

Nation ermöglichten. Merrill Peterson zufolge war mit Jeffersons 50. Todestag, der mit der Hundertjahrfeier der Unabhängigkeitserklärung zusammenfiel, eine „Exaltation", ja eine „Apotheose" verbunden.[3] Statuen und Gemälde aus jener Zeit bestätigen diese Tendenz.

In unserer eigenen Epoche wäre eine solche Glorifizierung dem Vorwurf der kulturellen Überheblichkeit und des Chauvinismus ausgesetzt. Wir leben jetzt in einer Atmosphäre, die vom Konflikt mit der Geschichte und der Kultur geprägt ist, und unreflektierte Verehrung entspricht gewiß nicht unseren Vorstellungen. Ein Reporter der Washington Post, der sich im Oktober 1991 über das herannahende Columbus-Jubiläum Gedanken machte, stellte fest: „...ein perverser Zufall will es, daß das Mega-Jubiläum der abendländischen Kultur ausgerechnet zu einem Zeitpunkt kommt, an dem die abendländische Kultur selbst ... unter Anklage steht."[4]

Unsere Betrachtungsweise der Geschichte hat sich geändert; sie dringt auf eine stärkere Einbeziehung von Minoritätengruppen und eine größere Sensibilität ihnen gegenüber. Sie färbt zwangsläufig auch die Art und Weise ein, in der wir heute Jefferson betrachten.

Ich bin der Meinung, daß die differenzierte Betrachtungsweise, die aus unserer Sensibilisierung gegenüber anderen Kulturen enstanden ist, positiv zu bewerten sei. Sie verlangt von uns, genauer auf die Beschaffenheit des Wandels zu achten und die Tatsache zu berücksichtigen, daß das, was für eine Gruppe Fortschritt bedeutet, sehr wohl auf Kosten einer anderen ablaufen kann, und daß Veränderungen stets eine Vielzahl von Gründen und Folgen haben.

Dem multikulturellen Denken und der Frauenbewegung ist es zu verdanken, daß wir die „Stimmenvielfalt" stärker berücksichtigen. Wir ziehen dabei stets den subjektiven Standpunkt des Sprechers in Betracht oder die Interessenlage, aus der heraus eine bestimmte Ansicht vorgetragen wird. Manchmal scheint es geradezu eine Kakophonie von Stimmen zu geben. Allzu oft schreien uns vielerlei Stimmen ihre Botschaft entgegen, wobei die schwierige Frage auftaucht, ob jemand, der mit gespaltener Zunge spricht, Gehör finden sollte. Dies stellt für unsere Intellektuellenkreise ein großes Dilemma dar, denn die Stimmen sind allzu oft so schrill, daß ein ernsthafter Gedankenaustausch nicht stattfinden kann. Wie Joel Achenbach in der Washington Post schrieb, handelt es sich um einen Konflikt zwischen Kopf und Herz, bei dem der Kopf mit Ambiguität zurechtkommen kann, das Herz aber Simplizität verlangt.[5] Dem Multikulturalismus ist es zu verdanken, daß wir uns auf die Komplexitäten der Kultur besser einstellen; doch wenn der Multikulturalismus schrill wird, verwandelt er sich in political correctness und zerstört somit den sinnvollen Gedankenaustausch.

Das ist also das Umfeld, in dem heute unsere großen nationalen Gedenktage stattfinden. Die Mentalität unseres Zeitalters zwingt uns, darüber nachzudenken, wie wir Kultur darstellen, wie die ästhetischen, moralischen und politischen Entscheidungen ausfallen sollen, die getroffen werden müssen, damit feststeht, wessen Stimme dominieren soll. Uns ist die Rolle moderner Kulturanthropologen aufgezwängt worden, und wir müssen unter Selbstprüfungen entscheiden, wie wir unsere Geschichte präsentieren sollen. Angesichts des obwaltenden Zeitgeistes ist es eine schwere und verantwortungsvolle Aufgabe, sich mit dem Multikulturalismus auseinanderzusetzen und sich dabei weder mit den Verfechtern des Status quo noch mit der political correctness zu identifizieren.

Jefferson und das 20. Jahrhundert

Wie steht es nun um Jefferson? Wird er an seinem zweihundertfünfzigsten Geburtstag wohlwollend betrachtet? Oder werden ihm seine Einstellung zur Rassenfrage und zur Rolle von Mann und Frau entgegengehalten werden? Wenn wir an den Aufschrei beim Columbus-Jubiläum denken, müssen wir da nicht damit rechnen, daß Jefferson - ein virginischer Plantagenbesitzer mit etwa 250 Sklaven - ins Kreuzfeuer der Kritik geraten wird? Jefferson schrieb unablässig; seine gesammelten Schriften umfassen viele Bände. Folglich brauchen wir in den meisten Themenbereichen keine Spekulationen oder Vermutungen anzustellen, was er dazu wohl gesagt hätte. Und doch sind die Probleme damit nicht gelöst, denn Jefferson spricht oft mit verschiedenen Stimmen, und es läßt sich daher nicht genau sagen, welche Position er in bestimmten Angelegenheiten vertritt. In einigen wichtigen Fragen nimmt er eine zwiespältige Haltung ein.

Nirgends tritt diese Zwiespältigkeit klarer zutage als in der Sklavenfrage. Jefferson schreibt hier oft als Demokrat, handelt jedoch als Aristokrat; er braucht den herrschaftlichen Lebensstil, weil ihm dieser die Muße verschafft, seine hehren Ideen zu formulieren. Der Mann, der den meisten wegen seiner noblen Äußerungen über die Gleichheit aller Menschen in Erinnerung ist, hatte in Wirklichkeit rassistische Anwandlungen, die er in seinen 1785 veröffentlichten „Betrachtungen über den Staat Virginia" zu Papier brachte. Über die Schwarzen, die er überwiegend als Sklaven kannte, schrieb er dort:

> "Sie haben weniger Haare im Gesicht und am Körper. Sie scheiden weniger durch die Nieren aus und mehr durch die Drüsen der Haut, was ihnen einen sehr starken und widerwärtigen Geruch gibt ... Sie sind leidenschaftlicher hinter ihren weiblichen Wesen her; doch die Liebe scheint bei ihnen eher ein heftiges Verlangen zu sein als eine sanfte, zarte Mischung aus Empfindungsvermögen und Sinnenreizen. Ihre Kümmernisse sind vergänglich ... Bei Vergleichen hinsichtlich ihrer Fähigkeiten des Erinnerns, des Vernunftdenkens und der Imagination scheint mir, daß sie, was das Gedächtnis angeht,

den Weißen ebenbürtig sind; im Vernunftdenken sind sie weit unterlegen, was die Vorstellungskraft anbetrifft, sind sie stumpf, fade und abnorm."

Jefferson räumte ein, daß es Unterschiede zwischen den Rassen in bezug auf ihre Erziehung gebe, für die „große Zugeständnisse" zu machen seien. Doch er schrieb: „...noch nie konnte ich feststellen, daß ein Schwarzer einen Gedanken äußerte, welcher über dem Niveau einer einfachen Erzählung lag, nie habe ich auch nur eine elementare Spur von Malerei oder Bildhauerei gesehen." Jefferson war Wissenschaftler genug, um zu erkennen, daß seine Eindrücke unsystematisch und subjektiv waren. Er bedauerte, daß es über die amerikanische Eingeborenenpopulation und die afro-amerikanische Population (oder, um Jeffersons Begriffe zu gebrauchen: „die Rassen der schwarzen und roten Männer") bis zum Zeitpunkt der Abfassung seiner Betrachtungen keine ernsthafte Forschungsarbeit gegeben hatte. Folglich mußten seine Schlußfolgerungen unbestimmt bleiben: „Ich trage es deshalb nur als Verdacht vor, daß die Schwarzen ... gegenüber den Weißen sowohl in körperlicher als auch in geistiger Hinsicht minderwertig sind."

Dieser Mann, der so geringschätzig über die Afro-Amerikaner schreiben konnte, steht im Verdacht, eine Sklavin als Mätresse gehalten zu haben, nämlich die Mulattin Sally Hemings. Obwohl sich Jefferson zu fast allen Themen schriftlich geäußert hat, gibt es kein dokumentarisches Material über diese Liaison, nur Andeutungen in politischen Skandalblättern und die Erinnerungen einiger Mitglieder der Familie Hemings. Vor kurzem hat die Familie Cooley, deren Mitglieder sich als direkte Nachfahren der Liaison Jefferson-Hemings bezeichnen, einige mündliche Überlieferungen zu dieser Angelegenheit bekanntgemacht, doch reicht das vorhandene Beweismaterial zum gegenwärtigen Zeitpunkt nicht aus, um konkrete Feststellungen zu treffen. Aufschlußreich ist jedoch, daß in unserer Zeit schon die Möglichkeit dieser Affäre heftige Reaktionen nach sich zieht. Schwarze Amerikaner halten es in ihrer großen Mehrheit für durchaus möglich, daß es eine Verbindung zwischen Jefferson und Hemings gegeben hat und sind empört, daß die Realität nicht anerkannt wird; viele Weiße, vor allem jene, die Jeffersons Lebensumstände auf seinem Herrensitz Monticello untersuchen, kommen zu dem Schluß, die einschlägigen Behauptungen könnten weder bewiesen noch widerlegt werden. Es herrscht nach wie vor ein fast lüsternes Interesse an Jeffersons Sexualleben; daß es „Rassenmischung" enthalten haben könnte, macht seinen besonderen Reiz aus. (Diese Neugier sagt wohl mehr über uns und unsere Epoche aus und liefert kaum etwas Konstruktives über Jefferson und sein Zeitalter.)

Im Amerika Jeffersons gab es viele freie Schwarze, obgleich diese nur einen kleinen Prozentsatz der schwarzen Gesamtbevölkerung ausmachten. In den neunziger Jahren des 18. Jahrhunderts war ihre Zahl im Süden auf 32 000 und im Norden auf 27 000 angewachsen. Manche besaßen Land und konnten lesen und schreiben. Benjamin Banneker, ein von Geburt an freier Schwarzer, war in Maryland

Mathematiker, Astronom und Herausgeber eines Almanachs. Jefferson kannte ihn und betrieb seine Ernennung zum Vermesser des District of Columbia. 1791, wenige Jahre nach der Veröffentlichung der "Betrachtungen über den Staat Virginia", schrieb Jefferson an Banneker, um sich für ein Exemplar des Almanachs zu bedanken und zu einem erbosten Brief von Banneker Stellung zu nehmen, der sich auf Jeffersons publizierte Ansichten bezog. In der Antwort auf diesen Brief ist noch einmal Jeffersons Stimme zum Thema Rasse zu vernehmen:

> „Niemand wünscht mehr als ich, Beweise von der Art zu sehen, wie Sie sie darbieten: daß die Natur unseren schwarzen Brüdern Talente verliehen hat, die denen von Menschen anderer Farbe ebenbürtig sind, und daß der Anschein eines Mangels an selbigen lediglich auf die entwürdigenden Existenzbedingungen zurückzuführen ist. ... Ich kann wahrheitsgetreu hinzufügen, daß niemand heftiger ein gutes System herbeiwünscht, mit dem sowohl ihr körperlicher als auch ihr geistiger Zustand gebührend verbessert werden kann, und zwar so schnell, wie es die Imbezillität ihrer jetzigen Existenz und andere Umstände, die nicht vernachlässigt werden können, gestatten werden. Ich habe mir erlaubt, Ihren Almanach Monsieur de Condorcet zu senden, der Sekretär der Akademie der Wissenschaften in Paris und Mitglied der Philanthropischen Gesellschaft ist, weil ich den Almanach als ein Dokument betrachte, auf welches alle Menschen Ihrer Hautfarbe ein Anrecht als Widerlegung der Zweifel haben, die ihnen gegenüber gehegt worden sind."[6]

War dies der „wirkliche" Jefferson, oder versuchte er damit, seine freimütigeren Gedanken in den „Betrachtungen über den Staat Virginia" zu vertuschen?

In der heutigen amerikanischen Gesellschaft machen sich Afro-Amerikaner hauptsächlich Sorgen um die Chancengleichheit und eine gerechte Behandlung in wirtschaftlicher Hinsicht; die Ungleichheiten, die es zwischen Schwarzen und Weißen beim Einkommen, in der Ausbildung, aber auch bei Haftstrafen gibt, stellen ein großes gesellschaftliches Problem dar. Was für ein Vermächtnis hat Jefferson dazu hinterlassen? Sollen wir ihn als einen Heuchler betrachten? Oder als einen Mann, der mit einem Dilemma kämpfte, das er nicht geschaffen hatte und nicht lösen konnte? Oder schlicht und einfach als einen Rassisten?

Was die Rolle der Geschlechter betrifft, war Jefferson der Ansicht, daß Mann und Frau in getrennten Sphären tätig sein sollten. Er empfahl seiner elfjährigen Tochter einen Ausbildungsplan, bei dem Musik, Tanz, französische Lektüre und gelegentliches Schreiben im Mittelpunkt standen.[7] Er vertrat auch die Ansicht, daß Frauen nicht fähig seien, politische Ämter auszuüben; er persönlich sei jedenfalls dagegen. Er glaubte, der Platz der Frau sei im Haus, und der häusliche Bereich biete ihr das angemessene Betätigungsfeld. Wie republikanische Theoretiker seiner

Zeit sah auch er die Familie als Mittelpunkt privater Tugend; in einer ehelichen Beziehung hatten Frauen zurückhaltend und ehrerbietig zu sein.[8]

Wie sollen wir Jeffersons Einstellung zur Rassenfrage und zur Rolle von Mann und Frau bewerten, wie mit ihr zurechtkommen? Soll diese als ebenso gewichtig erachtet werden wie sein Bekenntnis zu den Prinzipien der Freiheit und Gleichheit, das er so wortgewaltig vertrat? Wie sind die erwähnten Ausführungen mit den Worten der Unabhängigkeitserklärung zu vereinbaren, die jedes amerikanische Schulkind auswendig hersagen kann?:

> "Wir halten diese Wahrheiten für selbstverständlich: daß alle Menschen gleich geschaffen sind; daß sie alle von ihrem Schöpfer mit bestimmten unveräußerlichen Rechten ausgestattet sind; daß zu diesen Rechten das Leben, die Freiheit und das Streben nach Glück zählen..."[9]

Was meinte Jefferson eigentlich, wenn er von „allen Menschen", von „Gleichheit", von „unveräußerlichen Rechten" sprach? Galten solche Rechte nur für weiße Grundbesitzer männlichen Geschlechts? Wie sollen die offenkundigen Widersprüchlichkeiten in seinen Schriften und die Differenzen zwischen Denken und Handeln beurteilt werden? Soll er als ein Mann des 18. Jahrhunderts mit all seinen Beschränkungen aufgefaßt werden, oder als ein Mann, der für jedes Zeitalter spricht? Ich glaube, daß die Amerikaner wenig Verständnis haben für den Wandel, der sich im Laufe der Zeit ergibt; sie erwarten von unseren Staatsgründern, daß ihre Weisheit ewig währt. Doch um Jefferson richtig zu verstehen, ist es wichtig, ihn in seinem historischen Zusammenhang zu betrachten - dem des 18. Jahrhunderts.

Jefferson und das 18. Jahrhundert

Was hat Jefferson wahrgenommen, als er seine Welt betrachtete? Zuerst einmal muß betont werden, daß Jeffersons Welt weitgehend eurozentrisch war. Er dachte zwar ansatzweise über die kulturellen Unterschiede zwischen amerikanischen Eingeborenen und Afrikanern nach, wußte jedoch am meisten über die europäische Welt - die griechisch-römische, jüdisch-christliche, aristokratische, vornehme, patriarchalische europäische Welt. Die Welt des 18. Jahrhunderts war zwar in einem starken Wandel begriffen, besonders im politischen Bereich, doch ihre Schriftsteller und Denker hatten wenig Gespür dafür, daß es auch noch andere kulturelle Normen geben könnte als ihre eigenen.

In politischer Hinsicht war das 18. Jahrhundert eine Zeit, in der Kaiser und Könige, nachdem ihre Besitztümer in den zahlreichen Kriegen des 16. und 17. Jahrhunderts konsolidiert worden waren, verzweifelt versuchten, die festgefügte Stellung konservativer Gruppierungen zu zerschlagen, welche ihrer politischen und ökonomischen Kontrolle weiterhin Grenzen setzten. Kurz, diese Herrscher versuchten, die Macht der Kirche, des Adels, der Stände und, in manchen Fällen, des städtischen Bürgertums zu zerschlagen. Das 18. Jahrhundert entwickelte sich politisch aus der Welt des französischen „Sonnenkönigs" Ludwig XIV. zur Welt des Napoleon Bonaparte, der in den Anfangsjahren des 19. Jahrhunderts zum Kaiser gekrönt wurde. Beide regierten absolutistisch: Ludwig XIV. gründete seinen Anspruch auf absolute Macht auf das Gottesgnadentum der Könige; Napoleon gründete seinen Anspruch auf den Volkswillen. Trotz aller Beteuerungen der Volksnähe und trotz der flüchtigen Hoffnung auf wirklichen Wandel durch die Französische Revolution blieb Frankreich, die zentrale Macht auf der europäischen diplomatischen und politischen Bühne Europas, in Traditionen des politischen Despotismus eingebunden. Jefferson war nicht nur sehr belesen, er unternahm auch ausgedehnte Reisen durch Frankreich, Italien, England, Holland und Deutschland. Er kannte die Gesetzlichkeiten europäischer Politik. Und ihm mißfiel der gewaltige Unterschied zwischen Reichen und Armen, über den er sich in einem Brief aus Paris im Jahr 1785 an James Madison ausläßt: „.... die ungleiche Verteilung des Besitzes führt zu den zahllosen Fällen von Verelendung, wie ich sie in diesem Land beobachte, und wie sie überall in Europa zu beobachten ist."[10]

Ähnlich äußerte er sich im Jahr 1788 in einem Brief an William Short (einen Diplomaten und persönlichen Freund, der in Paris sein Sekretär war), als er auf einer Reise den Rhein entlang die Grenze zwischen den holländischen und preußischen Territorien überquert hatte: „Beim Betreten der preußischen Gebiete zeigt sich, was für eine Wirkung der Despotismus auf die Leute hat." [11]

In Amerika, so glaubte er, sei es demgegenüber viel eher möglich, eine Republik auf einer demokratischen Basis zu erhalten. 1787 schrieb er in einem Brief an Madison:

> "Ich glaube, unsere Regierungen werden viele Jahrhunderte lang tugendhaft bleiben, solange sie hauptsächlich auf die Landwirtschaft orientiert sind; und dies wird der Fall sein, solange noch in irgend einem Teil Amerikas unbebautes Land zur Verfügung steht. Wenn sich die Bürger dieses Landes aber erst einmal in den großen Städten zusammendrängen werden wie in Europa, werden sie der Korruption anheimfallen wie in Europa."[12]

Jefferson schätzte Amerika wegen seiner Möglichkeiten, die es aufgrund seiner Landreserven bot. Obwohl Kosmopolit, war es seiner Meinung nach das provinzielle Amerika, das den Menschen größere Perspektiven hinsichtlich ihrer Lebensqualität zu bieten versprach. Seine Erlebnisse in Frankreich und seine Reisen in Mitteleuropa bewertete Jefferson als ausgesprochener Demokrat. Bei der Betrachtung der Zustände in Frankreich, die bald zur Französischen Revolution führen sollten, und angesichts von Berichten aus Amerika über einen Aufstand von Schuldnern im ländlichen Massachusetts (Shays Rebellion) war Jefferson der Meinung: „...ab und zu eine kleine Rebellion, das hat etwas Gutes, das ist in der Politik so notwendig wie Stürme in der Natur."[13]

Auch England hatte Anstrengungen unternommen, die Macht der Könige zu begrenzen, doch mit mäßigem Erfolg. Die „Glorreiche Revolution" von 1688 und die Herrschaft von William III. und Mary (nach denen Jeffersons College benannt war) gaben der Hoffnung Raum, daß sich das Parlament und das Königshaus die Macht teilen würden; doch dem Haus Hannover, das im 18. Jahrhundert den englischen Königsthron bestieg, waren Traditionen des Konstitutionalismus fremd. Die politische Welt, die Jefferson in seinen formativen Jahren um sich herum erblickte, ließ der Hoffnung wenig Raum, daß John Lockes in den „Zwei Traktaten über die Regierung" niedergelegten Vorstellungen, die Regierungen existierten, um die natürlichen Rechte der Menschen zu schützen, in die Tat umgesetzt würden. Und als die amerikanischen Kolonisten stärker besteuert wurden, damit die Verwaltung des britischen Empire finanziert werden konnte, machte sich in Jefferson die Befürchtung breit, daß unveräußerliche Rechte der Zustimmung gefährdet seien. In „Summary View of the Rights of British America" (1774) schrieb er, daß solche (und andere) Rechte „... sich von den Naturrechten herleiten und kein Geschenk der höchsten Amtsperson" seien.[14] Die Grundlage dieser Rechte lag für ihn in persönlichem Besitz, und Jefferson betonte, daß solche Rechte nicht von Königen streitig gemacht werden könnten, die „...Diener, nicht Besitzer der Menschen" sind. Für viele der Gründerväter war Republikanismus die Alternative zur Herrschaft der Aristokratie. Zur Vision des Republikanismus gehörten neben den politischen auch wirtschaftliche Erwägungen; viele begriffen, daß die Aristokraten für eine einseitige Verteilung des Reichtums gesorgt hatten, indem sie den Menschen auf verschiedenste Weise die „Früchte ihrer Arbeit" vorenthalten hatten. Wiederholt wurde die Theorie von Adam Smith, Arbeit sei die Quelle des Wohlstands, dazu verwendet, „aristokratische Politik" zu attackieren.[15] Obwohl Jefferson um den Kontext zwischen Besitz und Rechten wußte, legte er doch größeren Nachdruck auf die politischen und moralischen Mittel zur Sicherung des Republikanismus.

Die Unabhängigkeitserklärung, eines der großen Vermächtnisse Jeffersons an alle Völker, das heutzutage insbesondere in Osteuropa anerkannt wird, war in erster Linie eine Aussage über die persönliche Freiheit. Zeit seines Lebens war es sein Ziel, den menschlichen Geist von den Fesseln der Tyrannei und des Despotismus zu befreien, die Aristokraten und Könige denen angelegt hatten, die weniger Macht besaßen. Ihm kam es darauf an, das Volk vor der Regierung zu schützen, und in seinen Schriften wie auch in seinen politischen Ratschlägen rang er immer wieder mit der Frage, wie dies erreicht werden könnte.[16] Jeffersons wichtigstes Vermächtnis war daher sein Glaube an die Fähigkeit der Bürger, sich selbst zu regieren, und seine Überzeugung, daß die Gesellschaft so gestaltet werden könne, daß sie solche politischen Prinzipien fördern und erhalten werde.[17]

Die Erhaltung der Rechte war für Jefferson ein moralisches Gebot. In diesem Zusammenhang war er sich des schrecklichen Widerspruchs bewußt, den die

Sklaverei darstellte, und er bemühte sich, Staatsmännern ins Gewissen zu reden, damit sie deren Fortbestand entgegenwirkten. Als die Verfassung des Staates Virginia abgefaßt wurde, verbot Jeffersons Modellentwurf, irgendeine Person, die in der Folgezeit den Staat betrat, in Sklaverei zu halten. Im Jahr 1778 verbot die gesetzgebende Körperschaft des Landes den weiteren Import von Sklaven aus Afrika, weigerte sich aber, so weit zu gehen, wie Jefferson es empfohlen hatte.[18] 1781 beklagte Jefferson in den "Betrachtungen über den Staat Virginia" die schlimmen Auswirkungen, welche die Sklaverei auf die moralischen Werte Amerikas hatte, auch auf die Generationen von Kindern, die dieses Übel mitansehen mußten:

"Der gesamte Umgang zwischen dem Herrn und dem Sklaven ist eine dauernde Umsetzung der ungestümsten Gemütsbewegungen, des gnadenlosen Despotismus auf der einen Seite und entwürdigender Unterwerfungen auf der anderen. Unsere Kinder sehen dies und lernen es nachzuahmen, denn der Mensch ist ein zur Nachahmung neigendes Tier. Diese Eigenschaft ist der Keim seiner gesamten Erziehung ... Der Mensch muß als ein Wunder gelten, der seine Umgangsformen und seine Moral von einer Korrumpierung durch solche Umstände freihalten kann. Und mit welchem Fluch müßte man den Staatsmann belegen, der, indem er zuläßt, daß die eine Hälfte der Bürger so auf den Rechten der anderen herumtrampelt, jene in Despoten verwandelt und diese in Feinde; der die Moral der einen Hälfte vernichtet und die Vaterlandsliebe der anderen ... Kann man aber die Freiheitsrechte einer Nation als gesichert ansehen, wenn wir deren einzig feste Grundlage entfernt haben, nämlich eine Überzeugung im Denken des Volkes, daß diese Freiheiten ein Geschenk Gottes sind? ... Ich zittere in der Tat um mein Land, wenn ich daran denke, daß Gott gerecht ist, daß seine Gerechtigkeit nicht ewig schlummern kann..."[19]

Im europäischen Umfeld war Jefferson ein Radikaler; in Amerika schrieb er als das moralische Gewissen der Nation, handelte jedoch vorsichtig. Während andere entweder zu Lebzeiten oder beim Ableben ihren Sklaven die Freiheit gaben und manche sogar an Jefferson schrieben und ihm anboten, ihn bei der Freisetzung seiner Sklaven unterstützen zu wollen, beharrte er auf dem Standpunkt, daß die Zeit noch nicht reif sei für eine Emanzipation, und daß die Sklaven zu gegebener Zeit umgesiedelt werden müßten.[20] Er erkannte das moralische Dilemma Amerikas; seine schriftlichen Äußerungen zur Sklavenfrage waren von starker Anteilnahme geprägt. Seine Handlungen zeigten aber einen Mann, der seinen Platz in der Weltordnung nicht eindeutig fixieren mochte - Aristokrat mit demokratischen Neigungen in der Welt südstaatlicher Plantagenbesitzer, Demokrat in der Welt der europäischen Aristokratie, mit der er gut zurechtkam.

In Jeffersons Augen war die politische Sphäre Europas und Asiens von Korruption und Despotismus geprägt. Frankreich und England, die Jefferson als Diplomat kennengelernt hatte, hatten beim Schutz der Menschenrechte größere Fortschritte erzielt als andere Nationalstaaten. Deutschland und Italien waren immer noch stark zersplittert und ohne echten politischen Zusammenhalt. In Preußen, Österreich und Rußland hatten die Herrscher die Gedanken westlicher Philosophen dazu benutzt, den Einfluß alter Interessengruppen noch stärker abzubauen und einen „aufgeklärten Despotismus" zu errichten. In China fuhr die 1644 errichtete Ch'ing-Dynastie fort, mit einschneidender Zensur, einem starken Militärapparat und einem Kaiser zu regieren, der sich als Halbgott betrachtete.

Bei der Betrachtung der weltpolitischen Bühne hatte Jefferson den Eindruck, daß Amerika klar überlegen war. Amerika hatte sich auf ein radikales und nobles Experiment eingelassen. Über dieses Experiment schrieb er ausgiebig und oft gefühlvoll, und er trug aktiv dazu bei, daß es Gestalt annahm; er gewann dabei durch seine eloquenten und verheißungsvollen Äußerungen die Zuneigung der breiten Mehrheit des amerikanischen Volkes. Sein Vermächtnis beruht fast mehr auf der Kraft seiner Worte und auf seinem „Image" als auf seinen Taten.

Jefferson war jedoch nicht bloß ein Staatsmann oder politischer Theoretiker. Er war ein sehr belesener, mit den Gedanken der Aufklärung vertrauter Mann, der die europäische Kultur zu schätzen wußte. Er wurde noch vor seiner diplomatischen Tätigkeit in Paris mit dieser Kultur bekannt gemacht, als er eine enge Freundschaft mit dem deutschen General von Riedesel und einigen der jüngeren deutschen Offziere in dessen Stab wie Baron von Geismar und Jean Louis de Unger einging, die im amerikanischen Unabhängigkeitskrieg gefangengenommen und in der Grafschaft Albemarle interniert worden waren. Er genoß es, mit diesen kultivierten Männern zu reden, zu speisen und zu musizieren - ein Vorgeschmack der Freuden der europäischen Kultur.[21] Trotz seiner sentimentalen Bindung an die Abgeschiedenheit von Monticello sehnte er sich nach dem Umgang mit den gebildeten Kreisen - ob er sich nun zu Hause aufhielt oder in Philadelphia, Paris oder Rom war. Er brauchte die Bücher, die Architektur, die Bildhauerei, die Malerei und die Musik Europas, und er äußerte sich sogar positiv über die liebenswürdigen Manieren der feinen Gesellschaft in Frankreich.[22] Sein Ehrgeiz war, von dieser vornehmen Gesellschaft ganz akzeptiert zu werden und mit ihr - häufig in Briefen - einen umfassenden Gedankenaustausch zu pflegen. Wo immer es möglich war, brachte er diese Kultur mit zurück nach Monticello; er stattete seinen Herrensitz mit eleganten Einrichtungsgegenständen aus, mit italienischem Design, englischen Gärten, deutschen Weinen. Er widmete sich jeden Tag der Lektüre, schrieb eifrig, aß gut und war ein generöser Gastgeber. Das Beste der europäischen Gesellschaft nahm er in seine kleine Welt von Monticello auf.

Ein viel bewunderter Teil seines Vermächtnisses ist die Breite seiner Interessen. Man erinnert sich an ihn und ehrt ihn wegen des (eklektischen) Umfangs seiner Gelehrsamkeit und der Vielfalt seiner Aktivitäten - auf dem Gebiet der Architektur, der

Technik, der Archäologie, der Botanik, der Musik. Neben seiner politischen Tätigkeit war er ein Mann von vielerlei Talenten und von breitem Wissen. Doch zu seiner Gelehrtheit gehörte stets eine gewisse Bescheidenheit, mit der er seine Ideen vortrug; er hielt sich nicht für einen großen Mann. Seine Ideen waren die aufgeklärter Zeitgenossen; er wandte sie an, wo immer er konnte, um das Leben besser zu machen. Ideen und Gedanken waren nutzlos, wenn sie keine pragmatische Anwendung finden konnten. In dieser Hinsicht war er - wie Benjamin Franklin - sehr amerikanisch; er suchte nach dem praktischen Zweck der Ideen.

Damit gibt Jefferson ein Beispiel für die zivilisierten Völker aller Zeitalter. Er war einer der gebildetsten Amerikaner seiner Epoche, und ein Teil seines Vermächtnisses beruht eben auf der Botschaft, es sei möglich, sich zu bilden und fortzuentwickeln. Seien es die Gedanken von Denis Diderot oder Adam Smith, von Alexander Pope oder Comte de Buffon, von Sir Isaac Newton oder Voltaire - Jefferson vermochte darauf zu reagieren, geistreich und mit Substanz, oft mit einem eigenständigen Beitrag zu diesem Dialog. In seiner provinziellen, agrarischen, eben erst flügge gewordenen Nation war Jefferson ein intellektueller Aristokrat, der sich in den Zentren der Macht und der Kultur zu Hause fühlte. Mir scheint, daß dies ein nicht unbedeutender Teil des Vermächtnisses ist, der sein Ansehen intakt gehalten hat.

Nach Jeffersons Meinung war Bildung jedoch nicht der Elite vorbehalten. Vielmehr war sie grundlegend für die Gesundheit seiner Republik; Freiheit und Bildung waren für ihn miteinander verflochten. Im Jahr 1786 schrieb er an George Washington:"Ich bin grundsätzlich der Meinung, daß unsere Freiheit nur in den Händen des Volkes selbst sicher sein kann, und zwar eines Volkes mit einem gewissen Maß an Bildung."[23] An diesen Ansichten hielt er zeitlebens fest; sie wurden unterstrichen durch die berühmte Feststellung in einem Brief von 1816 an Colonel Charles Yancey: „Eine Nation, die in einem zivilisierten Zustand unwissend und frei sein möchte, erwartet etwas, was es nie gab und nie geben wird."[24]

Als Gouverneur schlug Jefferson 1779 für den Staat Virginia ein zusammenhängendes System öffentlicher Schulen vor. Es sah ein stufenweises Fortschreiten aus der „Primary School" (Grundschule) vor, die alle „freien", der Bürgerschaft zugehörigen Jungen und Mädchen drei Jahre lang gebührenfrei besuchen sollten; dort lag der Schwerpunkt auf Lesen, Schreiben, Rechnen und Geschichte. Die Hinführung zur Geschichte galt Jefferson als nützlich, weil sie den Machtmißbrauch aufzeige, der von den Menschen oft getrieben werde. Für ein größeres geographisches Gebiet zuständige „Grammar Schools" (Gymnasien) sollten diejenigen aufnehmen, deren Familien für die zusätzliche Bildung ihrer Kinder zahlen wollten; es sollte jedoch mindestens ein Platz für einen armen Schüler reserviert sein, der seine Begabung unter Beweis gestellt hatte, so daß auf diese Weise in ganz Virginia pro Jahr mindestens zwanzig Schüler „aus dem Dreck gezogen" werden konnten. Latein, Griechisch, Geschichte für Fortgeschrittene sowie Mathematik sollten die Schwerpunkte bilden. Durch eine Folge von Prüfungen sollten diejenigen gefunden werden, die sich für höhere Ausbildungsstufen am besten eigneten, bis hin zur Universitätszulassung. Jefferson war vom „College of William and Mary", an dem er ausgebildet worden war, nicht besonders angetan. Er schlug daher schließlich die Errichtung der „University of Virginia" vor und nahm an deren Entstehung und Gestaltung aktiven Anteil; im Jahr 1825, ein Jahr vor seinem Tod, öffnete sie ihre Pforten.

Diese Universität, die erste säkulare Einrichtung höherer Bildung im Süden, sollte ein Modell für die Ausbildung der Bürgerschaft darstellen. Während die Primärerziehung die Bürger befähigen sollte, ihre Angelegenheiten (auch durch Kenntnis ihrer Rechte) besser wahrzunehmen, würde die höhere Bildung „...Staatsmänner, Gesetzgeber und Richter formen, ... von denen das öffentliche Wohl und das individuelle Glück so sehr abhängt". Um diesen Führungsgestalten ethische Substanz zu vermitteln, sollten ihnen die Prinzipien von „Tugend und Ordnung" beigebracht werden; und schließlich sollten sie „generell zum Nachdenken und zum korrekten Handeln erzogen werden, so daß sie anderen gegenüber Musterbeispiele an Tugend werden und sich selbst gegenüber an Glück".[25]

Jefferson bewunderte die Gelehrsamkeit, die durch den Kontakt mit europäischen Denkern erworben werden konnte und bemühte sich deshalb, die besten Köpfe der Welt dazu zu bringen, an der Universität die ersten Professorenstellen einzunehmen. Um Amerikaner vor dem verderblichen Einfluß der Aristokratie in Europa zu schützen, schlug er vor, die besten Denker nach Amerika zu bringen. Er nahm die Neueren Sprachen Französisch, Spanisch, Italienisch, Deutsch und britisches Englisch in das Curriculum auf, damit sich die gebildetsten Amerikaner mit anderen Teilen der Welt verständigen konnten. Die deutsche Sprache, so schrieb er, „...steht jetzt Seite an Seite mit der der gebildetsten Nationen, was ihren Reichtum an Gelehrsamkeit und den wissenschaftlichen Fortschritt anbetrifft."[26]

Jefferson gab dem Curriculum der Universität eine ganz pragmatische und vielfältige Gestalt. Es umfaßte alte und neuere Sprachen, reine Mathematik (dazu gehörten abstrakte Mathematik und Architektur wie auch Militär- und Marinewissenschaft), physikalische Mathematik, Physik oder Naturphilosophie, Botanik und Zoologie, Medizin, Politik, Geschichte, Wirtschaftswissenschaft, Rechtswissenschaft und Ideenlehre. Selbst das äußere Erscheinungsbild der Universität sollte die Studenten mit den vielen architektonischen Stilbeispielen (den Säulen und Pavillons) an die in Übersee zu findende Kultur erinnern sowie an die Vielfalt der Formen, die in der Welt der Natur existierte. Jefferson erreichte durch eine sorgfältige Gliederung, daß sowohl ein Ort der Weltabgeschiedenheit entstand wie auch ein Hinweis darauf, daß der Mensch in einer größeren Welt existiert.

Seine Vorstellungen vom Zweck der Ausbildung und von der Art und Weise, wie ein Bauwerk diesen Zweck fördern kann, bleiben ein Teil des Vermächtnisses, an das man sich in Charlottesville stärker als anderswo erinnert. Jefferson und sein Vermächtnis kommen darin jedoch sehr gut zum Ausdruck: Freiheit kann nur durch Wissen erhalten werden; Wissen soll nicht von den Wohlhabenden zu ihrem persönlichen Vorteil oder für ihre politischen Ambitionen angehäuft werden. Vorstellungen dieser Art bilden die Grundlage des amerikanischen Erziehungssystems. Jefferson förderte dessen Entstehung und Entwicklung in den südlichen Staaten, indem er der Geistlichkeit die Kontrolle über die Erziehung nahm und sich dafür einsetzte, daß alle Bürger eine gute Ausbildung erhalten konnten, die sich darum bemühten. Wir setzen uns nach wie vor für diese Vorstellungen ein; unser Erziehungssystem ist insbesondere in den vorangegangenen Jahren unglaublich offen gewesen und ist damit sogar noch über Jeffersons Engagement für eine Meritokratie der Talentierten hinausgegangen.

Der letzte Beitrag, um dessentwillen Jefferson in Erinnerung zu bleiben wünschte, war das „Gesetz zur Einrichtung der Religionsfreiheit in Virginia". Jefferson schrieb den Gesetzentwurf im Jahr 1777, doch die Verabschiedung erfolgte erst im Jahr 1786. Das Gesetz war ein Kraftakt sondergleichen in einer amerikanischen Welt, wo die etablierte Kirche, die Church of England, den ganzen Süden beherrschte, und wo die meisten der Kolonien im Norden jeweils mit einer bestimmten Glaubensgemeinschaft gleichgesetzt wurden. Es stellte eindeutig fest, „daß der allmächtige Gott den Geist als frei erschaffen hat" und

„...daß durch die unfromme Vermessenheit von zivilen wie auch kirchlichen Gesetzgebern und Herrschern, die als fehlbare und unerleuchtete Menschen sich die Vorherrschaft über den Glauben anderer angemaßt und dabei ihre eigenen Meinungen und Denkweisen als die einzig wahren und unfehlbaren hingestellt und als solche versucht haben, diese anderen aufzuzwingen, im größten Teil der Welt und über alle Zeit hinweg falsche Religionen errichtet und aufrechterhalten wurden.

...daß es sündhaft und tyrannisch ist, einen Menschen dazu zu zwingen, mit Geld zur Verbreitung von Meinungen beizutragen, an die er nicht glaubt;

...daß unsere bürgerlichen Rechte so wenig von unseren religiösen Meinungen abhängig sind wie unsere Meinungen über Physik oder Geometrie; daß die Ächtung eines Bürgers als eines des Vertrauens der Öffentlichkeit unwürdigen Menschen durch die Entziehung der bürgerlichen Ehrenrechte ... ihn erheblich jener Privilegien und Vorteile beraubt, auf die er gemeinsam mit seinen Mitbürgern ein natürliches Anrecht hat."

Das Gesetz beruht auf vertrauten Jeffersonschen Grundsätzen: Die Menschen sind frei; ihre Meinungsfreiheit darf nicht eingeschränkt werden; das Recht auf religiöse Freiheit ist Teil der Naturrechte des Menschen; das Wohl der Republik hängt davon ab, daß solche Rechte und Freiheiten gepflegt und aufrechterhalten werden.

Das Gesetz bestätigte das Recht von Individuen, die Religion ihrer Wahl auszuüben und finanziell zu unterstützen, ohne daß diese Wahl ihre Rechte und
Eigenschaften als Bürger beeinflussen sollte.[27]

Auf dem Gebiet der Erziehung und der Religion verkörperte Jefferson das Beste
seiner Zeit. Er teilte den aufklärerischen Glauben an die Vernunft und an die
Macht des Menschen, seine eigene Welt zu gestalten. Er hatte einen enormen
Optimismus, daß von Generation zu Generation Fortschritte möglich sind, auch
wenn ihm klar war, daß eine Generation die andere nicht festlegen kann.
Insbesondere auf diesen Gebieten war er in der Lage zu handeln und damit seiner
eigenen Generation die Ziele näherzubringen, die ihm wichtig waren. Das, was
von Jefferson seinem eigenen Wunsch gemäß in Erinnerung bleiben sollte - die
Unabhängigkeitserklärung, die Gründung der „University of Virginia" und das
Gesetz über die Religionsfreiheit in Virginia - stellt bestimmte Momente dar, in
denen seine Gedanken und Taten verschmolzen. Jede dieser Errungenschaften
war ein Mittel, die Freiheit zu fördern und zu erhalten und damit die amerikanische Demokratie zu pflegen. Das waren die Errungenschaften, auf die er am
stolzesten war.

In vielerlei Hinsicht stand die Philosophie der Aufklärung, selbst das Denken ihrer
glühendsten Verfechter, im Widerspruch zu der Welt der Macht und der Privilegien. Zu der Hochschätzung des „Natürlichen", zur Herrschaft der Vernunft, zur
Bewahrung der Rechte, zur Erziehbarkeit des Menschen und zu der Vorstellung
von einer „Aristokratie der Verdienste und der Tugend" gehörte implizit der Ruf
nach radikaler Veränderung. Jefferson verstand diese Implikationen und fürchtete
sie nicht. In Amerika sah er die Möglichkeit, sie umzusetzen.

Jeffersons Vermächtnis

Was ist schließlich Jeffersons Vermächtnis für unser Zeitalter? Warum ergeht es
Jefferson so gut in dieser Epoche, in der Heldengestalten von ihrem Sockel geholt
und Idole entweiht werden, in der Texte „dekonstruiert", Argwohn gegen männliche Vorherrschaft gepflegt und „Stimmenvielfalt" eingefordert werden? Wieso
haben ihm die Amerikaner im großen und ganzen seine Schwächen und Beschränkungen verziehen, obwohl wir dies bei so vielen anderen nicht getan haben?

Auf einem Gebiet, dem der Rasse, sind wir weiterhin sehr empfindlich, und das zu
Recht. Als Nation müssen wir uns noch sehr anstrengen, um ein Land der
uneingeschränkten Gleichberechtigung zu sein, auch im wirtschaftlichen und
sozialen Bereich, auch und gerade am Arbeitsplatz. Jefferson rang mit dieser
Problematik, konnte aber keine Lösungen finden. Wir ringen ebenfalls mit dieser
Problematik; in den vergangenen 250 Jahren sind zwar Fortschritte erzielt worden,
doch sie sind unzureichend. Seine Versäumnisse sind unsere Versäumnisse. Daß
Jefferson es nicht vermochte, hier realistische Lösungsmöglichkeiten vorzugeben,

University of Virginia.
Jahrzehntelang verfolgtes Lieblingsprojekt Jeffersons,
von ihm geplant, entworfen und in Charlottesville mitbegründet.

so wie ihm dies auf anderen Gebieten gelang, soll nicht entschuldigt werden. Doch irgendwie wird er durch dieses Versagen sehr menschlich für uns. Wir sind in diesem Punkt nachsichtig mit ihm, weil er unsere eigene Problematik, unsere eigene Ambivalenz aufzeigt und unseren Eindruck bestätigt, daß die Dilemmas der amerikanischen Staatsgründer in unserer eigenen Gesellschaft voll zum Tragen gekommen sind. Obwohl wir seine Versäumnisse erkennen, sind seine hehren Bestrebungen, das Los des Menschengeschlechts zu verbessern, weiterhin eine Inspiration für uns.

Wir werden von Jefferson auf vielfältige Weise inspiriert, weil viele der Grundwerte des 18. Jahrhunderts weiterhin Gültigkeit haben. Die Probleme sind im Grunde die gleichen geblieben, und wir gehen weiterhin von der Grundvoraussetzung aus, daß wir unsere Gesellschaft ändern können, wenn wir dies nur wollen und uns entschlossen darum bemühen. Die Sorge um den Schutz unserer Rechte, um das Erziehungswesen, um die staatsbürgerliche Moral, um die Qualität der Demokratie, um die Beschaffenheit des Regierungssystems erfüllt uns auch in unseren Tagen. Jeffersons Gedanken und sein grundlegender Optimismus enthalten nach wie vor ein Zukunftsversprechen. Er inspiriert uns zum Teil deswegen, weil er so fest daran glaubte, daß Fortschritt möglich ist.

Das 20. Jahrhundert unterscheidet sich jedoch in zwei miteinander verknüpften Punkten vom 18. Jahrhundert. Dem fragmentierten Zeitgeist sind klare Vorstellungen von Moral und von Gerechtigkeit fremd. Auch das Wissen ist fragmentarisch geworden, und es fällt den Menschen immer schwerer, mit Vertretern anderer Fachrichtungen zu diskutieren. Zum anderen ist die Zeit knapp geworden. In dieser Ära der Faxe, der elektronischen Datenübermittlung, der Telegramme, die alle eine umgehende Antwort verlangen, gibt es wenig oder gar keine Zeit, das Natürliche mit dem Künstlichen in Einklang zu bringen, die Welt der Gärten und der Berge mit der Welt der Bücher, Briefe und Zeitschriften. Es findet sich kaum noch eine Gelegenheit, sinnvolle und schöne Zukunftsvisionen zu entwerfen. Mag sein, daß Jefferson auch die nostalgischen Gefühle trifft, die wir für jene Welt der Reflexion, des Taktgefühls, der Kultiviertheit und Zivilität hegen.

Anmerkungen

1   Otis L. Graham, Jr.: Editor's Corner, in: The Public Historian, 14. Bde., Bd. 4, Herbst 1992, S. 5.

2   Paul Finkelman: Jefferson and Slavery: "Treason Against the Hopes of the World", in: Peter S. Onuf (Hrsg.): Jeffersonian Legacies, Charlottesville, 1993, S. 210.

3   Merrill D. Peterson: The Jefferson Image in the American Mind, New York, 1962, S. 12.

4   Graham, Public Historian, a.a.O., S. 5.

5 Washington Post, 17. Oktober 1992.

6 Brief an Benjamin Banneker vom 30. August 1791, in: Merrill D. Peterson (Hrsg.): The Portable Thomas Jefferson, New York, 1975, S. 454/55.

7 Brief an Martha Jefferson vom 28. November 1793, a.a.O., S.366/67.

8 Jan Lewis: „The Blessings of Domestic Society": Thomas Jefferson's Family and the Transformation of American Politics, in: Onuf: Jeffersonian Legacies, S. 134.

9 The Declaration of Independence. In: Peterson, a.a.O., S. 235. In Jeffersons ursprünglichem Wortlaut, der vom Kongreß geändert wurde, war von „natürlichen und unveräußerlichen Rechten" die Rede statt von „bestimmten unveräußerlichen Rechten", wodurch die Rechte aller Menschen noch stärker betont wurden.

10 Brief an James Madison vom 28. Oktober 1785, in: Peterson, a.a.O., S. 396.

11 Edward Dumbauld: Thomas Jefferson, American Tourist, Norman/Oklahoma, 1976, S. 118.

12 Brief an James Madison (20. Dezember 1787), in: Peterson, a.a.O., S. 432.

13 Brief an James Madison (30. Januar 1787), a.a.O., S. 417.

14 A.a.O., S. 20.

15 James L. Houston: The American Revolutionaries, the Political Economy of Aristocracy, and the American Concept of the Distribution of Wealth, 1765-1900, in: American Historical Review, Bd. 98, Nr. 4, 1993, S. 1080.

16 Joyce Appleby: Jefferson and His Complex Legacy, in: Onuf: Jeffersonian Legacies, a.a.O., S. 9.

17 Selbst dieses Vermächtnis ist nicht eindeutig. Es ist darauf hingewiesen worden, daß sich nach 1790 bei der Schaffung der amerikanischen Demokratie zwei unterschiedliche Richtungen entwickelten. Einerseits betonte Jefferson Gleichheit und Volkssouveränität und ebnete damit den Weg für eine Tradition sozialer Demokratie, wie sie sich in der Politik von Andrew Jackson und Franklin Delano Roosevelt herausbildete. Andererseits führte eine Betonung der Freiheitsrechte und eine Begrenzung der Regierungsgewalt zu einer klaren Einschränkung der Rolle des Staates, was der Politik von John Calhoun und vieler zeitgenössischer Konservativer entsprach. Jefferson wurde von beiden Gruppen in Anspruch genommen, und dies schafft eine gewisse Zweideutigkeit. Seine eigene Präsidentschaft trägt nicht zur Klärung dieser Frage bei, da seine Amtshandlungen nicht immer mit seinen hehren Ideen hinsichtlich der Einschränkung der Befugnisse der Regierung übereinstimmten. Eine eingehendere Behandlung dieses Themas findet sich bei Michael Lienesch, Thomas Jefferson and the American Democratic Experience, in: Onuf: Jeffersonian Legacies, a.a.O.

18 Norman K. Risjord: Jefferson's America: 1760-1815, Wisconsin, 1991, S.188.

19 Notes on the State of Virginia, Query XVIII, Manners.

20 Paul Finkelman. In: Onuf: Jeffersonian Legacies, a.a.O.

21 Marie Kimball: Europe Comes to Jefferson, in: The American-German Review, Bd. XV, Nr. 3, 1949, S. 15.

22 Brief an Charles Bellini (30. September 1785), in: Peterson, a.a.O., S. 391.

23 Brief an George Washington (4. Januar 1786), in: Julian P. Boyd (Hrsg.), The Papers of Thomas Jefferson, Bd. 9, Princeton, 1954, S.151.

24 Brief an Colonel Charles Yancey (6. Januar 1816), in: Andrew A. Lipscomb u. Albert Ellery Bergy (Hrsg.), The Writings of Thomas Jefferson, Bd. XIII, Washington, D.C.: The Thomas Jefferson Memorial Association, S. 384.

25 Report of the Commissioners for the University of Virginia, 1818.

26 Report of the Commissioners for the University of Virginia, in: Thomas Jefferson: Public and Private Papers, New York, 1990, S.139.

27 A Bill for Establishing Religious Freedom, in: Peterson: Portable Jefferson, a.a.O., S.251/53.

Ausgewählte Literatur zum „Erbe" Thomas Jeffersons:

Siehe dazu die Bibliographie zu dem Beitrag von Joyce Appleby.

Werner Heun

Die politische Vorstellungswelt Thomas Jeffersons[*]

I

„Thomas Jefferson still survives". Mit diesen Worten seines langjährigen Freundes und politischen Gegenspielers John Adams am 50. Jahrestag der Declaration of Independence kann der Einfluß und die Ausstrahlungskraft der neben George Washington und Abraham Lincoln berühmtesten und beliebtesten amerikanischen Leitfigur auf die Geschichte und das politische Bewußtsein der Vereinigten Staaten noch heute beschrieben werden. Dieser äußersten Präsenz im Gedächtnis der amerikanischen Nation entspricht eine nahezu völlige Unbekanntheit in Deutschland. Außer einer Schrift Otto Vosslers aus dem Jahr 1929 hat die deutsche Wissenschaft Jefferson nahezu unbeachtet gelassen. Das mag freilich auch damit zusammenhängen, daß Thomas Jefferson nie ein großes Werk geschrieben hat, das seine politische Philosophie systematisch entfaltet. Das einzige umfangreichere Werk, die „Notes on the State of Virginia", enthält neben einer Beschreibung Virginias nur eine kurze Kritik der Verfassung und verstreute Bemerkungen politischer Natur. Sein „Manual of Parliamentary Practice" ist zwar noch heute eine Grundlage des parlamentarischen Verfahrens im Repräsentantenhaus, enthält aber keine politische Philosophie. Als selbständige Schrift ist nur noch die ursprünglich gar nicht zur Veröffentlichung gedachte Flugschrift „A Summary View of the Rights of British America" von 1774 zu nennen und seine kurze, bis 1790 reichende „Autobiography" von 1821, die auch seinen Entwurf der Declaration of Independence enthält. Im übrigen sind Jeffersons Vorstellungen und Gedanken nur aus zahlreichen öffentlichen Stellungnahmen, Begründungen zu Gesetzesentwürfen, seinen Ansprachen als dritter Präsident der Vereinigten Staaten von 1801-1809 und insbesondere aus seiner ausgedehnten, etwa 18.000 Briefe umfassenden Korrespondenz zu erschließen. Seine Briefpartner sind nicht nur die führenden Träger der Amerikanischen Revolution wie John und Samuel Adams, James Madison und George Washington, sondern auch - nicht zuletzt aufgrund seiner Tätigkeit als Botschafter in Paris von 1784-89 - herausragende Persönlichkeiten in Europa wie der Marquis de Lafayette, der Comte de Volney, Madame de Stael und Jean Baptiste Say. Auch infolge dieser Form schriftstellerischer Tätigkeit ist Jefferson nicht als gründlicher und tiefer Denker hervorgetreten, der auch nur ein Thema in alle Richtungen durchdacht oder ausgelotet hat. Seine politische Vorstellungswelt läßt sich nur mühsam aus zahlreichen verstreuten Partikeln rekonstruieren,

[*] Dieser Beitrag ist der um die Fußnoten gekürzte Text meiner Antrittsvorlesung, der vollständig erschienen ist in: HZ 258 (1994), S. 359 ff.

87

die häufig aus dem Moment heraus entstanden sind, aber gleichwohl durchgehende Grundzüge offenbaren, im einzelnen freilich assoziativ bleiben und nicht unbedingt tiefgründig werden. Seine Belesenheit war eindrucksvoll, seine Bibliothek galt als die beste Amerikas und bildete den Grundstock der Library of Congress, nachdem deren Bestände im Krieg von 1812 von den Engländern verbrannt worden waren. Sein Genius bestand vielmehr in seiner glänzenden Formulierungsgabe und seinem von seiner südstaatlichen Herkunft geprägten, eleganten Stil, die herkömmlichen und verbreiteten Gedanken und Prinzipien eine einprägsame und unvergeßliche Wendung geben konnten. Thomas Jefferson hat seine Begrenzung und Größe selbst am eindrucksvollsten beschrieben, als er auf den Vorwurf mangelnder Originalität seiner herausragendsten Leistung, der Declaration of Independence vom 4. Juli 1776, antwortete:

> „This was the object of the Declaration of Independence. Not to find out new principles, or new arguments, never before thought of... but to place before mankind the common sense of the subject, in terms so plain and firm as to command their assent, and to justify ourselves in the independent stand we are compelled to take. Neither aiming at originality of principle or sentiment, nor yet copied from any particular and previous writing, it was intended to be an expression of the American mind, and to give to that expression the proper tone and spirit called for by the occasion. All its authority rests on the harmonizing sentiments of the day...“

In der Abfassung der Declaration findet Jeffersons Leben seinen ersten und vielleicht augenfälligsten Höhepunkt. Geboren am 13. April 1743 war Jefferson über seine Mutter mit der prominentesten Familie von Grundbesitzern und Amtsträgern Virginias verbunden und stand bereits mit 26 Jahren in öffentlichen Ämtern. Fünf Jahre Botschafter in Frankreich, erster Außenminister der Vereinigten Staaten, Vizepräsident für vier Jahre ab 1796 und dritter Präsident der Vereinigten Staaten von 1801-1809 sind die wichtigsten weiteren Stationen in höchsten Staatsämtern. Seine Bedeutung hat er in seinem von ihm selbst entworfenen Epitaph in wirkungsvoller Schlichtheit für die Nachwelt festgehalten: „Here was buried Thomas Jefferson - Author of the Declaration of Independence - of the Statute of Virginia for religious Freedom and Father of the University of Virginia“. Und in einer Fügung von symbolischer Kraft ist Thomas Jefferson genau am 50. Jahrestag der Declaration, am 4. Juli 1826, friedlich verstorben.

II

Mit der Abfassung des Entwurfs der Declaration of Independence wird Thomas Jefferson als Mitglied des Continental Congress, in dem er 1775 und 1776 Virginia vertritt, beauftragt. Bereits der erwähnte Summary View war ursprünglich nichts anderes als ein Entwurf von Instruktionen für die Delegierten Virginias zum Ersten Continental Congress. Von 1769 bis 1776 war er zudem Mitglied des

Virginia House of Burgesses und schon seit 1767 als Anwalt erfolgreich tätig. Jefferson reiht sich damit ein in die Gruppe hervorragender Juristen, die der Amerikanischen Revolution ihr besonderes Gepräge verliehen. Gerade auch die Declaration trägt diesen Stempel. Die Unabhängigkeitserklärung ist in ihrem Hauptteil zunächst einmal eine juristische Rechtfertigung des Widerstands und der Aufkündigung des Untertanengehorsams gegenüber dem des Treuebruchs und der Tyrannei angeklagten König als Oberherrn und Verbindungsglied des Britischen Reiches. Jefferson beruft sich dabei bewußt immer wieder auf das positive Recht, das Common Law und die Grundgesetze des englischen Verfassungslebens. Dieser Charakter einer altständischen lehnsrechtlichen Absageerklärung nach dem Vorbild der niederländischen Unabhängigkeitserklärung von 1581 und der Bill of Rights von 1689 ist nur lange verdunkelt worden durch die glänzenden Formulierungen der Einleitung, die den Absageakt naturrechtlich untermauern und eine weitreichende ideen- und weltgeschichtliche Wirkung entfaltet haben.

Die berühmte Passage der Präambel in Jeffersons Entwurf lautet: „We hold these truths to be self-evident: that all men are created equal; that they are endowed by their creator with inherent and inalienable rights; that among these are life, liberty and the pursuit of happiness; that to secure these rights governments are instituted among men deriving their just powers from the consent of the governed...".

Mit dieser Passage wird der feudalrechtliche Ansatz der Erklärung verlassen, auch wenn in der angelsächsischen Rechtstradition und insbesondere bei dem größten englischen Juristen des 18. Jahrhunderts, William Blackstone, die Verbindung zum Naturrecht nicht gelöst war. Lange hat man in dieser Passage fast ausschließlich den Einfluß von John Lockes "Second Treatise on Government" erblicken wollen. Dies entsprach einer allgemeinen Überschätzung der Bedeutung Lockes für die Amerikanische Revolution, die inzwischen in mehrfacher Hinsicht relativiert worden ist. Zum einen setzt die Rezeption der politischen Philosophie Lockes erst spät und eher zurückhaltend ein. Zweitens tritt als vielfach bedeutenderer ideengeschichtlicher Einflußstrang die Ideologie der radikalen englischen Whig-Opposition im 17. und 18. Jahrhunderts hinzu, deren klassischer Republikanismus seinerseits in einer Traditionslinie steht, die von Aristoteles über Machiavelli zu James Harrington und Montesquieu reicht. Auch Jefferson ist davon geprägt, was aber die naturrechtliche Grundkonzeption der Präambel nur am Rande berührt. Schließlich ist im Hinblick auf die Unabhängigkeitserklärung der Nachweis zu führen versucht worden, daß die entscheidenden Impulse allein der schottischen Aufklärung zu verdanken sind. Diese letzte These ist jedoch zumindest überzogen. Die Vorstellung einer „self-evident truth" steht durchaus in Übereinstimmung mit Lockes rationalistischer Theorie. Jefferson war, wie viele Indizien belegen, mit Locke und seinen "Treatises on Civil Government" gut vertraut und hat mehrfach seine hohe Wertschätzung Lockes bekundet.

Am meisten Anhaltspunkte findet diese These darin, daß Jefferson die Lockesche naturrechtliche Trias von „life, liberty and property" in der Unabhängigkeitserklärung durch die Trias „life, liberty and the pursuit of happiness" ersetzt hat. Dieser Austausch von property und pursuit of happiness, was man am besten altertümlich mit „Bewerbung um Glückseligkeit" übersetzt, ist in seinen Gründen von Jefferson selbst nie aufgeklärt worden und deshalb reichlich der Spekulation ausgesetzt. Zunächst wird man festhalten können, daß die Glückseligkeit im 18. Jahrhundert allgemein anerkanntes Staatsziel war und im angelsächsischen Denken eine individuelle Färbung besaß. Der Gedanke eines innerweltlichen pursuit of happiness geht auf Lockes "Essay concerning Human Understanding" zurück, wonach neben dem Selbsterhaltungstrieb das individuelle Glücksstreben die wesentliche Motivation menschlichen Handelns darstellt. Dieser Gedanke findet bei dem Philosophen und Oppositionspolitiker Bolingbroke eine Erweiterung in die soziale und politische Dimension und erhält bei dem schottischen Aufklärungsphilosophen Francis Hutcheson und dem französischen Rechtsphilosophen Jean Jacques Burlamaqui, dessen Schriften in Amerika am Ende des 18. Jahrhundert weit verbreitet sind, eine Wendung zu einem individuellen Naturrecht, das freilich auch von Blackstone prinzipiell anerkannt wird. Die Formel der „inherent and inalienable rights... life, liberty and the pursuit of happiness" bringt damit die Vorstellung einer auch auf das soziale Zusammenleben bezogenen sensualistischen Selbsterfüllung des Menschen zum Ausdruck und entspringt mehreren Quellen, deren jeweiliger Anteil kaum exakt zu bestimmen ist.

Das Right of Property steht bei Jefferson dagegen nicht auf der gleichen Stufe, weil es von ihm im Gegensatz zu Locke wohl nicht als unveräußerliches Naturrecht, sondern als „civil law", d.h. als staatlich gesetztes Recht verstanden wird. Das ändert nichts an der von Jefferson betonten hohen Bedeutung des Eigentumsrechts für das menschliche Zusammenleben und für die individuelle Selbsterfüllung, gibt Jeffersons Konzeption von Staat, Ökonomie und Gesellschaft aber einen anderen Akzent. Selbst diesen vorausweisenden Formulierungen unterlag ferner zugleich ein Element klassischen Republikanismus, wenn damit eine „restoration" der alten verlorenen „just rights", eine Rückkehr zum alten System der Vorfahren, der Saxon times, angestrebt wird. Ein Machiavellisches „ridurre ai principii" klingt hier an, besitzt aber einen rationalistischen Unterton, der über den klassischen Republikanismus hinaus auf Naturrechte und natürliche Gleichheit, auf die Vertragstheorie und das Recht der Selbstregierung des Volkes weist. Der Freiheitsbegriff Jeffersons läßt sich nicht mehr allein im aristotelischen Sinn als nur auf die politische Gemeinschaft, die Polis, bezogene Freiheit verstehen, sondern gewinnt im Selbsterfüllungsgedanken schon ein Element der Freiheit auch vom Staat.

Es ist diese Mischung von klassischem Republikanismus, rationalistischer Theorie, juristischer Denkweise und durchaus wachem Sinn für die Realität, die Jeffersons Denken ihr eigenes Gepräge verleiht.

Ein Grundzug des Denkens Jeffersons ist sein optimistisches Menschenbild, sein Glaube an die Fähigkeit des Volkes zur Selbstregierung, an die Vernunft des Menschen. Dieser Optimismus wird nur partiell durchbrochen von einem republikanischen Pessimismus, der sich vornehmlich in der Furcht vor einer „corruption" der Herrschaft äußert, wobei „corruption" in erster Linie als moralische Verdorbenheit und als Verfall zu verstehen ist. Jefferson sieht den Menschen als soziales, gesellschaftliches Wesen an. In der Gesellschaft ist der einzelne auf den Schutz vor seinen Mitmenschen angewiesen. Eine Gesellschaft ohne Herrschaft hält Jefferson für denkbar, aber nicht für wünschenswert. Obwohl die Declaration of Independence von der Sozialvertragslehre ausgeht und der Sozialvertrag mit dieser Erklärung als gelöst betrachtet wurde, sah Jefferson im Einklang mit der Mehrheit seiner Zeitgenossen darin keinen Rückfall in den Naturzustand. Die Unklarheiten dieser Konstruktion sind nicht zuletzt darauf zurückzuführen, daß sich in Amerika die Differenzierung Pufendorfs zwischen Gesellschafts- und Herrschaftsvertrag im Gegensatz zu dem einheitlichen Modell Lockes nicht durchgesetzt hatte. Obgleich Jefferson also ein Anhänger der Sozialvertragslehre ist, spielt diese in seinem Denken keine dominante Rolle mehr, weil die Verfassung an die Stelle des Sozialvertrags tritt und mit diesem gleichgesetzt wird.

Entscheidend ist in dieser bestehenden Herrschaftsordnung vielmehr der zugrundeliegende Gedanke, daß das Volk immer die Quelle aller Herrschaft darstellt. Herrschaft ist nur delegierte Gewalt, die im Fall ihrer Auflösung wieder an das Volk zurückfällt. Anfangs fällt zwar auch für Jefferson nach der Zurückweisung der Souveränität des englischen Parlaments die souveräne Gesetzgebungsgewalt, die es in jeder Gesellschaft geben müsse, zunächst an die Institutionen in den Kolonien und erst anschließend an das Volk, indes ist bereits im Summary View von 1774 die kurze Zeit später vollzogene Wende zum Konzept der Volkssouveränität als Grundlage des gesamten Herrschaftssystems angedeutet. Das Mißtrauen gegenüber korrupter Herrschaft und der Glaube an die prinzipielle Vernünftigkeit des Volkes führen Jefferson dann sogar so weit, gelegentliche Rebellionen und Aufstände des Volkes für notwendig und gut zu halten. „A little rebellion now and then is a good thing". Ganz fehlen aber skeptische Töne über die Weisheit von Wahlentscheidungen durch das Volk nicht. Auf Dauer überwiegt freilich die hohe Wertschätzung der Volksherrschaft. „The basis of our government being the opinion of the people". Freiheit der Meinung und Pressefreiheit sind daher wesentliche Elemente einer freiheitlichen Ordnung. Die Möglichkeit zu Meinungsverschiedenheiten muß offengehalten werden und ist ein Lebenselexier demokratischer Regierung. Gleichwohl erkennt Jefferson, daß diese Freiheit nicht voraussetzungslos ist. Sie setzt Informiertheit voraus und daher erklärt sich Jeffersons Einsatz für umfassende Erziehungs- und Bildungsprogramme, was ihn nach seinem Rückzug aus dem politischen Leben noch zum Gründer der University of Virginia werden läßt.

Ausdruck seiner frühzeitigen Betonung des demokratischen Gedankens und des Vorrangs der Volksherrschaft ist, daß Jefferson der Mehrheitsentscheidung hohes Gewicht beigemessen hat. Das Mehrheitsprinzip gilt ihm als „fundamental law of nature". Und seine First Inaugural Address singt das hohe Lied des Mehrheitsentscheids, der freilich die gleichen Rechte der Minderheit zu beachten hat: „All, too, will bear in mind this sacred principle, that though the will of the majority is in all cases to prevail, that will to be rightful must be reasonable; that the minority possess their equal rights which equal law must protect, and to violate would be oppression". Obwohl der Begriff der „representative democracy" nicht von Jefferson, sondern von seinem großen Gegenspieler Alexander Hamilton stammt, erkannte Jefferson sehr früh, daß allein der Volkswille die gewählten Staatsorgane, namentlich auch die als Repräsentation des Eigentums konzipierte zweite Kammer konstituiert, und die Parlamente in den revolutionären Staaten Amerikas nicht mehr als Teil eines herkömmlichen „mixed government" betrachtet werden können, in der neben dem Volk Aristokratie und Monarch gleichgewichtige tragende Säulen des Herrschaftssystems sind. Jefferson verleiht dieser demokratischen Komponente einen zusätzlich egalitären Zug, indem er sich bereits in der Revolutionszeit für eine weitgehende Ausdehnung des Wahlrechts ausspricht. Zwar will er das Erfordernis, daß das Wahlrecht an bestimmte Eigentumsqualifikationen geknüpft ist, auch für die Zukunft nicht völlig aufgeben, aber zugleich - angesichts des weithin unbesiedelten Westens Amerikas - propagiert er eine Zuteilung von Landbesitz. Seine Vorstellungen über eine gleichere Verteilung von Grund und Boden und sogar eine geometrisch steigende progressive Besteuerung des Eigentums finden ihre praktische Anwendung in dem Kampf gegen Fideikommiß und Primogenitur, der in Virginia weitgehend zum Erfolg führt. Jefferson ist mit seinem sozialen und politischen Egalitarismus ein Mitbegründer desjenigen Gleichheitselementes der amerikanischen Demokratie, das Tocqueville in seiner Analyse als beherrschenden Grundzug des demokratischen Systems herausstellen wird. Eine Schranke fand dieser Egalitarismus aber vorläufig noch in der Sklavenfrage, wenngleich Jefferson die Emanzipation der Sklaven voraussah und begrüßte. Bereits im Entwurf der Unabhängigkeitserklärung hatte Jefferson sich gegen den Sklavenhandel ausgesprochen, dessen Abschaffung im Jahre 1808 sein größter praktischer Beitrag zur Emanzipation wurde. Ansonsten scheute er aber vor direkten Maßnahmen zur völligen Beseitigung der Sklaverei zurück, behielt selbst Sklaven bis an sein Lebensende und widersetzte sich auch nicht dem Missouri-Kompromiß, der die Sklaverei über die alten Südstaatenkolonien hinaus in den neugegründeten Staaten südlich des 36. Breitengrades prinzipiell zuließ.

Die Freiheits- und Gleichheitsrechte sind aber keinesfalls nur funktional auf die demokratische Volksherrschaft bezogen. Das zeigt sich nicht nur an dem von Jefferson betonten Zusammenhang von Freiheit und Wissenschaft, sondern an seiner Naturrechtskonzeption überhaupt und insbesondere an seinem vehementen Eintreten für die Religionsfreiheit, in dem sich ein aufklärerischer Deismus mit antianglikanischen Strömungen mischt. Jeffersons Konzept folgt hier weitgehend den von John Locke in seinem "Letter concerning Toleration" entwickelten Gedanken. In diesem Bereich ist Jeffersons Nachwirkung besonders groß. Er erreichte nicht nur die Verankerung der Trennung von Staat und Kirche in Virginia, die er auf seiner Grabinschrift unter seine drei größten Leistungen gerechnet wissen wollte, sondern fand mit seiner Formulierung „wall of separation" eine noch heute verfassungsrechtlich nachwirkende Formel für das Verhältnis von Staat und Kirche in den Vereinigten Staaten.

IV

Die Naturrechtskonzeption Jeffersons kommt in der Unabhängigkeitserklärung klar zum Ausdruck und war also bereits ausgebildet, als Jefferson 1784 als Vertreter der Vereinigten Staaten, zunächst neben Benjamin Franklin, dann bis 1789 als sein Nachfolger, nach Frankreich entsandt wurde. In der Französischen Revolution wurde Jefferson von Lafayette zu dessen erstem Entwurf einer "Declaration des Droits de l'Homme et du Citoyen" konsultiert. Das amerikanische Vorbild hat die französische Erklärung der Menschen- und Bürgerrechte nicht nur dank Jeffersons Wirken maßgeblich inspiriert, gleichwohl folgt diese einer anderen Konzeption und kann nicht als bloße Kopie amerikanischer Vorbilder betrachtet werden. Neben diesem Einfluß Jeffersons auf die französische Menschenrechtserklärung ist umgekehrt Jefferson seinerseits merklich durch den Aufenthalt in Frankreich geprägt worden. So ist mehrfach beobachtet worden, daß Jefferson sich zu Anfang durch einen zurückhaltenden Konservatismus auszeichnete und keineswegs zu den Befürwortern eines radikalen Umbruchs gezählt werden konnte. Der Aufenthalt in Frankreich hat indes die egalitär radikalen Züge seines Denkens verschärft und ihn zu einer lebenslangen Sympathie für Frankreich in außenpolitischen Fragen bewegt und gleichzeitig in seiner Abneigung gegenüber England und seinem politischen System bestärkt.

Der Aufenthalt in Frankreich hat Jefferson davon abgehalten, unmittelbar am Prozeß der Verfassungsgebung für die Verfassung von 1787 teilzunehmen, gleichwohl hat er vielfach, vor allem in seinen Briefen an Madison, Stellung bezogen. Im Streit um die Verfassung zwischen Federalists und Antifederalists hat Jefferson eine eher vermittelnde Position eingenommen. Im wesentlichen fand die Verfassung seine Zustimmung. Die schärfste Kritik richtete sich dagegen, daß die Verfassung keine Bill of Rights enthielt. Sein Mißtrauen gegen alle Herrschaft, auch gegen eine Tyrannei der Parlamente, forderte demgegenüber eine Absicherung der Rechte der einzelnen gegenüber aller staatlichen Gewalt und zog so die überzeugende Konsequenz aus der Erkenntnis, daß die Parlamente in einer repräsentativen Demokratie selbst zum Herrschaftsträger geworden waren und folglich auch in einen „elective despotism" verfallen konnten. Jefferson äußerte mit seiner Kritik weit verbreitete Bedenken. Erst das Versprechen einer Verfassungsergänzung durch eine Bill of Rights, die ersten 10 Amendments, hat die

Verabschiedung der Bundesverfassung ermöglicht und Jeffersons Auffassung so letztlich bestätigt. Sein tief verwurzeltes Mißtrauen gegen eine monarchische Exekutive, ja gegen „energetic government" überhaupt, hat zweitens seinen äußersten Widerwillen gegen die Zulässigkeit einer unbegrenzten Wiederwahl des Präsidenten begründet. Jeffersons Bedenken ist zwar nicht unmittelbar Rechnung getragen worden, aber nach dem vor allem aus politischer Enttäuschung und Amtsmüdigkeit geborenen Verzicht George Washingtons auf eine zweite Wiederwahl und der Niederlage John Adams bei dem Kampf um die Wiederwahl im Jahre 1800 hat Jefferson durch seinen eigenen, allein von verfassungspolitischen Gründen getragenen Verzicht auf eine unzweifelhaft gesicherte zweite Wiederwahl im Jahre 1809 eine Verfassungstradition zu begründen vermocht, deren Durchbrechung seitens Franklin D. Roosevelts ihre endgültige verfassungsrechtliche Absicherung im 22. Amendment im Jahre 1951 veranlaßt hat. So hat Jefferson sich letztlich auch in diesem Punkt durchgesetzt.

Im übrigen hat Jefferson das in der Verfassung verankerte System der Gewaltenteilung in vollem Umfang gebilligt und gesehen, daß die Gewaltenteilung unter Verlust ihrer gesellschaftlichen Elemente zum „first principle of a good government" transformiert worden war, weil das aristotelische und polybianische Schema der gemischten Verfassung in der auf der Volkssouveränität beruhenden Demokratie seiner sozialen Substanz beraubt war. Der Einfluß Montesquieus, dessen Gewaltenteilungskonzept erst in der amerikanischen Revolution aus seiner Verbindung mit der Mischverfassungslehre gelöst wird, ist hier noch ungebrochen, während Jefferson sich später kritischer zu Montesquieu geäußert hat. Freilich richtete sich Jeffersons Kritik nicht gegen das Gewaltenteilungskonzept, sondern gegen die Auffassung Montesquieus, daß demokratische Republiken nur auf einem kleinen Gebiet eingerichtet werden könnten. Demgegenüber erkannte Jefferson scharfsichtig, daß das System der repräsentativen Demokratie gerade für ein großes Land wie die Vereinigten Staaten besser als andere Herrschaftsformen geeignet ist, während eine unmittelbare Demokratie auch nach seiner Auffassung auf kleine Gebiete mit geringer Bevölkerung beschränkt bleiben müsse. Ein wesentliches Moment trägt dazu die föderalistische Staatsorganisation bei, in der Jefferson auch ein entscheidendes Element der Gewaltenteilung erblickte. Entsprechend seiner Abneigung gegen machtvolle bürokratische Apparate und eine starke Zentralisierung stellte sich Jefferson hier überwiegend auf die Seite der Einzelstaaten, ohne die Staatseinheit damit aufheben zu wollen: States und federal government bilden „coordinate departments of one simple and integrate whole". Jefferson wollte den Föderalismus noch durch eine weitere Untergliederung in immer kleinere Einheiten, bis hin zu den sog. wards, denen als weitere Ebene unterhalb der counties Selbstverwaltungsrechte zugewiesen werden sollten, zusätzlich stärken.

Wie auch heute ist der Vorrang der Einzelstaaten gekoppelt mit einem Verfassungsverständnis, das eine restriktive Auslegung vorzieht. Die Verfassung ist nach seiner Auffassung im Sinne der Verfassungsväter vornehmlich zugunsten der Einzelstaaten auszulegen, freilich nur in innenpolitischen Angelegenheiten. Jefferson zieht eine sichere und präzise Auslegung vor, um die Macht namentlich der Bundesgewalt zu begrenzen. „Our peculiar security is in possession of a written Constitution. Let us not make it a blank paper by construction". Trotz aller späteren kritischen Äußerungen zu der Auslegung der Verfassung durch die Justiz und besonders durch den Supreme Court, bejaht Jefferson daher grundsätzlich das richterliche Prüfungsrecht in Verfassungsfragen, besteht zugleich aber darauf, daß jede der drei Gewalten unabhängig die Verfassung konkretisiert. Der demokratische Volkswille hat für Jefferson letztlich auch gegenüber der Gerichtsbarkeit den Vorrang. Die Bejahung des richterlichen Prüfungsrechts hindert ihn freilich nicht, als Präsident in höchst zweifelhafter Weise die Verfassung zu strapazieren, wie bei dem Erwerb Louisianas, der Verfolgung der sog. Burr-Verschwörung und der Durchsetzung des Embargos. Seine Erfahrungen als Präsident lassen ihn sogar abstrakt den Verfassungsbruch rechtfertigen, falls höhere Prinzipien dies erfordern sollten.

Jeffersons Auffassungen sind Ausdruck eines epochalen Umbruchs im Rechts- und Verfassungsverständnis, zu dessen Vorreitern er gehört. Bereits im Kampf für die Unabhängigkeit hatte Jefferson erkannt, daß entgegen einem mittelalterlichen Rechtsverständnis, das im Gegensatz zum kontinentalen im angelsächsischen Rechtskreis noch vielfältig fortwirkte, die Gesetzesakte des englischen Parlaments nicht mehr als bloße deklaratorische Erkenntnis und Ausformung alter Rechtsprinzipien, sondern als gesetztes positives Recht begriffen werden mußten und damit das Recht nach Prinzipien der Vernunft und des Republikanismus reformiert werden konnte. Zugleich mußten in Abgrenzung der Einheit von Common Law und Naturrecht in England die „fundamental principles and the natural rights of mankind" vom gewöhnlichen gesetzten Recht abgelöst werden, um sie dadurch der einfachen gesetzgebenden Gewalt entziehen zu können. Auch bei Jefferson schälte sich allmählich die Vorstellung heraus, daß es hierfür einer besonderen Verfassungsgebung durch verfassunggebende Versammlungen, sog. Conventions, bedürfe. Erst auf dieser Grundlage konnte sich die Frage eines auf den Vorrang der Verfassung gegründeten judicial review stellen.

Jefferson betont die Notwendigkeit des Gesellschafts- und des Verfassungswandels, und dies umso mehr, als er den Generationenwechsel als ein eminentes Verfassungsproblem begreift. Im Vorgriff auf die aktuelle Diskussion um Mehrheitsprinzip und Belastung künftiger Generationen durch die Umweltschädigungen von heute entwickelt Jefferson bereits 1789 die These, daß die lebende nicht die nachfolgenden Generationen binden könne und dürfe: „the earth belongs in usufruct to the living,... the dead have neither powers nor right over it"... „by the law of nature, one generation is to another as one independent generation to another". Daraus folgt für Jefferson, wenn man eine Generation mit 19 Jahren ansetzt: „Every constitution, then, and every law, naturally expires at the end of 19 years.

If it be enforced longer, it is an act of force and not of right". Auch wenn diese Vorstellung blockartig zusammengefaßter Generationen unrealistische Züge trägt und einen statischen Charakter hat, bringt Jefferson damit ein erst heute wirklich brennendes Legitimationsproblem demokratischer Entscheidungen zum Ausdruck. Trotz ihrer Erstreckung auf alle Gesetze und sogar auf die Verfassung galten die eigentlichen Bedenken Jeffersons ohnehin einem speziellen ökonomischen Problem, nämlich der Staatsverschuldung, deren zukunftsbelastende Wirkung Jefferson besonders fürchtete. Auch hier erscheint angesichts der Bemühungen um einen einschränkenden Verfassungszusatz in den Vereinigten Staaten von Amerika Jefferson in höchstem Maße aktuell. Gleichwohl ist in diesem Punkt die Position Jeffersons nur vor dem Hintergrund der damaligen politisch-ideologischen Diskussion zu verstehen.

V

Als erster Secretary of State von 1789 bis 1793 unter Washington war Jefferson schnell in scharfen Gegensatz zu Alexander Hamilton, dem Secretary of Treasury, geraten. Dieser verfolgte eine Politik der Stärkung der Bundesgewalt, eine ökonomische Politik nach englischem Vorbild, die vorwiegend auf produzierendes Gewerbe und Handel setzte, das Instrument der Staatsverschuldung nutzte und mit der Gründung einer Nationalbank ein modernes Finanzsystem anstrebte, eine Vertiefung sozialer Unterschiede durch eine Anhäufung von Reichtum und Macht in den Händen weniger nicht fürchtete sowie schließlich die politische Bindung mit England suchte. Im Konflikt mit diesen Positionen der Federalists bildeten sich in den neunziger Jahren des 18. Jahrhunderts die Jeffersonian Republicans als Partei heraus, die in der „Revolution of 1800" mit Jefferson an der Spitze zur Macht gelangten. Der Machtkampf ist getragen von prinzipiell gegensätzlichen ideologischen Positionen, die in vielem an den Gegensatz von Country und Court im England des 17. und 18. Jahrhunderts anknüpfen. Es erscheint freilich zweifelhaft, ob es sich um kaum mehr als eine Wiederholung oder gar um einen Abklatsch dieser früheren Diskussion handelt. Die Country Ideologie mit ihrem klassischen Republikanismus hatte gegen die Kommerzialisierung und die merkantilistische Förderung des Außenhandels sowie die Errichtung eines modernen Finanzsystems, gegen Commerce, und damit verbunden, gegen „luxury and corruption" ebenso polemisiert wie gegen die Steuerung des Parlaments von seiten des Hofes mittels Placemen und langer Wahlperioden, die ebenso als corruption beklagt wurden. Die Country Ideologie setzte dem ein auf politischer und ökonomisch-sozialer virtue beruhendes Konzept entgegen, das die Förderung des Farmers und Yeomans, der agrarischen Interessen gegen diejenigen einer kapitalistischen Marktgesellschaft propagierte und mit der Forderung nach jährlichen Wahlen und der Ablehnung eines stehenden Heeres der „corruption", namentlich des Parlaments, zu wehren gedachte. In den gegensätzlichen Begriffen virtue und corruption kommt die alte Verbindung und wechselseitige Durchdringung von

Ethik, Ökonomie sowie Staats- und Regierungslehre im klassischen Republikanismus besonders deutlich zum Ausdruck. Vermittelt durch Bolingbroke und Montesquieu stand auch Jefferson im Bann dieser Ideologie. Die separation of powers ist danach vor allem darauf angelegt, corruption zu verhindern. Die Furcht vor einer „corruption of government" und vor einer „corruption of the legislature" durchzieht seine Schriften und Briefe ebenso wie die Warnung vor einem stehenden Heer und die Forderung nach jährlichen Wahlen. Ein darauf gegründeter Republikanismus wird den angeblich monarchistischen Bestrebungen der Federalists von Jefferson entgegengehalten. Dieses britisch orientierte Politikverständnis der Federalists wird von Hamilton und dessen Verteidigung des englischen Systems der „corruption" personifiziert.

Diese konträren verfassungs- und machtpolitischen Konzeptionen, die sich freilich beide auf dem gesicherten Boden der Verfassung von 1787 bewegen und von gemeinsamen Grundvorstellungen getragen werden, werden durch ebenso verschiedene Vorstellungen über politische Ökonomie untermauert. Exemplarisch wird das deutlich an der unterschiedlichen Einschätzung der Staatsverschuldung. Während Hamilton nach englischem Vorbild die Staatsverschuldung eher forciert, lehnt Jefferson sie vehement ab, weil sie die Spekulation fördere und dadurch die Tugend untergrabe. Gegenüber einer auf gewerbliche Produktion und Außenhandel setzenden Konzeption preist Jefferson die Agrarwirtschaft, die die eigentliche Grundlage einer Republik darstelle. Die kleinen Farmer seien die Träger der virtue, während Handel und große Städte Brutstätten der corruption seien.

Die Übereinstimmungen mit der Country Ideologie sind insoweit verblüffend und können nicht bloß als „frame of reference" abgetan werden. Doch dürfen sie nicht verdecken, daß die Begriffe mit anderen Konzeptionen verbunden sind und dadurch auch einen veränderten Sinn gewinnen. Der Kampf Jeffersons gegen die Staatsverschuldung wird nicht nur von einem agrarischen Ressentiment gegen Spekulation getragen, sondern ist zugleich auf das Argument der zukunftsbelastenden Wirkungen der Staatsverschuldung des schottischen Ökonomen Adam Smith gegründet. Darüber hinaus sprachen sich Smith und die französischen Physiokraten ebenfalls für eine Förderung der Agrarwirtschaft aus, so daß Jefferson sich in wesentlichen Punkten im Einklang mit der seinerzeit modernsten Wirtschaftstheorie befand. Wenn auch widerwillig, fand sich Jefferson allmählich sogar mit der Bedeutung des produzierenden Gewerbes ab, obgleich er weiter prinzipiell einem agrarischen Ideal anhing. Außerdem war - anders als im klassischen Republikanismus - die Vorliebe für die Agrarwirtschaft zugleich mit einem vehementen Eintreten für den Freihandel verknüpft, der gerade dazu dienen sollte, den amerikanischen Farmern den ungehinderten Export ihrer Agrarprodukte zu sichern. Zwar bewirkte das Scheitern des Freihandels nach der Revolution in der Öffentlichkeit zunächst eine gewisse Rückwendung zum klassischen antikommerziellen Denken, das sich aber im Ergebnis angesichts der geänderten ökonomischen

Verhältnisse und Mentalität nicht mehr durchsetzen konnte. Und die unter so vielen, unter anderem auch verfassungsrechtlichen, Aspekten problematische Embargopolitik Jeffersons in seiner Zeit als Präsident verfolgte mit isolationistischen Mitteln gerade das Ziel, den Freihandel zu sichern. Zugleich verlieh die aus dem agrarischen Ideal herauswachsende expansive Außenpolitik, die ihren spektakulären Höhepunkt im Erwerb Louisianas fand, dem politisch-ökonomischen Konzept Jeffersons eine neue Dimension, ohne die republikanischen Tugendvorstellungen damit ganz aufzugeben. „I think our governments will remain virtuous for many centuries, as long as they are chiefly agricultural; and this will be as long as there shall be vacant lands in any part of America. When they get piled upon one another in large cities, as in Europe, they will become corrupt as in Europe". Jefferson erkannte in der Expansion nach Westen eine Möglichkeit, der von Malthus so düster beschworenen Überbevölkerung Herr zu werden. Den Konflikt dieser Expansion nach Westen, der Begründung eines „Empire of Liberty", mit den berechtigten Interessen der Indianer, denen er wohlwollend gesonnen war, hat Jefferson durchaus gesehen, aber durch eine Heranführung der Indianer, „to agriculture, to spinning and weaving" auflösen zu können geglaubt.

Diese Politik ist schließlich nicht verständlich ohne den sozialen Egalitarismus Jeffersons, der schon in den Bodenverteilungsprojekten der 70er Jahre und immer wieder in seinen Ausfällen gegen Aristokratie und die sozialen Auswirkungen des Hamiltonschen Konzepts zum Ausdruck kam. Dieser Egalitarismus unterscheidet sich auch qualitativ von dem Gleichheitskonzept des klassischen Republikanismus, das von einer verhältnismäßigen Gleichheit natürlicher Stände ausging. Dies wird umso deutlicher, wenn man die Verbindung zum politischen, demokratischen Egalitarismus Jeffersons ins Auge faßt. Gerade die Erkenntnis, daß das Volk als einzige Quelle der Staatsgewalt in den verschiedenen Staatsorganen repräsentiert ist, bedeutete eine prinzipielle Abkehr von dem klassisch republikanischen Konzept der Gewaltenteilung. Die Verbindung des agrarischen Ideals mit der republikanischen Staatsform darf nicht darüber hinwegtäuschen, daß die klassische aristotelische Einheit von Ethik, Ökonomik und Politischer Theorie im Verlauf der Revolution durch die Anerkennung verschiedener Interessen und damit eines legitimen Pluralismus auch bei Jefferson aufgebrochen war. Die Veränderung wird auch an Jeffersons Ablehnung des Konzepts eines „government of laws" deutlich, dem sein dem klassischen Republikanismus viel stärker verhafteter Gegenspieler John Adams noch anhing. Und schließlich gewann das Tugend-Konzept Jeffersons durch seine Verbindung mit der individuellen Selbsterfüllung im „pursuit of happiness" einen anderen Akzent. Trotz aller Anklänge an die Vorstellung einer zyklischen Wiederkehr von corruption und Tyrannei ist Jefferson im Gegensatz zu der pessimistischen Auffassung des klassischen Republikanismus - und Hamiltons - von einem grundsätzlichen Fortschritts- und Menschenoptimismus erfüllt, der erst durch den eigenen wirtschaftlichen Bankrott an seinem Lebensende verdüstert wird.

James Madison (1751 -1836).
Vierter Präsident der Vereinigten Staaten (1809 - 1817).
Mitautor der "Federalist Papers" und ein enger Freund von Thomas Jefferson.

VI

Die amerikanische Nation verdankt Jefferson nicht nur den Entwurf der Unabhängigkeitserklärung und mit dem ersten gelungenen Machtwechsel in den Bahnen der neuen Verfassung die endgültige Stabilisierung und Vollendung der Amerikanischen Revolution, sondern auch nachwirkende Formulierungen politischer Grundsätze und Konzepte. Der von Franklin D. Roosevelt 1943 bei der Einweihung des Jefferson Memorials in Washington als Apostel der Freiheit apostrophierte Thomas Jefferson ist in den Vereinigten Staaten so lebendig geblieben oder sogar zum Mythos geworden, weil seine Vorstellungen in ihrer Vielschichtigkeit und Ambivalenz trotz aller Versuche der Vereinnahmung die Parteigrenzen überschreiten und quer zu ihnen liegen. Progressive Demokraten mögen seinen politischen und sozialen Egalitarismus, sein Plädoyer für eine strikte Trennung von Staat und Kirche hervorheben, die Republikaner können auf seine Abneigung gegen eine starke Zentralgewalt, auf sein Verfassungsverständnis und seine Kritik an richterlichem Aktivismus verweisen, und alle können in der Präambel der Unabhängigkeitserklärung und im Begriff „Americanism", ebenfalls einer Wortschöpfung Jeffersons, ihr gemeinsames Selbstverständnis formuliert finden. So können seine Schriften, vor allem seine Briefe, ein leuchtendes Bild amerikanischer Idealvorstellungen und seiner Persönlichkeit zeichnen, das von den Schattenseiten seiner Regierungspraxis ungetrübt bleibt.

Texte und Dokumente

1. To James Madison

DEAR SIR, - My last to you was of the 16th of Dec, since which I have recceived yours of Nov 25, & Dec 4, which afforded me, as your letters always do, a treat on matters public, individual & oeconomical. I am impatient to learn your sentiments on the late troubles in the Eastern states. So far as I have yet seen, they do not appear to threaten serious consequences. Those states have suffered by the stoppage of the channels of their commerce, which have not yet found other issues. This must render money scarce, and make the people uneasy. This uneasiness has produced acts absolutely unjustifiable; but I hope they will provoke no severities from their governments. A consiousness of those in power that their administration of the public affairs has been honest, may perhaps produce too great a degree of indignation: and those characters wherein fear predominates over hope may apprehend too much from these instances of irregularity. They may conclude too hastily that nature has formed man insusceptible of any other government but that of force, a conclusion not founded in truth, nor experience. Societies exist under three forms sufficiently distinguishable. 1. Without government, as among our Indians. 2. Under governments wherein the will of every one has just influence, as is the case in England in a slight degree, and in our states, in a great one. 3. Under governments of force: as is the case in all other monarchies and in most of the other republics. To have an idea of the curse of existence under these last, they must be seen. It is a government of wolves over sheep.

It is a problem, not clear in my mind, that the 1st condition is not the best. But I believe it to be inconsistent with any great degree of population.

The second state has a great deal of good in it. The mass of mankind under that enjoys a precious degree of liberty & happiness. It has it's evils too: the principal of which is the turbulence to which it is subject. But weigh this against the oppressions of monarchy. and it becomes nothing. "Malo periculosam libertatem quietam servitutem". Even this evil is productive of good. It prevents the degeneracy of government, and nourishes a general attention to the public affairs . I hold it that a little rebellion now and then is a good thing & as necessary in the political world as storms in the physical unsuccessful rebellions indeed generally establish the encroachments on the rights of the people which have produced them. An observation of this truth should render honest republican governors so mild in their punishment of rebellions, as not to discourage them too much. It is a medicine necessary for the sound health of government. If these transactions give me no uneasiness, I feel very differently at another piece of intelligence, to wit, the possibility that the navigation of the Mississippi may be abandoned to Spain. I never had any interest Westward of the Alleghaney; & I never will have any. But I have had great opportunities of knowing the character of the people who inhabit that country. And I will venture to say that the act which abandons the navigation of the Missisippi is an act of separation between the Eastern & Western country. It is a relinquishment of five parts out of eight of the territory of the United States, an abandonment of the fairest subject for the paiment of our public debts, & the chaining those debts on our own necks in perpetuum. I have the utmost confidence in the honest intentions of those who concur in this measure; but I lament their want of acquaintance with the character & physical advantages of the people who, right or wrong, will suppose their interests sacrificed on this occasion to the contrary interests of that part of the confederacy in possession of present power. If they declare themselves a separate people, we are incapable of a single effort to retain them. Our citizens can never be induced, either as militia or as souldiers, to go there to cut the throats of their own brothers & sons, or rather to be themselves the subjects instead of the perpetrators of the parricide. Nor would that country requite the cost of being retained against the will of it's inhabitants, could it be done. But it cannot be done. They are able already to rescue the navigation of the Mississippi out of the hands of Spain, & to add New Orleans to their own territory. They will be joined by the inhabitants of Louisiana. This will bring on a war between them & Spain; and that will produce the question with us wheather it will not be worth our while to become parties with them in the war, in order to reunite them with us, & thus correct our error? & were I to permit my forebodings to go one step further, I should predict that the inhabitants of the US would force their rulers to take the affirmative of that question. I wish I may be mistaken in all these opinions.

(S.881-883)

Dieser und alle folgenden Texte sind entnommen Merrill D. Peterson (Hrsg.), Thomas Jefferson, Writings, New York 1984.

2. To James Madison (Paris, 20. Dezember 1787)

DEAR, SIR, - My last to you was of Oct. 8 by the Count de Moustier. Yours of July 18. Sep. 6. & Oct. 24. have been successively received, yesterday, the day before & three or four days before that. I have only had time to read the letters, the printed papers communicated with them, however interesting, being obliged to lie over till I finish my dispatches for the packet, which dispatches must go from hence the day after tomorrow, I have much to thank you for. First and most for the cyphered paragraph respecting myself. These little informations are very material towards forming my own decisions. I would be glad even to know when any individual member thinks I have gone wrong in any instance. If I know myself it would not excite ill blood in me, while it would assist to guide my conduct, perhaps to justify it, and to keep me to my duty, alert. I must thank you too for the information in Tho. Burke's case, tho' you will have found by a subsequent letter that I have asked of you a further investigation of that matter. It is to gratify the lady who is at the head of the Convent wherein my daughters are, & who, by her attachment & attention to them, lays me under great obligations. I shall hope therefore still to receive from you the result of the further enquiries my second letter had asked. - The parcel of rice which you informed me had miscarried accompanied my letter to the Delegates of S. Carolina. Mr. Bourgoin was to be the bearer of both & both were delivered together into the hands of his relation here who introduced him to me, and who at a subsequent moment undertook to convey them to Mr Bourgoin. This person was an engraver particularly recommended to Dr. Franklin & Mr Hopkinson. Perhaps he may have mislaid the little parcel of rice among his baggage.- I am much pleased that the sale of Western lands is so successful. I hope they will absorb all the Certificates of our Domestic debt speedily, in the first place, and that then offered for cash they will do the same by our foreign one.

The season admitting only of operations in the Cabinet, and these being in a great measure secret, I have little to fill a letter. I will therefore make up the deficiency by adding a few words on the Constitution proposed by our Convention. I like much the general idea of framing a government which should go on of itself peaceably, without needing continual recurrence to the state legislatures. I like the organization of the government into Legislative, Judiciary & Executive. I like the power given the Legislature to levy taxes, and for that reason solely approve of the greater house being chosen by the people directly. For tho' I think a house chosen by them will be very illy qualified to legislate for the Union, for foreign nations & c. yet this evil does not weigh against the good of preserving inviolate the fundamental principle that the people are not to be taxed but by representatives chosen immediately by themselves. I am captivated by the compromise of the opposite claims of the great & little states, of the latter to equal, and the former to proportional influence. I am much pleased too with the substitution of the method of voting by persons, instead of that of voting by states: and I like the negative given to the Executive with a third of either house, though I should have liked it better had the Judiciary been associated for that purpose, or invested with a similar and seperate power. There are other good things of less moment, I will now add what I do not like. First the omission of a bill of rights providing clearly & without the aid of sophisms for freedom of religion, freedom of the press, protection against standing armies, restiction against monopolies, the eternal & unremitting force of the habeas corpus laws, and trials by jury in all matters of fact triable by the laws of the land & not by the law of nations. To say, as Mr. Wilson does that a bill of rights was not necessary because all is reserved in the case of the general government which is not given, while in the particular ones all is given which is not reserved, might do for the audience to whom it was addressed, but is surely a gratis dictum, opposed by strong inferences from the body of the instrument, as well as from the omission of the clause of our present confederation which had declared that in express terms. It was hard conclusion to say because there has been no uniformity among the states as to the cases triable by jury, because some have been so incautious as to abandon this mode of trial, therefore the more prudent states shall be reduced to the same level of calamity. It would have been much more just & wise to have concluded the other way that as most of the states had judiciously preserved this palladium, those who had wandered should be brought back to it, and to have established general right instead of general wrong. Let me add that a bill of rights is what the people are entitled to against every government on earth, general or particular, & what no just government should refuse, or rest on inferences. The second feature I dislike, and greatly dislike, is the abandonment in every instance of the necessity of rotation in office, and most particularly in the case of the President. Experience concurs with reason in concluding that the first magistrate will always be re-elected if the Constitution permits it. He is then an officer for life. This once observed, it becomes of so much consequence to certain nations to have a friend or a foe at the head of our affairs that they will interfere with money & with arms. A Galloman or an Angloman will be supported by the nation he befriends. If once elected, and at a second or third election out voted by one or two votes, he will pretend false votes, foul play, hold possession of the reins of government, be supported by the States voting for him, especially if they are the central ones lying in a compact body themselves & separating their opponents: and they will be aided by one nation of Europe, while the majority are aided by another. The election of a President of America some years hence will be much more interesting to certain nations of Europe than ever the election of a king of Poland was. Reflect on all the instances in history antient & modern, of elective monarchies, and say if they do not give foundation for my fears. The Roman emperors, the popes, while they were of any importance, the German emperors till they became hereditary in practice, the kings of Poland, the Deys of the Ottoman dependances. It may be said that if elections are to be attended with these disorders, the seldomer they are renewed the better. But experience shews that the only way to prevent disorder is to render them uninteresting by frequent changes. An incapacity to be elected a second time would have been the only effectual preventative. The power of removing him every fourth year by the vote of the people is a power which will not be exercised. The king of Poland is removeable every day by the Diet, yet he is never removed.- Smaller objections are the Appeal in fact as well as law. and the binding all persons Legislative Executive & Judiciary by oath to maintain that constitution. I do not pretend to decide what would be the best method of procuring the establishment of the mainfold good things in this constitution, and of getting rid of the bad. Whether by adopting it in hopes of future amendment, or, after it has been duly weighed & canvassed by the people, after seeing the parts they generally dislike, & those they generally approve, to say to them „We see now what you wish. Send together your deputies again, let them frame a constitution for you omitting what you have condemned, & establishing the powers you approve. Even these will be a great addition to the energy of your government:" - At all events I hope you will not be discouraged from other trials, if the present one should fail of its full effect. - I have thus told you freely what I like & dislike: merely as a matter of curiosity, for I know your own judgment has been formed on all these points after having heard everyhting which could be urged on them. I own I am not a friend to a very energetic government. It is always oppressive. The late rebellion in Massachusetts has given more alarm than I think it should have done. Calculate that one rebellion in 13 states in the course of 11 years, is but one for each state in century & a half. No country should be so long without one. Nor will any degree of power in the hands of government prevent insurrections. France, with all it's despotism, and two or three hundred thousand men always in arms has had three insurrections in the three years I have been here in every one of which greater numbers were engaged than in Massachusetts & a great deal more blood was spilt. In Turkey, which Montesquieu supposes more despotic, insurrections are the events of every day. In England, where the hand of power is lighter than here, but heavier than with us they happen every half dozen years. Compare again the ferocious depredations of their insurgents with the order, the moderation & the almost self extinguishment of ours. - After all, it is my principle that the will of the majority should always prevail. If they approve the proposed Convention in all it's parts, I shall concur in it cheerfully, in hopes that they will amend it whenever they shall find it work wrong. I think our governments will remain virtuous for many centuries; as long as they are chiefly agricultural; and this will be as long as there shall be vacant lands in any part of America. When they get piled upon one another in large cities, as Europe, they will become corrupt as in Europe. Above all things I hope the education of the common people will be attended to; convinced that on their good sense we may rely with the most security for the perservation of a due degree of liberty. I have tired you by this time with my disquistions & will therefore only add assurances of the sincerity of those sentiments of esteem & attachment with which I am Dear Sir your affectionate friend & servant.

P.S. The instability of our laws is really an immense evil. I think it would be well to provide in our constitutions that there shall always be a twelve-month between the ingrossing a bill & passing it: that it should then be offered to it's passage without changing a word: and that if circumstances should be thought to require a speedier passage, it should take two thirds of both houses instead of a bare majority.

(S. 914- 918)

3. „The earth belongs to the living"
(Brief an James Madison, Paris, 6. September 1789)

DEAR SIR,-I sit down to write to you without knowing by what occasion I shall send my letter. I do it, because a subject comes into my head, which I would wish to develop a little more than is practicable in the hurry of the moment of making up general despatches.

The question, whether one generation of men has a right to bind another, seems never to have been started either on this or our side of the water. Yet it is a question of such consequences as not only to merit decision, but place also among the fundamental principles of every government. The course of reflection in which we are immersed here, on the elementary principles of society, has presented this question to my mind; and that no such obligation can be transmitted, I think very capable of proof. I set out on this ground, which I suppose to be self-evident, that the earth belongs in usufruct to the living; that the dead have neither powers nor rights over it. The portion occupied by any individual ceases to be his when himself ceases to be, and reverts to the society. If the society has formed no rules for the appropriation of its lands in severality, it will be taken by the first occupants, and these will generally be the wife and children of the decendent.

If they have formed rules of appropriation, those rules may give it to the wife and children, or to some one of them, or to the legatee of the deceased. So they may give it to its creditor. But the child, the legatee or creditor, takes it, not by natural right, but by a law of the society of which he is a member, and to which he is subject. Then, no man can, by natural right, oblige the lands he occupied, or the persons who succeed him in that occupation, to the payment of debts contracted by him. For if he could, he might during his own life, eat up the usufruct of the lands for several generations to come; and then the lands would belong to the dead, and not to the living, which is the reverse of our principle.

What is true of every member of the society, individually, is true of them all collectively; since the rights of the whole can be no more than the sum of the rights of the individuals. To keep our ideas clear when applying them to a multitude, let us suppose a whole generation of men to be born on the same day, to attain mature age on the same day, and to die on the same day, leaving a succeeding generation in the moment of attaining their mature age, all together. Let the ripe age be supposed of twenty-one years, and their period of life thirty-four years more, that being the average term given by the bills of mortality to persons of twenty-one years of age. Each successive generation would, in this way, come and go off the stage at a fixed moment, as individuals do now. Then I say, the earth belongs to each of these generations during its course, fully and in its own right. The second generation receives it clear of the debts and incumbrances of the first, the third of the second, and so on. For if the first could charge it with a debt, then the earth would belong to the dead and not to the living generation. Then, no generation can contract debts greater than may be paid during the course of its own existence. At twenty-one years of age, they may bind themselves and their lands for thirty-four years to come; at twenty-two, for thirty-three; at twenty-three, for thirty-two; and at fifty-four, for one year only; because these are the terms of life which remain to them at the respective epochs. But a material difference must be noted, between the succession of an individual and that of a whole generation. Individuals are parts only of a society, subject to the laws of a whole. These laws may appropriate the portion of land occupied by a decedent, to his creditor, rather than to any other, or to his child, on condition he satisfies the creditor. But when a whole generation, that is, the whole society, dies, as in the case we have supposed, and another generation or society succeeds, this forms a whole, and there is no superior who can give their territory to a third society, who may have lent money to their predecessors, beyond their faculties of paying.

What is true of generations succeeding one another at fixed epochs, as has been supposed for clearer conception, is true for those renewed daily, as in the actual course of nature. As a majority of the contracting generation will continue in being thirty-four years, and a new majority will then come into possession, the former may extend their engagement to that term, and no longer. The conclusion then, is, that neither the representatives of a nation, nor the whole nation itself assembled, can validly engage debts beyond what they may pay in their own time, that is to say, within thirty-four years of the date of the engagement.

To render this conclusion palpable, suppose that Louis the XIV. and XV. had contracted debts in the name of the French nation, to the amount of ten thousand milliards, and that the whole had been contracted in Holland. The interest of this sum would be five hundred milliards, which is the whole rentroll or net proceeds of the territory of France. Must the present generation of men have retired from the territory in which nature produces them, and ceded it to the Dutch creditors? No; they have the same rights over the soil on which they were produced, as the preceding generations had. They derive these rights not from them, but from nature. They, then, and their soil are, by nature, clear of the debts of their predecessors. To present this in another point of view, suppose Louis XV. and his contemporary generation, had said to the money lenders of Holland, give us money, that we may eat, drink, and be merry in our day; and on condition you will demand no interest till the end of thirty-four years, you shall then, forever after, receive an annual interest of fifteen per cent. The money, is lent on these conditions, is divided among the people, eaten, drunk, and squandered. Would the present generation be obliged to apply the produce of the earth and of their labor, to replace their dissipations? Not at all.

I suppose that the received opinion, that the public debts of one generation devolve on the next, has been suggested by our seeing, habitually, in private life, that he who succeeds to lands is required to pay the debts of his predecessor; without considering that this requisition is municipal only, not moral, flowing from the will of the society, which has found it convenient to appropriate the lands of a decedent on the condition of a payment of his debts; but that between society and society, or generation and generation, there is no municipal obligation, no umpire but the law of nature.

The interest of the national debt of France being, in fact, but a two thousandth part of its rent-roll, the payment of it is practicable enough; and so becomes a question merely of honor or of expediency. But with respect to future debts, would it not be wise and just for that nation to declare in the constitution they are forming, that neither the legislature nor the nation itself, can validly contract more debt than they may pay within their own age, or within the term of thirty-four years? And that all future contracts shall be deemed void, as to what shall remain unpaid at the end of thirty-four years from their date? This would put the lenders, and the borrowers also, on their guard. By reducing, too, the faculty of borrowing within its natural limits, it would bridle the spirit of war, to which too free a course has been procured by the inattention of money lenders to this law of nature, that succeeding generations are not responsible for the preceding.

On similar ground it may be proved, that no society can make a perpetual constitution, or even a perpetual law. The earth belongs always to the living generation: they may manage it, then, and what proceeds from it, as they please, during their usufruct. They are masters, too, of their own persons, and consequently may govern them as they please. But persons and property make the sum of the objects of government. The constitution and the laws of their predecessors are extinguished then, in their natural course, with those whose will gave them being. This could preserve that being, till it ceased to be itself, and no longer. Every constitution, then, and every law, naturally expires at the end of thirty-four years. If it be enforced longer, it is an act of force, and not of right. It may be said, that the succeeding generation exercising, in fact, the power of repeal, this leaves them as free as if the constitution or law had been expressly limited to thirty-four years only. In the first place, this objection admits the right, in proposing an equivalent. But the power of repeal is not an equivalent. It might be, indeed, if every form of government were so perfectly contrived, that the will of the majority could always be obtained, fairly and without impediment. But this is true of no form. The people cannot assemble themselves; their representation is unequal and vicious. Various checks are opposed to every legislative proposition. Factions get possession of the public councils, bribery corrupts them, personal interests lead them astray from the general interests of their constituents; and other impediments arise, so as to prove to every practical man, that a law of limited duration is much more manageable than one which needs a repeal.

This principle, that the earth belongs to the living and not to the dead, is of very extensive application and consequences in every country, and most especially in France. It enters into the resolution of the questions, whether the nation may change the descent of lands holden in tail; whether they may change the appropriation of lands given anciently to the church, to hospitals, colleges, orders of chivalry, and otherwise in perpetuity; whether they may abolish the charges and privileges attached on lands, including the whole catalogue, ecclesiastical and feudal; it goes to hereditary offices, authorities and jurisdictions, to hereditary orders, distinctions and appellations, to perpetual monopolies in commerce, the arts or sciences, with a long train of et ceteras; renders the question of reimbursement, a question of generosity and not of right. In all these cases, the legislature of the day could authorize such appropriations and establishments for their own time, but no longer; and the present holders, even where they or their ancestors have purchased, are in the case of bona fide purchasers of what the seller had no right to convey.

Turn this subject in your mind, my dear Sir, and particularly as to the power of contracting debts, and develop it with that cogent logic which is so peculiarly yours. Your station in the councils of our country gives you an opportunity of producing it to public consideration, of forcing it into discussion. At first blush it may be laughed at, as the dream of a theorist; but examination will prove it to be solid and salutary. It would furnish matter for a fine preamble to our first law for appropriating the public revenue; and it will exclude, at the threshold of our new government, the ruinous and contagious errors of this quarter of the globe, which have armed despots with means which nature does not sanction, for binding in chains their fellow-men. We have already given, in example, one effectual check to the dog of war, by transferring the power of declaring war from the executive to the legislative body, from those who are to spend, to those who are to pay. I should be pleased to see this second obstacle held out by us also, in the first instance. No nation can make a declaration against the validity of long-contracted debts, so disinterestedly as we, since we do not owe a shilling which will not be paid, principal and interest, by the measures you have taken, within the time of our own lives. I write you no news, because when an occasion occurs, I shall write a separate letter for that.

I am always, with great and sincere esteem, dear Sir, your affectionate friend and servant.

The Life and Selected Writings of Thomas Jefferson, a.a.0., S. 488ff

Ausgewählte Literatur

Die Literatur über Thomas Jeffersons politische Vorstellungswelt ist bisher arm an Gesamtdarstellungen. In deutscher Sprache ist nur die Studie von Otto Vossler, Die amerikanischen Revolutionsideale im Verhältnis zu den europäischen. Untersucht an Thomas Jefferson. Historische Zeitschrift Beiheft 17, Berlin 1929, erwähnenswert. Die Studie konzentriert sich hier freilich in erster Linie auf die Zeit des Frankreich-Aufenthalts und der Rückkehr nach den Vereinigten Staaten bis Anfang der neunziger Jahre des 18. Jahrhunderts, ist ansonsten aber immer noch lesenswert. In neuerer Zeit ist nur erschienen mein Beitrag in der Historischen Zeitschrift 258 (1994), S. 359 ff., auf dem die vorliegende Fassung beruht und der vor allem um ausführliche Anmerkungen erweitert ist.

Aus der amerikanischen Literatur kann jetzt auf die insgesamt abgewogene Darstellung von Garrett Ward Sheldon, The Political Philosophy of Thomas Jefferson, Baltimore, Ma. 1991, verwiesen werden, das in meinem Beitrag in der Historischen Zeitschrift noch nicht verwertet worden ist. Diese Studie versucht, die politische Philosophie insbesondere in die Philosophie des Lockeschen Liberalismus und des klassischen Republikanismus einzuordnen. Die verfassungsrechtlichen Konzeptionen Jeffersons spielen hier keine wesentliche Rolle.

Letztere werden von der im ganzen inzwischen veralteten und eher schlichten Darstellung von Caleb Patterson, The Constitutional Principles of Thomas Jefferson, Austin 1953, behandelt. Die neueste Studie von David M. Mayer, The Constitutional Thought of Thomas Jefferson, Charlottesville, Va. 1994, die diese Thematik abdeckt, war mir bisher leider noch nicht zugänglich.

Ansonsten ist aus der älteren Literatur noch Adrienne Koch, The Philosophy of Thomas Jefferson, New York 1943, hervorzuheben, deren zweiter Teil (S. 113 ff.) die politische Vorstellungswelt abhandelt. Die Frage des klassischen Republikanismus taucht hier aber noch gar nicht auf, da sie erst sehr viel später aufgeworfen wurde, und zwar von dem grundlegenden Werk von John G. Pocock, The Machiavellian Moment, Princeton, N.J. 1975, das diese Forschungsperspektive erst wirklich eröffnet hat und für den ideengeschichtlichen Hintergrund eine faszinierende Lektüre bildet.

Eine ausgezeichnete Auswahl der Schriften und Briefe Thomas Jeffersons enthält Merrill D. Peterson (Hrsg.), Thomas Jefferson, Writings, New York 1984. Der Band umfaßt alle wesentlichen Schriften und Briefe und gibt einen vorzüglichen Einblick in sein Denken.

Peter Nicolaisen

Bildung und Erziehung
im Denken Thomas Jeffersons

„Preach, my dear Sir, a crusade against ignorance; establish and improve the law for educating the common people," schrieb Thomas Jefferson im August 1787 aus Paris mit einigem Pathos an seinen früheren Lehrer George Wythe in Virginia. Er war überzeugt davon, daß die Gefahr von Machtmißbrauch und Tyrannei nur durch eine ausreichende Erziehung der Bevölkerung gebannt werden könne. Solle die eben gewonnene Freiheit bewahrt werden, müsse man in Amerika für öffentliche Bildungseinrichtungen sorgen; bliebe das Volk unwissend, würden Könige, Priester und Adlige in der neu geschaffenen Republik abermals ihr Haupt erheben.[1] Doch Bildung und Erziehung hatten nicht nur eine politische Funktion. Wie der wildwachsende Baum der helfenden Hand des Gärtners bedarf, um Früchte zu tragen, argumentierte Jefferson, so braucht der Mensch die Erziehung, um den Zustand der Barbarei zu überwinden: „Education [...] engrafts a new man on the native stock, and improves what in his nature was vicious and perverse into qualities of virtue and social worth." Folglich ist es die wichtigste Aufgabe der Erziehung, den Menschen auf den Pfad der Tugend zu lenken. Nicht nur schenkt sie uns den Segen des Wissens, sondern sie formt unsere moralische Natur: „Education generates habits of application, of order, and the love of virtue; and controls, by the force of habit, any innate obliquities in our moral organization".[2]

Die Hoffnungen, die Jefferson in Bildung und Erziehung setzte, waren für die Generation der „Gründerväter" der Vereinigten Staaten nicht ungewöhnlich. Eine Republik, so hatten es die Philosophen seit Aristoteles gelehrt, stützt sich auf die Tugenden ihrer Bürger; wie aber sollten die Bürger tugendhaft werden, wenn nicht durch Erziehung? „The spirit and character of a republic is very different from that of a monarchy, and can only be imbibed by education", heißt es in einer Verlautbarung aus Pennsylvania aus dem Jahre 1784; ähnliche Aussagen finden sich in zahlreichen Dokumenten aus der Revolutionszeit.[3] Schon früh forderten einzelne Staatsverfassungen die Einrichtung von öffentlichen Schulen, denn nur so konnte dafür gesorgt werden, daß sich „wisdom and knowledge, as well as virtue, [...] being necessary for the preservation of their rights and liberties", im Volk verbreiteten.[4] Ohne die Vermittlung von „civic virtue", von bürgerlicher Tugend, würde die Republik schon bald wieder zerfallen. Ebenso galt der Umkehrschluß: „Let general information and a just knowledge of the rights of man be diffused through the great bulk of the people in any nation, and it will not be in the power of all the combined despots on earth to enslave them".[5] Vor der Revolution gab es neun Hochschulen in den Kolonien; im Jahre 1783 waren es fünfundzwanzig.

Ebenso wurden vielerorts im Lande öffentliche Bibliotheken eingerichtet, und schon im Jahre 1775 zirkulierten nicht weniger als 36 Zeitungen, deren Zahl sich im Laufe der Revolution sprunghaft erhöhte.

Auch vor dem Hintergrund eines in der Zeit der amerikanischen Revolution weit verbreiteten Glaubens an die Macht der Erziehung nimmt Jefferson als „statesman of education", wie sein Biograph Dumas Malone ihn bezeichnet hat, dank der Intensität seines Wirkens und der Zähigkeit, mit der er verschiedene Projekte verfolgte, eine besondere Stellung ein. Zum einen war er zeit seines Lebens als eine Art pädagogischer Ratgeber tätig - er korrespondierte mit jungen Menschen, um ihnen den Weg in die Welt der Bildung und Gelehrsamkeit zu weisen, schickte ihnen ausführliche Bücherlisten und Lektüreprogamme und gab ihnen wohlmeinende Ratschläge über die Notwendigkeit von Tugend und Moral, Fleiß und Arbeitseinsatz; gern stellte er ihnen auch seine Bibliothek zur Verfügung. Zum anderen gab er nie die Hoffnung auf, in seinem Heimatstaat Virginia ein öffentliches Schulsystem einführen zu können. Das von ihm eingebrachte „Gesetz über die allgemeinere Verbreitung des Wissens" („A Bill for the More General Diffusion of Knowledge") sollte zum „key-stone in the arch of our government" werden, wie er seinem Freund John Adams schrieb, voller Vertrauen in die Rolle, die die öffentlichen Schulen in der Zukunft übernehmen würden.[6] Zwar konnte er seine weitreichenden Pläne nicht verwirklichen, doch zumindest auf einem Gebiet blieb ihm der Erfolg nicht versagt. Dank seiner beispiellosen Energie und seines politischen Geschicks gelang es ihm noch im hohen Alter, ganz in der Nähe von Monticello, gleichsam am Fuße des Berges, auf dem er sich niedergelassen hatte, eine neue Universität zu gründen. Mit Recht bezeichnete er sich auf seinem Grabstein als „Father of the University of Virginia" und zählte deren Gründung zu den Leistungen, deretwillen er im Gedächtnis der Nachwelt bleiben wollte.

Im folgenden sollen die politischen und moralischen Vorstellungen, die Jefferson im Blick auf die Bildung und Erziehung junger Menschen verfolgte, skizziert werden. Dabei kann es nur um wenige Leitlinien gehen; der an Einzelfragen interessierte Leser sei auf die weiterführende Literatur verwiesen, die im Anhang genannt wird. Zunächst wird anhand einiger der „Erziehungsbriefe" Jeffersons über die Prinzipien berichtet, die er seinen jungen Zöglingen nahezubringen versuchte; das von ihm geplante öffentliche Schulsystem ist Gegenstand eines zweiten Abschnitts.

I

Die Erziehung junger Menschen, so formulieren es viele von Jeffersons Briefen, beruht zu einem großen Teil auf Selbstdisziplin. Wer etwas Nützliches leisten will, muß lernen, seine Zeit einzuteilen und sich einem strikten Tagesprogramm zu unterwerfen. Als Jeffersons Tochter Martha gerade elf Jahre alt war, schrieb ihr der Vater:

"With respect to the distribution of your time the following is what I should approve.

from 8. to 10. o'clock practise music.

from 10. to 1. dance one day and draw another

from 1. to 2. draw on the day you dance, and write a letter the next day.

from 3. to 4. read French.

from 4. to 5. exercise yourself in music.

from 5. till bedtime read English, write &c."[7]

In ähnlichem Sinne ermahnte Jefferson seinen Neffen Peter Carr, dessen Erziehung ihm besonders am Herzen lag und um dessen Bildungsweg er sich intensiv kümmerte. Als er hörte, daß der Junge aus Krankheitsgründen die Schule versäumt hatte, war er „bestürzt" („mortified") über den Zeitverlust und schrieb dem damals Fünfzehnjährigen:

> "Time now begins to be precious to you. Every day you lose, will retard a day your entrance on that public stage whereon you may begin to be useful to yourself. However, the way to repair the loss is to improve the future time."[8]

Auch der junge Mensch muß Rechenschaft ablegen können über die Art, wie er mit seiner Zeit umgeht. Als Hilfe bieten sich ein genauer Stundenplan und ein festes Lernpensum an. Entsprechend gibt Jefferson immer wieder genaue Anweisungen über die „richtige" Aufteilung der Stunden im Ablauf eines Tages: „Having ascribed proper hours to exercise", heißt es in dem Brief an Peter Carr, „divide what remain, (I mean of your vacant hours) into three portions. Give the principal to History, the other two, which should be shorter, to Philosophy and Poetry".[9] Ein junger Student der Rechtswissenschaft erhält ähnliche Empfehlungen: „Till VIII o'clock in the morning employ yourself in Physical Studies, Ethics, Religion [...] and Natural Law; [...] from VIII. to XII. read Law; [...] from XII to I. Read Politics. [...] In the Afternoon. Read History."[10] Wenn man sechs Stunden seines Tages dem Studium der Gesetze widmet, könne man immer noch weitere sechs bis acht Stunden auf die Lektüre in anderen Wissensgebieten verwenden, rechnet Jefferson einem anderen jungen Mann vor, und gelegentlich bestimmt er sogar, welche der von ihm empfohlenen Werke zu welchen Tageszeiten gelesen werden sollten:

> "I will arrange the books to be read into three columns, and propose that you should read those in the first column till 12. o'clock every day; those in the 2d. from 12. to 2. those in the 3rd. after candlelight, leaving all the afternoon for exercise and recreation, which are as necessary as reading."[11]

Der Gedanke, der hinter solchen Vorschlägen steht, wird in einem Brief an Martha deutlich ausgesprochen: „If at any moment, my dear, you catch yourself in idleness, start from it as you would from the precipice of a gulph". Nichtstun, Faulheit, Müßiggang, so scheint es, sind Laster, die Jefferson zutiefst verabscheut:

„Of all the cankers of human happiness none corrodes it with so silent, yet so baneful a tooth, as indolence", heißt es weiter, und wenn wir uns nicht schon in jungen Jahren an fleißiges Arbeiten gewöhnen, riskieren wir unser Lebensglück.[12] Der Tagesplan dient also als Hilfe, um feste Gewohnheiten zu entwickeln. Der Mensch braucht solche „habits of industry" als Stütze für seinen schwachen Willen, als Korrektiv und als Schutz gegen seine niederen Instinkte. Ohne sie würde er straucheln.

Wie sehr Jefferson den jungen Menschen durch mancherlei Versuchungen gefährdet sieht, vor denen ihn die Erziehung schützen muß, geht aus den vielen Ermahnungen hervor, die er an seine Mündel richtete. Er warnte sie vor den Gefahren eines „zügellosen" Lebens, vor dem Umgang mit Spielern und Tagedieben und wurde nicht müde, sie zu einem tugendhaften Lebenswandel anzuhalten. „Encourage all your virtuous dispositions," riet er Peter Carr, „and exercise them whenever an opportunity arises; being assured that they will gain strength by exercise, as a limb of the body does, and that exercise will make them habitual."[13] Insbesondere wollte er den jungen Menschen vor den bösen Einflüssen schützen, denen er auf Reisen ausgesetzt war, vor der Faszination von „Glanz und Vergnügen", der der Jugendliche, wie er meinte, so leicht erliegt und die ihn für das ernste Geschäft des Lebens verdirbt. In Europa lauerten die Gefahren in noch bedrohlicherer Weise als in Amerika.

> „If [a young man] goes to England, he learns drinking, horse racing and boxing," schrieb Jefferson, in anderen Ländern „he acquires a fondness for European luxury and dissipation, and a contempt for the simplicity of his own country; he is fascinated with the privileges of the European aristocrats, and sees, with abhorrence, the lovely equality which the poor enjoy with the rich, in his own country."

Der junge Amerikaner würde den Reizen europäischer Frauen und deren „spirit for female intrigue" zum Opfer fallen; schließlich würde er in Europa „a passion for whores" entwickeln.[14] Als Jefferson dies schrieb, hatte er gerade ein Jahr als amerikanischer Gesandter in Frankreich verbracht. Doch seine Warnungen vor dem europäischen Sündenbabel, das amerikanischer Schlichtheit und Aufrichtigkeit gegenübergestellt wird, müssen nicht unbedingt auf eigene Erfahrungen zurückgehen; vielmehr gehören sie zu dem in den Gründerjahren der Nation weit verbreiteten republikanischen Gedankengut, das Jefferson mit vielen seiner Zeitgenossen teilte. Europa galt als Hort des Feudalismus und einer korrupten Aristokratie, deren Lebenswandel von ausschweifendem Luxus geprägt war; in der jungen Republik der Vereinigten Staaten dagegen, so wollte es die Ideologie, strebte man nach häuslichem Glück und einer einfachen, tugendhaften Lebensweise. Der Topos hat lange nachgewirkt und die Auseinandersetzung Amerikas mit Europa nachhaltig bestimmt.

Jefferson war überzeugt davon, daß man den jungen Menschen - zumindest den mit genügend intellektuellen Gaben ausgestatteten Jugendlichen - am ehesten vor moralischer Verderbnis schützen könne, indem man ihn zum Lernen anhält. „An honest heart being the first blessing, a knowing head is the second", schrieb er an Peter Carr und riet ihm, sein Leben der „acquisition of science" zu widmen. Der sonst eher spröde Ton, der seine Korrespondenz kennzeichnet, wird, wenn es um den Erwerb neuer Erkenntnisse oder, allgemeiner, um das Lernen geht, gelegentlich fast enthusiastisch.

> „The possession of science will above all things render you dear to your friends, and give you fame and promotion in your country", heißt es in dem Brief an Carr; an anderer Stelle sagt Jefferson, das berühmte Wort Bacons aufnehmend, „knowlege is power, knowlege is safety, [...] knowlege is happiness".[15]

Der Fortschritt in den Wissenschaften war in seinen Augen eng mit jenem der Freiheit verbunden und hatte, wie er meinte, dazu beigetragen, das moralische Verhalten der Menschheit zu verbessern. Ganz im Geist seiner Epoche pries er John Adams gegenüber das 18. Jahrhundert als das Jahrhundert, in dem die Wissenschaften eine Blütezeit erlebt hätten:

> "It certainly witnessed the sciences and the arts, manners and morals, advanced to a higher degree than the world had ever before seen. And might we not go back to the aera of the Borgias, by which time the barbarous ages had reduced national morality to it's lowest point of depravity, and observe that the arts and sciences, rising from that point, advanced gradually thro' all the 16th. 17th. and 18th. centuries, softening and correcting the manners and morals of man?"

Der Fortschritt in den Wissenschaften hat vor allem auch politische Früchte getragen, der Freiheit einen Weg gebahnt und eine Kontrolle der Regierenden durch das Volk ermöglicht:

> "I think too we may add, to the great honor of science and the arts, that their natural effect is, by illuminating public opinion, to erect it into a Censor, before which the most exalted tremble for their future, as well as present fame."[16]

Ein ähnlicher Glaube an den Segen der Wissenschaft spricht aus den Briefen an Peter Carr. Dabei ist es selbstverständlich für Jefferson, daß man das erworbene Wissen in den Dienst des Gemeinwohls stellt:

> "When your mind shall be well improved with science, nothing will be necessary to place you in the highest points of view, but to pursue the interests of your country, the interests of your friends, and your own interests also, with the purest integrity, the most chaste honor."[17]

Widmet der Mensch sich dem Studium der Wissenschaften und nutzt das Gelernte sodann für das Wohl der Gemeinschaft, für das Wohl seiner Freunde und schließlich für das eigene Wohl - die Reihenfolge ist bezeichnend - , hat er, so Jefferson, den Zustand wahren Glücks erreicht.

Was aber sollte der junge Mensch lernen und wie sollte er sein Studium anlegen? Die Ratschläge Jeffersons lassen es an Präzision gewöhnlich nicht mangeln. Im Jahre 1785 schickte er seinem Neffen einen detaillierten Plan, den er, wie er schreibt, schon vor langer Zeit für ihn vorbereitet habe. Vor allem sollte sich der Fünfzehnjährige der griechischen Geschichte widmen, von dort zunächst zur römischen, dann zur neueren Geschichte fortschreiten und sich sodann die Philosophie, die griechische und lateinische Dichtung und danach die englische Literatur erschließen. Dem Brief ist eine lange Liste von Autoren und einzelnen Werken beigefügt. Über deren Lektüre, mahnt Jefferson, solle der Junge allerdings seine körperliche Ertüchtigung nicht vernachlässigen und sich tägliche Spaziergänge zur Gewohnheit machen.

Zwei Jahre später erhielt Peter Carr von seinem Onkel eine noch genauere „Übersicht über die Wissenschaften", die sich der junge Mann aneignen sollte. Inzwischen befand sich Carr in der Obhut von George Wythe, dem schon erwähnten berühmten Juristen, bei dem Jefferson selbst in Williamsburg in Virginia einst das Studium der Rechte betrieben hatte. Der Studienplan, den Jefferson für seinen Neffen vorsah, enthält unter anderem die Fächer Geschichte und Literatur, Mathematik, Philosophie, die Naturwissenschaften sowie Astronomie und Anatomie, Religions- und Morallehre und schließlich Recht und Politik und nennt mehr als 100 Autoren und Titel, die der Student lesen möge. Jefferson liebte derartige Pläne, in der das Wissen der Zeit gleichsam taxonomisch erfaßt wurde - einem anderen Studenten schickte er eine genauestens untergliederte Leseliste, die handschriftlich sicherlich fast zwanzig Seiten umfaßte. Doch mehr noch als der Umfang des Wissens, über das der Lernende verfügen sollte, beeindruckt den heutigen Leser vermutlich die Selbstverständlichkeit, mit der der Stoff festgelegt wurde. Zweifel am Kanon des zu erwerbenden Wissens, wie sie spätere Diskussion so oft geprägt haben, kannte Jefferson nicht; wie für die französischen Enzyklopädisten hatte der Stoff einen intrinsischen Wert und eine eigene Autorität, vor denen mögliche Ansprüche des Individuums verblaßten. Bezeichnenderweise polemisierte Jefferson später gegen jene Jugendlichen (und Lehrer), die sich auf die Vorstellung einer „innate knowledge" und eines „intuitiven Lernens" beriefen; gegenüber John Adams beklagte er sich über die „Selbstgenügsamkeit unserer post-revolutionären Jugend", die glaubte, auf das in der Vergangenheit angesammelte Wissen verzichten zu können.[18]

Aus dem gleichen Grunde - der Vorrangstellung des überlieferten Stoffes vor den Bedürfnissen des Individuums - war Jefferson an pädagogischen Fragen in engerem Sinne, an einer auf das Individuum bezogenen Methodik des Lehrens und Lernens, eigentlich nicht interessiert. In seiner Idealvorstellung sollte der junge Mensch sich in die verschiedenen Wissensgebiete einarbeiten und sich diese aneignen, so wie Jefferson selbst es als Student in Williamsburg getan hatte. In diesem Sinne ermahnte der Vater schon seine Tochter Martha:

> "I do not like your saying that you are unable to read the antient print of your Livy, but with the aid of your master. We are always equal to what we undertake with resolution. A little degree of this will enable you to decypher your Livy. If you always lean on your master, you will never be able to proceed without him. It is a part of the American character to consider nothing as desperate; to surmount every difficulty by resolution and contrivance. [...] Remote from all other aid, we are obliged to invent and to execute; to find means within ourselves, and not to lean on others."[19]

Vor allem auf dem Gebiet des Glaubens und der religiösen Unterweisung sollte der Lernende auf seine eigene Urteilskraft vertrauen und nicht blindlings den Lehren, die ihm andere vermittelten, folgen. „Fix reason firmly in her seat, and call to her tribunal every fact, every opinion", schrieb Jefferson an Peter Carr und fügte hinzu: „You must [...] neither believe nor reject anything because any other persons [...] have rejected or believed it." Die Freiheit des Denkens dürfe durch mögliche Konsequenzen nicht eingeschränkt werden: „Do not be frightened from this inquiry by any fear of it's consequences. [...] Your own reason is the only oracle given you by heaven, and you are answerable not for the rightness but uprightness of the decision."[20] Von einer Ängstlichkeit im Blick auf mögliche Gefahren, die dem Jugendlichen drohen, kann hier nicht mehr die Rede sein; Jefferson vertraute auf die Kraft der Vernunft - auch die eines Siebzehnjährigen.

Faßt man die Regeln zusammen, die Jefferson dem jungen Menschen mit auf den Weg gab, so entsteht folgendes Bild: Der einzelne ist in hohem Maße selbstverantwortlich für die Art und Weise, in der er sein Wissen erwirbt. Er unterwirft sich bis zu einem gewissen Grade der Autorität des überlieferten Stoffes, steht diesem aber kraft seiner Vernunft kritisch gegenüber. Angeleitet von einem väterlichen Lehrer - in seinen „Erziehungsbriefen" übernimmt Jefferson selbst diese Rolle - eignet er sich den vorgegebenen Stoff an, mit dem Ziel, das erworbene Wissen später wiederum der Gemeinschaft zugute kommen zu lassen. Ein solches Erziehungsdenken, das auf väterlich-freundschaftlichem Rat beruht und den einzelnen auf seine Pflichten dem Gemeinwohl gegenüber vorbereitet, hat Harold Hellenbrand Jeffersons „affectionate pedagogy" genannt. Es ist beeinflußt von Gedanken John Lockes, wie sie insbesondere in dessen „Some Thoughts Concerning Education" niedergelegt sind; indem es das Gemeinwohl eher als die Selbstverwirklichung des Individuums in den Vordergrund rückt, ordnet es sich ein in die von republikanischen Prinzipien geprägte politische Vorstellungswelt, die nach dem Urteil der jüngeren Geschichtsschreibung das Denken vieler der „Gründerväter" bestimmte.

II

Stärker noch als im privaten Umkreis hat Jefferson durch seine politische Tätigkeit im Sinne einer republikanischen Erziehung der Bevölkerung gewirkt. Seine erste und - neben der Gründung der Universität von Virginia - wesentliche Leistung ist der Gesetzentwurf aus dem Jahre 1779, mit dem er für ein öffentliches Schulsystem in seinem Heimatstaat sorgen wollte, die bereits erwähnte „Bill for the More General Diffusion of Knowledge". In dem eingangs zitierten Brief an George Wythe bezeichnete Jefferson den Entwurf als „by far the most important [one] in our whole code." Einmal ratifiziert, würde das Gesetz eine Grundlage für eine wahrhaft republikanische Regierung schaffen und, gemeinsam mit jenen, in denen die Erbfolge neu geregelt wurde, ein System bilden, „by which every fibre would be eradicated of antient or future aristocracy." Ziel des Gesetzes war es, wie Jefferson in seiner Autobiographie formulierte, das Volk zu befähigen „to understand their rights, to maintain them, and to exercise their parts in self-government".[21]

Der Entwurf sah die Unterteilung der Grafschaften des Staates in zahlreiche kleinere politische Einheiten vor, die Jefferson „wards" oder „hundreds" nannte. In jeder dieser wenige Quadratmeilen umfassenden „wards" sollte eine Elementar-schule eingerichtet werden, die alle Kinder, ob aus reichen oder armen Familien stammend, drei Jahre lang kostenlos besuchen könnten. Das Fächerangebot umfaßte Lesen, Schreiben und Rechnen; in späteren Plänen fügte Jefferson Geographie als weiteres Fach hinzu. Eine solche Elementarschule, glaubte er, würde die Schüler zu mündigen Bürgern erziehen und sie lehren, den Mißbrauch der Macht durch ehrgeizige Politiker zu erkennen und sich gegen ihn zur Wehr zu setzen - „to know ambition under every disguise it may assume; and knowing it, to defeat its views".[22] Eben diesem Zweck diente auch der von ihm vorgeschlagene Lesestoff. Die Schüler sollten aus den Beispielen der griechischen, römischen, englischen, aber auch der amerikanischen Geschichte lernen, welchen Gefahren eine republikanische Gesellschaft ausgesetzt ist.

Der Gedanke, daß die Schule möglicherweise eine emanzipatorische Funktion haben könnte, hat Jefferson höchstens am Rande beschäftigt. Sie könne den einzelnen daran erinnern, schrieb er in den „Notes on the State of Virginia", daß seine Lebensumstände ihm nicht schicksalshaft vorgegeben seien, sondern abhingen von solchen Faktoren wie „a good conscience, good health, occupation, and freedom in all just pursuits". Im übrigen aber teilte er die Gesellschaft in zwei Gruppen ein: „The mass of our citizens may be divided into two classes - the laboring and the learned", sagte er, und für die erstere scheint er die Elementarschule für durchaus ausreichend gehalten zu haben.[23] Daß seiner Vorstellung von den Aufgaben der Schule ein eher statisches Gesellschaftsbild zugrunde liegt, wird deutlich ebenfalls in einer späteren Beschreibung der Ziele der „primary education", die er im sogenannten „Rockfish Report" aus dem Jahre 1818 vorgelegt hat. Als die wichtigsten Ziele der Primarschule nennt der Bericht:

"To give to every citizen the information he needs for the transaction of his own business;

To enable him to calculate for himself, and to express and preserve his ideas, his contracts and accounts, in writing;

To improve, by reading, his morals and faculties;

To understand his duties to his neighbors and country, and to discharge with competence the functions confided to him by either;

To know his rights; to exercise with order and justice those he retains; to choose with discretion the fiduciary of those he delegates; and to notice their conduct with diligence, with candor, and judgment;

And, in general, to observe with intelligence and faithfulness all the social relations under which he shall be placed."[24]

Demnach soll die Schule den einzelnen dazu befähigen, den praktischen Bedürfnissen seines Lebens nachzukommen; darüberhinaus ist es ihre Aufgabe, ihm die bürgerlichen Tugenden zu vermitteln, die das Zusammenleben der Menschen in der Gesellschaft erfordert. Vor diesem Hintergrund ist es nicht verwunderlich, daß sich in Jeffersons Überlegungen über ein öffentliches Schulsystem keinerlei Hinweise auf die Schwarzen finden. Da die Sklaven in seinen Augen nicht als Bürger der Republik zählten, konnten sie, so scheint es, ohne Bedenken von der Schulbildung ausgeschlossen bleiben.

Wie eng in Jeffersons Denken die Elementarschule mit der Verbreitung republikanischer Tugenden verbunden war, geht nicht zuletzt aus den Überlegungen hervor, die er über die weitere politische Funktion der „wards" anstellte. Diese Distrikte nämlich sollten, ähnlich wie die „townships" in den Neuenglandstaaten, die Grundlage der politischen Selbstverwaltung und damit das Fundament der republikanischen Gesellschaftsordnung bilden:

„These little republics would be the main strength of the great one", schrieb Jefferson; „[here] every man feels that he is a participatory in the government of affairs, not merely at an election day one day in the year, but every day, [...]; he would thus become an acting member of the common government, transacting in person a great portion of its rights and duties."[25]

Die kleinen Verwaltungseinheiten würden der Machtkonzentration in einer Hand entgegenwirken, in ihnen könne „a government of the many" und „a system of balances and checks" am besten verwirklicht werden. Auch die Verwaltung der

Schulen sollte auf lokaler Ebene erfolgen; eine Einmischung der Staatsregierung in die Angelegenheiten der einzelnen „wards" lehnte Jefferson ab.

Die Verantwortung des Staates hörte bei der elementaren Unterweisung der Kinder nicht auf. Über das gesamte Staatsgebiet verteilt wollte Jefferson ca. 20 Höhere Schulen („grammar schools") einrichten, die - neben den Söhnen finanzkräftiger Eltern - die jeweils besten der armen Schüler eines Jahrgangs aus den Elementarschulen aufnehmen und diese drei Jahre lang auf Staatskosten in den Fächern Griechisch, Latein, Englisch, Geographie und Mathematik unterrichten sollten. Der Ausleseprozeß war damit noch nicht abgeschlossen, denn auch in den Höheren Schulen sollten die jeweils Jahresbesten, deren Eltern für eine weitere Schulbildung nicht aufkommen konnten, ausgewählt und mit öffentlichen Mitteln gefördert werden. Später kommentierte Jefferson diesen Vorgang mit drastischen Worten: „By this means twenty of the best geniuses will be raked from the rubbish anually".[26] Am Ende des Ausleseprozesses stand schließlich eine nochmalige Trennung der Spreu vom Weizen. Wer besonders begabt, aber mittellos war, sollte die Universität besuchen dürfen, die anderen auf Staatskosten geförderten Schüler dagegen würden nach dem Besuch der „grammar school" einen Beruf ergreifen.

Die soziale Integration von Kindern aus reichen und armen Schichten in Schule und Universität, die das skizzierte Modell impliziert, war freilich nicht dessen eigentliches Ziel. Wie der Text des Gesetzentwurfs deutlich macht, ging es Jefferson bei seinem Vorschlag für die Einrichtung von öffentlichen Höheren Schulen vor allem um die Ausbildung einer politischen Elite:

> "where as it is generally true that that people will be happiest whose laws are best, and are best administered, and that laws will be wisely formed, and honestly administered, in proportion as those who form and administer them are wise and honest; whence it becomes expedient for promoting the public happiness that those persons, whom nature hath endowed with genius and virtue, should be rendered by liberal education worthy to receive, and able to guard the sacred deposit of the rights and liberties of their fellow citizens, and that they should be called to that charge without regard to wealth, birth or other accidental condition or circumstance ..."[27]

Jene, die von ihrer Begabung her für ein öffentliches Amt in Frage kommen (Jefferson nennt sie „useful instruments for the public"), müßten entdeckt und auf Kosten der Öffentlichkeit gefördert werden - das ist der ihn leitende Gedanke. Jahre später, in seinem berühmten Briefwechsel mit John Adams, taucht er noch einmal wieder auf. Hier spricht Jefferson von einer „natürlichen Aristokratie", die für die Aufgaben der Regierung bestimmt sei und sich wesentlich von der herkömmlichen, auf Rang und Vermögen basierenden „Flitteraristokratie" („tinsel aristocracy") unterscheide. Sie sei „the most precious gift of nature for the instruction, the trusts, and government of society", schreibt er an Adams und stellt dann die rhetorische Frage: „May we not even say that that form of government is the best which provides the most effectually for a pure selection of these natural aristoi into the offices of government?" Wäre sein Gesetz über die Errichtung eines öffentlichen Schulsystems in Virginia angenommen worden, hätte es, davon ist er überzeugt, eben diese Auswahl bewirkt: „Worth and genius [...] would have been sought from every condition of life, and compleatly prepared by education for defeating the competition of wealth and birth for public trusts."[28] Die Aufgabe der Höheren Schule ist also im wesentlichen die, der Gesellschaft bei der Suche nach den für ein Regierungsamt geeigneten Personen zu helfen. Dabei war Jefferson offenbar fest davon überzeugt, daß all jene „Genies", „whom nature has sown as liberally among the poor as the rich", das gleiche Interesse an der Politik hätten wie er selbst und nichts anderes erstrebten als Ruhm und Ehre in einem öffentlichen Amt. Auch dies war ein Grundgedanke der politischen Philosophie des Republikanismus.

Wie man sieht, war das Erziehungssystem, das Jefferson vorschwebte, weniger auf sozialen Wandel hin angelegt als auf die Bewahrung einer relativ fest gefügten Ordnung. Die „Klugen" („the learned") würden das Land regieren; „die Arbeiten-den" („the laboring") aber würden zumindest so viel lernen, daß sie die nötige politische Kontrolle ausüben und das Land vor Schaden bewahren könnten. Ob dem unermüdlichen Planer und Reformer Jefferson bewußt war, welch sozialen Zündstoff sein System barg? Die Frage ist schwer zu beantworten - auch im Blick auf die berühmten Eingangssätze der „Declaration of Independence" und deren Formulierung der Menschenrechte ist sie im Grunde bis heute nicht geklärt.

Zu Jeffersons Lebzeiten wurden in Virginia weder öffentliche Elementarschulen noch „grammar schools" gebaut. Erfolg war ihm dagegen an der Spitze des hierarchisch gegliederten Erziehungssystems beschieden, das ihm vorschwebte - bei der Gründung einer neuen Universität. Die Geschichte seines beispiellosen Einsatzes für diese Hochschule - er fungierte nicht nur als Architekt und Bauleiter, sondern kümmerte sich um die Finanzierung, entwarf die Lehrpläne und Studien-ordnungen und sorgte für die Berufung der ersten Professoren - kann hier nicht dargelegt, die Leistung des damals fast Achtzigjährigen nicht angemessen gewür-digt werden. Betont werden soll indessen noch einmal, wie stark sich Jefferson auch bei der Gründung der Universität von Virginia von dem Gedanken leiten ließ, daß Bildung und Erziehung vor allem dem Gemeinwohl zu dienen hätten. In dem schon zitierten „Rockfish Report" stehen die folgenden Ziele der Universität an erster Stelle:

"To form the statesmen, legislators and judges, on whom public prosperity and individual happiness are so much to depend;

To expound the principles and structure of government, the laws which regulate the intercourse of nations, those formed municipally for our own government, and a sound spirit of legislation, which, banishing all arbitrary and unnecessary restraint on individual action, shall leave us free to do whatever does not violate the equal rights of another;

To harmonize and promote the interests of agriculture, manufactures and commerce, and by well informed views of political economy, to give a free scope to the public industry."[29]

Die Universität sollte also in dreifacher Weise dem Wohl der Republik dienen. Sie würde für die Heranbildung zukünftiger Staatsmänner sorgen, die Prinzipien einer republikanischen Verfassung und Gesetzgebung verkünden und, als öffentliche Instanz, zwischen den Interessen von Landwirtschaft, Handel und Manufaktur vermitteln. Damit wurde ihr in erster Linie eine staatstragende Aufgabe zugesprochen; was der einzelne Student während seines Studiums an Kenntnissen erwarb, stand dagegen erst an zweiter Stelle. Zweck einer universitären Ausbildung ist es

"To develop the reasoning faculties of our youth, enlarge their minds, cultivate their morals, and instill into them the precepts of virtue and order;

To enlighten them with mathematical and physical sciences, which advance the arts, and administer to the health, the subsistence, and comforts of human life;

And, generally, to form them to habits of reflection and correct action, rendering them examples of virtue to others, and of happiness within themselves."[30]

Auch hier also verliert der Pädagoge Jefferson das öffentliche Wohl nicht aus den Augen. Im übrigen proklamierte er stolz, daß die neue Universität - in der es keine theologische Fakultät geben sollte - auf der „unbegrenzten Freiheit des menschlichen Geistes" basiere, und fügte hinzu: „For here we are not afraid to follow truth wherever it may lead us, nor to tolerate any errors so long as reason is left free to combat it."[31] Die Freiheit des Fragens sollte allerdings dort ihre Grenzen haben, wo es um politische Prinzipien ging. Anti-republikanische „Häresien" war er nicht bereit zu tolerieren, und bei der Besetzung des Lehrstuhls für Recht und Politik sollte darauf geachtet werden, daß nur ein Mann strenger republikanischer Gesinnung in Frage käme.

Auch in der Planung der Universität von Virginia lassen sich Züge der „affectionate pedagogy" Jeffersons erkennen. Am deutlichsten werden sie in der Architektur - Jefferson entwarf den Campus nach dem Modell eines „akademischen Dorfes", in dem Professoren und Studenten gemeinsam leben und arbeiten sollten. Doch auch in dem Verzicht auf festgelegte Studiengänge und Prüfungsordnungen zeigt sich das gleiche Denken, das uns in den „Erziehungsbriefen" entgegentritt. Der Student sollte seinen eigenen Erkenntnisweg gehen, geleitet von einem Mentor, aber frei in der Wahl seiner Fächer. Vor allem aber wollte Jefferson den Studierenden ein weit höheres Maß an Selbstverantwortlichkeit zugestehen, als es in anderen Universitäten der Zeit üblich war, und auf Disziplinierung durch den Lehrkörper weitgehend verzichten. In gewisser Weise bildete die Universität also eine kleine Republik, in der sich die Generationen in idealer Weise begegneten.

III

Die hohen Erwartungen, die Jefferson an die Erziehung der Jugend knüpfte, haben sich nur in seltenen Fällen erfüllt. Peter Carr, auf den er so große Hoffnungen gesetzt hatte, übernahm zwar verschiedene politische Ämter, die ruhmreiche Karriere aber, die Jefferson ihm vorausgesagt hatte, blieb ihm versagt, und auch die Ermahnungen des Onkels, ein tugendhaftes Leben zu führen, scheinen wenig gefruchtet zu haben - für Dumas Malone und andere ist Peter Carr der „wayward nephew" Jeffersons, vielleicht gar der Vater der Kinder der Sklavin Sally Hemings und damit zumindest mitschuldig an den berühmten „Jefferson scandals", die noch heute den Ruf des Virginiers belasten. Unter den Studenten der Universität von Virginia kam es schon nach kurzer Zeit zu solchen Ausschreitungen, daß strenge Disziplinarvorschriften erlassen und einige Studenten der Universität verwiesen wurden. Der leicht resignierende Ton in der folgenden Äußerung ist also verständlich: „I have long been sensible", heißt es in einem der späten Briefe, „that while I was endeavoring to render my country the greatest of all services, that of regenerating the public education [...], I was discharging the odious function of a physician pouring medicine down the throat of a patient insensible of needing it."[32] Dennoch verließ Jefferson auch im Alter sein Optimismus nur selten. An John Adams schrieb er im Jahre 1823:

> „A first attempt to recover the right of self-government may fail; so may a 2d. a 3rd., etc., but as a younger and more instructed race comes on, the sentiment becomes more and more intuitive, and a 4th. a 5th. or some subsequent one of the ever renewed attempts will ultimately succeed."

Wie aber sollte es je eine „more instructed race" geben, wenn nicht durch die Einrichtung von Schulen und Universitäten, durch die Verbreitung von „science and virtue" durch das gedruckte Wort? „The light which has been shed on mankind by the art of printing has eminently changed the condition of the world", sagte Jefferson; „it continues to spread. And, while printing is preserved, it can no more recede than the sun return on his course."[33] Sein Glaube an die Macht der Erziehung war nicht zu erschüttern.

Anmerkungen

1 Jefferson an George Wythe (13. August 1786), in: Merill D. Peterson (Hrsg.), Thomas Jefferson Writings, New York, 1984, S. 859; hiernach zitiert als Writings.

2 Writings, S. 461.

3 zitiert nach Gordon S. Wood, The Creation of the American Republic, 1776-1787, Chapel Hill, 1969, S. 426ff.

4 Ebd.

5 zitiert nach Jack P. Greene und J. R. Pole (Hrsg.), The Blackwell Encyclopedia of the American Revolution, Blackwell, 1991, S. 411.

6 an John Adams (28. Oktober 1813), in: Lester J. Cappon (Hrsg.), The Adams-Jefferson Letters: The Complete Correspondence between Thomas Jefferson and Abigail and John Adams, Chapel Hill, 1959, S. 390; hiernach zitiert als The Adams-Jefferson Letters.

7 Jefferson an Martha Jefferson (28. Oktober 1783), in: Writings, S. 782.

8 Jefferson an Peter Carr (19. August 1785), in: Writings, S. 814.

9 Ebd., S. 817.

10 Jefferson an John Minor (30. August 1814), ebd., S. 1558ff. Der Plan geht schon auf das Jahr 1771 zurück.

11 Jefferson an John Garland Jefferson (11. Juni 1790), in: Julian P. Boyd (Hrsg.), The Papers of Thomas Jefferson, Princeton, 1961, Bd.16, S. 480f; hiernach zitiert als Papers.

12 Jefferson an Martha Jefferson (28. März 1787), in Papers, Bd. 11, S. 250f.

13 Jefferson an Peter Carr (19. August 1785), in: Writings, S. 816.

14 Jefferson an John Bannister, Jr. (15. Oktober 1785), in: Writings, S. 838 ff.

15 Jefferson an Peter Carr (19. August 1785), in: ebd., S. 814 ff; Jefferson an George Ticknor (15. Nov.1817), zitiert in The Adams-Jefferson Letters, S. 478.

16 Jefferson an John Adams (11. Januar 1816), ebd., S. 458.

17 Jefferson an Peter Carr (19. August 1785), in: Writings, S. 814.

18 Jefferson an John Adams (5.Juli 1814), in The Adams-Jefferson Letters, S. 434.

19 Jefferson an Martha Jefferson (28. März 1787), in: Papers, Bd. 11, S. 250.

20 Jefferson an Peter Carr (10. August 1787), in: Writings, S. 902ff.

21 Jefferson an George Wythe (13. August 1786), in: Writings, S. 859; „Thomas Jefferson: The Autobiography", ebd., S. 44.

22 Thomas Jefferson, Notes on the State of Virginia, in: Writings, S.W 274.

23 Ebd., S. 273; Jefferson an Peter Carr (7. September 1814), in: Writings, S. 1348.

24 Report of the Commissioners for the University of Virginia, in: Writings, S. 459.

25 Jefferson an John Tyler (26. Mai 1810), in: Writings, S. 1227

Jefferson an Major John Cartwright (5. Juni 1824), ebd., S. 1492.

26 Notes on the State of Virginia, in: Writings, S. 272.

27 A Bill for the More General Diffusion of Knowledge, in: Writings, S. 365.

28 Jefferson an John Adams (28. Oktober 1813), in The Adams-Jefferson Letters, S. 388ff. Meine Hervorhebung.

29 Report of the Commissioners for the University of Virginia, in: Writings, S. 460ff.

30 Ebd.

31 Jefferson an William Roscoe (27. Dezember 1820), in: Adrienne Koch und William Peden (Hrsg.), The Life and Selected Writings of Thomas Jefferson, New York, 1944, S. 702.

32 zitiert nach Merrill D. Peterson, Thomas Jefferson and the New Nation, London, Oxford, New York, 1970, S. 988.

33 Jefferson an John Adams (4. September 1823), in: The Adams-Jefferson Letters, S. 596.

Texte und Dokumente

1. Brief an die 15jährige Tochter Martha.
(Aix en Provence, 28. März 1787)

Zum täglichen Lernpensum

I was happy, my dear Patsy, to receive, on my arrival here, your letter informing me of your health and occupations. I have not written to you sooner because I have been almost constantly on the road. My journey hitherto has been a very pleasing one. It was undertaken with the hope that the mineral waters of this place might restore strength to my wrist. Other considerations also concurred. Instruction, amusement, and abstraction from business, of which I had too much at Paris. I am glad to learn that you are employed in things new and good in your music and drawing. You know what have been my fears for some time past; that you do not employ yourself so closely as I could wish. You have promised me a more assiduous attention, and I have great confidence in what you promise. It is your future happiness which interests me, and nothing can contribute more to it (moral rectitude always excepted) than the contracting a habit of industry and activity. Of all the cankers of human happiness, none corrodes it with so silent, yet so baneful a tooth, as indolence. Body and mind both unemployed, our being becomes a burthen, and every object about us loathsome, even the dearest. Idleness begets ennui, ennui the hypochrondria, and that a diseased body. No laborious person was ever yet hysterical. Exercise and application produce order in our affairs, health of body, chear fulness of mind, and these make us precious to our friends. It is while we are young that the habit of industry is formed. If not then, it never is afterwards. The fortune of our lives therefore depends on employing well the short period of youth. If at any moment, my dear, you catch yourself

in idleness, start from it as you would from the precipice of a gulph. You are not however to consider yourself as unemployed while taking exercise. That is necessary for your health, and health is the first of all objects. For this reason if you leave your dancing master for the summer, you must increase your other exercise. I do not like your saying that you are unable to read the antient print of your Livy, but with the aid of your master. We are always equal to what we undertake with resolution. A little degree of this will enable you to decypher your Livy. If you always lean on your master, you will never be able to proceed without him. It is a part of the American character to consider nothing as desperate; to surmount every difficulty by resolution and contrivance. In Europe there are shops for every want. It's inhabitants therefore have no idea that their wants can be furnished otherwise. Remote from all other aid, we are obliged to invent and to execute; to find means within ourselves, and not to lean on others. Consider therefore the conquering your Livy as an exercise in the habit of surmounting difficulties, a habit which will be necessary to you in the country where you are to live, and without which you will be thought a very helpless animal, and less esteemed. Music, drawing, books, invention and exercise will be so many resources to you against ennui. But there are others which to this object add that of utility. These are the needle, and domestic oeconomy. The latter you cannot learn here, but the former you may. In the country life of America there are many moments when a woman can have recourse to nothing but her needle for employment. In a dull company and in dull weather for instance. It is ill manners to read: it is ill manners to leave them; no cardplaying there among genteel people; that is abandoned to blackguards. The needle is then a valuable resource. Besides without knowing to use it herself, how can the mistress of a family direct the works of her servants? You ask me to write you long letters. I will do it my dear, on condition you will read them from time to time, and practice what they will inculcate. Their precepts will be dictated by experience, by a perfect knowlege of the situation in which you will be placed, and by the fondest love for you. This it is which makes me wish to see you more qualified than common. My expectations from you are high: yet not higher than you may attain. Industry and resolution are all that are wanting. No body in this world can make me so happy, or so miserable as you. Retirement from public life will ere long become necessary for me. To your sister and yourself I look to render the evening of my life serene and contented. It's morning has been clouded by loss after loss till I have nothing left but you. I do not doubt either your affection or dispositions. But great exertions are necessary, and you have little time left to make them. Be industrious then, my dear child. Think nothing unsurmountable by resolution and application, and you will be all that I wish you to be. You ask me if it is my desire you should dine at the abbess's table? It is. Propose it as such to Madame de Traubenheim with my respectful compliments and thanks for her care of you. Continue to love me with all the warmth with which you are beloved by, my dear Patsy, yours affectionately,
TH: JEFFERSON

Gordon C. Lee (Hrsg.): Crusade Against Ignorance. Thomas Jefferson on Education, New York 1961, S. 151ff.

2. Brief an den Neffen und späteren Schwiegersohn Thomas Mann Randolph, Jr. (Paris, 27. August 1786)

Studienempfehlungen

DEAR SIR

I am honoured with your favour of the 16th. instant, and desirous, without delay, of manifesting my wishes to be useful to you, I shall venture to you some thoughts on the course of your studies which must be submitted to the better advice with which your are surrounded. A longer race through life may have enabled me to seise some truths which have not yet been presented to your observation. A more intimate knowledge of the country in which you are to live and of the circumstances in which you will be placed, may enable me to point your attention to the branches of science which will administer the most to your happiness there. The foundations which you have laid in languages and mathematics are proper for every superstructure. The former exercises our memory while that and no other faculty is yet matured, and prevents our acquiring habits of idleness; the latter gives exercise to our reason, as soon as that has acquired a certain degree ofstrength, and stores the mind with truths which are useful in other branches of science. At this moment then a second order of preparation is to commence. I shall propose to you that it be extensive, comprehending Astronomy, Natural philosophy (or Physics), Natural history, Anatomy, Botany and Chemistry. No inquisitive mind will be content to be ignorant of any one of these branches. But I would advise you to be contented with a course of lectures in most of them, without attempting to make yourself completely master of the whole. This is more than any genius, joined to any length of life is equal to. You will find among them some one study to which your mind will more particularly attach itself. This then I would pursue and propose to attain eminence in. Your own country furnishes the most aliment for Natural history, Botany and Physics, and as you express a fondness for the former you might make it your principal object, endeavouring however to make myself more acquainted with the two latter than with other branches likely to be less useful. In fact you will find botany offering it's charms to you at every step, during summer, and Physics in every season. All these branches of science will be better attained by attending courses of lectures in them; you are now in a place where the best courses upon earth are within your reach, and being delivered in your native language, you lose no part of their benefit. Such an opportunity you will never again have. I would therefore strongly press on you to fix no other limitation to your stay in Edinburgh, than your having got thro this whole circle. The omission of any one part of it will be an affliction and a loss to you as long as you live. Besides the comfort of knowlege, every science is auxiliary to every other. While you are attending these courses you can proceed by yourself in a regular series of historical reading. It would be a waste of time to attend a professor of this. It is to be acquired from books, and if you pursue it by yourself, you can accomodate it to your other reading so as to fill up those chasms of time not otherwise appropriated. There are portions of the day too when the mind should be eased. Particularly after dinner it should be applied to lighter occupations. History is of this kind. It exercises principally the memory. Reflection also indeed is necessary, but not generally in a laborious degree.

To conduct yourself in this branch of science you have only to consider what aeras of it merit a general and what a particular attention, and in each aera also to distinguish between the countries the knowledge of whose history will be useful, and those where it suffices only to be not altogether ignorant. Having laid down your plan as to the branches of history you would pursue, the order of time will be your sufficient guide. After what you have read in Antient history, I should suppose Millot's digest would be useful and sufficient. The histories of Greece and Rome are worthy a good degree of attention. They should be read in the original authors. The transition from Antient to modern history will be best effected by reading Gibbons, then a general history of the principal states of Europe, but particular ones of England. Here too the original writers are to be preferred. Kennet published a considerable collection of these in 3. vols. folio but there are some others, not in his collection, well worth being read. After the history of England, that of America will claim your attention. Here too original authors, and not compilers, are best. An author who writes of his own times, or of times near his own, presents in his own ideas and manner the best picture of the moment of which he writes. History need not be hurried, but may give way to the other sciences; because history can be pursued after you shall have left your present situation, as well as while you remain in it.

When you shall have got thro' this second order of preparation, the study of the law is to be begun. This, like history, is to be acquired from books. All the aid you will want will be a catalogue of the books to be read, and the order in which they are to be read. It being absolutely indifferent in what place you carry on this reading, I should propose your doing it in France. The advantages of this will be that you will at the same time acquire the habit of speaking French which is the object of a year or two, you may be giving attention to such of the fine arts as your taste may lead you to, and you will be forming an acquaintance with the individuals and character of a nation with whom we must long remain in the closest intimacy, and to whom we are bound by the strong ties of gratitude and policy; a nation in short of the most amiable dispositions on earth, the whole mass of which is penetrated with an affection for us. You might, before your return to your own country, make a visit to Italy also.

I should have performed the office of but half a friend were I to confine myself to the improvement of the mind only. Knowledge indeed is a desireable, a lovely possession, but I do not scruple to say that health is more so. It is of little consequence to store the mind with science if the body be permitted to become debilitated. If the body be feeble, the mind will not be strong. The sovereign invigorator of the body is exercise, and of all the exercises walking is best. A horse gives but a kind of half exercise, and a carriage is no better than a cradle. No one knows, till he tries, how easily a habit of walking is acquired. A person who never walked three miles will in the course of a month become able to walk 15. or 20. without fatigue. I have known some great walkers and had panicular accounts of many more; and I never knew or heard of one who was not healthy and long lived. This species of exercise therefore is much to be advised. Should you be disposed to try it, as your health has been feeble, it will be necessary for you to begin with a little, and to increase it by degrees. For the same reason you must probably at first ascribe to it hours the most precious for study, I mean those about the middle of the day. But when you shall find yourself strong, you may venture to take your walks in the evening after the digestion of the dinner is pretty well over. This is making a composition between health and study.

The latter would be too much interrupted were you to take from it the early hours of the day, and habit will soon render the evening's exercise as salutary as that of the morning. I speak this from my own experience, having, from an attachment to study, very early in life, made this arrangement of my time, having ever observed it, and still observing it, and always with perfect success.

Not less than two hours a day should be devoted to exercise, and the weather should be little regarded. A person not sick will not be injured by getting wet. It is but taking a cold bath, which never gives a cold to any one. Brute animals are the most healthy, and they are exposed to all weather, and of men, those are healthiest who are the most exposed. The recipe of those two descriptions of beings is simple diet, exercise and the open air, be it's state what it will; and we may venture to say that this recipe will give health and vigor to every other description: By this time I am sure you will think I have sermonized enough. I have given you indeed a lengthy lecture. I have been led through it by my zeal to serve you; if in the whole you find one useful counsel, that will be my reward and a sufficient one. Few persons in your own country have started from as advantageous ground as that whereon you will be placed. Nature and fortune have been liberal to you. Every thing honourable or profitable there is placed within your own reach, and will depend on your own efforts. If these are exerted with assiduity, and guided by unswerving honesty, your success is infallible: and that it may be as great as you wish is the sincere desire of, Dear Sir, your most affectionate humble servant, TH: JEFFERSON

P.S. Be so good as to present me affectionately to your brother and cousin.

A.a.O., S. 140ff.

3. Brief an John Banister, Jr. (Paris, 15. Oktober 1785)

Von den Nachteilen eines Studiums in Europa für amerikanische Jugendliche

DEAR SIR

I should sooner have answered the paragraph in your favor of Sep. 19. respecting the best seminary for the education of youth in Europe, but that it was necessary for me to make enquiries on the subject. The result of these has been to consider the competition as resting between Geneva and Rome. They are equally cheap, and probably are equal in the course of education pursued. The advantage of Geneva is that students acquire there the habits of speaking French. The advantages of Rome are the acquiring a local knowledge of a spot so classical and so celebrated; the acquiring the true pronuntiation of the Latin language; the acquiring a just taste in the fine arts, more particularly those of painting, sculpture, Architecture, and Music; a familiarity with those objects and processes of agriculture which experience has shewn best adapted to a climate like ours; and lastly the advantage of a fine climate for health. It is probable too that by being boarded in a French family the habit of speaking that language may be obtained. I do not count on any advantage to be derived in Geneva from a familiar acquaintance with the principles of it's government. The late revolution has rendered it a tyrannical aristocracy more likely to give ill than good ideas to an American. I think the balance in favor of Rome. Pisa is sometimes spoken of as a place of education. But it does not offer the 1st. and 3d. of the advantages of Rome. But why send an American youth to Europe for education? What are the objects of an useful American education? Classical knowlege, modern languages and chiefly French, Spanish, and Italian; Mathematics; Natural philosophy; Natural History; Civil History; Ethics. In Natural philosophy I mean to include Chemistry and Agriculture, and in Natural history to include Botany as well as the other branches of those departments. It is true that the habit of speaking the modern languages cannot be so well acquired in America, but every other article can be as well acquired at William and Mary College as at any place in Europe. When College education is done with and a young man is to prepare himself for public life, he must cast his eyes (for America) either on Law or Physic. For the former where can he apply so advantageously as to Mr. Wythe? For the latter he must come to Europe; the medical class of students therefore is the only one which need come to Europe. Let us view the disadvantages of sending a youth to Europe. To enumerate them all would require a volume. I will select a few. If he goes to England he learns drinking, horse-racing and boxing. These are the peculiarities of English education. The following circumstances are common to education in that and the other countries of Europe. He acquires a fondness for European luxury and dissipation and a contempt for the simplicity of his own country; he is fascinated with the privileges of the European aristocrats, and sees with abhorrence the lovely equality which the poor enjoys with the rich in his own country: he contracts a partiality for aristocracy or monarchy; he forms foreign friendships which will never be useful to him, and loses the season of life for forming in his own country those friendships which of all others are the most faithful and permanent: he is led by the strongest of all human passions into a spirit for female intrigue destructive of his own and others happiness, or a passion for whores destructive of his health, and in both cases learns to consider fidelity to the marriage bed as an ungentlemanly practice and inconsistent with happiness: he recollects the voluptuary dress and arts of the European women and pities and despises the chaste affections and simplicity of those of his own country; he retains thro' life a fond recollection and a hankering after those places which were the scenes of his first pleasures and of his first connections; he returns to his own country, a foreigner, unacquainted with the practices of domestic oeconomy necessary to preserve him from ruin; speaking and writing his native tongue as a foreigner, and therefore unqualified to obtain those distinctions which eloquence of the pen and tongue ensures in a free country; for I would observe to you that what is called style in writing or speaking is formed very early in life while the imagination is warm, and impressions are permanent. I am of opinion that there never was an instance of a man's writing or speaking his native tongue with elegance who passed from 15. to 20. years of age out of the country where it was spoken. Thus no instance exists of a person writing two languages perfectly. That will always appear to be his native language which was most familiar to him in his youth. It appears to me then that an American coming to Europe for education loses in his knowlege, in his morals, in his health, in his habits, and in his happiness. I had entertained only doubts on this head before I came to Europe: what I see and hear since I come here proves more than I had even suspected. Cast your eye over America: who are the men of most learning, of most eloquence, most beloved by their country and most trusted and promoted by them? They are those who have been educated among them, and whose manners, morals and habits are perfectly homogeneous with those of the country: Did you expect by so short a question to draw such a sermon on yourself? I dare say you did not. But the consequences of foreign education are alarming to me as an American. I sin therefore through zeal whenever I enter on the subject. You are sufficiently American to pardon me for it.

Let me hear of your health and be assured of the esteem with which I am Dear Sir Your friend & servant,

TH: JEFFERSON

A.a.O., S. 106ff.

4. Jeffersons Vorschlag für eine Reform des Bildungswesens in Virginia

(eingegangen in den Gesetzentwurf "A Bill for the more general diffusion of knowledge", der 1779 der Öffentlichkeit übergeben worden ist)

Ein weiteres Ziel der Gesetzesrevision besteht darin, im Volke für eine allgemeine Verbreitung von Wissen zu sorgen. Es ist vorgesehen, jede Grafschaft in kleine Distrikte (Hundreds) von fünf bis sechs Quadratmeilen zu unterteilen und in jedem eine Schule für den Unterricht im Lesen, Schreiben und Rechnen zu errichten. Der Lehrer muß von dem Hundred ernährt werden, und jedermann im Distrikt soll dann berechtigt sein, seine Kinder drei Jahre lang unentgeltlich zur Schule zu schicken und danach beliebig lang gegen Bezahlung.

Diese Schulen müssen unter einem Aufseher stehen, welcher jährlich den begabtesten Knaben aussuchen soll unter denen, deren Eltern arm sind, um ihnen einen weiterführenden Unterricht zu ermöglichen. Er soll dann auf eine jener höheren Schulen geschickt werden, von denen in verschiedenen Gegenden des Landes zwanzig errichtet werden sollen; dort soll Unterricht in Griechisch, Latein, Geographie und Höherer Mathematik erteilt werden. Diese ausgesuchten Knaben soll man ein bis zwei Jahre zur Probe an den höheren Schulen behalten und dann unter ihnen den Begabtesten auswählen, der weitere sechs Jahre bleiben soll; die übrigen werden zurückgeschickt. Auf diese Weise werden jährlich zwanzig der besten Köpfe von den schlechten abgesondert und auf öffentliche Kosten soweit unterrichtet, wie dies in den höheren Schulen möglich ist.

Die Hälfte von ihnen müßte am Ende der sechsjährigen Erziehung die Anstalt verlassen; unter diesen könnte man vermutlich die zukünftigen Lehrer der höheren Schulen finden. Die andere Hälfte soll wegen ihrer besonderen Fähigkeiten und Anlagen für drei Jahre nach Williamsburg zum William-and-Mary College geschickt werden, um dort wissenschaftliche Fächer ihrer Wahl zu studieren; dessen Lehrangebot soll nach einem neuen Vorschlag erweitert und auf alle nützlichen Wissenschaften ausgedehnt werden. Das Ergebnis dieses ganzen Erziehungssystems würde sein, daß alle Kinder im Staat Lesen, Schreiben und Rechnen lernen, daß jährlich zehn Kinder gute Fähigkeiten in Griechisch, Latein, Geometrie und Höherer Mathematik erhielten, daß wiederum zehn weitere, noch begabtere, zu diesen Fächern ihren Neigungen gemäß auch noch bestimmte Wissenschaften hinzugefügt haben würden und daß der wohlhabendere Teil der Bevölkerung die Möglichkeit hätte, auf eigene Kosten seine Kinder in Schulen zu schicken.

University of Virginia

Die allgemeinen Ziele dieses Gesetzes sind, jedem eine Erziehung zu verschaffen, die seinen Fähigkeiten, seinem Alter und seinem Stande entspricht und zu seiner Freiheit und Glückseligkeit hinführt. Besondere Einzelheiten waren nicht Sache des Gesetzes, dafür müssen die Aufseher Sorge tragen. Da die kleinen Schulen der Hundreds die erste Stufe der Erziehung sind, auf der die große Masse des Volkes seinen Unterricht erhält, werden die Fundamente für die zukünftige Ordnung bei ihnen gelegt. Anstatt das Alte und das Neue Testament den Kindern in einem Alter in die Hand zu legen, in dem ihre Urteilskraft für religiöse Fragen noch nicht ausreicht, müßte man ihr Gedächtnis mit den nützlichsten Fakten aus der griechisehen, römischen, europäischen und amerikanischen Geschichte füllen. Auch könnte man ihnen die ersten moralischen Grundbegriffe beibringen; diese werden, wenn sie bei gestärkter Urteilskraft weiterentwickelt werden, die Menschen lehren, wie sie die größte Glückseligkeit erreichen können - indem sie nämlich erkennen, daß diese nicht von dem Stand abhängt, in welchen der Zufall sie eingefügt hat, sondern daß sie stets das Resultat eines guten Gewissens, guter Gesundheit, der Betätigung sowie der Freiheit in allen rechtmäßigen Bestrebungen ist.

Jene, denen entweder der Reichtum ihrer Eltern oder die staatliche Förderung eine umfassendere Bildung ermöglicht, werden sodann die Höheren Schulen besuchen und Fremdsprachen lernen. Ich höre, daß das Studium der griechischen und der lateinischen Sprache in Europa immer seltener betrieben wird. Ich kann nicht beurteilen, was die dortigen Sitten und Beschäftigungen erfordern, doch wäre es für uns sehr töricht, in diesem Fall ihrem Beispiel zu folgen. Es gibt einen gewissen Zeitraum im Leben, etwa vom achten bis zum fünfzehnten oder sechzehnten Jahr, in dem der Geist und der Körper für anstrengende und anhaltende Beschäftigungen noch nicht stark genug sind. Werden sie dennoch dazu angehalten, so werden sie frühzeitig ein Opfer voreiliger Anstrengungen, die zwar das Vergnügen gewähren, eine frühe Geistesreife der Kinder zu bewundern, aber in der Folge auch Kummer bereiten, da in einem Alter, in dem die Söhne Männer sein sollten, eine Rückkehr zur Kindheit stattfindet. In diesem Zeitraum ist das Gedächtnis höchst aufnahmefähig und offen für Eindrücke, und da das Erlernen von Sprachen meist aus Gedächtnisleistung besteht, scheint es mir genau das passende zu sein für die Stärken dieses Lebensabschnittes, der außerdem zum Erwerb der nützlichsten alten und neuen Sprachen lang genug ist. Ich behaupte nicht, Sprachen seien gleichbedeutend mit Wissenschaftlichkeit. Sie sind nur ein Instrument zum Erlangen derselben. Aber die Zeit ist nicht verloren, die man zum Erwerb der Werkzeuge für künftige Tätigkeiten verwendet, und zwar um so weniger, als man den Kindern zu diesem Zweck Bücher in die Hand geben würde, denen sie sowohl nützliche Tatsachen als auch gute Prinzipien entnehmen können. Läßt man diesen Zeitraum ungenutzt verstreichen, wird der Geist so lethargisch und kraftlos wie der ihn umgebende Körper, wenn man diesem keine Übung erlaubt. Die genaue Übereinstimmung von Körper und Geist in der Entwicklungs- und in der Zerfallsphase ist so offensichtlich, daß wir keinen Fehler machen, wenn wir vom einen auf das andere schließen.

Sobald die Kinder das richtige Alter erreicht haben, sollen sie von der Höheren Schule auf die Universität geschickt werden, um auf dieser dritten Stufe die ihnen gemäßen Wissenschaften zu studieren.

Durch den Teil unseres Plans, der die Auswahl der begabtesten Knaben aus den ärmeren Schichten des Volkes vorschlägt, hoffen wir, dem Staat die Talente zu verschaffen, welche die Natur ebenso freigebig unter die Armen wie unter die Reichen verteilt hat, die jedoch ungenutzt verkümmern, wenn wir sie nicht suchen und pflegen.

Die wichtigste und rechtmäßigste Absicht dieses Gesetzes ist jedoch die, die Menschen zu verläßlichen Bewahrern ihrer Freiheit zu machen. Zu diesem Zweck sollen sie in den Schulen der ersten Stufe, in denen sie ihre ganze Erziehung erhalten werden, hauptsächlich historische Lektüre betreiben. Indem die Geschichte sie von der Vergangenheit unterrichtet, ermöglicht sie ihnen, über die Zukunft zu urteilen; durch die Geschichte lernen sie, die Erfahrung fremder Nationen und voriger Zeiten zu nutzen, die Handlungen und Absichten anderer Menschen zu beurteilen; sie werden befähigt, die Herrschsucht hinter jeder ihrer Masken zu erkennen und ihre Anschläge zu vereiteln. In jeder Herrschaftsform auf Erden gibt es Spuren menschlicher Schwäche sowie Keime der Korruption und der Verderbtheit; diese werden von der Verschlagenheit entdeckt, und die Boshaftigkeit öffnet sie ungerührt, kultiviert sie und macht sie sich zunutze. Jeder Staat artet ohnehin aus, wenn die Regierung bloß in den Händen der höheren Stände liegt. Das Volk selbst ist der sicherste Bewahrer seiner Freiheit. Aber damit auch dieses zuverlässig sein möge, muß sein Geist bis zu einem gewissen Grad aufgeklärt sein ...

Thomas Jefferson: Betrachtungen über den Staat Virginia, hrsg. v. Hartmut Wasser, Zürich 1989, S. 305ff.

5. Bericht der Gründungsmitglieder der University of Virginia über Lage, Struktur und Curricula der Universität, verfaßt von Thomas Jefferson (August 1818)

1. The Commissioners for the University of Virginia, having met, as by law required, at the tavern, in Rockfish Gap, on the Blue Ridge, on the first day of August, of this present year, 1818; and having formed a board, proceeded on that day to the discharge of the duties assigned to them by the act of the Legislature, entitled „An act, appropriating part of the revenue of the literary fund, and for other purposes;" and having continued their proceedings by adjournment, from day to day, to Tuesday, the 4th day of August, have agreed to a report on the several matters with which they were charged, which report they now respectfully address and submit to the Legislature of the State.

The first duty enjoined on them, was to enquire and report a site, in some convenient and proper part of the State, for an university, to be called the „University of Virginia". In this enquiry, they supposed that the governing considerations should be the healthiness of the site, the fertility of the neighboring country, and its centrality to the white population of the whole State. For, although the act authorized and required them to receive any voluntary contributions, whether conditional or absolute, which might be offered through them to the President and Directors of the Literary Fund, for the benefit of the University, yet they did not consider this as establishing an auction, or as pledging the location to the highest bidder.

Three places were proposed, to wit: Lexington, in the county of Rockbridge, Staunton, in the county of Augusta, and the Central College, in the county of Albemarle. Each of these was unexceptionable as to healthiness and fertility. It was the degree of centrality to the white population of the State which alone then constituted the important point of comparison between these places; and the Board, after full enquiry, and impartial and mature consideration, are of opinion, that the central point of the white population of the State is nearer to the Central College than to either Lexington or Staunton, by great and important differences; and all other circumstances of the place in general being favorable to it, as a position for an university, they do report the Central College, in Albemarle, to be a convenient and proper part of the State for the University of Virginia.

2. The Board having thus agreed on a proper site for the University, to be reported to the Legislature, proceed to the second of the duties assigned to them - that of proposing a plan for its buildings - and they are of opinion that it should consist of distinct houses or pavilions, arranged at proper distances on each side of a lawn of a proper breadth, and of indefinite extent, in one direction, at least; in each of which should be a lecturing room, with from two to four apartments, for the accommodation of a professor and his family; that these pavilions should be united by a range of dormitories, sufficient each for the accommodation of two students only, this provision being deemed advantageous to morals, to order, and to uninterrupted study; and that a passage of some kind, under cover from the weather, should give a communication along the whole range. It is supposed that such pavilions, on an average of the larger and smaller, will cost each about $ 5,000; each dormitory about $ 350, and hotels of a single room, for a refectory, and two rooms for the tenant, necessary for dieting the students, will cost about $ 3500 each. The number of these pavilions will depend on the number of professors, and that of the dormitories and hotels on the number of students to be lodged and dieted. The advantages of this plan are: greater security against fire and infection; tranquillity and comfort to the professors and their families thus insulated; retirement to the students; and the admission of enlargement to any degree to which the institution may extend in future times. It is suppposed probable, that a building of somewhat more size in the middle of the grounds may be called for in time, in which may be rooms for religious worship, under such impartial regulations as the Visitors shall prescribe, for public examinations, for a library, for the schools of music, drawing, and other associated purposes.

3, 4. In proceeding to the third and fourth duties prescribed by the Legislature, of reporting „the branches of learning, which should be taught in the University, and the number and description of the professorships they will require," the Commissioners were first to consider at what point it was understood that university education should commence? Certainly not with the alphabet, for reasons of expediency and impracticability, as well as from the obvious sense of the Legislature, who, in the same act, make other provision for the primary instruction of the poor children, expecting, doubtless, that in other cases it would be provided by the parent, or become, perhaps, subject of future and further attention of the Legislature. The objects of this primary education determine its character and limits. These objects would be,

To give to every citizen the information he needs for the transaction of his own business;

To enable him to calculate for himself, and to express and preserve his ideas, his contracts and accounts, in writing;

To improve, by reading, his morals and faculties;

To understand his duties to his neighbors and country, and to discharge with competence the functions confided to him by either;

To know his rights; to exercise with order and justice those he retains; to choose with discretion the fiduciary of those he delegates; and to notice their conduct with diligence, with candor, and judgment;

And, in general, to observe with intelligence and faithfulness all the social relations under which he shall be placed.

To instruct the mass of our citizens in these, their rights, interests and duties, as men and citizens, being then the objects of education in the primary schools, whether private or public, in them should be taught reading, writing and numerical arithmetic, the elements of mensuration (useful in so many callings,) and the outlines of geography and history. And this brings us to the point at which are to commence the higher branches of education, of which the Legislature require the development; those, for example, which are,

To form the statesmen, legislators and judges, on whom public prosperity and individual happiness are so much to depend;

To expound the principles and structure of government, the laws which regulate the intercourse of nations, those formed municipally for our own government, and a sound spirit of legislation, which, banishing all arbitrary and unnecessary restraint on individual action, shall leave us free to do whatever does not violate the equal rights of another;

To harmonize and promote the interests of agriculture, manufactures and commerce, and by well informed views of political economy to give a free scope to the public industry;

To develop the reasoning faculties of our youth, enlarge their minds, cultivate their morals, and instill into them the precepts of virtue and order;

To enlighten them with mathematical and physical sciences, which advance the arts, and administer to the health, the subsistence, and comforts of human life;

And, generally, to form them to habits of reflection and correct action, rendering them examples of virtue to others, and of happiness within themselves.

These are the objects of that higher grade of education, the benefits and blessings of which the Legislature now propose to provide for the good and ornament of their country, the gratification and happiness of their fellow-citizens, of the parent especially, and his progeny, on which all his affections are concentrated.

In entering on this field, the Commissioners are aware that they have to encounter much difference of opinion as to the extent which it is expedient that this institution should occupy. Some good men, and even of respectable information, consider the learned sciences as useless acquirements; some think that they do not better the condition of man; and others that education, like private and individual concerns, should be left to private individual effort; not reflecting that an establishment embracing all the sciences which may be useful and even necessary in the various vocations of life, with the buildings and apparatus belonging to each, are far beyond the reach of individual means, and must either derive existence from public patronage, or not exist at all. This would leave us, then, without those callings which depend on education, or send us to other countries to seek the instruction they require. But the Commissioners are happy in considering the statute under which they are assembled as proof that the Legislature is far from the abandonment of objects so interesting. They are sensible that the advantages of welldirected education, moral, political and economical, are truly above all estimate. Education generates habits of application, of order, and the love of virtue; and controls, by the force of habit, any innate obliquities in our moral organization. We should be far, too, from the discouraging persuasion that man is fixed, by the law of his nature, at a given point; that his improvement is a chimera, and the hope delusive of rendering ourselves wiser, happier or better than our forefathers were. As well might it be urged that the wild and uncultivated tree, hitherto yielding sour and bitter fruit only, can never be made to yield better; yet we know that the grafting art implants a new tree on the savage stock, producing what is most estimable both in kind and degree. Education, in like manner, engrafts a new man on the native stock, and improves what in his nature was vicious and perverse into qualities of virtue and social worth. And it cannot be but that each generation succeeding to the knowledge acquired by all those who preceded it, adding to it their own acquisitions and discoveries, and handing the mass down for successive and constant accumulation, must advance the knowledge and well-being of mankind, not infinitely, as some have said, but indefinitely, and to a term which no one can fix and foresee. Indeed, we need look back half a century, to times which many now living remember well, and see the wonderful advances in the sciences and arts which have been made within that period. Some of these have rendered the elements themselves subservient to the purposes of man, have harnessed them to the yoke of his labors, and effected the great blessings of moderating his own, of accomplishing what was beyond his feeble force, and extending the comforts of life to a much enlarged circle, to those who had before known its necessaries only. That these are not the vain dreams of sanguine hope, we have before our eyes real and living examples. What, but education, has advanced us beyond the condition of our indigenous neighbors? And what chains them to their present state of barbarism and wretchedness, but a bigotted veneration for the supposed superlative wisdom of their fathers, and the preposterous idea that they are to look backward for better things, and not forward, longing, as it should seem, to return to the days of eating acorns and roots, rather than indulge in the degeneracies of civilization? And how much more encouraging to the achievements of science and improvement is this, than the desponding view that the condition of man cannot be ameliorated, that what has been must ever be, and that to secure ourselves where we are, we must tread with awful reverence in the footsteps of our fathers. This doctrine is the genuine fruit of the alliance between Church and State; the tenants of which, finding themselves but too well in their present condition, oppose all advances which might unmask their usurpations, and monopolies of honors, wealth, and power, and fear every change, as endangering the comforts they now hold. Nor must we omit to mention, among the benefits of education, the incalculable advantage of training up able counsellors to administer the affairs of our country in all its departments, legislative, executive and judiciary, and to bear their proper share in the councils of our national government; nothing more than education advancing the prosperity, the power, and the happiness of a nation.

Encouraged, therefore, by the sentiments of the Legislature, manifested in this statute, we present the following tabular statements of the branches of learning which we think should be taught in the University, forming them into groups, each of which are within the powers of a single professor:

I.   Languages, ancient:
        Latin, Greek, Hebrew.
II.   Languages, modern:
        French,Spanish, Italian, German, Anglo-Saxon.
III.   Mathematics, pure:
        Algebra, Fluxions, Geometry, Elementary, Transcendal Architecture, Military, Naval.
IV.   Physico-Mathematics:
        Mechanics, Statics, Dynamics, Pneumatics, Acoustics, Optics, Astronomy, Geography.
V.   Physics, or Natural Philosophy:
        Chemistry, Mineralogy.
VI.   Botany, Zoology.
VII.   Anatomy, Medicine.
VIII. Government, Political Economy, Law of Nature and Nations, History, being interwoven with Politics and Law.
IX.   Law, municipal.
X.   Ideology, General Grammar, Ethics, Rhetoric, Belles Lettres, and the fine arts.

Some of the terms used in this table being subject to a difference of acceptation, it is proper to define the meaning and comprehension intended to be given them here:

Geometry, Elementary, is that of straight lines and of the circle.

Transcendental, is that of all other curves; it includes, of course, Projectiles, a leading branch of the military art.

Military Architecture includes Fortification, another branch of that art.

Statics respect matter generally, in a state of rest, and include Hydrostatics, or the laws of fluids particularly, at rest or in equilibrio.

Dynamics, used as a general term, include Dynamics proper, or the laws of solids in motion; and Hydrodynamics, or Hydraulics, those of fluids in motion.

Pneumatics teach the theory of air, its weight, motion, condensation, rarefaction,&c. Acoustics, or Phonics, the theory of sound.

Optics, the laws of light and vision.

Physics, or Physiology, in a general sense, mean the doctrine of the physical objects of our senses.

Chemistry is meant, with its other usual branches, to comprehend the theory of agriculture.

Mineralogy, in addition to its peculiar subjects, is here understood to embrace what is real in geology.

Ideology is the doctrine of thought.

General Grammar explains the construction of language.

Some articles in this distribution of sciences will need observation. A professor is proposed for ancient languages, the Latin, Greek, and Hebrew, particularly; but these languages being the foundation common to all the sciences, it is difficult to foresee what may be the extent of this school. At the same time, no greater obstruction to industrious study could be proposed than the presence, the intrusions and the noisy turbulence of a multitude of small boys; and if they are to be placed here for the rudiments of the languages, they may be so numerous that its character and value as an University will be merged in those of a Grammar school. It is, therefore, greatly to be wished, that preliminary schools, either on private or public establishment, could be distributed in districts through the State, as preparatory to the entrance of students into the University. The tender age at which this part of education commences, generally about the tenth year, would weigh heavily with parents in sending their sons to a school so distant as the central establishment would be from most of them. Districts of such extent as that every parent should be within a day's journey of his son at school, would be desirable in cases of sickness, and convenient for supplying their ordinary wants, and might be made to lessen sensibly the expense of this part of their education. And where a sparse population would not, within such a compass, furnish subjects sufficient to maintain a school, a competent enlargement of district must, of necessity, there be submitted to. At these district schools or colleges, boys should be rendered able to read the easier authors, Latin and Greek. This would be useful and sufficient for many not intended for an University education. At these, too, might be taught English grammar, the higher branches of numerical arithmetic, the geometry of straight lines and of the circle, the elements of navigation, and geography to a sufficient degree, and thus afford to greater numbers the means of being qualified for the various vocations of life, needing more instruction than merely menial or praedial labor, and the same advantages to youths whose education may have been neglected until too late to lay a foundation in the learned languages. These institutions, intermediate between the primary schools and University, might then be the passage of entrance for youths into the University, where their classical learning might be critically completed, by a study of the authors of highest degree; and it is at this stage only that they should be received at the University. Giving then a portion of their time to a finished knowledge of the Latin and Greek, the rest might be appropriated to the modern languages, or to the commencement of the course of science for which they should be destined. This would generally be about the fifteenth year of their age, when they might go with more safety and contentment to that distance from their seek this finishing elsewhere, must therefore be submitted to for a while.

In conformity with the principles of our Constitution, which places all sects of religion on an equal footing, with the jealousies of the different sects in guarding that equality from encroachment and surprise, and with the sentiments of the Legislature in favor of freedom of religion, manifested on former occasions, we have proposed no professor of divinity; and the rather as the proofs of the being of a God, the creator, preserver, and supreme ruler of the universe, the author of all the relations of morality, and of the laws and obligations these infer, will be within the province of the professor of ethics; to which adding the developments of these moral obligations, of those in which all sects agree, with a knowledge of the languages, Hebrew, Greek, and Latin, a basis will be formed common to all sects. Proceeding thus far without offence to the Constitution, we have thought it proper at this point to leave every sect to provide, as they think fittest, the means of further instruction in their own peculiar tenets.

We are further of opinion, that after declaring by law that certain sciences shall be taught in the University, fixing the number of professors they require, which we think should, at present, be ten, limiting (except as to the professors who shall be first engaged in each branch,) a maximum for their salaries, (which should be a certain but moderate subsistence, to be made up by liberal tuition fees, as an excitement to assiduity), it will be best to leave to the discretion of the visitors, the grouping of these sciences together, according to the accidental qualifications of the professors; and the introduction also of other branches of science, when enabled by private donations, or by public provision, and called for by the increase of population, or other change of circumstances; to establish beginnings, in short, to be developed by time, as those who come after us shall find expedient. They will be more advanced than we are in science and in useful arts, and will know best what will suit the circumstances of their day.

We have proposed no formal provision for the gymnastics of the school, although a proper object of attention for every institution of youth. These exercises with ancient nations, constituted the principal part of the education of their youth. Their arms and mode of warfare rendered them severe in the extreme; ours, on the same correct principle, should be adapted to our arms and warfare; and the manual exercise, military manoeuvres, and tactics generally, should be the frequent exercise of the students, in their hours of recreation. It is at that age of aptness, docility, and emulation of the practices of manhood, that such things are soonest learnt and longest remembered. The use of tools too in the manual arts is worthy of encouragement, by facilitating to such as choose it, an admission into the neighboring workshops. To these should be added the arts which embellish life, dancing, music, and drawing; the last more especially, as an important part of military education. These innocent arts furnish amusement and happiness to those who, having time on their hands, might less inoffensively employ it. Needing, at the same time, no regular incorporation with the institution, they may be left to accessory teachers, who will be paid by the individuals employing them, the University only providing proper apartments for their exercise.

The fifth duty prescribed to the Commissioners, is to propose such general provisions as may be properly enacted by the Legislature, for the better organizing and governing the University.

In the education of youth, provision is to be made for, 1, tuition; 2, diet; 3, lodging; 4, government; and 5,honorary excitements. The first of these constitutes the proper functions of the professors; 2, the dieting of the students should be left to private boarding houses of their own choice, and at their own expense; to be regulated by the Visitors from time to time, the house only being provided by the University within its own precincts, and thereby of course subjected to the general regimen, moral or sumptuary, which they shall prescribe. 3. They should be lodged in dormitories, making a part of the general system of buildings. 4. The best mode of government for youth, in large collections, is certainly a desideratum not yet attained with us. It may be well questioned whether fear after a certain age, is a motive to which we should have ordinary recourse. The human character is susceptible of other incitements to correct conduct, more worthy of employ, and of better effect. Pride of character, laudable ambition, and moral dispositions are innate correctives of the indiscretions of that lively age; and when strengthened by habitual appeal and exercise, have a happier effect on future character than the degrading motive of fear. Hardening them to disgrace, to corporal punishments, and servile humiliations cannot be the best process for producing erect character. The affectionate deportment between father and son, offers in truth the best example for that of tutor and pupil; and the experience and practice of other countries, in this respect, may be worthy of enquiry and consideration with us. It will then be for the wisdom and discretion of the Visitors to devise and perfect a proper system of government, which, if it be founded in reason and comity, will be more likely to nourish in the minds of our youth the combined spirit of order and self-respect, so congenial with our political institutions, and so important to be woven into the American character. 5. What qualifications shall be required to entitle to entrance into the University, the arrangement of the days and hours of lecturing for the different schools, so as to facilitate to the students the circle of attendance on them; the establishment of periodical and public examinations, the premiums to be given for distinguished merit; whether honorary degrees shall be conferred, and by what appellations; whether the title to these shall depend on the time the candidate has been at the University, or, where nature has given a greater share of understanding, attention, and application; whether he shall not be allowed the advantages resulting from these endowments, with other minor items of government, we are of opinion should be entrusted to the Visitors; and the statute under which we act having provided for the appointment of these, we think they should moreover be charged with

The erection, preservation, and repair of the buildings, the care of the grounds and appurtenances, and of the interest of the University generally.

That they should have power to appoint a bursar, employ a proctor, and all other necessary agents.

To appoint and remove professors, two thirds of the whole number of Visitors voting for the removal.

To prescribe their duties and the course of education, in conformity with the law.

To establish rules for the government and discipline of the students, not contrary to the laws of the land.

To regulate the tuition fees, and the rent of the dormitories they occupy.

To prescribe and control the duties and proceedings of all officers, servants, and others, with respect to the buildings, lands, appurtenances, and other property, and interests of the University.

To draw from the literary fund such moneys as are by law charged on it for this institution; and in general

To direct and do all matters and things which, not being inconsistent with the laws of the land, to them shall seem most expedient for promoting the purposes of the said institution; which several functions they should be free to exercise in the form of by-laws, rules, resolutions, orders, instructions, or otherwise, as they should deem proper.

That they should have two stated meetings in the year, and occasional meetings at such times as they should appoint, or on a special call with such notice as themselves shall prescribe by a general rule; which meetings should be at the University, a majority of them constituting a quorum for business; and that on the death or resignation of a member, or on his removal by the President and Directors of the Literary Fund, or the Executive, or such other authority as the Legislature shall think best, such President and Directors, or the Executive or other authority, shall appoint a successor.

That the said Visitors should appoint one of their own body to be Rector, and with him be a body corporate, under the style and title of the Rector and Visitors of the University of Virginia, with the right, as such, to use a common seal; that they should have capacity to plead and be impleaded in all courts of justice, and in all cases interesting to the University, which may be the subjects of legal cognizance and jurisdiction; which pleas should not abate by the determination of their office, but should stand revived in the name of their successors, and they should be capable in law and in trust for the University, of receiving subscriptions and donations, real and personal, as well from bodies corporate, or persons associated, as from private individuals.

And that the said Rector and Visitors should, at all times, conform to such laws as the Legislature may, from time to time think proper to enact for their government; and the said University should, in all things, and at all times be subject to the control of the Legislature.

And lastly, the Commissioners report to the Legislature the following conditional offers to the President and Directors of the Literary Fund, for the benefit of the University:

On the condition that Lexington, or its vicinity, shall be selected as the site of the University, and that the same be permanently established there within two years from the date John Robinson, of Rockbridge county, has executed a deed to the President and Directors of the Literary Fund, to take effect at his death, for the following tracts of land, to wit:

400 acres on the North fork of James river, known by the name of Hart's bottom, purchased of the late Gen. Bowyer.

171 acres adjoining the same, purchased of James Griggsby.

203 acres joining the last mentioned tract, purchased of William Paxton.

112 acres lying on the North river, above the lands of Arthur Glasgow, conveyed to him by William Paxton's heirs.

500 acres adjoining the lands of Arthur Glasgow, Benjamin Camden and David Edmonson.

545 acres lying in Pryor's gap, conveyed to him by the heirs of William Paxton, deceased.

260 acres lying in Childer's gap, purchased of Wm. Mitchell.

300 acres lying, also, in Childer's gap, purchased of Nicholas Jones.

500 acres lying on Buffalo, joining the lands of Jas. Johnston.

340 acres on the Cowpasture river, conveyed to him by General James Breckenridge - reserving the right of selling the two last mentioned tracts, and converting them into other lands contiguous to Hart's bottom, for the benefit of the University; also, the whole of his slaves, amounting to 57 in number; one lot of 22 acres, joining the town of Lexington, to pass immediately on the establishment of the University, together with all the personal estate of every kind, subject only to the payment of his debts and fulfillment of his contracts.

It has not escaped the attention of the Commissioners, that the deed referred to is insufficient to pass the estate in the lands intended to be conveyed, and may be otherwise defective; but, if necessary, this defect may be remedied before the meeting of the Legislature, which the Commissioners are advised will be done.

The Board of Trustees of Washington College have also proposed to transfer the whole of their funds, viz: 100 shares in the funds of the James River Company, 31 acres of land upon which their buildings stand, their philosophical apparatus, their expected interest in the funds of the Cincinnati Society, the libraries of the Graham and Washington Societies, and $ 3,000 in cash, on condition that a reasonable provision be made for the present professors. A subscription has also been offered by the people of Lexington and its vicinity, amounting to $ 17,878, all which will appear from the deed and other documents, reference thereto being had.

In this case, also, it has not escaped the attention of the Commissioners, that questions may arise as to the power of the trustees to make the above transfers.

On the condition that the Central College shall be made the site of the University, its whole property, real and personal, in possession or in action, is offered. This consists of a parcel of land of 47 acres, whereon the buildings of the college are begun, one pavilion and its appendix of dormitories being already far advanced, and with one other pavilion, and equal annexation of dormitories, being expected to be completed during the present season - of another parcel of 153 acres, near the former and including a considerable eminence very favorable for the erection of a future observatory; of the proceeds of the sales of two glebes, amounting to $ 3,28086 cents; and of a subscription of $ 41,248, on papers in hand, besides what is on outstanding papers of unknown amount, not yet returned-out of these sums are to be taken, however the cost of the lands, of the buildings, and other works done, and for existing contracts. For the conditional transfer of these to the President and Directors of the Literary Fund, a regular power, signed by the subscribers and founders of the Central College generally, has been given to its Visitors and Proctor, and a deed conveying the said property accordingly to the President and Directors of the Literary Fund, has been duly executed by the said Proctor, and acknowledged for record in the office of the clerk of the county court of Albemarle.

Signed and certified by the members present, each in his proper handwriting, this 4th day of August, 1818.

Th.Jefferson,	Hugh Holmes,
Creed Taylor,	Phil.C.Pendleton,
Peter Randolph,	Spencer Roane,
Wm. Brockenbrough,	John M.C.Taylor,
Arch'd Rutherford,	J.G.Jackson,
Archd'Stuart,	Phil.Slaughter,
James Breckenridge,	Wm.H.Cabell,
Henry E. Watkins,	Nat.H.Claiborne,
James Madison,	Wm.A.C.Dade,
A.T.Mason,	William Jones,

Thomas Wilson.

Crusade against Ignorance, a.a.O., S. 114ff.

Ausgewählte Literatur:

Roy J. Honeywell, The Educational Work of Thomas Jefferson, New York, 1964 [1931];

Karl Lehmann, Thomas Jefferson: American Humanist, Charlottesville, 1985, [New York: Macmillan, 1947];

Gordon C. Lee (Hrsg.), Crusade against Ignorance: Thomas Jefferson on Education, New York, 1961;

James B. Conant, Thomas Jefferson and the Development of American Public Education, Berkeley, 1962:

Lawrence A. Cremin, American Education: The Colonial Experience, 1607-1783, New York, 1970; ders., American Education: The National Experience, New York, 1982;

Joseph F. Kett, „Education", in: Merrill D. Peterson (Hrsg), Thomas Jefferson: A Reference Biography, New York, 1986, S. 233-251;

Harold Hellenbrand, The Unfinished Revolution: Education and Politics in the Thought of Thomas Jefferson, Newark, 1990.

Robert M. O'Neil

Thomas Jefferson und das Verhältnis von Kirche und Staat

War Thomas Jeffersons Einstellung zur Pressefreiheit von verwirrender Widersprüchlichkeit, so vertrat er hinsichtlich der Religionsfreiheit stets einen klaren Standpunkt. Auf diesem Gebiet übertraf er die anderen Gründerväter durch seine kompromißlose Haltung. Kritiker und Bewunderer des Virginiers stimmen darin überein, daß das freiheitliche Denken Jeffersons nirgendwo deutlicher in Erscheinung getreten ist. Selbst Leonard Levy, der eine „dunklere Seite" in Jeffersons Denken und Handeln sieht, räumt ein, daß dessen Eintreten für das Ideal der Religionsfreiheit „wirklich ganz außergewöhnlich war", weil der Virginier dabei unverrückbar an „freiheitlichen Grundüberzeugungen" festhielt. Jefferson trat stets für die freie Glaubensausübung ein; die Trennung von Kirche und Staat befürwortete er in schriftlichen Äußerungen aus der Zeit nach 1820 ebenso nachdrücklich wie in Dokumenten seiner früheren Jahre.

In praktischer Hinsicht waren seine Grundüberzeugungen zum Verhältnis von Kirche und Staat ebenso bestimmend wie im Hinblick auf die Theorie. Jefferson verwarf beispielsweise die Praxis seiner beiden Amtsvorgänger und weigerte sich nicht nur, Proklamationen für nationale Gebetstage zu erlassen; er lehnte sogar ein präsidentielles „Kanzelwort" aus Anlaß des jährlich zu begehenden „Thanksgiving"-Festes ab. Er bestand darauf, daß der Präsident lediglich in weltlichen Dingen Entscheidungsbefugnisse habe, was seiner Meinung nach jede Erklärung zu religiösen Angelegenheiten ausschloß. Kein Präsident vor oder nach Jefferson hat einen derart rigorosen Standpunkt vertreten. In praktischer wie auch in theoretischer Hinsicht war Jefferson stets der Auffassung, daß die Regierung als ausschließlich weltliche Einrichtung zu gelten habe, und daß Kirche und Staat auf Gebieten tätig seien, zwischen denen, wie er einmal sagte, eine „Trennmauer" verlief.

Jefferson hatte von seinen Leistungen auf dem Gebiet der Religionsfreiheit eine hohe Meinung. Als er sein Ende herannahen sah, wollte er nichts dem Zufall oder dem Urteil anderer überlassen und verfaßte seine eigene Grabinschrift. Nur drei von den vielen Beiträgen, die er auf nationaler Ebene geleistet hatte, sollten dazu dienen, ihn in Erinnerung zu bewahren - Jefferson als Verfasser der Unabhängigkeitserklärung, als Gründer der „University of Virginia" und als Verfasser des Gesetzes über die Religionsfreiheit in Virginia. Die ersten beiden Beiträge haben weithin Zustimmung gefunden. Doch in vieler Hinsicht ist das von ihm geprägte Gesetz über die Religionsfreiheit, auch wenn es vielleicht nicht so stark in Erscheinung getreten ist wie die beiden anderen Errungenschaften, das wichtigste Element in Jeffersons Vermächtnis. Diesem Gesetz möchte ich mich im folgenden zuwenden. Dabei sollen zuerst die Umstände in Erinnerung gerufen werden, die zu seiner Entstehung führten, dann seine Bestimmungen untersucht und zuletzt seine bis in die Gegenwart reichenden Auswirkungen aufgezeigt werden.

Blicken wir zuerst auf die Kolonialzeit zurück. Während einige der ursprünglichen Kolonien auf einer säkularen Basis gegründet wurden und von Anfang an für religiöse Toleranz und vollkommene Freiheit der Religionsausübung sorgten, gab es in anderen eine Staatskirche nach dem Muster der europäischen Nationen, aus denen die betreffenden Siedler stammten. Es gab die unterschiedlichsten Lösungen - manche Staaten erlaubten eine multikonfessionelle Religionsausübung, in Virginia beispielsweise war aber die anglikanische Kirche Staatskirche. Neu gegründete Sekten erhielten in Virginia und anderswo keine öffentlichen Mittel; diese flossen nur den „offiziellen" Kirchen zu. Anhänger anderer Glaubensrichtungen wurden vielfach benachteiligt, was etwa die zahlenmäßig immer stärker werdenden Baptistengemeinden in Virginia schon um die Mitte des 18. Jahrhunderts feststellen mußten. Darüber hinaus gab es überall Gesetze gegen Blasphemie und Sakrilegien; für bestimmte Ämter war die Ablegung eines religiösen Eides erforderlich; und überdies behinderten auch noch eine Reihe anderer Einschränkungen die Religionsfreiheit, so daß diese oft nur in der Theorie existierte, aber nicht in der Praxis.

James Madison und Thomas Jefferson betrachteten die Zustände in Virginia und deren Auswirkungen mit wachsender Besorgnis. Jeffersons Verfassungsentwurf aus dem Jahr 1776 enthielt folgende Verheißung: „Alle Menschen sollen in der Religionsausübung völlig frei sein. Niemand soll gezwungen werden, irgendeine religiöse Einrichtung zu besuchen oder zu unterstützen." Da sein Entwurf zu spät eingebracht wurde, verabschiedete die Verfassunggebende Versammlung statt dessen Madisons Version, doch ohne die Klausel des Originals, die der anglikanischen Staatskirche ein Ende gesetzt hätte. Im folgenden Jahr schrieb Jefferson einen ersten Entwurf für ein „Gesetz zur Errichtung der Religionsfreiheit" als Teil des Bemühens um eine weiterreichende Revision der Gesetze des neuen Staates.

Im Jahr 1779 spitzte sich die Angelegenheit zu, als Patrick Henry den Vorschlag machte, die staatliche Anerkennung auf andere Kirchen auszudehnen und die betreffenden Steuermittel unter allen christlichen Glaubensrichtungen zu verteilen. Für manche Virginier stellte diese Maßnahme einen willkommenen Kompromiß dar, weil dadurch keine Kirche die ausschließliche Anerkennung für sich in Anspruch nehmen konnte. Madison und Jefferson waren jedoch der Meinung, daß eine Ausdehnung der staatlichen Anerkennung nicht hilfreich wäre, ja daß sie in mancher Hinsicht die kritische Situation im Lande noch verschlimmern würde. Beide hatten bereits auf die Gefahren einer Staatskirche hingewiesen und eindringlich davor gewarnt, auf Andersgläubige Druck auszuüben. Doch der Streit hielt noch einige Jahre lang an. Weder Patrick Henrys noch Jeffersons Vorschlag fand in der Legislative eine Mehrheit, und so wurde die Beschlußfassung verschoben.

Erst Mitte der achtziger Jahre, als Jefferson schon nach Paris gereist war, ergab sich wieder eine Gelegenheit für eine diesbezügliche Gesetzesinitiative. Madison brachte sie auf den Weg, und im Januar 1786 verabschiedete das Parlament von Virginia das Gesetz zur Errichtung der Religionsfreiheit und setzte damit für das Verhältnis von Kirche und Staat nicht nur für Virginia, sondern für die gesamte Nation eine völlig neue Entwicklung in Gang; es trug die Handschrift Jeffersons.[1] Die Anerkennung dieses bedeutsamen geschichtlichen Ereignisses hat lange auf sich warten lassen. Erst seit dem Jahr 1992 ist das Datum der Verabschiedung des Gesetzes zur Einrichtung der Religionsfreiheit in Virginia vom Kongreß und zwei aufeinanderfolgenden Präsidenten zum nationalen „Religious Freedom Day" erhoben worden, hat damit endlich auch der dritte bedeutende Beitrag Thomas Jeffersons zur Geschichte seines Landes, von ihm selbst auf dem Grabstein vermerkt, die ihm gebührende Beachtung gefunden.

Dem Gesetz zur Einrichtung der Religionsfreiheit in Virginia liegen zwei verwandte, aber doch ganz eigenständige Prinzipien zugrunde. Das eine ist die Überzeugung, daß der religiöse Glaube (oder Unglaube) den Staat nichts angeht - daß die Bürger weder zum Gottesdienst gezwungen noch an der Ausübung ihres Glaubens gehindert werden dürfen (oder, in der eloquenteren Formulierung des Gesetzes, „daß die Überzeugungen der Menschen nicht Gegenstand der Staatsgewalt sein, noch deren Machtbefugnissen unterworfen sein sollen"). Diese Feststellung bildet die Grundlage für die entsprechende Klausel in unserer „Bill of Rights", die heutzutage die freie Religionsausübung garantiert.

Thomas Jefferson und Mitstreitern wie James Madison genügte es nicht, daß jeder seine Religion frei wählen und ohne staatliche Einmischung ausüben konnte. Sie kannten die etablierte Kirche gut genug, um dafür Sorge zu tragen, daß die Glaubensfreiheit noch eine weitere Absicherung erhielt. Das Gesetz enthält deshalb eine weitere Garantie: „...daß kein Mensch gezwungen werden soll, irgendeinen religiösen Ritus zu fördern..." Auf dieser Grundlage ist die Klausel unseres „First Amendment" entstanden, die es verbietet, ein Gesetz zu verabschieden, das die freie Religionsausübung beeinträchtigen würde. Jefferson und Madison kam es nicht nur darauf an, Baptisten, Presbyterianer, Katholiken und Juden (wie auch Glaubenslose) vor staatlichen Geboten zu schützen, für anderer Leute Kirchen Beiträge zu zahlen; sie hielten es für genauso wichtig, dafür zu sorgen, daß diejenigen, die der dominanten Glaubensrichtung angehörten, frei entscheiden konnten, ob, wann und in welchem Umfang sie ihre Kirche unterstützen wollten. Auch dies gehörte zur Religionsfreiheit; Jefferson nannte diesen Aspekt später in einem Brief „die Trennmauer zwischen Kirche und Staat".

Das virginische Gesetz enthielt ein drittes Element, nämlich eine Versicherung, daß die Freiheiten, die es proklamierte, nicht bloß die augenblickliche Meinung der gerade tagenden gesetzgebenden Körperschaft darstellten, sondern daß vielmehr „ein hiernach verabschiedetes Gesetz, welches das gegenwärtige außer Kraft setzt oder Rechte einschränkt, welche hiermit als zu den natürlichen Rechten der Menschheit gehörend bekräftigt werden, eine Verletzung natürlicher Rechte darstellen wird."

Die Berufung auf das Naturrecht zeigt den Einfluß von John Locke, den Jefferson gelesen hatte und sehr schätzte. Das Gesetz ging jedoch in zweierlei Hinsicht über Locke hinaus. Zum einen bestand Jefferson im Gegensatz zu Lockes Eintreten für die „mainstream"-Gläubigen auf einer Tolerierung aller Glaubensrichtungen wie auch der Nichtgläubigen. Zum anderen stellte das Gesetz einen Zusammenhang zwischen der Gedanken- und Gewissensfreiheit und der Trennung von Kirche und Staat her. Es wäre also zutreffender, davon zu sprechen, daß Jefferson auf Locke aufbaute, indem er dessen Lehren in Gesetzesinitiativen anwandte, die auf die im späten 18. Jahrhundert in Virginia anzutreffenden Gegebenheiten abzielten. Diese praktische Zweckdienlichkeit nimmt dem Gesetz nichts von der Prinzipientreue, auf der es beruht, und sie schmälert auch nicht die Bedeutung von Lockes Einfluß. Vom Naturrecht abgesehen, hatte Jeffersons Standpunkt in Sachen Religionsfreiheit eine ganz praktische Prämisse: Er glaubte, daß die Tolerierung verschiedener Meinungen und Glaubensrichtungen für die Ordnung und Stabilität des Gemeinwesens ebenso wichtig sei wie für die politische Freiheit.

Es dauerte nicht lange, bis das virginische Gesetz zur Einrichtung der Religionsfreiheit nationale Bedeutung gewann und konstitutionelle Maßstäbe setzte. Jefferson, der sich noch in Paris aufhielt, klagte in einem Brief an Madison darüber, daß die neue Bundesverfassung keine expliziten Garantien von Grundrechten enthielt. Wie nicht anders zu erwarten, nannte Jefferson in seiner Aufzählung der zu schützenden Freiheitsrechte die Religionsfreiheit an erster Stelle. Als zwei Jahre später, 1791, die Verfassung um eine „Bill of Rights" ergänzt wurde, gewährte das „First Amendment", der erste Verfassungszusatz, künftig allen Amerikanern die Religionsfreiheit, freilich auf eine allgemeinere Weise, als es das Gesetz für Virginia getan hatte. Doch ist die gleiche Absicht ebenso zu erkennen wie die Vorbildfunktion des Jeffersonschen Gesetzes.

Die eindeutigste Bestätigung dieser Verbindung lieferte Jefferson selbst mit seiner Interpretation des „First Amendment". In der Anfangsperiode seiner Präsidentschaft wurde er von einer Gruppe Baptisten aus Danbury in Connecticut gebeten, seine Ansichten über das Verhältnis von Kirche und Staat darzulegen. Jeffersons Antwort enthält eine präzise Definition der Prinzipien, die im „First Amendment" ihren Niederschlag fanden und die von nun an das nationale Bekenntnis zur religiösen Freiheit bestimmten:

„Da ich mit Ihnen der Meinung bin, daß die Religion eine Angelegenheit ist, die allein den einzelnen Menschen und seinen Gott betrifft, daß der Mensch niemandem sonst Rechenschaft schuldet für seinen Glauben und seinen Ritus, daß die legislativen Befugnisse des Staates sich lediglich auf Handlungen erstrecken sollen und nicht auf Meinungen, betrachte ich mit höchster Ehrfurcht jene Erklärung des ganzen amerikanischen Volkes, derzufolge 'der Kongreß kein Gesetz erlassen darf, das die Einführung einer Staatsreligion zum Gegenstand hat oder die freie Religionsausübung verbietet'. Dadurch wird eine Trennmauer zwischen Kirche und Staat errichtet. Indem ich mich zu diesem Ausdruck des höchsten Willens der Nation zugunsten der Gewissensfreiheit bekenne, werde ich mit tiefer Befriedigung die Fortentwicklung jener Bestrebungen verfolgen, welche dazu angetan sind, den Menschen wieder in all seine natürlichen Rechte einzusetzen, wobei ich überzeugt bin, daß er kein natürliches Recht hat, das im Gegensatz zu seinen gesellschaftlichen Pflichten steht." [2]

Wenn man mich fragte, was an unserem System religiöser Freiheit einzigartig ist, würde ich zwei Aspekte hervorheben. Der eine Aspekt ist ganz einfach seine Langlebigkeit. Das „First Amendment" ist unter den auf der ganzen Welt existierenden Verfassungsartikeln über die freie Meinungsäußerung und die Religionsfreiheit mit Abstand der älteste. Trotz hartnäckiger Bemühungen, diesen Garantien (zumeist einschränkende) Zusätze hinzuzufügen - etwa in den öffentlichen Schulen Andachten zu gestatten oder das Verbrennen der Flagge als ungesetzlich zu erklären -, hat sich der ursprüngliche Verfassungszusatz im Wortlaut erhalten, ist er auch von den technologischen und sonstigen Veränderungen der letzten Jahrzehnte nicht überrollt worden.

Der zweite Aspekt, den ich hervorheben möchte, betrifft das Inhaltliche. Unser Grundrechtskatalog ist praktisch der einzige, der einerseits die Religionsfreiheit schützt und andererseits dem Staat untersagt, kirchliche Einrichtungen mit Steuermitteln zu fördern. Bis vor kurzem standen die USA in dieser Hinsicht fast allein da, doch inzwischen sind einige Länder diesem Beispiel gefolgt. Australien etwa hat beide Aspekte religiöser Freiheit formell anerkannt, obwohl der dortige Oberste Gerichtshof das Verhältnis von Kirche und Staat ganz anders betrachtet als der amerikanische.

Die neue russische Verfassung enthält überraschenderweise zwei Klauseln über die Religionsfreiheit, die eine auffallende Ähnlichkeit mit unseren zeigen. Angesichts der instabilen Situation in Rußland läßt sich jedoch nicht vorhersagen, ob diese Verfassung Bestand haben wird, geschweige denn, ob sie auf eine Weise ausgelegt werden wird, die wir anerkennen und billigen würden. Die Zahl vergleichbarer Verfassungstexte ist aber immer noch relativ klein. Man kann mit Fug und Recht sagen, daß Amerika nicht nur die älteste, sondern auch die umfassendste Charta der Religionsfreiheit der ganzen Welt hat. Diese Errungenschaft geht direkt auf Thomas Jefferson und die beiden Grundprinzipien seines Gesetzes zur Errichtung der Religionsfreiheit in Virginia aus dem Jahr 1786 zurück.

Während der ursprüngliche Text des „First Amendment" sich bis zum heutigen Tage erhalten hat, gilt dies gewiß nicht für seine Interpretation. Tatsache ist, daß

Jeffersons Prinzipien hinsichtlich der Religionsfreiheit in den Vereinigten Staaten erst vor kurzem auf eine sehr harte Probe gestellt wurden. Ich möchte diesen Vorgang schildern, darf jedoch gleich zu Beginn darauf hinweisen, daß er ein glückliches Ende nahm; um ihn besser zu verstehen, soll zuerst noch die praktische Umsetzung der Jeffersonschen Grundsätze beleuchtet werden.

Das „First Amendment" traf zwar klare Festlegungen, doch in Wirklichkeit änderten sich die Zustände im kirchlichen Bereich erst ganz allmählich. Die letzte „offizielle" Kirche bestand bis zum Jahr 1833 weiter - also noch sieben Jahre über Jeffersons Tod hinaus und ein halbes Jahrhundert nach Inkrafttreten der neuen Verfassung. Viele staatliche Praktiken, die man sehr wohl als verfassungswidrig im Sinne des „First Amendment" hätte einstufen können, sind einfach keiner gerichtlichen Überprüfung unterzogen worden. In den seltenen Fällen, in denen es dazu kam, ergaben sich keine gewichtigen Präzedenzfälle. Tatsächlich befaßte sich der Oberste Gerichtshof erst im Jahr 1947 mit einem derartigen Fall; dabei waren die Richter hinsichtlich der Verfassungsmäßigkeit eines einzelstaatlichen Programms gegensätzlicher Meinung, welches den Eltern die Kosten für den Transport ihrer Kinder zu kirchlichen Privatschulen erstattete. Da es sich um den ersten Fall dieser Art handelte, beriefen sich beide Lager im „Supreme Court" auf das Jeffersonsche Erbe; sowohl die Vertreter der Mehrheitsmeinung wie auch die der Minderheitsmeinung bestanden darauf, daß der Verfasser des Gesetzes über die Religionsfreiheit in Virginia ihren Standpunkt geteilt hätte, wenn er um die Existenz von Schulbussen gewußt hätte.

Auch heutzutage ist keineswegs klar, was mit der Formulierung des „First Amendment" konkret gemeint ist. Verfassungsrechtler debattieren zum Beispiel eifrig darüber, ob es Schülern öffentlicher Bildungseinrichtungen gestattet werden soll, auf freiwilliger Basis Andachten abzuhalten, ob mit Steuermitteln geförderte „Gutscheine" auch für kirchliche Privatschulen verwendet werden dürfen, und ob Einzelstaaten spezielle Schulbezirke einrichten dürfen, die auf die Bedürfnisse einer bestimmten Sekte zugeschnitten sind. Einige der aktuellen Streitpunkte sind so verzwickt, daß in den beiden Schulfällen, die 1993 vor dem Obersten Gerichtshof verhandelt wurden, zwei sonst als Verbündete auftretende Gruppierungen, näm-lich das „American Jewish Committee" und der „American Jewish Congress", einander entgegengesetzte Anträge stellten. Und die meisten Urteile zu dieser umstrittenen Materie sind von denkbar knappen Mehrheiten gefällt worden.

Eine andere Regelung unseres „First Amendment", die Klausel über die freie Religionsausübung, wurde vor kurzem überprüft. Überraschenderweise hat es bis vor wenigen Jahren kaum einmal gerichtliche Auseinandersetzungen über die freie Religionsausübung gegeben. Gegen Ende der siebziger Jahre des 19. Jahrhunderts erklärte der Oberste Gerichtshof ein Bundesgesetz für gültig, das Polygamie verbot. Es gab einige weitere Urteile, die Vorkehrungen der Gesundheitsfürsorge (zum

148

Beispiel Pockenschutzimpfungen) und Gesetze gegen Kinderarbeit, die mit religiösen Lehren nicht übereinstimmten, für gültig erklärten.

Im Jahr 1960 billigte der Oberste Gerichtshof Gesetze, denen zufolge die meisten Geschäfte an Sonntagen schließen mußten; diese Entscheidung erging trotz des unbestreitbar religiösen Kontexts dieser Gesetze und trotz der Schwierigkeiten, die sich daraus für orthodoxe Juden und Adventisten ergaben. In jedem dieser Fälle wies der Gerichtshof darauf hin, daß es bei dem Konflikt nicht um die Religion, sondern um die Praxis gehe - nicht um den Glauben, sondern um das Verhalten. Und was Verhaltensvorschriften anbetraf, gab es genügend Präzedenzfälle, um sich über gegenläufige individuelle Gewissensentscheidungen hinwegsetzen zu können.

Im Jahr 1963 kam der Oberste Gerichtshof in der Frage der freien Religionsausübung zu einer völlig anderen Betrachtungsweise. Die Richter waren der Meinung, daß Einzelstaaten arbeitslose Adventisten nicht dazu zwingen könnten, sich zu entscheiden, ob sie ihren Sabbath feiern oder unterstützungsberechtigt bleiben wollten, wenn die Samstagsarbeit für sie aus religiösen Gründen unannehmbar sei. In nachfolgenden Entscheidungen gingen die Richter noch weiter und wandten dieses Prinzip auf eine Person an, die erst nach der Einstellung zum Adventismus konvertiert war, dann auf einen Mann, der keine formelle Religionszugehörigkeit hatte, aber der Meinung war, daß man von ihm „als Christ" nicht verlangen könne, gegen sein Gewissen zu handeln und am „Tag des Herrn" zu arbeiten.

Später erklärte der Oberste Gerichtshof unter Bezugnahme auf die freie Religionsausübung einzelstaatliche Gesetze für ungültig, die Kinder der Amish zwangen, die Schule über die achte Klasse hinaus zu besuchen, obwohl die Ausbildung der Tradition und der Praxis der Amish zufolge in diesem Alter beendet wurde. Mitte der achtziger Jahre hatte es den Anschein, daß die Religionsfreiheit gesichert sei. Der Staat mußte einen „zwingenden Grund" nachweisen, bevor er eine Betätigung oder eine Praxis einschränken konnte, die mit religiösen Prinzipien oder Glaubensinhalten zusammenhing. Die Gesetze über den Ladenschluß an Sonntagen wurden zwar nie aufgehoben, doch sah es ganz so aus, als wären sie eines natürlichen Todes gestorben und warteten nur noch auf eine anständige Beerdigung.

Kurz bevor die Religionsfreiheit in den Vereinigten Staaten rundum anerkannt war, geschah aber etwas Seltsames. Im Jahr 1988 befaßte sich der Oberste Gerichtshof mit einem Fall, den untere Instanzen unterschiedlich behandelt und beschieden hatten. Es ging um staatliche Maßnahmen, die Kulthandlungen von Indianern auf heiligen Stätten beeinträchtigten. Eine Forstverwaltung plante, für die Holzabfuhr eine Straße in ein Gebiet zu bauen, das über Generationen hinweg eine indianische Kultstätte gewesen war. Die unteren Bundesgerichte hatten sich auf die Seite der Indianer gestellt, die damit ihre diesbezüglichen Interessen in einem sich über ein Jahrzehnt hinziehenden Rechtsstreit erstmals hatten durchsetzen können. Von einem Berufungsgericht wurden der Forstverwaltung sogar die

Kosten für den Bau einer Umgehungsstrecke auferlegt, mit der eine Entweihung der Kultstätte vermieden werden sollte.

Die Mehrheit der Richter am Obersten Gerichtshof wies die Klage der Indianer ohne viel Federlesens ab und nahm diesen Fall zum Anlaß, Einschränkungen hinsichtlich des „zwingenden Grundes" vorzunehmen, den das Gericht noch kurz zuvor bei den Amish und den Adventisten ins Feld geführt hatte. Die Mehrheit der Richter war nun der Meinung, die Klausel über die freie Religionsausübung könne „nicht dahingehend ausgelegt werden, daß der Staat seine internen Angelegenheiten so regeln muß, daß diese mit den religiösen Anschauungen bestimmter Bürger in Einklang stehen." Manche Formulierungen in diesem Urteil lassen darauf schließen, daß die Richter (die alle den großen christlichen Religionsgemeinschaften angehörten) kaum eine Vorstellung von den religiösen Praktiken der Indianer hatten. Es ist aber durchaus möglich, daß der Oberste Gerichtshof zum selben Schluß gekommen wäre, auch wenn er eine genauere Vorstellung von den fraglichen Kulthandlungen gehabt hätte. Der Tenor der Mehrheitsmeinung paßt jedoch schlecht zu einem Gericht, das sich in anderen Fällen so sehr für die freie Religionsausübung eingesetzt hatte.

Eine noch stärkere Einschränkung der freien Religionsausübung sollte bald darauf folgen. Der Bundesstaat Oregon hatte zwei Rehabilitationsberatern (namens Smith und Black) die Arbeitslosenunterstützung verweigert, nachdem sie wegen Einnahme der pflanzlichen Droge Peyote entlassen worden waren, welche bei der „Native American Church", der die beiden angehörten, ein Bestandteil des Kultes ist. Als Smith und Black die Zahlungen einklagten, stützte sich das Gericht in Oregon auf vermeintliche Präzedenzfälle des Obersten Gerichtshofs und erklärte das einzelstaatliche Gesetz, auf dessen Grundlage die Unterstützungszahlungen abgelehnt worden waren, für ungültig.

Der Staat Oregon legte Berufung ein und fand beim Obersten Gerichtshof überraschend viel Verständnis. Die Mehrheit der Richter war der Meinung, daß die Klausel über die freie Religionsausübung auf diesen Fall nicht anwendbar sei; die Entscheidungen, die das Gericht in Oregon herangezogen habe, hätten nur für besonders gelagerte Fälle Gültigkeit; sie hinderten den Staat nicht daran, solche Praktiken strafrechtlich zu ahnden, solange der Staat damit nicht diskriminierend gegen einen Ritus oder eine religiöse Praxis vorgehe. Im vorliegenden Fall sei dies nicht geschehen; vermutlich werde jeder, der Peyote einnehme, als Straftäter angesehen. Es sei auch nicht von Belang, daß die Einnahme von Peyote einen „zentralen Bestandteil" der Kulthandlungen der „Native American Church" bilde; falls die „Zentralität" jemals ein wesentlicher Bestandteil der freien Religionsausübung gewesen sein sollte, sei dies nicht mehr der Fall.

Obwohl sich das Gericht mit einer ungewöhnlichen religiösen Praxis befassen mußte, gaben sich die Richter zumindest den Anschein der Unvoreingenommenheit.

Die Richtermehrheit ließ sogar durchblicken, wenn ein Einzelstaat den Genuß von Wein generell verbiete, sei es denkbar, daß dieser Verstöße von Priestern und Gottesdienstbesuchern beim Abendmahl strafrechtlich ahnde.

Diesmal war das Gericht wohl zu weit gegangen. Die Richter hatten in ihrem Urteil zwar keinerlei Bezug auf Katholiken, Episkopale, Baptisten oder Juden genommen, doch waren Mitglieder dieser Religionsgemeinschaften durch die Entscheidung alarmiert. Sie betrachteten diese als schlimmes Anzeichen staatlicher Einmischung in Angelegenheiten des Glaubens und der Glaubensausübung. Derartige Befürchtungen waren keineswegs unbegründet. In den Monaten nach der Gerichtsentscheidung gab es mancherlei Anzeichen, daß die freie Religionsausübung auf Gebieten gefährdet war, auf denen ihr viele Jahre lang keine Gefahr gedroht hatte - durch örtliche Bebauungspläne, die religiöse Bereiche tangierten, sowie durch neue, potentiell nachteilige Steuern (darunter eine, die auch eine Besteuerung der Kollekte vorsah); außerdem gab es eine Reihe anderer Eingriffe, die nun statthaft erschienen, solange sie nicht speziell auf eine bestimmte Religionsgemeinschaft abzielten.

Im Herbst des Jahres 1990 bildete sich eine noch nie dagewesene Koalition, ein Bündnis unterschiedlichster religiöser Gruppierungen, welches das alleinige Ziel hatte, das Peyote-Urteil zu Fall zu bringen und den „zwingenden Grund" bei Gerichtsverfahren in Sachen Religionsfreiheit wieder als Leitlinie einzuführen. Ich kann mich nicht erinnern, daß liberale Juden und Unitarier, konservative Baptisten und sogar Fundamentalisten jemals aus irgend einem Anlaß gemeinsame Sache gemacht hätten, schon gar nicht bei einer Frage, die für Glaubensfragen und Religionsausübung von so zentraler Bedeutung ist.

Doch sie machten gemeinsame Sache, und zwar mit großem Erfolg. Im Herbst des Jahres 1993 erließ der Kongreß fast ohne Gegenstimmen den „Religious Freedom Restoration Act". Zweck dieses Gesetzes ist es, den „zwingenden Grund", den der Oberste Gerichtshof früher selbst erwiesen sehen wollte, wieder in das Judizieren einzuführen. Ich kenne keinen anderen Fall, in dem der Kongreß per Gesetz eine Interpretation der „Bill of Rights" durch den Obersten Gerichtshof aufhob, statt den mühevollen Prozeß einer Verfassungsänderung hinter sich zu bringen. Schon dies beweist, wie besorgt der Kongreß über die Problematik war und wie sehr es den Abgeordneten darauf ankam, den historisch fundierten Prinzipien der freien Religionsausübung wieder Gültigkeit zu verschaffen.

Was im Laufe des Jahres 1993 geschah, hätte bei Thomas Jefferson zwiespältige Gefühle ausgelöst. Es kann keinen Zweifel daran geben, daß er sich über das Ergebnis gefreut hätte, das der Kongreß mit dem „Restoration Act" erzielte. Er hätte jedoch die Art und Weise, wie dieses Ergebnis erzielt wurde, nicht gebilligt - daß der komplizierte Prozeß der Verfassungsänderung völlig vermieden wurde, bei dem den Einzelstaaten mit Bedacht eine wichtige Rolle eingeräumt wird.

Und damit kommen wir wieder zum Ausgangspunkt zurück. In gewisser Weise haben wir Thomas Jefferson und das Gesetz über die Religionsfreiheit in Virginia, in dem seine Auffassungen zum Verhältnis von Staat und Kirche oder zur Freiheit religiöser Betätigung ihren Niederschlag fanden, jetzt wieder neu entdeckt. Als Geist, der keiner Religionsgemeinschaft angehörte, definierte er die Religionsfreiheit nicht als etwas, das nur den Mitgliedern der großen Glaubensgemeinschaften zukam. Seiner Meinung nach galt die Gewissensfreiheit für ungewöhnliche oder mit Argwohn betrachtete Sekten genauso wie für die etablierten Kirchen, für den Nichtgläubigen genauso wie für den Strenggläubigen. Es wäre ihm nicht eingefallen, den Schutz der Religionsfreiheit davon abhängig zu machen, wieviele Mitglieder oder wieviel Einfluß eine Glaubensgemeinschaft hatte, von theologischen Überlegungen ganz zu schweigen. Was unlängst in den Vereinigten Staaten in Sachen Religionsfreiheit geschehen ist, beinhaltet nicht nur die Wiedereinführung des „zwingenden Grundes" in das Judizieren, es bedeutet vielmehr eine Wiedereinführung Jeffersonscher Grundprinzipien in einer Zeit, in der die Nation ihrer dringend bedarf.

Anmerkungen

1. Das „Gesetz zur Einrichtung der Religionsfreiheit" ist im Quellenteil des Beitrags von Eugene Sheridan über „Freiheit und Tugend. Religion und Republikanismus bei Thomas Jefferson" abgedruckt und deshalb hier und im folgenden nicht einzeln zitiert (d. Hrsg.).

2. Thomas Jefferson an Nehemiah Dodge and others, a Committee of the Danbury Baptist Association, in the State of Connecticut (1. Januar 1802), zit. nach David N. Mayer, The Constitutional Thought of Thomas Jefferson, Charlottesville 1994, S. 164. Der Gesamttext findet sich im Quellenteil des Beitrags von Eugene Sheridan, s. Anm. 1.

Ausgewählte Literatur zum Thema

"Thomas Jefferson und das Verhältnis von Kirche und Staat"

Levy, Leonard W., Jefferson and Civil Liberties. The Darker Side, Cambridge, 1963 (pb. ed. 1989), S. 3-15;

Mayer, David N., The Constitutional Thought of Thomas Jefferson, Charlottesville, 1994, S. 158-166;

Miller, William Lee, The First Liberty. Religion and the American Republic, New York, 1986;

Sheldon, Garrett W., The Political Philosophy of Thomas Jefferson, Baltimore, 1991, S. 103-111.

Eugene R. Sheridan

Freiheit und Tugend. Religion und Republikanismus im Denken Thomas Jeffersons

Thomas Jeffersons persönliche religiöse Ansichten und seine Bemühungen um die Errichtung einer dauerhaften republikanischen Ordnung in Amerika sind im allgemeinen getrennt voneinander untersucht worden. Dieser Beitrag befaßt sich mit einigen wichtigen Schnittpunkten zwischen Jeffersons rationalistischen religiösen Ansichten und seinem Republikanismus, ohne daß damit versucht werden soll, die fundamentale Diesseitigkeit von Jeffersons republikanischer Vision abzuwerten. Jefferson war der Ansicht, daß der Schutz der Freiheit und die Förderung der Tugend zwei der wichtigsten Voraussetzungen seien, um die Stabilität einer republikanischen Herrschaftsform in Amerika sicherzustellen. An zwei wichtigen Stationen in Jeffersons Laufbahn kam es zwischen seinen religiösen Ansichten und seiner republikanischen Ideologie zu Überschneidungen, die seine Haltung gegenüber Freiheit und Tugend stark beeinflußten. Dabei handelte es sich jeweils um Stationen, die für die Entwicklung seiner religiösen Ansichten von entscheidender Bedeutung waren. Im ersten Fall ging es um seine Bestrebungen, in Virginia Religionsfreiheit und die Trennung von Kirche und Staat zu erreichen; im zweiten um seine Bemühungen, gegenüber dem in den Vereinigten Staaten sich immer stärker ausbreitenden liberalen Individualismus republikanische Tugend aufrechtzuerhalten.

Das zentrale Thema bei der Herausbildung von Jeffersons religiösen Ansichten war der Konflikt zwischen dem Geist der kritischen Analyse und den Doktrinen des traditionellen Christentums; Peter Gay und andere Historiker haben diesen Konflikt als eines der wichtigen Merkmale der Aufklärung bezeichnet. Er führte - zumindest bei maßgeblichen Teilen der gebildeten Elite in Europa und den Vereinigten Staaten - zu einer Abkehr von einer vorwiegend theologischen und einer Hinwendung zu einer grundsätzlich säkularen Weltanschauung. Viele Parteigänger der Aufklärung, die es für vordringlicher hielten, das Los der Menschheit in dieser Welt zu verbessern, als Seelen auf die Erlösung im Jenseits vorzubereiten, vertraten den Standpunkt, daß die Religion nur insoweit Gültigkeit habe, als sie mit menschlicher Vernunft im Einklang stehe und gesellschaftlich von Nutzen sei. Jefferson stand mit dem kritischen Geist der Aufklärung so sehr im Einklang, daß er bis zu einem gewissen Punkt eine fast perfekte Personifizierung von Peter Gays packender Darstellung des neuzeitlichen Philosophen verkörpert, dessen intellektuelle Entwicklung als dialektisches Fortschreiten von der Ablehnung des Christentums zu einer Hinwendung zum Klassizismus und weiter zum Modernismus verstanden werden kann.[1]

Die Forderung der Aufklärung nach einer rationalen Durchdringung und Entmystifizierung der Religion fand ihren Niederschlag in Jeffersons früher Abkehr von seinem überkommenen anglikanischen Glauben und der Hinwendung zur Naturreligion und klassischen Ethik. Da Jefferson schon sehr früh wegen der Schwierigkeit, in der Gottheit „die Vorstellungen von der Einheit und Dreieinigkeit in Übereinstimmung zu bringen",[2] nicht in der Lage gewesen war, die christliche Kerndoktrin der Dreieinigkeit zu akzeptieren, unterzog er in den Jahren um 1765 als junger Mann den gesamten christlichen Glauben einer rationalen Analyse und kam zu dem Schluß, daß dessen Hauptdoktrinen der menschlichen Vernunft entgegenstünden und daher für ihn nicht akzeptabel seien. Unter dem Einfluß der philosophischen Schriften von Lord Bolingbroke, des politischen Vordenkers der Tories und Verfechters des Deismus, machte sich Jefferson die Kritik des Deismus am Christentum zu eigen und bekannte sich zu spezifisch deistischen Anschauungen über die Rolle der menschlichen Vernunft in religiösen Angelegenheiten, über das Gute im Menschen, über die Güte Gottes und über die Fragwürdigkeit von religiösen Mysterien. Im Einklang mit diesen Anschauungen verwarf er die christliche Theologie, weil ihm deren fundamentale Doktrinen als Geheimnisse erschienen, welche durch die menschliche Vernunft nicht voll erfaßt werden konnten; er kam zu dem Schluß, daß die christliche Moral weniger rational sei als die klassische Ethik, und er bezweifelte die gesellschaftliche Nützlichkeit der christlichen Orthodoxie. Denn wenn er die Geschichte des Christentums betrachtete, sah er, wie er später in den "Betrachtungen über den Staat Virginia" schrieb, nicht die glorreiche Ausbreitung des Königreichs Gottes auf Erden, sondern eine düstere Chronik fehlgeleiteter Bemühungen, eine einheitliche Doktrin durchzusetzen, was die Gedankenfreiheit unterdrückt und zu ausgedehnten Verfolgungen geführt hatte, ohne daß damit jemals eine spirituelle Einheitlichkeit erreicht worden wäre.[3]

Wie viele andere Anhänger der Aufklärung wandte sich Jefferson der Naturreligion zu, nachdem er seinen ererbten christlichen Glauben aufgegeben und es abgelehnt hatte, übernatürliche Offenbarungen und kirchliche Autorität als Quell religiöser Wahrheit zu betrachten. Jefferson war überzeugt, daß die menschliche Vernunft der einzige verläßliche Vermittler religiöser Wahrheit sei; er war stark beeinflußt von dem alten theologischen Gottesbeweis, welcher aus der geordneten Struktur des Kosmos die Existenz Gottes herleitet, und er glaubte deshalb fest an ein Höchstes Wesen, welches ein rein materielles Universum geschaffen hatte und mit mathematisch genauen Naturgesetzen in Gang hielt und welches wie das Universum selbst ebenfalls materiell existierte als ein gerechter und gütiger Gott, der sich allen Menschen zu allen Zeiten und an allen Orten durch die natürlichen Wunder des von ihm geschaffenen Universums kundtat.[4] Jefferson ersetzte nicht nur den Gott der Offenbarung durch den Gott der Natur, sondern fand auch eine neue Grundlage der Moral, welche die christliche Vorstellung der durch die Erbsünde bedingten Schlechtigkeit des Menschen und der Notwendigkeit der Erlösung ersetzte.

Unter dem Einfluß der Schriften des schottischen Philosophen Lord Kames kam Jefferson zu dem Schluß, daß der Gott der Natur praktisch jedem mit dem sittlichen Empfinden die angeborene Fähigkeit verliehen habe, das Richtige vom Falschen zu unterscheiden. Mit der gesellschaftlichen Nützlichkeit als Maßstab übe das sittliche Empfinden diese Funktion aus, indem es den Menschen tugendhafte Handlungen angenehm und bösartige unangenehm erscheinen lasse. Damit das sittliche Empfinden sich am besten entfalten und seinen Besitzer zum richtigen Verhalten bringen könne, müsse es durch Erziehung und Vorbilder instruiert werden. Um das eigene sittliche Empfinden zu kultivieren und zu schulen, beschäftigte sich der jugendliche Jefferson mit den ethischen Grundsätzen der stoischen und epikureischen Philosophen der Antike und strebte nach dem epikureischen Ideal eines stillen, tugendhaften, von Schmerzen freien Lebens, indem er die von den Stoikern geforderte harte Selbstdisziplin praktizierte. In diesem Lebensabschnitt glaubte er, daß die Morallehre seiner antiken Mentoren umfassender, kohärenter und rationaler sei als die christliche.[5]

Jeffersons frühe Ablehnung der christlichen Orthodoxie und seine Hinwendung zur Naturreligion führte zu einer anhaltenden Aversion gegen klerikale Autorität, einem lebenslangen Engagement für religiöse Freiheit und einem unerschütterlichen Glauben an das Primat der Sittlichkeit gegenüber dem Dogma in religiösen Angelegenheiten. Er war der Ansicht, daß jeder Mensch ein natürliches Recht habe, Gott auf seine Weise anzubeten - oder auch nicht anzubeten. Das Wesentliche an der Religion war für ihn, daß es dem menschlichen Geist freistand, sich zu dem zu bekennen, was er für die Wahrheit über Gott und die Beziehung des Menschen zu Gott hielt. Gleichzeitig kam er zu dem Schluß, daß der wichtigste Aspekt der Religion die moralischen Grundsätze seien, die diese ihren Anhängern beibringe, und nicht die theologischen Doktrinen, die diese verkünde. Seiner Ansicht nach befaßten sich Dogmen mit Angelegenheiten, die über das menschliche Verständnis hinausgingen und die deshalb im Verlauf der Geschichte unnötigerweise bittere Auseinandersetzungen ausgelöst hätten - insbesondere in christlichen Ländern. Im Gegensatz dazu regelte die Sittlichkeit die menschlichen Beziehungen in dem gesellschaftlichen Bereich, welcher den Menschen von ihrem Schöpfer zugewiesen worden war; sie hatte damit das Potential, in der Gesellschaft Harmonie herzustellen - ein wichtiger Faktor in der Jeffersonschen Hierarchie der Werte. Jeffersons religiöse Überzeugungen waren deshalb nachdrücklich moralistisch, was gut zu einem Menschen paßte, dessen Lebenszweck darin bestand, die Menschen und die Gesellschaft in dieser Welt zu bessern und nicht darin, Seelen auf die Erlösung im Jenseits vorzubereiten. Mit ihrer Betonung der Vernunft und der Sittlichkeit, mit ihrer Ablehnung übernatürlicher Offenbarungen und kirchlicher Autorität sowie irgendwelcher Mittler zwischen Mensch und Gott stellten sie gewissermaßen eine säkularisierte Version der protestantischen Doktrin vom geistlichen Amt aller Gläubigen dar.[6]

Wie der typische philosophe von Peter Gay begab sich Jefferson, nachdem er das Christentum zugunsten der Naturreligion verworfen und sich zum Zwecke der ethischen Unterweisung der antiken Philosophie zugewandt hatte, ernsthaft auf die Suche nach Modernität, indem er sich mitten in der imperialen Krise, die 1776 zum Auseinanderbrechen des First British Empire führte, dem Republikanismus zuwandte. Von diesem Zeitpunkt an wurde die Schaffung einer dauerhaften, vom Republikanismus geprägten gesellschaftlichen und politischen Ordnung in Amerika Jeffersons hauptsächlicher Lebenszweck, und der quasi-religiöse Eifer, mit dem er dieses Ziel verfolgte, war höchst bemerkenswert. Der Republikanismus war für Jefferson nichts weniger als die „heilige Sache der Freiheit". Dessen Anhänger folgten dem „heiligen republikanischen Evangelium", blieben dem „guten alten Glauben" treu, und hielten das „heilige Gut", das „heilige Feuer", das „geheiligte Feuer" der Freiheit, vor den Augen der ganzen Welt empor.[7] Im Gegensatz dazu waren diejenigen, die von dieser „politischen Glaubensrichtung" abfielen, „Abtrünnige", deren „Häresien" die unverrückbaren Doktrinen des Republikanismus zu korrumpieren drohten. Glücklicherweise war politische Ächtung das Schlimmste, was der rundum humane Jefferson sich für diese vom rechten Weg abgekommenen Glaubensbrüder je ausdachte. Ansonsten gab es zumindest auf der rhetorischen Ebene Momente, in denen diese Übertragung von Kategorien des traditionellen religiösen Diskurses auf den Bereich der Politik Jefferson beängstigend nahe an die ideologische Unbeugsamkeit eines Robespierre und dessen „Republik der Tugend" heranbrachte.

Der Jeffersonsche Republikanismus war eine dynamische Mischung aus Lockeschem Liberalismus und bürgerlichem Humanismus; er blickte in die Zukunft und schenkte gleichzeitig der Vergangenheit Beachtung. Dieser Republikanismus war eine Ansammlung von Ideen und Anschauungen, die letzlich darauf abzielten, alle Überbleibsel der Monarchie und der erblichen Privilegien zu entfernen. Statt dessen strebte er danach, die Freiheit zu fördern, die Aufklärung voranzubringen und die kreativen Energien des amerikanischen Volkes freizusetzen im Rahmen der konstitutionellen Staatsgewalt, der Volkssouveränität und einer agrarischen Gesellschaft, die von einer natürlichen, auf Tugend und Verdiensten statt auf Abstammung und Reichtum basierenden Aristokratie geführt werden sollte. Im Einklang mit den Anschauungen des Lockeschen Liberalismus glaubte Jefferson, daß jeder Mensch von Gott mit bestimmten natürlichen und unveräußerlichen Rechten ausgestattet worden sei, einschließlich der heiligen Dreifaltigkeit von Leben, Freiheit und Streben nach Glück. Das Ziel der Staatsgewalt sei, diese Rechte zu schützen, damit die Menschen frei seien, „ihren eigenen Beschäftigungen und Bestrebungen nachzugehen und den Arbeitenden nicht das Brot aus dem Mund genommen wird, das sie sich verdient haben".[9] Um sicherzustellen, daß die staatliche Gewalt die natürlichen Rechte der Menschen respektierte, war es nach Meinung von Jefferson erforderlich, ihre Macht scharf zu begrenzen und sie dem Volk gegenüber rechenschaftspflichtig zu machen, und zwar durch schriftlich fixierte Verfassungen, fundamentale Garantien der Grundrechte, einem System der checks and balances in den verschiedenen Teilen der Staatsgewalt und häufige Wahlen. Wenn die Staatsgewalt so in Grenzen gehalten wurde und die Freiheitsrechte der Menschen gesichert waren, bestand für Jefferson Hoffnung auf eine allgemeine Ausbreitung der Freiheit, der Aufklärung und des Wohlstands, wodurch „der Wissensstand und das Wohlergehen der Menschheit vorangebracht werden muß, nicht unendlich, wie manche gemeint haben, sondern auf unbestimmte Zeit, wobei niemand deren Ende festsetzen und vorhersehen kann.“[10]

Doch für Jefferson hing das Überleben des Republikanismus nicht so sehr von der Struktur des amerikanischen Staatswesens ab, sondern vielmehr vom Charakter des amerikanischen Volkes. Jefferson glaubte, daß eine Republik letztlich nur bei einem tugendhaften Volk überleben könne, das unabhängig, genügsam, gemäßigt und fleißig war, bereit, zur Verteidigung der Freiheit zu den Waffen zu greifen und gewillt, wenn nötig die Privatinteressen dem öffentlichen Wohl unterzuordnen. Republikanische Tugend gründete letztlich auf persönlicher Unabhängigkeit, und persönliche Unabhängigkeit hing ab vom Grundbesitz. Von daher stammt Jeffersons Idealisierung der freien Farmer als Rückgrat des amerikanischen Republikanismus. Vorausgesetzt, daß Amerika eine weitgehend agrarische Gesellschaft blieb, war Jefferson zuversichtlich, daß die republikanische Tugend Bestand haben würde. Bewegte sich die agrarische Gesellschaft hin zu den Entwicklungsstufen des Handels und des Manufakturbetriebs, entstünden gleichzeitig immer stärker werdende wirtschaftliche und soziale Abhängigkeiten, welche die persönliche Unabhängigkeit, auf der die republikanische Tugend basierte, untergraben und damit die Republik selbst zerstören würden.[11]

Die Bedeutung, die Jefferson der republikanischen Tugend des amerikanischen Volkes beimaß, erklärt sich aus seinem bürgerlich-humanistischen Geschichtsverständnis. Für Jefferson und viele andere Mitglieder der revolutionären Generation war die Menschheitsgeschichte ein dauernder Kampf zwischen Macht und Freiheit. In dieser großen Auseinandersetzung war die stets aktive und aggressive Macht bemüht, die stets zerbrechliche und verletzliche Freiheit niederzuhalten. Wegen dieses unaufhörlichen Spannungszustandes zwischen Macht und Freiheit waren auch Republiken gegen Korruption und Zerfall nie gefeit. Von all den Gründervätern war Jefferson derjenige, der sich der dauernden Bedrohung der Freiheit durch die Macht am stärksten bewußt war. Jefferson war der festen Überzeugung, daß eine Republik nur dann überleben könne, wenn die Macht eingeschränkt und dezentralisiert sowie der strikten Kontrolle des Volkes unterworfen werde. Macht mußte durch Freiheit in Grenzen gehalten werden, und Freiheit mußte durch Tugend untermauert sein. Andernfalls würde es der amerikanischen Republik genauso ergehen wie früheren Republiken; sie würde der Korruption, der Zersetzung und der Degeneration anheimfallen, und die Macht würde ein weiteres Mal über die Freiheit triumphieren. [12]

Seine religiösen Überzeugungen wie auch seine republikanischen Prinzipien brachten Jefferson dazu, im Kampf um Religionsfreiheit und um die Trennung von Kirche und Staat in Virginia eine führende Rolle zu spielen. Der erfolgreiche Abschluß dieser Auseinandersetzung, die Verabschiedung seines epochalen Gesetzes über die Religionsfreiheit in Virginia, stellte einen entscheidenden Wendepunkt dar: Es war der Anfang einer inzwischen allgemein gewordenen Abkehr von einer Periode in der abendländischen Geschichte, die man die konstantinische nennen könnte - der Periode nämlich, die im christlichen Europa und in den meisten seiner kolonialen Ableger von der tief verwurzelten und weithin institutionalisierten Annahme geprägt war, daß die staatliche Durchsetzung religiöser Solidarität (oder zumindest die staatliche Überwachung religiöser Toleranz) eine notwendige Vorbedingung für die Aufrechterhaltung der politischen und gesellschaftlichen Ordnung sei. Im Gegensatz dazu war für Jefferson die Religionsfreiheit „das unveräußerlichste und heiligste aller Menschenrechte",[13] und er glaubte, daß es nur durch eine scharfe institutionelle Trennung zwischen dem kirchlichen und dem weltlichen Bereich gewährleistet werden könne. In Jeffersons langer Laufbahn im öffentlichen Leben gab es zahlreiche bedeutende Vorhaben, bei denen ihn die politischen Notwendigkeiten zum Rückzug, zum Zögern oder zum Kompromiß zwangen. Doch an seiner Befürwortung völliger Religionsfreiheit durch eine strikte Trennung von Kirche und Staat hielt er unverrückbar fest.

Jeffersons Beharrlichkeit in diesen wichtigen Punkten resultierte aus seinen rationalistischen religiösen Anschauungen und den Geboten seiner republikanischen Ideologie. Jefferson betrachtete die Religionsfreiheit als ein Naturrecht des Menschen, und seine eigene rationalistische Vorstellung von Religion schloß eine Einmischung des Staates aus. Für ihn war das Wesentliche an der Religion, daß es dem menschlichen Geist freistand, sich zu dem zu bekennen, was ihm als die richtige Beziehung zwischen Gott und Mensch erschien. Kennzeichnend für wahre Gläubigkeit war, daß kein Zwang stattfand, daß sie freiwillig geleistet wurde, daß es sich um eine private Beziehung des Individuums zu Gott handelte, in die der Staat nicht eingreifen durfte. Jefferson räumte bereitwillig ein, daß der Staat das Recht zum Eingreifen habe, wenn es durch einen Glauben zu Handlungen komme, welche die öffentliche Ordnung gefährdeten, doch er bestritt, daß der Staat das Recht habe, eine bestimmte Glaubensrichtung zu bevorzugen, zu fördern oder zu unterstützen. „Gott verlangt, daß jede Handlung mit dem Glauben übereinstimmt", schrieb er; die wahre Gläubigkeit setze eine echte innere Überzeugung voraus, welche den Menschen niemals von Staats wegen aufgezwungen werden könne.[14]

War jedoch die Freiheit eine wesentliche Voraussetzung für wahre Religiosität, dann war nach Jeffersons Überzeugung auch jede Allianz zwischen Kirche und Staat eine offenkundige Bedrohung der Freiheit, insbesondere für ein Volk, das sich dem Republikanismus zugewandt hatte. Energisch trat Jefferson der im revolutionären Amerika immer noch weit verbreiteten Ansicht entgegen, daß eine staatliche Förderung des Christentums durch irgendeine Form der Vereinigung von Kirche und Staat notwendig sei, um den Wesenskern der Gesellschaft zu erhalten. Im Gegensatz dazu war Jefferson der Auffassung, daß dadurch unnötige Gefahren für die republikanische Freiheit heraufbeschworen werden würden. Er berief sich auf die geschichtlichen Erfahrungen im christlichen Europa und war der Meinung, daß eine Einheit von Kirche und Staat früher oder später den freien Informationsaustausch bedrohen könnte, welcher zu den Fortschritten im menschlichen Wissen geführt habe, die den Menschen seit der Renaissance immer mehr befähigt hatten, die Natur zu beherrschen; außerdem würden die Menschen einem Zwang ausgesetzt, welcher bei vielen lediglich zu äußerlicher Konformität und innerer Heuchelei führen und fehlbaren Richtern und Geistlichen die Gelegenheit geben würde, tyrannische Macht über das Denken der Menschen auszuüben. „Ist aber eine einheitliche Meinung überhaupt erreichbar?" fragte er in den "Betrachtungen über den Staat Virginia" und antwortete mit einem eindeutigen Nein.

> „Millionen unschuldiger Männer, Frauen und Kinder sind seit der Einführung des Christentums verbrannt, gefoltert, mit Geldstrafen belegt und eingekerkert worden, doch sind wir der Einheitlichkeit keinen Zentimeter näher gekommen. Was hat der Zwang bewirkt? Die Hälfte der Welt wurde zu Narren und die andere Hälfte zu Heuchlern. Die Gaunerei und der Irrtum wurden überall auf der Welt unterstützt."[15]

Angesichts dieser Tatsachen könnten die schlimmen Gefahren, die jedes offizielle Zusammenwirken von Richtern und Geistlichen naturgemäß für die republikanischen Freiheitsrechte darstelle, nur durch eine strikte Trennung von Kirche und Staat vermieden werden. Jeffersons republikanischem Denken zufolge war Religionsfreiheit der geistigen Freiheit und der Aufklärung förderlich und festigte damit die persönliche Unabhängigkeit der Bürger, die einen Hauptpfeiler republikanischer Freiheit darstellte; die Trennung von Kirche und Staat verhinderte eine potentiell gefährliche Konzentration geistlicher und richterlicher Entscheidungsbefugnisse und nahm der Macht eine Waffe, die sich im Laufe der Geschichte im dauernden Kampf gegen die Freiheit als äußerst wirksam erwiesen hatte.[16]

Lagen bislang die Schwerpunkte in der ersten Hälfte von Jeffersons Laufbahn auf seiner Ablehnung der christlichen Orthodoxie und seiner Hinwendung zur Naturreligion sowie auf seinen Bemühungen um die Erhaltung des Republikanismus durch Einführung der Religionsfreiheit und die Trennung von Kirche und Staat in Virginia, so liegen die Schwerpunkte in der zweiten Hälfte seiner Laufbahn auf seiner Hinwendung zu einer entmythologisierten Form des Christentums (so hätte es der große deutsche Theologe Rudolf Bultmann bezeichnet) und seiner immer stärker werdenden Überzeugung, daß eben diese gegenüber dem in Amerika immer stärker um sich greifenden liberalen Individualismus als eine Verankerung republikanischer Tugend dienen könnte. In "Die Suche nach dem historischen Jesus", einem Meisterwerk analytischer Forschung, hat Albert Schweitzer die Bemühungen aufgezeigt, die von einer Reihe deutscher Gelehrter zwischen dem späten 18. und dem frühen 20. Jahrhundert angestellt wurden, um den geschichtlichen Jesus zu erforschen und festzustellen, in welcher Beziehung die im Neuen Testament auffindbaren historischen Tatsachen über Jesus zu den von der traditionellen christlichen Theologie formulierten Dogmen über seine Person und Mission standen.[17] Hätte Schweitzer seinen Forscherblick über den Atlantik gerichtet, dann wäre ihm die proteische Gestalt Jeffersons aufgefallen. Jefferson war in der amerikanischen Geschichte der erste, der sich auf die Suche nach dem historischen Jesus begab. Bei dieser Suche unterzog er das Neue Testament einer rationalen Analyse und stellte aus den Evangelien zwei Sammlungen von Auszügen zusammen, die seiner Ansicht nach die wahren Lehren und Taten Jesu wiedergaben, 1804 "The Philosophy of Jesus" und 1819/20 "The Life and Morals of Jesus".[18] Obwohl sie zum Teil eine private Suche nach dem letzten Sinn des Lebens darstellten, waren Jeffersons Forschungen nach dem historischen Jesus auch Teil seiner umfassenderen Auseinandersetzung mit der allmählichen Umwandlung der Vereinigten Staaten von einer republikanischen zu einer liberalen Gesellschaft.

Der Anlaß dafür, daß Jefferson sich auf die Suche nach dem historischen Jesus machte, waren vier Sachverhalte, die sich in den Jahren nach 1790 während der Krise des amerikanischen Republikanismus bemerkbar gemacht hatten. Jefferson war nach 1790 sehr besorgt über Entwicklungen, die in seinen Augen einen Zusammenbruch des Grundkonsenses der neuen amerikanischen Nation hinsichtlich der republikanischen Werte und eine Bedrohung ihrer gesellschaftlichen Harmonie darstellten; den Grundkonsens und die gesellschaftliche Harmonie hielt er für äußerst wichtig, um das republikanische Experiment in Amerika zum Erfolg zu führen. Als sich im Land eine Aufspaltung zwischen Föderalisten und Republikanern einstellte, war Jefferson der Überzeugung, die Zukunft der republikanischen Regierungsform und der Fortbestand der republikanischen Gesellschaft stünden in den Vereinigten Staaten auf dem Spiel. Seine Besorgnis galt nicht nur den Gefahren, welche die zentralistische Politik der Föderalisten für seine Vision einer tugendhaften agrarischen Republik darstellte, sondern auch dem Zusammenbruch der gesellschaftlichen Harmonie und des Anstands, den die um sich greifenden Parteienkämpfe mit sich brachten. Er befürchtete, daß die amerikanische Gesellschaft unwiderruflich in verfeindete Klassen und Interessengruppen zerfallen würde, die sich um die Durchsetzung ihrer eigenen egoistischen Zielvorstellungen bemühten, statt harmonisch zusammenzuarbeiten und der republikanischen Zielsetzung des Gemeinwohls dienlich zu sein. Da Jefferson der Ansicht war, daß die Erhaltung der gesellschaftlichen Harmonie und des Anstands zum Teil eine Angelegenheit der persönlichen Moral und des Charakters sei, war ihm an einer Morallehre gelegen, die in dieser Hinsicht wirksamer war als die Ethik der antiken Philosophen, die für ihn bislang bestimmend gewesen war.[19]

Jeffersons wachsende Besorgnis im Jahrzehnt nach 1790 wegen der Bedrohung fundamentaler republikanischer Werte durch die Föderalisten und der Beeinträchtigung der gesellschaftlichen Harmonie durch die politische Polarisierung ging einher mit einer verständnisvolleren Haltung gegenüber dem Christentum. In dieser Hinsicht waren die Werke eines Freundes, des bekannten unitarischen Theologen Dr. Joseph Priestley in England, von ausschlaggebender Bedeutung, insbesondere dessen Buch "An History of the Corruptions of Christianity", das Jefferson nach 1793 erwarb, und das er als einen der Grundsteine seines eigenen Glaubens bezeichnete.[20] Priestleys Schriften überzeugten Jefferson, daß das frühe Christentum ursprünglich eine schlichte Religion gewesen war, eine Religion, bei der es darauf ankam, daß der Mensch den einen, wahren Gott anbetete, der nicht dreifaltig war, und die Morallehre Jesu befolgte. Priestleys Exegese zufolge war dieser Jesus nicht göttlich und hatte dies auch nie behauptet. Eben diese Religion sei verfälscht worden, und zwar von den Kirchenvätern der Frühzeit in dem irregeleiteten Bemühen, sie für heidnische Philosophen intellektuell aufzuwerten, und von später amtierenden Kirchenmännern zu dem weniger erbaulichen Zweck, die Laien ihrer Kontrolle zu unterwerfen. Diese Religion müsse von ihren Verfälschungen befreit und wieder in ihren Zustand ursprünglicher Simplizität versetzt werden, damit sie von den aufgeklärten Menschen der Gegenwart akzeptiert werden könne. Indem Priestley Jefferson eine entmystifizierte Form des Christentums präsentierte, die sich mit seiner rationalistischen Weltanschauung vertrug, ermöglichte er es Jefferson, sich als echten Christen zu betrachten, und er trug dazu bei, daß sich Jefferson auf die Suche nach den authentischen Lehren Jesu begab.[21]

Als sich Jeffersons Einstellung zum Christentum unter dem Einfluß von Priestleys Schriften zu wandeln begann, mußte er sich mit der Verbindung zwischen Republikanismus und Christentum befassen, die der hartnäckige Dr. Benjamin Rush, ein Arzt und Gesellschaftsreformer aus Philadelphia, propagierte. Jefferson und Rush waren zwar beide überzeugte Republikaner, doch hatten sie sehr unterschiedliche politische Zielvorstellungen. Während der rationalistisch denkende Jefferson den Republikanismus als eine im Grunde säkulare Bewegung betrachtete, der es darauf ankam, durch die Sicherstellung der Naturrechte des Menschen und die Ausdehnung der Autonomie das Los der Menschen zu bessern und die Gesellschaft zu reformieren, sah der Universalist Rush den Republikanismus als eine im Grunde reliöse Bewegung, die Teil eines göttlichen Planes war, durch die Befreiung der Menschheit von monarchischer und kirchlicher Unterdrückung das Reich Gottes auf Erden zu errichten. Weil er überzeugt war, daß Jefferson wegen seiner säkularen Betrachtungsweise die wichtigste Dimension des republikanischen Experimentes in Amerika nicht erkenne, machte es sich der Eiferer Rush zur Aufgabe, den Virginier ausgangs der neunziger Jahre in einer Reihe persönlicher Gespräche in Philadelphia davon zu überzeugen, daß das Christentum und der Republikanismus Hand in Hand voranschreiten müßten, um das Zeitalter des Glücks und des Friedens zu erreichen, das er erwarte.

Jefferson ließ sich zwar von Rushs hochgestochenen Zukunftserwartungen nicht beeinflussen, doch trug Rush zweifellos dazu bei, Jefferson davon zu überzeugen, daß die christliche Ethik als stabilisierende Kraft dienen könne, indem sie im amerikanischen Volk für gesellschaftliche Harmonie sorgte.[22]

Der letzte Faktor, der Jefferson dazu brachte, sich auf die Suche nach dem historischen Jesus zu begeben, waren die anhaltenden Attacken der Föderalisten gegen seine religiösen Ansichten. Jefferson betrachtete diese Attacken als Teil der ruchlosen Bemühungen des politischen Gegners, Kirche und Staat wieder zu vereinigen, um der Gedankenfreiheit in der Politik und Religion ein Ende setzen zu können. Es begann 1792 mit einem anonymen Brief an Präsident Washington, in welchem Jefferson des Atheismus beschuldigt wurde; während der Wahl von 1796 behauptete ein Föderalist aus South Carolina in einer Flugschrift, Jefferson sei ein Ungläubiger, und als Jefferson im Jahr 1800 erneut für das Präsidentenamt kandidierte, erreichten die Attacken ihren Höhepunkt mit einer Flut von Aufforderungen der Föderalisten an die Wähler, ihn abzulehnen, da er ein notorischer Feind des Christentums sei. In zahlreichen Flugschriften, Zeitungsartikeln und Predigten zitierten Föderalisten Passagen aus den "Betrachtungen über den Staat Virginia", in denen an verschiedenen Aspekten der christlichen Orthodoxie Kritik geübt wurde; sie wollten damit die Behauptung untermauern, Jefferson sei ein Atheist, ein Ungläubiger oder bestenfalls ein Deist, dessen Wahl zum Präsidenten den Zorn Gottes über das amerikanische Volk brächte und zu gesellschaftlichem Chaos führen würde. Obwohl Jefferson es prinzipiell verabscheute, auf Kritik an seinen religiösen Ansichten einzugehen, waren diese Attacken das letzte Glied einer Kette von Ereignissen, die ihn dazu brachten, eine Variante eben jener Religion zu akzeptieren, deren erbitterter Widersacher er den Föderalisten zufolge war.

Die vier genannten Faktoren brachten Jefferson wie gesagt dazu, sich auf die Suche nach dem historischen Jesus zu begeben; diese Suche Jeffersons nach einem entmythologisierten christlichen Glauben - einem Glauben, der alle Elemente des Mythischen, Geheimnisvollen und Wundersamen verwarf und zu dem zurückzukehren suchte, was er als die ursprüngliche Reinheit und Schlichtheit der christlichen Botschaft betrachtete. Bestimmend für Jeffersons entmythologisierte Religion war der unerschütterliche Glaube an einen nicht dreifaltigen Gott, den Schöpfer und Erhalter des Universums, den letzten Grund des Seins, der sich in den Naturwundern seines rational strukturierten Kosmos zu erkennen gab und nicht durch besondere, dem Menschen direkt mitgeteilte und in der Heiligen Schrift festgehaltene Offenbarungen. Jefferson glaubte insbesondere, daß die Eigenschaften dieser im Grunde gütigen Gottheit der Menschheit zuerst durch Jesus offenbart worden seien, welcher „selbst die besten Eigenschaften des menschlichen Verstandes und Herzens, Weisheit, Gerechtigkeit und Güte, in sich vereinte, diesen Macht hinzufügte und alle diese Eigenschaften, freilich in grenzenloser Perfektion, dem höchsten Wesen verlieh."[24]

Die Morallehre Jesu war für Jefferson ebenfalls von Bedeutung. Er bewunderte weiterhin die Epikureer und Stoiker der Antike, weil sie der Menschheit die Kunst der Selbstdisziplin beigebracht hatten, doch vermißte er jetzt bei ihnen eine Anleitung zu „Friedfertigkeit, Güte und Nächstenliebe" und die liebevolle Hinwendung zur gesamten Menschheit.[23] Die klassische Ethik erschien ihm unzureichend als moralische Anleitung einer dem Gemeinwohl wie auch dem individuellen Glücksstreben verpflichteten republikanischen Nation. Demgegenüber schätzte Jefferson die Morallehre von Jesus nun hoch ein, weil diese auch die individuellen Beweggründe in Betracht zog, wenn sie über eine Handlung moralisch urteilte, vor allem aber, weil sie „umfassende Menschenliebe" verbreitete, „nicht nur für Verwandte und Freunde, für Nachbarn und Landsleute, sondern für die gesamte Menschheit, und sie zu einer Familie vereinte, verbunden durch Liebe, Güte, Friedfertigkeit, gemeinsame Bedürfnisse und gegenseitige Hilfe."[26] Kurz, die christliche Morallehre eignete sich gut, um zu erreichen, daß bei der Verfolgung von Privatinteressen das höherwertige Gemeinwohl beachtet und auf diese Weise im amerikanischen Volk republikanische Tugend gestärkt wurde.

Jefferson nahm an, daß der Glaube an den einen wahren Gott und die Befolgung der Morallehre Jesu in einem Leben nach dem Tod auf irgendeine Weise belohnt werden würden. Er lobte Jesus insbesondere dafür, daß er die Lehre von einem Leben im Jenseits gepredigt hatte, um die Menschen zu einem tugendhaften Leben auf Erden zu ermutigen. Jefferson machte sich diese Lehre nicht nur wegen ihrer offenkundigen gesellschaftlichen Nützlichkeit zu eigen, sondern auch aus sehr persönlichen Gründen: Als er älter wurde, sehnte er sich immer mehr nach einem Wiedersehen mit seinen verstorbenen Verwandten und Freunden.[27]

Die Suche nach dem historischen Jesus brachte Jefferson dazu, den Gründer des Christentums als den größten Morallehrer der Geschichte zu verehren. Er glaubte nicht, daß Jesus der Sohn Gottes war und daß dieser je einen solch hohen Rang in der himmlischen Hierarchie beansprucht habe. Statt dessen bewunderte er Jesus als den herausragenden Reformator des jüdischen Glaubens, den sein außergewöhnliches Moralgefühl befähigt hatte, einen universell gültigen Moralkodex aufzustellen. Für Jefferson war Jesus der

> „Verkünder von Wahrheiten, die die gesamte Menschheit befruchten konnten, insbesondere seine eigenen Landsleute, denen er erhabenere und würdigere Vorstellungen vom Höchsten Wesen vermittelte sowie die Lehre von einem jenseitigen Reich, in dem es Belohnungen und Bestrafungen gab, und denen er statt der feindseligen Haltung, mit der die Juden alle anderen Nationen betrachteten, die Liebe zur Menschheit einpflanzte."[28]

Der Glaube an das Einssein Gottes, die Übernahme der Morallehre Jesu, die Hoffnung auf ein Leben nach dem Tode und die Verehrung Jesu als dem größten Moralreformer der Geschichte - dies waren die Grundelemente von Jeffersons entmythologisiertem christlichen Glauben, und sie stellten seiner Meinung nach den Glauben des Urchristentums dar. Die traditionellen theologischen und kirchlichen Doktrinen der christlichen Orthodoxie verwarf er als Verfälschungen der ursprünglichen Botschaft Jesu. Die Ursache dieser sogenannten Verfälschungen sah er in den Machenschaften des Klerus, dessen Aufwertung des Mysteriösen gegenüber der Vernunft und des Dogmas gegenüber der Moral angeblich Teil eines diabolischen Komplotts war, die Laien der klerikalen Macht zu unterwerfen. Wenn das Christentum von den „artifiziellen Konstruktionen" des Klerus gesäubert sei, so glaubte er, dann wäre es „die reinste Morallehre, die jemals dem Menschen gepredigt wurde".[29] Durch Befreiung von klerikaler Macht ließ sich seine ideale Form der Religiosität erreichen:

> "Wir würden dann alle, wie die Quäker, ohne eine priesterliche Ordnung leben, unsere Moral selbst bestimmen, dem Orakel des Gewissens folgen und nichts sagen über das, was kein Mensch verstehen und deshalb auch nicht glauben kann, denn ich halte den Glauben für die Zustimmung des Geistes zu einer intelligiblen Aussage."[30]

So blieb Jeffersons Christentum dem aufklärerischen Impetus treu, die Religion rational zu durchdringen und zu entmystifizieren.

Ohne daß sich an seinem Eintreten für das Prinzip der uneingeschränkten Religionsfreiheit und an seinem entschlossenen Widerstand gegen ein Bündnis zwischen Kirche und Staat etwas änderte, gab Jefferson während und nach seiner Präsidentschaft auf verschiedene Weise seiner Hoffnung Ausdruck, daß sich das amerikanische Volk schließlich einer entmythologisierten Form des Christentums zuwenden werde. Er machte in beiden Antrittsreden Anspielungen auf dieses Thema und erörterte es breit in seiner Privatkorrespondenz; zweimal ermutigte er unitarische Theologen, das Thema in die öffentliche Diskussion zu bringen, und er nahm es in das Curriculum der University of Virginia auf.[31] Jeffersons Interesse an der Ausbreitung einer rationalistischen Religion, welche die moralischen Imperative Jesu betonte und das amerikanische Volk einte, und seine Ablehnung der Dogmen der christlichen Kirchen, die das Volk spalteten, ist ein bis jetzt weitgehend vernachlässigter Aspekt seiner Reaktion auf die allmähliche Umwandlung der Vereinigten Staaten in dem halben Jahrhundert nach der Niederschrift der Unabhängigkeitserklärung - von einer republikanischen Gesellschaft, in der das Privatinteresse sich letztlich dem vorrangigen öffentlichen Wohl unterzuordnen hatte, in eine liberale Gesellschaft, die von der Annahme ausging, daß das Verfolgen von Privatinteressen dem Allgemeinwohl dienen werde. Indem er sich für eine christliche Gesellschaftsethik einsetzte, welche die Harmonie und Kooperation zwischen den Amerikanern als Werte hervorhob, versuchte Jefferson, der republikanischen Tugend eine Verankerung zu geben gegen die anschwellende Flut des liberalen Individualismus, welche die republikanische Ordnung, die sein Lebenswerk darstellte, allmählich untergrub.

Von Anfang an war Jeffersons Denken durch ein Spannungsverhältnis zwischen seinem liberalen Nachdruck auf dem individuellen Glücksstreben und seinem republikanischen Grundsatz charakterisiert, daß es ein vorrangiges öffentliches Wohl gebe, das bedeutsamer sei als die Summe all dieser individuellen Bestrebungen. Als sich in der amerikanischen Gesellschaft der Schwerpunkt vom Republikanismus zum Liberalismus verlagerte und Jeffersons Ideal einer tugendhaften agrarischen Republik bedroht war, reagierte er damit, daß er erneut die bürgerlich-humanistischen Grundzüge seiner republikanischen Ideologie betonte. Dabei kam er offenbar zu dem Schluß, daß eine entmythologisierte christliche Ethik dazu beitragen könnte, die zunehmende Betonung privater Interessen mit den klassischen republikanischen Bemühungen um das Allgemeinwohl zu verbinden. Doch angesichts der Welle des protestantischen Evangelismus, die nach 1800 während des „Second Great Awakening" das Land überzog und den von Jefferson exemplifizierten religiösen Rationalismus zurückdrängte, wäre es vielleicht zutreffender, eine Bemerkung von J.G.A. Pocock abzuwandeln und zu sagen, daß Jeffersons Republikanismus in dieser Hinsicht weniger der letzte Akt der Renaissance war als vielmehr der letzte Atemzug des Zeitalters der Aufklärung.[32]

Anmerkungen

1 Siehe Peter Gay, The Enlightenment: An Interpretation: The Rise of Modern Paganism, New York, 1966; Henry F. May, The Enlightenment in America, New York, 1976; sowie Donald H. Meyer, The Democratic Enlightenment, New York, 1972.

2 Jefferson an J.P.P. Derieux (25. Juli 1799), in: Julian P. Boyd (Hrsg.), The Papers of Thomas Jefferson, 25 Bde., Princeton, 1950f., Bd.13, S. 418 (im folgenden als Jefferson Papers).

3 Jefferson an Peter Carr (10. August 1787), in: Jefferson Papers, Bd. 12, S. 15; William Peden (Hrsg.), Notes on the State of Virginia, Chapel Hill, 1955, S. 160; Douglas L. Wilson (Hrsg.), Jefferson's Literary Commonplace Book, Princeton, 1989, S. 24-25, 30-33, 35-36, 52-56, 214; Walter M. Merrill, From Statesman to Philosopher: A Study in Bolingbroke's Deism, New York, 1949; Merrill D. Peterson, Thomas Jefferson and Enlightenment: Reflections on Literary Influence, in: Lex et Scientia 11, 1975, S. 103-107.

4 Jefferson an John Adams (11. April 1832), in: Dickinson W. Adams (Hrsg.), Jefferson's Extracts from the Gospels, Princeton, 1983, S. 410 (im folgenden als Extracts).

5 Jefferson an Thomas Law (13. Juni 1814), in: Extracts, S. 356-358; Jefferson's Literary Commonplace Book, S. 35; Adrienne Koch, The Philosophy of Thomas Jefferson, New York, 1943, S. 15-22; Garry Wills, Inventing America: Jefferson's Declaration of Independence, New York, 1978, S. 200-206; Charles A. Miller, Jefferson and Nature: An Interpretation, Baltimore, 1988, S. 91-117; Lee Quinby, Thomas Jefferson: The Virtue of Aesthetics and the Aesthetics of Virtue, American Historical Review

87 (1982), S. 337-356; Charles L. Griswold, Jr., Rights and wrongs: Jefferson, slavery, and philosophical quandaries, in: Michael J. Lacey u. Knud Haakonssen (Hrsg.), A Culture of Rights: The Bill of Rights in Philosophy, Politics and Law - 1791 and 1991, Cambridge, England, 1991, S. 154-169.

6   Schriftliche Skizze (November 1776), in: Jefferson Papers, Bd. 1, S. 537-539; Notizen über Locke und Shaftesbury (1776), ebd. S. 544-548; Notes on the State of Virginia, S. 159-161; Gilbert Chinard (Hrsg.), The Commonplace Book of Thomas Jefferson: A Repertory of His Ideas on Government, Baltimore, 1926, S. 351-356; Jefferson an Joseph Priestley (21. März 1801), in: Paul L. Ford (Hrsg.), The Writings of Thomas Jefferson, 12 Bde., New York 1904-1905, Bd. 9., S. 217 (im folgenden als Ford: Writings); Jefferson an William Baldwin (19. Januar 1810), in: Extracts S. 345; Jefferson an Margaret Bayard Smith (6. August 1816), ebd. S. 375-376.

7   Bill for the More General Diffusion of Knowledge, Jefferson Papers, Bd. 2, S. 527; Erwiderung auf Albemarle Address vom 12. Februar 1790, ebd. Bd. 16, S. 179; Jefferson an Thomas Paine (29. Juli 1791), ebd. Bd. 20, S. 308; Jefferson an Samuel Knox (12. Februar 1810), in: Andrew A. Lipscomb u. Albert E. Bergh (Hrsg.), The Writings of Thomas Jefferson, 20 Bde., Washington, D.C., 1903-1904, Bd. 12, S. 361 (im folgenden als Lipscomb u. Bergh: Writings); Notes on the State of Virginia), S. 165.

8   Jefferson an James Madison (9. Mai 1791), in: Jefferson Papers, Bd. 20, S. 293; Jefferson an Joseph Priestley (19. Juni 1802), in Ford: Writings, Bd. 9, S. 382; Jefferson an Archibald Thewat (24. Dezember 1821), ebd. Bd.12, S. 197.

9   First Inaugural Address (1. März 1801), in: Ford: Writings, Bd. 9, S. 197.

10 Rockfish Gap Report (4. August 1818), in: Merrill D. Peterson (Hrsg.), Thomas Jefferson: Writings, New York, 1984, S. 461 (im folgenden als Peterson: Writings); Garrett W. Sheldon, The Political Philosophy of Thomas Jefferson, Baltimore, 1991, S. 41-52; Joyce Appleby, What is Still American in the Political Philosophy of Thomas Jefferson?, William and Mary Quarterly 39 (1982), S. 287-309; Appleby, Republicanism in Old and New Contexts, ebd. 43 (1986), S. 20-34.

11 Notes on the State of Virginia, S. 164-165; Jefferson an George Washington (23. Mai 1792), in: Jefferson Papers, Bd. 23, S. 536-538; Gordon S. Wood, The Creation of the American Republic, Chapel Hill, 1969, S. 46-69; Drew McCoy, The Elusive Republic: Economy in Jeffersonian America, Chapel Hill, 1980; Robert E. Shalhope, Thomas Jefferson's Republicanism and Antebellum Southern Thought, Journal of Southern History 43 (1976), S. 529-556; Lance Banning, Jeffersonian Ideology Revisited: Liberal and Classical Ideas in the New American Republic, William and Mary Quarterly 43 (1986), S. 3-19; Banning, Some Second Thoughts on Virtue and the Course of Revolutionary Thinking, in: Terence Ball u. J.G.A. Pocock (Hrsg.), Conceptual Change and the Constitution, Lawrence, Kansas, 1988, S. 194-212.

12 Bill for the More General Diffusion of Knowledge, in: Jefferson Papers, Bd. 2, S. 526-527; Notes on the State of Virginia, S. 121; Paul A. Rahe, Republics Ancient & Modern, Chapel Hill, 1992, S. 698-725; Bernard Bailyn, The Ideological Origins of the American Revolution, Cambridge, 1967, S. 55-93; Lance Banning, The Jeffersonian

Persuasion: Evolution of a Party Ideology, Ithaca, New York, 1978; Sheldon, Political Philosophy of Thomas Jefferson, S. 53-82.

13 Minutes of University of Virginia Board of Visitors (7. Oktober 1822), in: Peterson: Writings, S. 478.

14 Schriftliche Skizze (1776), in: Jefferson Papers, Bd.1, S. 537; Notes on the State of Virginia, S. 159, 161.

15 Notes on the State of Virginia, S. 160.

16 Eloquente Darlegungen der Politik, die Jefferson als Präsident im Hinblick auf die Trennung von Kirche und Staat verfolgte, finden sich in seinem Schreiben an das Danbury Baptist Committee of Connecticut vom 1. Januar 1802 und seinem Schreiben an Reverend Samuel Miller vom 21. Januar 1808 (beide im Anhang zu diesem Essay abgedruckt).

17 Albert Schweitzer, The Quest of the Historial Jesus: A Critical Study of Its Progress from Reimarus to Wrede, New York, 1910.

18 Kommentierte Ausgaben dieser beiden wichtigen Texte finden sich in Extracts, S. 45-314. Siehe auch Susan Bryan, Reauthorizing the Text: Jefferson's Scissor Edit of the Gospels, Early American Literature 22 (1987), S. 19-42.

19 Jefferson an Edward Rutledge (24. Juni 1797), in: Ford: Writings, Bd. 8, S. 318-319; Banning, Jeffersonian Persuasion, Kapitel 5-9.

20 Jefferson an Martha Jefferson Randolph (25. April 1803), in: Edwin M. Betts u. James A. Bear (Hrsg.), The Family Letters of Thomas Jefferson, Columbia, Missouri, 1966, S. 244; Jefferson an John Adams (22. August 1813), Extracts S. 348.

21 Joseph Priestley, An History of the Corruptions of Christianity, 2 Bde. Birmingham, 1782, insbes. Bd. 2, S. 440-466; E. Millicent Sowerby (Red.), Catalogue of the Library of Thomas Jefferson, 5 Bde., Washington/D.C., 1952-1959, Bd. 2, S. 120; Caroline Robbins, Honest Heretic: Joseph Priestley in America, American Philosophical Society, Proceedings 106 (1962), S. 60-76.

22 Benjamin Rush an Thomas Jefferson (22. August und 6. Oktober 1800), in: Extracts, S. 317-319, S. 321-324; Jefferson an Rush (23. September 1800 und 21. April 1803), ebd., S. 320-321 und 331; Rush an Granville Sharp (31. März 1801), in: John A. Woods (Hrsg.), The Correspondence of Benjamin Rush and Granville Sharp, 1773-1809, Journal of American Studies 1 (1967) S. 43; George W. Corner (Hrsg.), The Autobiography of Benjamin Rush, Princeton, 1948, S. 152; Donald J. D'Elia, The Republican Theology of Benjamin Rush, Pennsylvania History 33 (1966), S. 187-204; D'Elia, Jefferson, Rush, and the Limits of Philosophical Friendship, American Philosophical Society, Proceedings 117 (1973), S. 333-343.

23 Anonymer Brief an George Washington (3. Januar 1792), Washington Papers, Library of Congress; William L. Smith, The Pretensions of Thomas Jefferson to the Presidency Examined; and the Charges against John Adams Refuted, Part 1, Philadelphia, 1796, S. 14, S. 36-40; Charles O. Lerche, Jr., Jefferson and the Election of 1800: A Case

Study in the Political Smear, William and Mary Quarterly 5 (1948), S. 467-491; Fred Luebke, The Origins of Thomas Jefferson's Anti-Clericalism, Church History 30, 1963, S. 344-356; Constance B. Schulz, Of Bigotry in Politics and Religion: Jefferson's Religion, the Federalist Press, and the Syllabus, Virginia Magazine of History and Biography 91 (1983), S. 73-91.

24 Jefferson an William Short (4. August 1820), in: Extracts, S. 396. Siehe auch Jefferson an John Adams (22. August 1813), Jefferson an William Canby (18. September 1813) und Jefferson an James Smith (8. Dezember 1822), ebd. S. 347, 350, 409.

25 „Syllabus of ... the doctrines of Jesus", ebd. S. 332.

26 Ebd. S. 334.

27 Ebd. S. 334; Jefferson an Francis Adrian Van der Kemp (1. Mai 1817), in: Jefferson Papers, Library of Congress; Jefferson an John Adams (13. November 1818, 14. März 1820 und 8. Januar 1825), in: Lester Cappon (Hrsg.), The Adams-Jefferson Letters, 2 Bde., Chapel Hill, 1959, Bd. 2, S. 529, 562-63, 606; Jefferson an Martha Jefferson Randolph (2. Juli 1826), in: Jefferson Papers, Massachusetts Historical Society.

28 Jefferson an George Thacher (26. Januar 1824), in: Extracts, S. 414.

29 Jefferson an William Baldwin (26. Januar 1810), ebd. S. 345.

30 Jefferson an John Adams (22. August 1813), ebd. S. 347.

31 Ich habe dieses Thema ausführlich behandelt in: Liberty and Virtue: Religion and Republicanism in Jefferson's Thought. In: James Gilreath (Hrsg.); Thomas Jefferson and the Education of a Democratic Citizenry, Charlottesville (erscheint in Kürze).

32 Gordon S. Wood; The Radicalism of the American Revolution, New York, 1992. Eine hervorragende Darstellung des Übergangs vom klassischen republikanischen zum liberalen demokratischen Amerika in den fünfzig Jahren nach der Revolution. Jeffersons besorgte Reaktion auf die verschiedenen Manifestationen dieses Übergangs im Gefolge des Krieges von 1812 analysiert Shalhope in: Thomas Jefferson's Republicanism and Antebellum Southern Thought. Zu dem von der amerikanischen Revolution hervorgebrachten Republikanismus als „the last great act of the Renaissance" siehe J.G.A. Pocock; Virtue and Commerce in the Eighteenth Century, Journal of Interdisciplinary History, 3 (1972), S. 120.

Texte zum Thema "Religion und Republikanismus im Denken Thomas Jeffersons"

1. Gesetz zur Einrichtung der Religionsfreiheit

(basierend auf Jeffersons „Statute for Religious Freedom", von der Legislative in Virginia am 16. Januar 1786 verabschiedet)

Im Bewußtsein, daß der allmächtige Gott den Geist als frei erschaffen hat; daß alle Versuche, ihn mit zeitlichen Bestrafungen oder Belastungen oder mit der Verhängung bürgerlicher Rechts- und Geschäftsunfähigkeit zu beeinflussen, nur die Entstehung gewohnheitsmäßiger Heuchelei und Niedertracht begünstigen und eine Abweichung von dem Plan des heiligen Schöpfers unserer Religion darstellen, da es dieser als Herr über Körper und Geist vorgezogen hat, die Religion nicht durch Zwangsausübung auf einen von beiden zu verbreiten, obgleich es ihm seine Allgewalt gestattet hätte.

Im Bewußtsein, daß durch die unfromme Vermessenheit von zivilen wie auch kirchlichen Gesetzgebern und Herrschern, die als fehlbare und unerleuchtete Menschen sich die Vorherrschaft über den Glauben anderer angemaßt und dabei ihre eigenen Meinungen und Denkweisen als die einzig wahren und unfehlbaren hingestellt und als solche versucht haben, diese anderen aufzuzwingen, im größten Teil der Welt und über alle Zeit hinweg falsche Religionen errichtet und aufrechterhalten wurden.

Im Bewußtsein, daß es sündhaft und tyrannisch ist, einen Menschen dazu zu zwingen, mit Geld zur Verbreitung von Meinungen beizutragen, an die er nicht glaubt; daß selbst der auf ihn ausgeübte Zwang, diesen oder jenen Lehrer seiner eigenen Glaubensrichtung zu unterstützen, ihn der uneingeschränkten Freiheit beraubt, seine Beiträge dem bestimmten Seelenhirten zukommen zu lassen, dessen Moral er sich zum Vorbild machen möchte und von dessen Kräften er meint, daß sie am besten zur Rechtschaffenheit hinführen; und daß dadurch der Geistlichkeit jene zeitlichen Belohnungen entzogen werden, die, einer Billigung ihres persönlichen Verhaltens entstammend, einen zusätzlichen Ansporn bilden für ernsthafte und unablässige Anstrengungen zum Zwecke der Belehrung der Menschheit.

Im Bewußtsein, daß unsere bürgerlichen Rechte so wenig von unseren religiösen Meinungen abhängig sind wie von unseren Meinungen über Physik oder Geometrie; daß die Ächtung eines Bürgers als eines des Vertrauens der Öffentlichkeit unwürdigen Menschen durch Entziehung der bürgerlichen Ehrenrechte, sofern er diese oder jene Glaubensüberzeugung nicht bekennt oder verwirft, ihn erheblich jener Privilegien und Vorteile beraubt, auf die er gemeinsam mit seinen Mitbürgern ein natürliches Anrecht hat.

Im Bewußtsein, daß auch die Tendenz dahin geht, gerade die Grundsätze jener Religion zu untergraben, die damit gefördert werden soll, indem jene mit einem Monopol auf weltliche Ehren und Vergütungen bestochen werden, die nach außen hin ihr anhängen und mit ihr übereinstimmen; daß zwar diese in der Tat verbrecherisch sind, die solchen Versuchungen nicht widerstehen, doch auch jene nicht unschuldig sind, die ihnen den Köder in den Weg legen; daß es ein gefährlicher Irrtum ist, wenn man zuläßt, daß der Zivilrichter seine Machtbefugnisse bis in das Gebiet der Meinung ausweitet und das Bekennen oder die Propagierung von Prinzipien wegen deren vermeintlicher Schädlichkeit einschränkt, da dies sofort jede Glaubensfreiheit vernichtet, weil er als Richter über jene Entwicklung seine Meinungen zum Urteilsmaßstab machen und die Geisteshaltung anderer billigen oder verdammen wird, je nachdem sie mit seiner eigenen übereinstimmt oder von ihr abweicht.

Im Bewußtsein, daß für die rechtmäßigen Zwecke ziviler Herrschaftsinstitutionen genügend Zeit gegeben ist, damit deren Beamte eingreifen, wenn Prinzipien Formen annehmen, die offenkundig gegen den Frieden und die allgemeine Ordnung gerichtet sind.

Und schließlich in Anbetracht dessen, daß die Wahrheit groß ist und sich durchsetzen wird, wenn man sie sich selbst überläßt; daß sie die geeignete und ausreichende Gegenkraft zum Irrtum darstellt und vom Konflikt nichts zu befürchten hat, es sei denn, sie würde durch menschliches Eingreifen ihrer natürlichen Waffen beraubt, nämlich des freien Meinungsaustausches und der freien Debatte, wo Irrtümer ihre Gefährlichkeit verlieren, wenn ihnen ungehindert widersprochen werden darf.

In diesem Bewußtsein möge die Generalversammlung deshalb gesetzlich verfügen, daß kein Mensch gezwungen werden soll, irgendeinen religiösen Ritus zu besuchen oder zu fördern, an welchem Ort oder von welchem geistlichen Amt auch immer; noch soll er wegen seiner religiösen Meinungen oder seines Glaubens Zwangsmaßnahmen ausgesetzt, eingeschränkt, belästigt werden; noch sollen seinem Körper oder seinem Hab und Gut Bürden auferlegt werden; noch soll er anderweitig wegen seiner religiösen Meinungen oder seines Glaubens leiden; vielmehr sollen alle Menschen frei sein, ihre Meinungen in religiösen Angelegenheiten kundzutun und mit Argumenten zu verfechten, und selbiges soll in keiner Weise ihre Eigenschaften als Bürger mindern, erweitern oder beeinflussen.

Und obzwar uns sehr wohl bekannt ist, daß diese vom Volk nur für die gewöhnlichen Zwecke der Legislative gewählte Generalversammlung keine Machtbefugnis hat, die Gesetze nachfolgender gleichberechtigter Parlamente einzuschränken, und daß es deshalb keine gesetzliche Wirksamkeit hätte, diese Akte als unwiderruflich zu erklären, steht es uns doch frei zu erklären, was wir hiermit tun, daß ein hiernach verabschiedetes Gesetz, welches das gegenwärtige außer Kraft setzt oder Rechte einschränkt, welche hiermit als zu den natürlichen Rechten der Menschheit gehörend bekräftigt werden, die seine Geltung begründen, daß ein solches Gesetz eine Verletzung natürlichen Rechts darstellen wird.

Thomas Jefferson: Betrachtungen über den Staat Virginia, a.a.O., S. 384ff.

2. Eine Trennungsmauer zwischen Staat und Kirche gehört zum amerikanischen Selbstverständnis.

An das Danbury Bapisten Komitee, Connecticut (1. Januar 1802)

Gentlemen,

The affectionate sentiments of esteem and approbation which you are so good as to express towards me on behalf of the Danbury Baptist Association, give me the highest satisfaction. My duties dictate a faithful and zealous pursuit of the interests of my constituents, and in proportion as they are persuaded of my fidelity to those duties, the discharge of them becomes more and more pleasing.

Believing with you that religion is a matter which lies solely between man and his God, that he owes account to none other for his faith or his worship, that the legislative powers of government reach actions only, and not opinions, I contemplate with sovereign reverence that act of the whole American people which declared that their legislature should „make no law respecting an establishment of religion, or prohibiting the free exercise thereof," thus building a wall of separation between church and State. Adhering to this expression of the supreme will of the nation in behalf of the rights of conscience, I shall see with sincere satisfaction the progress of those sentiments which tend to restore to man all his natural rights, convinced he has no natural right in opposition to his social duties.

I reciprocate your kind prayers for the protection and blessing of the common Father and Creator of man, and tender you for yourselves and your religious association, assurances of my high respect and esteem.

Merrill D. Peterson (Hrsg.): Thomas Jefferson. Writings, New York 1984, S. 510.

3. Religionsgemeinschaften und staatliche Einflußnahme

To Reverend Samuel Miller (Washington, 21. Januar 1808)

Sir,

I have duly received your favor of the 18th. and am thankful to you for having written it, because it is more agreeable to prevent than to refuse what I do not think myself authorized to comply with. I consider the government of the U.S. as interdicted by the Constitution from intermeddling with religious institutions, their doctrines, discipline, or exercises. This results not only from the provision that no law shall be made respecting the establishment, or free exercise of religion, but from that also which reserves to the states the powers not delegated to the U.S. Certainly no power to prescribe any religious exercise, or to assume authority in religious discipline, has been delegated to the general government. It must then rest with the states, so far as it can be in any human authority. But it is only proposed that I should *recommend*, not prescribe a day of fasting and prayer. That is, that I should *indirectly* assume to the U.S. an authority over religious exercises which the Constitution has directly precluded them from. It must be meant too that this recommendation is to carry some authority, and to be sanctioned by some penalty on those who disregard it; not indeed of fine and imprisonment, but of some degree of proscription perhaps in public opinion. And does the change in the nature of the penalty make the recommendation the less a *law* of conduct for those to whom it is directed? I do not believe it is for the interest of religion to invite the civil magistrate to direct its exercises, its disciplines, or its doctrines; nor that of the religious societies that the general government should be invested with the power of effecting any uniformity of time or matter among them. Fasting and prayer are religious exercises. The enjoining them is an act of discipline. Every religious society has a right to determine for itself the times for these exercise, and the objects proper for them, according to their own particular tenets; and this right can never be safer than in their own hands, where the constitution has deposited it.

I am aware that the practice of my predecessors may be quoted. But I have ever believed that the example of state executives led to the assumption of that authority by the general government, without due examination, which would have discovered that what might be a right in a state government, was a violation of that right when assumed by another. Be this as it may, every one must act according to the dictates of his own reason, and mine tells me that civil powers alone have been given to the President of the U.S. and no authority to direct the religious exercises of his constituents.

I again express my satisfaction that you have been so good as to give me an opportunity of explaining myself in a private letter, in which I could give my reasons more in detail than might have been done in a public answer; and I pray you to accept the assurances of my high esteem and respect.

A.a.O., S. 1186-87.

Ausgewählte Literatur zum Thema „Religion und Republikanismus im Denken Thomas Jeffersons":

Daniel J. Boorstin, The Lost World of Thomas Jefferson, Boston,1948. Paul K. Conklin, The Religious Pilgrimage of Thomas Jefferson, in: Peter S. Onuf (Hrsg.), Jeffersonian Legacies, Charlottesville, 1993.

Henry W. Foote, The Religion of Thomas Jefferson, Boston, 1947.

William D. Gould, The Religious Opinions of Thomas Jefferson, Mississippi Valley Historical Review 20 (1933), S. 191-208. Robert M. Healey, Jefferson on Religion in Public Education, New Haven, 1962.

Robert M. Healey, Jefferson on Judaism and the Jews, American Jewish History 73 (1984), S. 359-374. George M. Knoles, Religious Ideas of Thomas Jefferson, Mississippi Valley Historical Review 30 (1943), S. 23-39.

Fred C. Luebke, The Origins of Thomas Jefferson's Anti-Clericalism, Church History 30 (1963), S. 344-56. Royden J. Mott, Sources of Jefferson's Ecclesiastical Views, Church History 3 (1934), S. 95-103.

Merrill D. Peterson und Robert C. Vaughan (Hrsg.), The Virginia Statute for Religious Freedom, New York, 1988.

Charles B. Sandford, The Religious Life of Thomas Jefferson, Charlottesville, 1983.

Eugene R. Sheridan, Historical Introduction, in: Dickinson W. Adams (Hrsg.), Jefferson's Extracts from the Gospels, Princeton, 1983, S. 3-42. History 3 (1934), S. 95-103.

Hartmut Wasser

Zwischen Herrenrecht und Menschenrecht. Thomas Jefferson und das „amerikanische Dilemma"

Zweihundertfünfzig Jahre nach seiner Geburt scheint die Reputation Thomas Jeffersons in Amerika nicht mehr „ganz festgemauert in der Erden" zu sein, jedenfalls dort nicht, wo sich die Sozialwissenschaften um Leben, Werk und Erbe des Verfassers der Unabhängigkeitserklärung und dritten Präsidenten der USA mühen. Waren vor fünfzig Jahren die Jubiläumsfeierlichkeiten noch vom Konsens eines Jefferson-Bildes getragen, das den Vorbild-, den Symbolcharakter des „Weisen von Monticello" für alles genuin „Amerikanische" betonte - „if Jefferson was wrong, America is wrong; if America is right, Jefferson was right", hatte James Parton schon 1874 geschrieben -, hat den Gründervater 1993 jenes Schicksal ereilt, das im Jahr zuvor Christoph Kolumbus zuteil geworden war: So wie die „political correctness" des Seefahrers und die ihm gewidmeten Gedenkfeiern zum fünfhundertsten Jahrestag der „Entdeckung" Amerikas ins Zwielicht gerieten, konnte man 1993 da und dort Zweifel vernehmen, ob nicht der Virginier selbst als Teil der amerikanischen Probleme, als Mitverursacher des „American dilemma" zu gelten habe. Äußerungen aus Monticello über Wert oder Unwert der „schwarzen Rasse" und Jeffersons Haltung zur Sklavenfrage wollten manchen Zeitgenossen im Jubiläumsjahr sogar jene Verdienste des großen Amerikaners verdunkeln, die ihm schon im vergangenen Jahrhundert die rühmenden Etikettierungen Alexis de Tocquevilles - „der gewaltigste Apostel, den die Demokratie je besessen hat" - oder Abraham Lincolns - Jefferson der große Liberale, dessen Prinzipien zu „Definitionen und Axiomen der freien Gesellschaft" avanciert seien - eingetragen hatten. Wo TIME vor kurzem den Virginier unter die „Top Ten" des ablaufenden Millenniums einreihte[1], entdecken Jefferson-Forscher der jüngeren Generation die „Glaubwürdigkeitslücke" des solchermaßen Erhobenen und kommen da und dort zu Aussagen, die von politischen Schmähungen zeitgenössischer Feinde des Präsidentschaftskandidaten Jefferson und späteren Herrn im Weißen Haus nicht mehr allzu weit entfernt sind; wobei der historische Revisionismus gelegentlich durchaus alberne Züge annehmen kann, wenn zum Beispiel in New Orleans verlangt wird, alle nach ehemaligen Sklavenhaltern wie Jefferson oder Washington benannten Schulen kurzerhand umzutaufen.

I

Es soll wenigstens angemerkt werden, daß Thomas Jeffersons „Charakterbild in der Geschichte" oft genug geschwankt hat, der „Herr von Monticello" selten ganz und gar unangefochten geblieben ist. Dabei läßt sich die offenkundig polarisierende Wirkung der Existenz, der politischen Aktivitäten und der philosophisch-literarischen Hervorbringungen des Autors der „Notes on the State of Virginia"[2] zu seinen Lebzeiten vorrangig aus dem hitzigen Kampfesklima einer noch nicht gefestigten Demokratie, einer erst im Entstehen begriffenen republikanischen Streitkultur erklären. Später, vor allem aber in der unmittelbaren Gegenwart, ist der Schlüssel zum Verständnis der auseinander strebenden Jefferson-Bilder eher in der irisierenden Wesensvielfalt des Virginiers, gewissen Ambivalenzen in seiner Biographie und gelegentlichen Widersprüchlichkeiten zwischen seinen Reflexionen und seinen Handlungen zu suchen.

Thomas Jefferson hat sich, ähnlich wie später ein Abraham Lincoln oder ein Franklin Delano Roosevelt, nach Kräften dem fixierenden Zugriff seiner Biographen entzogen und ihnen mancherlei Vergeblichkeitsseufzer im Fortgang ihrer Arbeit entlockt. Henry Adams, Aristokrat mit erstaunlicher Sensitivität und großer Historiker, beschrieb ausgangs des neunzehnten Jahrhunderts seine Schwierigkeiten in der Manier des sein Sujet vorsichtig und mit zweifelhafter Aussicht auf Erfolg umkreisenden Malers:

> "Jefferson could be painted only touch by touch, with a fine pencil, and the perfection of the likeness depended upon the shifting and uncertain flicker of its semi-transparent shadows..."[3]

Und in unserem eigenen Säkulum will dann die Kette der Klagen überhaupt nicht mehr abreißen. Nathan Schachner nennt das Sujet seiner biographischen Begierde „the delight and despair of biographers"[4]; Dumas Malone gibt schon nach Beendigung des ersten von insgesamt sechs Bänden über Jefferson der Sorge Ausdruck, sich mit seinem Anliegen übernommen zu haben:

> "In my youthful presumptuousness I flattered myself that sometime I would fully comprehend and encompass him. I do not claim that I have yet done so, and I do not believe, that I or any other single person can."[5]

In dasselbe Horn stößt der andere große Jefferson-Biograph unserer Tage, Merrill Peterson (um einen letzten von ähnlich lautenden Seufzern solcher Historiker zu zitieren, die an der selbstgestellten Aufgabe verzweifelten, ein „Gesamtbild" des Virginiers zu entwerfen):

> "Of all his great contemporaries Jefferson is perhaps the least self-revealing and the hardest to sound to the depths of being. It is a mortifying confession but he remains for me, finally, an impenetrable man."[6]

Erwähnt seien wenigstens ein paar der „Widersprüchlichkeiten" des Menschen und Politikers von Monticello, denen in einem engeren oder weiteren Sinne auch Bedeutung für die Analyse unseres Untersuchungsgegenstandes zukommt.

Thomas Jefferson ist Aristokrat und Demokrat zugleich und in einem: das erstere in seinem Lebenszuschnitt, seinen intellektuellen Vorlieben und kulturellen Neigungen, in einem höheren Sinne gewiß auch in manchen Ecken seines Politikverständnisses, dort etwa, wo er von den Segnungen einer „natürlichen Aristokratie" unter den Menschen, die sich auf Tugenden und Talente gründe, spricht und von der Notwendigkeit regierungsfähiger Eliten für das Gedeihen auch demokratisch verfaßter Gemeinwesen[7]; Demokrat hingegen in seinem Credo, es seien die Schafe miteinander glücklicher als unter der Führung der Wölfe, seinem beredten Insistieren auf den Prinzipien der Volkssouveränität und Egalität als Fundamenten moderner Republiken und seinem politischen Handeln in Virginia, Washington und anderwärts, überall dort also, wo er sich in die Pflicht der „res publica" nehmen läßt. Ihm gebührt nicht zuletzt das Verdienst, dem Weißen Haus jenen „demokratischen Anstrich" verpaßt zu haben, der ihm bis zum heutigen Tage eignet.

Ein und derselbe Thomas Jefferson stellt sich sowohl als überzeugter Skeptiker der Macht wie als wirkungsvoll agierender Staatsmann und Präsident der USA dar. Aus seiner Überzeugung, es sei die Regierung gewiß die beste, die am wenigsten regiere und in weiser Selbstbeschränkung der zarten Pflanze bürgerlicher Freiheit Entwicklungsmöglichkeiten biete, hat der Virginier Zeit seines Lebens nie ein Hehl gemacht, hat auch stets warnend auf Gefahren verwiesen, die dem Politikprozeß und seinen Protagonisten generell drohten, Begehrlichkeit und Korruption, Machtanmaßung, Machtüberschreitung und Machtversteinerung, Verlust der Kreativität und andere mehr. Doch ist derselbe Virginier, wenn es denn sein muß, ein in der Wolle eingefärbter homo politicus, verfügt er über ein untrügliches Gespür für leadership-Bedürfnisse, ist ihm der Gestus politischen „Aushandelns" durchaus vertraut, wirkt er als effizienter „Macher" der Politik, weiß, wie eine Partei zu organisieren und für politische Zwecke zu instrumentalisieren ist, regiert er als Chef im Weißen Haus trotz aller verfassungsrechtlichen und verfassungspolitischen Behinderungen des amerikanischen Herrschaftssystems fast wie ein Premierminister europäischen Zuschnitts. Keiner der frühen Präsidenten der USA hat die Regierungsmaschinerie der transatlantischen Republik reibungsloser betätigt als eben dieser „Skeptiker der Macht".

II

Vor allem aber weist die Biographie Jeffersons dort mancherlei Schillerndes, Widersprüchliches und Ungereimtes auf, wo der „Weise von Monticello" der eigenen Lebenswelt verhaftet und doch in seinem Denken und Trachten den Zeitgenossen weit voraus und in der Zukunft angesiedelt ist - „Ich liebe Träume der Zukunft mehr als Gedanken an Vergangenes", schreibt noch der Dreiundsiebzigjährige[8] -: in Sachen Sklaverei nämlich zum einen, seinen Betrachtungen zum Stellenwert der „schwarzen Rasse" im Kosmos der Menschheit und im Rahmen der amerikanischen Gesellschaft zum andern. Schon zu Lebzeiten, vor allem während seiner Präsidentschaftskampagnen wird der Gegenspieler des „föderalistischen" Machtestablishments nach allen Regeln politischer Kunst auch unter Nutzung seiner Schwierigkeiten mit dem „American dilemma" diffamiert, wird sein Privatleben detailliert durchleuchtet, eine, wie wir aus der Rückschau von mehr als zweihundert Jahren wissen, gängige Praxis im puritanisch eingefärbten und gleichwohl lüsternen Amerika. Die parteipolitischen Gegner aus den Reihen der „Federalists" bedienen sich dabei mit großer Vorliebe jener „Enthüllungen", die der Schmierenjournalist James Thompson Callender, Faktum, Gerücht und Unterstellung zum Skandalbrei rührend, der Öffentlichkeit präsentiert: vor- und nacheheliche „Verfehlungen" Jeffersons, vor allem vermeintliche oder wirkliche Liebesbeziehungen zu seiner jungen Mulattensklavin Sally Hemings und, horribile dictu, Halbschwester seiner 1782 verstorbenen Frau Martha. Daß Thomas Jefferson die Tragik der Rassenbeziehungen in den USA tatsächlich existentieller erfahren hat, als dies die meisten seiner früheren Biographen bis hin zu Dumas Malone einzugestehen bereit gewesen sind, ist nach dem heutigen Stand der Forschung eher wahrscheinlich geworden; Vorsicht bleibt aber bei allen Aussagen schon deshalb angebracht, weil der dritte Präsident der USA seine Intimsphäre höchst wirkungsvoll gegen die Außenwelt abgeschirmt, die „Privatkorrespondenz" vernichtet, auch seine Autobiographie höchst lustlos fortgeschrieben und beileibe nicht fertiggestellt hat. Wo kein gesichertes Wissen zur Verfügung steht, brodeln Gerüchte und boomt die psychoanalytische Wahrsagerei im Stile einer Fawn M. Brodie, die bei aller anerkennenswerten Anstrengung, uns eine „intimate history" Jeffersons zu präsentieren, häufig genug beim Kaffeesatzlesen Zuflucht sucht.[9] Was ließe sich nicht alles aus einer halbwegs dokumentierten Liaison des „Herrn von Monticello" mit Sally Hemings ableiten im Hinblick auf das von Gunnar Myrdal apostrophierte „American dilemma". Die ganze Tragik des „Dilemmas" mag sich in dem vermuteten lebenslangen und liebevollen Verhältnis zu dieser jungen Frau decouvriert haben, die immerhin fünf Kinder gebar, denen eine gewisse Ähnlichkeit mit Jefferson nachgesagt worden ist (und die dem Vermächtnis gemäß nach seinem Tode freigelassen worden sind): die Tragik einer Situation, in der er die Geliebte nicht freilassen konnte, ohne sie zu verlieren[10], in der sich die Spuren der Freigelassenen ins Dunkel einer Zeit verlieren, die den unbarmherzig-verklemmten Rassismus des Südens noch lange toleriert hat. Was gäbe der casus weiterhin her, ließe er sich bloß zweifelsfrei rekonstruieren: ein hellbraunes Mulattenmädchen als Stein des Anstoßes, die in ihrer Person den Mythos heutiger „Afro-Americans" widerlegt, sie stammten fast alle von afrikanischen Voreltern ab - in Wirklichkeit findet sich oft genug ein weißer Urgroßvater, gelegentlich auch eine weiße Urgroßmutter, wie umgekehrt „schwarzes" Blut in den Adern mancher Südstaatler geflossen ist, die sich vehement gegen die Sklavenemanzipation zur Wehr gesetzt haben. Jedenfalls tun sich schwarze Historiker besonders schwer damit, Thomas Jefferson Gerechtigkeit widerfahren zu lassen. Gewiß können sie ihm eine für die damalige Zeit halbwegs „emanzipatorische" Sicht der Sklavenfrage nicht absprechen und wollen auch seine durchaus ehrenwerten Bemühungen um mehr oder minder „korrekte" Beziehungen zu seinen „servants" nicht leugnen. Daß, wie wir heute zu wissen glauben, im Plantagensystem der amerikanischen Südstaaten sich bis zum Bürgerkrieg Machtbeziehungen zwischen „Herren" und „Sklaven" etablieren konnten, die vielerorts den Charakter des „Aushandelns" trugen, daß die Komplexität der sozialen und kulturellen Dynamik eines als „Familien"-System angesehenen Plantagen-Mikrokosmos auch mancherlei Anpassungsprozesse auf beiden Seiten der Machtbeziehung enthielt, läßt sich gleichfalls nicht ohne weiteres vom Tisch wischen. Dies alles zugegeben, neigen schwarze Historiker der mittleren und jüngeren Generation heute mehr denn je dazu, den weißen Bannerträger eines „natürlichen Liberalismus" schlicht der Heuchelei zu zeihen, kritisieren sie vehement Jeffersons Ambivalenz gegenüber dem inkriminierten Kontext, unterstellen sie ihm auch weiterhin Mißbrauch schwarzer Frauen und Unverantwortlichkeit ihren Kindern gegenüber.[11]

III

Solche und ähnliche Vorwürfe an die Adresse Thomas Jeffersons sind gewiß nicht neu oder originell: Der hier zu untersuchende Sachverhalt hat schon den „Abolitionisten" genügend Munition frei Haus geliefert, um den Virginier mit dem Vorwurf der Doppelzüngigkeit zunächst einmal in der Sklavenfrage zu belegen. Die Kluft zwischen Theorie und Praxis, Ideal und Wirklichkeit öffnet sich diesbezüglich in der Tat so weit, daß sie kaum zu überbrücken erscheint. Sie läßt sich auch nicht einfach mit der historischen Binsenweisheit überspielen, es sei ungerecht, Menschen aus der Vergangenheit nach den Ideen der Gegenwart zu beurteilen, und politische Weisheit sei gewiß dem Wandel der Zeiten unterworfen. Allein eine differenzierte Analyse des inkriminierten Sachverhalts ermöglicht ein halbwegs faires Urteil, ob dem Vorwurf der „Doppelzüngigkeit" Substanz zukomme oder nicht.

Da richtet sich zunächst einmal das Augenmerk der Historiker auf die verschiedenen Lebensetappen des Virginiers, auf den jungen Politiker Thomas Jefferson, dann den Menschenrechtler der Revolutionsjahre, später den Autor der „Notes on the State of Virginia" und endlich den „Weisen von Monticello", auf einen Mann also, der stets in Verlautbarungen, Erklärungen und Absichtsbekundungen auf vielfältige Weise seine Gegnerschaft zum Institut der Sklaverei dokumentiert, dessen Existenz seit dem dritten vorchristlichen Jahrtausend kaum je ernsthaft kritisiert worden war - Zwinglis engagierte und in süddeutschen wie Schweizer Regionen partiell erfolgreiche Abolitionismus-Kampagne stellt die berühmte Ausnahme von der Regel dar - und erst im Zeitalter der Aufklärung sich breiterer

Gegnerschaft konfrontiert gesehen hatte. Daß Jefferson als einer der amerikanischen Protagonisten der „Enlightenment"-Bewegung vehement und kontinuierlich - wir stoßen hier auf eine Konstante seines politisch-philosophischen Credos - gegen die Sklaverei, den Zustand völliger rechtlicher und wirtschaftlicher Abhängigkeit eines Menschen vom „Eigentümer", aufgetreten ist, soll wenigstens umrißhaft belegt werden.

In der nach augenblicklichem Wissensstand frühesten Bekundung abolitionistischer Prinzipien, einer schriftlichen Randnotiz in seiner Ausgabe von Lord Kames' „Essays on the Principles of Morality"[12], weist (der Student?) Thomas Jefferson John Lockes Hinweis zurück, daß die Faktizität der Sklaverei „nichts anderes ist als der fortgesetzte Kriegszustand zwischen einem rechtmäßigen Eroberer und einem Gefangenen", gewiß keine Vertragskondition, aber da und dort in der gesellschaftlichen Realität eben anzutreffen; statt den Besiegten zu töten, versklavt man ihn.[13]

> „At this day it is perceived we have no right to take the life of an enemy unless where our own preservation renders it necessary. But the ceding his life in commutation for service admits there was neither necessity nor right to take it, because you have not done it. And if there was neither necessity nor right to take his life then there is no right to his service in commutation for it... If we have no right to the life of a captive, we have no right to his labor..."[14]

Der oftmals nachzuweisende Einfluß der schottischen Moralphilosophie des achtzehnten Jahrhunderts auf den Virginier offenbart sich in diesen Zeilen Jeffersons; schon Francis Hutcheson, Professor der Moralphilosophie in Glasgow, hatte in seinem „System of Moral Philosophy" (1755) dem Lockeschen Argument nach Kräften widersprochen. Jedenfalls belegt das Zitat das sichere Wissen schon des jungen Jefferson, daß Sklaverei als solche eine nicht (mehr) zu verteidigende Einrichtung war.

Er will dann als „freshman" im virginischen „House of Burgesses", dem Kolonialparlament des Landes also, 1769/70 dieses Wissen gesetzgeberisch zu nutzen versucht haben, freilich chancenlos schon im Ansatz, „as nothing liberal could expect success"[15]; in welcher Weise und ob eine einschlägige parlamentarische Intervention erfolgt ist, bleibt (noch) unbekannt. Etwa zur gleichen Zeit, im April 1770, vertritt der junge Anwalt Thomas Jefferson ohne Honorarforderung die Sache eines jungen Mulatten im Fall „Howell vs. Netherland": dem praktischen Argument, daß eine Rechtsnorm, welche die Großmutter des Klägers Howell bis zu ihrem 31. Lebensjahr als Leibeigene „dienstverpflichtete", nicht auch noch den Enkel demselben Zwang unterwerfen könne, folgte der Hinweis auf das Naturrecht („under that law we are all born free") - das Gericht, angesiedelt inmitten einer Sklavenhaltergesellschaft, konnte er mit dieser kühnen Sprache freilich nicht überzeugen.

Auch in den Folgejahren setzt sich die Kontinuität abolitionistischer Bekundungen fort, läßt sich der Virginier durch frühe Enttäuschungen nicht entmutigen. In seiner großen Streit-, Anklage- und Verteidigungsschrift von 1774, „A Summary View of the Rights of British America", behauptet er ebenso kühn wie realitätsfern, „the abolition of domestic slavery is the great object of desire in those colonies, where it was, unhappily, introduced in their infant state".[16] Der Wahrheit näher kommt da schon sein Verdikt gegen den britischen Monarchen, der frühere Versuche Virginias, den weiteren Sklavenimport aus Afrika zu verhindern, durch Vetogebrauch vereitelt habe, „thus preferring the immediate advantages of a few British corsairs, to the lasting interests of the American States, and to the rights of human nature..."[17]

Wie grundlos Jeffersons Optimismus im „Summary View" gewesen ist, haben dann die Beratungen der von George Mason entworfenen „Declaration of Rights" im Frühjahr 1776 offenbart, die im Rahmen der (revolutionären) „Virginia Convention" stattfanden. „That all men are by nature equally free and independent, and have certain inherent natural rights", wurde schließlich selbst von stockkonservativen „Aristokraten" akzeptiert, nachdem sie sich vergewissert hatten, daß diese Generalisierung nicht auf Sklaven anzuwenden war; virginische Gerichte haben bald darauf diese Auffassung sanktioniert. Jefferson freilich hat zunächst noch unbeirrt an seiner Philosophie festgehalten und sich darum bemüht, ihr in seinem Entwurf der amerikanischen Unabhängigkeitserklärung Ausdruck zu verleihen. Aber selbst sein taktisch versierter Ansatz, der britischen Krone die alleinige Verantwortung für das Institut der Sklaverei zuzuschieben -

> „He [der britische König, der Verf.] has waged cruel war against human nature itself, violating it's most sacred rights of life and liberty in the persons of a distant people who never offended him, captivating & carrying them into slavery in another hemisphere..., suppressing every legislative attempt to prohibit or to restrain this execrable commerce"[18] -

läuft am Widerstand der Sklavenhalterstaaten im Kongreß auf; der Satz taucht in der endgültigen Fassung des Dokuments nicht mehr auf, das Thema kommt darin schlichtweg nicht vor.

Auch in der Folgezeit hat Thomas Jefferson seine Grundüberzeugung „that all men are created equal" verfochten, ob mit dem erforderlichen Nachdruck, bleibt in der Forschung strittig. So kann er als Abgeordneter im Delegiertenhaus von Virginia und Mitglied in dessen „Ausschuß zur Revision der Gesetze des Commonwealth" im Jahr 1776 das Verbot weiterer Sklavenimporte mit vorbereiten helfen, das 1778 verwirklicht wird. Nirgendwo aber hat er seiner Gegnerschaft zur Sklaverei beredter Ausdruck verliehen als in den 1781/82 verfertigten „Notes on the State of Virginia"; daß sich hier der „wahre" Jefferson vernehmen läßt, mag schon der

Umstand belegen, daß der Autor bei der Niederschrift der Studie noch nicht einmal geahnt hat, sie könnte später einem breiteren Publikum bekannt gemacht werden; umgekehrt eher wird man vermuten müssen, seine Attacken wären „verbindlicher" formuliert worden, wenn er die spätere Verbreitung der Schrift vorhergesehen hätte.

Es sei erlaubt, ein paar Zeilen aus den „Notes" zu zitieren, die die rechtlich-moralischen und praktisch-politischen Einwände des Virginiers gegen die Sklaverei bündeln:

> „Ohne Zweifel muß es dadurch, daß unter uns Sklaverei existiert, einen unglückseligen Einfluß auf die Verhaltensformen unseres Volkes geben. Der gesamte Umgang zwischen dem Herrn und dem Sklaven ist eine dauernde Umsetzung der ungestümsten Gemütsbewegungen, des gnadenlosen Despotismus auf der einen Seite und entwürdigender Unterwerfungen auf der anderen. Unsere Kinder sehen dies und lernen, es nachzuahmen, denn der Mensch ist ein zur Nachahmung neigendes Tier... Der Mensch muß als ein Wunder gelten, der seine Umgangsformen und seine Moral von einer Korrumpierung durch solche Umstände freihalten kann."[19]

Sorge und Empörung führen Jefferson hier die Feder und lassen ihn sogar das Verhältnis Herr-Sklave düsterer zeichnen, als es nach Aussagen betroffener Zeitzeugen (und nach seinem eigenen Exempel!) tatsächlich gewesen sein mag. Auch nach der Niederschrift der „Notes" artikuliert der Herr von Monticello trotz vielfältiger Enttäuschungen seine Abolitionismus-Philosophie weiterhin in aller Öffentlichkeit und kann in einer „Politik der mittleren Schritte" auch den einen oder anderen Erfolg verbuchen. Zwar ist sein Entwurf einer Verfassung von Virginia aus dem Jahr 1783 der Zeit noch voraus, wo er die Emanzipation der Sklaven propagiert, die nach 1800 geboren werden. Aber immerhin avanciert Jefferson als virginischer Delegierter beim Bundeskongreß kurz darauf zum Initiator wichtiger nationaler Gesetzesentwürfe. So geht die sog. „Ordinance" von 1784, die den politisch-administrativen und territorialen Status der Neulandgebiete des Westens regeln will und bald darauf zur berühmteren „North West Ordinance" von 1787 verändert wird, auf Vorarbeiten und einen Bericht des Virginiers zurück, der u.a. ein Verbot der Sklaverei sowohl südlich wie nördlich des Ohio nach 1800 enthält und damit zu verhindern versucht, daß diese unselige Institution den Raum der 13 Gründerstaaten überschreitet. Zwar ist der Virginier erneut seiner Zeit ein Stück weit voraus. Der Kongreß verwirft diese Klausel; aber der Optimismus Jeffersons wird - begrenzt obzwar - insofern belohnt, als die Verordnung von 1787 dann tatsächlich die Sklaverei wenigstens in den Regionen nordwestlich des Ohio verbietet.

Allerdings sind damit seine reformerischen Absichtserklärungen und Aktivitäten im wesentlichen beendet. Zwar wird er während seiner Präsidentschaft gelegentlich mit dem Thema konfrontiert, etwa dort, wo das Verbot des Sklavenhandels im riesigen Louisiana-Territorium zur Debatte steht; auch fällt in seine Administration die definitive Beendigung des Sklavenhandels zum 1. Januar 1808. Aber der Präsident hält sich jetzt und später nach seinem Ausscheiden aus der praktischen Politik mit öffentlichen Bekundungen zum brisanten Problem zurück. Dabei wird die Einsicht in die Vergeblichkeit neuer Initiativen eine wesentliche Rolle gespielt haben:

„I have long since given up the Expectation of any early provision for the extinguishment of slavery among us. There are many virtuous men who would make any sacrifice to effect it, many equally virtuous men who persuade themselves either that the thing is not wrong, or that it cannot be remedied"[20],

teilt der Präsident am 28. Januar 1805 einem Briefpartner, William A. Burwell, mit; ganz offensichtlich weiß er keinen Ausweg (mehr) aus der Sackgasse zu benennen. Und ebenso kämpft der engagierte States Rights-Verfechter mit dem Dilemma, daß die Emanzipation vorrangig durch Kongreß-Interventionen in den Bereich der Einzelstaaten hinein, also zu Lasten von deren Selbständigkeit, hätte forciert werden müssen. Aber dennoch finden sich genug Belege, Briefe zumeist, die zeigen, daß auch noch der Ex-Präsident und „Weise von Monticello" dem lebenslang verkündeten Credo verpflichtet bleibt, „that the mass of mankind has not been born with saddles on their backs, nor a favored few booted and spurred, ready to ride them legitimately, by the grace of God."[21]

Freilich weisen die einschlägigen Äußerungen seiner späteren Jahre zunehmende Anzeichen von Fatalismus und Apathie auf, wie etwa das Schreiben an Edward Coles, Privatsekretär von Präsident James Madison, vom 25. August 1814 verdeutlicht, das einen Brief des jungen Mannes beantwortet, in dem dieser den verehrten Herrn von Monticello in ehrerbietigen Worten aufgefordert hatte, doch einen Plan für die allgemeine Sklavenemanzipation in ihrem Heimatstaat zu entwerfen und zu verfechten:

„Mine [gemeint sind seine 'sentiments', der Verf.] on the subject of slavery of negroes have long since been in possession of the public, and time has only served to give them stronger root. The love of justice and the love of country plead equally the cause of these people, and it is a moral reproach to us that they should have pleaded it so long in vain, and should have produced not a single effort, nay I fear not much serious willingness to relieve them and ourselves from our present condition of moral and political reprobation."[22]

IV

Jefferson propagiert eine Politik der graduellen Emanzipation in der Sklavenhaltergesellschaft, um den von ihm befürchteten Desintegrationsprozessen und

Bürgerkriegsgefahren zu begegnen. In den „Notes" skizziert er seine einschlägigen Überlegungen; sie entsprechen im wesentlichen reformerischen Vorschlägen, die der schon erwähnte „Ausschuß zur Revision der Gesetze des Commonwealth" unter Mitwirkung des Herrn von Monticello 1776 für die „General Assembly" von Virginia erarbeitet hatte, freilich fürs erste bloß zur Ablage. Vier Schritte sollen die Gesellschaft dem intendierten Ziele nahebringen:

1. Alle Sklaven, die nach Inkrafttreten der erwähnten Gesetzesvorlage geboren werden, sind für frei zu erklären. Sie sollen in einem gewissen Alter von den Eltern getrennt und auf Kosten der Gesamtheit in öffentlichen Anstalten je nach Begabung „im Ackerbau, der Geisteswissenschaft oder Naturwissenschaft" unterrichtet werden.[23] Wie immer man in der Rückschau diesen Vorschlag bewerten mag, läßt er doch keinen Zweifel an der Entschlossenheit Jeffersons zu, das Problem zuguterletzt auf Kosten der Weißen zu lösen, die ihrer Arbeitskräfte verlustig gingen, ohne adäquater Kompensation sicher zu sein, jedenfalls nicht, wenn es nach dem Willen des Virginiers ging. Er kannte die Geschichte seines Heimatstaates gut genug, um zu wissen, daß weiße „indentured servants", Leibeigene auf Zeit gewissermaßen, im siebzehnten Jahrhundert auch deshalb afrikanischen Sklaven hatten weichen müssen, weil der virginische Landadel Präsenz und Macht eines (bewaffneten!) weißen Proletariats in seiner Mitte fürchtete und deshalb eliminieren wollte; aus Sorge um die Bewahrung des republikanischen Ethos im Lande hat Jefferson auch mit Blick in die Zukunft eine weiße Masseneinwanderung abgelehnt.

2. Nach Erreichen der Volljährigkeit (21 Jahre für Männer, 18 Jahre für Frauen) „sollen sie an einem Platz angesiedelt werden, den die Zeitumstände am geeignetsten erscheinen lassen, wobei sie mit Waffen, Haushalts- und Handwerksgeräten, Saatgut und Paaren von nützlichen Haustieren" losgeschickt und „zu freien und unabhängigen Menschen" erklärt würden, deren Gemeinwesen in der Konsolidierungsphase noch unter dem Schutz Virginias verbliebe.

3. In der Deportationsphase muß der Staat in beschränktem Ausmaß für billige weiße Arbeitskräfte sorgen, vielleicht sogar wieder „indentured servants" aus Europa importieren, die später die virginischen Bürgerrechte erhalten könnten; und

4. schließlich soll die „schwarze Kolonie" (nach ihrer Stabilisierung) in die völlige Unabhängigkeit von Virginia entlassen werden, gemäß dem Recht auf Selbstbestimmung jedweden Volkes, wie es die Unabhängigkeitserklärung deklariert hatte.

Jefferson stellt selbst die entscheidende Frage, die sein Projekt aufwirft: „Warum nicht die Schwarzen hierbehalten und in den Staat eingliedern?" Seine um Differenzierung bemühte Antwort hat freilich bis zum heutigen Tage mancherlei Kontroversen ausgelöst:

„Tief verwurzelte Vorurteile bei den Weißen, zehntausend Erinnerungen der Schwarzen an die ihnen zugefügten Verletzungen; neue Provokationen, die wirklichen, naturgeschaffenen Unterschiede und viele andere Umstände würden uns [im Falle einer Integrationslösung des Problems, d. Verf.] aufteilen in Parteien und Erschütterungen verursachen, die wahrscheinlich nie enden würden, es sei denn, die eine oder die andere Rasse wäre ausgelöscht. Zu diesen Einwänden politischer Natur könnten andere hinzugefügt werden, die das Physische und Moralische betreffen."[24]

Lassen wir den letzten Einwand für den Augenblick außer acht, führt Thomas Jefferson fünf Bedenken gegen das Zusammenleben von Herren und Ex-Sklaven auf ein und demselben Territorium ins Feld:

a) Vorurteile der Weißen, die den überzeugten Newtonianer von Monticello schmerzen, weil sie, die das intellektuelle und moralische Vermögen des Menschen beeinträchtigen, so schwer zu durchbrechen sind;

b) Erinnerungen der Schwarzen an erlittenes Leid und Unrecht, die ihnen künftige Solidarität mit ihren weißen Mitbürgern ebenso wenig erlauben würden, wie Amerikaner in Jeffersons Sicht der Dinge nach erlittener Unbill in vorrevolutionären Tagen weiterhin mit den Briten kohabitieren konnten;

c) neue Provokationen, die sowohl bei der Freilassung einzelner Sklaven wie bei einer generellen Emanzipation ohne Deportation einfach deshalb zu befürchten waren, weil das natürliche und notwendige Band wechselseitiger „Wir"-Gefühle, Grundlage eines aufklärerischen Gesellschaftsvertrages, fehlte;

d) die naturgeschaffenen Unterschiede, die gleich noch genauer zu beschreiben sind, die aber jedenfalls nicht bloß „rassistisch" verstanden werden dürfen, weil Jefferson solche Differenzen auch bei der Trennung der USA vom Mutterland ins Feld geführt hat; und schließlich

e) viele andere Umstände, die ungezügeltem „Faktionalismus", der Desintegration der virginischen Gesellschaft also, den Weg bereiten und Erschütterungen verursachen mußten, die im Rassenkrieg und Genocid enden konnten, Statusängste, Sexualneid oder ganz einfach Angst vor waffentragenden Schwarzen.

Zeit seines Lebens verficht der Virginier Gleichheits- und Selbstbestimmungsrechte der Schwarzen „as a people", leugnet er aber auch die Chance friedlicher Koexistenz auf ein und demselben Territorium angesichts natürlicher Unterschiede und historischer Animositäten zwischen den Rassen. Seine Überzeugungen der 1780er Jahre finden sich wieder im (schon zitierten) Brief an Edward Coles vom 25. August 1814 - „I have seen no proposition so expedient on the whole, as that as emancipation of those born after a given day, and of their education and expatriation after a given age" -; und sie gelten dem „Weisen von Monticello" auch noch im hohen Alter als angemessene Lösung des Problems, wie das Bekenntnis zu „general emancipation and expatriation" im Schreiben an John Holmes vom 22. April 1820 verdeutlicht.[25]

V

Wer freilich Thomas Jefferson als Bannerträger des Abolitionismus vereinnahmen wollte, käme um geistige Bocksprünge nicht herum. Denn weder lassen sich seine skeptischen Vorbehalte gegenüber dem Zeitgeist noch die Sorgen unterschlagen, die ihm sein allgemeiner Emanzipationsplan unter historisch-politischen wie ökonomischen Aspekten über Jahrzehnte hinweg bereitet hat. So sehr der Herr von Monticello das Ende der Sklaverei herbeisehnt, so sehr treibt ihn auch Furcht vor diesem Ereignis und seinen möglichen Folgen um.

Der „Zeitgeist" erschwert jedwede abolitionistische Aktivität nach Kräften. Wer in Virginia zu Jeffersons Lebzeiten gegen das Institut der Sklaverei opponierte, „was actually faced with a choice between exile, martyrdom, and quiescence".[26] Die weiße Bevölkerungsmehrheit, Grundbesitzer genauso wie kleine Farmer und Tagelöhner, sah in Emanzipationsbestrebungen eine Gefährdung der eigenen Sicherheit und suchte ihr Heil lieber in gesetzgeberischer Repression. Sie lebte im Wissen um die Kette blutiger Insurrektionen auf Haiti, die im Gefolge der Französischen Revolution unter Farbigen ausgebrochen waren; und sie wertete ein Dekret des französischen Konvents vom Februar 1794, das den Schwarzen Freiheit und Gleichberechtigung verheißen hatte, als Initialzündung für grausame Massaker an Weißen und der Errichtung einer Negerrepublik in Santo Domingo. Daß der revolutionäre Funke jederzeit auch nach Virginia überspringen könne, schien eine Sklavenrevolte zu belegen, die als „Gabriel's Insurrection" von 1800 in die Annalen des Landes eingegangen ist.

Als Einzelheiten der rechtzeitig entdeckten Verschwörung bekannt wurden, reagierte die Öffentlichkeit hysterisch, drängte auf die Verschärfung bestehender und die Einführung neuer Strafgesetze, und ließ spätestens nach einer neuerlichen, gleichermaßen gescheiterten Sklavenrevolte in Norfolk 1802 auch der „Virginia Abolition Society" keinen Lebensraum mehr. Zwar waren keine „freien" Schwarzen in die Anschläge verwickelt gewesen; aber die öffentliche Meinung legte bei ihrer grundsätzlich emanzipationsfeindlichen Ausrichtung keinen Wert auf subtile Differenzierungen. Rassenspannungen signalisierten Gefahr allerorten: in den Tidewater- und Piedmont-Regionen Virginias etwa konkurrierten freie Schwarze und Angehörige der weißen Unterschicht um Jobs, war Statusangst und -neid am Werke, hielt sich auch, von Jefferson beklagter Ausfluß einer Sklavenhaltermentalität, unter Weißen hartnäckig die Auffassung, Handarbeit, etwa auf den Tabakplantagen, sei eine Sache für die „inferiore Rasse".

Daß Virginias Ökonomie auf dem Plantagensystem beruhte, das seinerseits spätestens seit der zweiten Hälfte des siebzehnten Jahrhunderts im Sklavenwesen gründete, sei bloß erwähnt. Um die Jahrhundertwende und in den frühen Jahrzehnten des neunzehnten Jahrhunderts stieg die Verschuldung vieler Plantagenbesitzer auf Grund objektiver politischer und ökonomischer Faktoren drastisch an; was ihnen blieb, war Grundeigentum, das ohne billige Arbeitskräfte wertlos war. Der circulus vitiosus war unverkennbar: Die Eigner konnten ohne Sklaven nicht über die Ressourcen verfügen, die nötig waren, um die Schwarzen in die Freiheit zu entlassen. Nicht zufällig hat auch Thomas Jefferson selbst, hochverschuldeter Sklavenbesitzer, zuweilen über die Frage nachgedacht, wie man Entschädigungsansprüche im Falle einer Emanzipation befriedigen und schwarze durch weiße Arbeit substituieren könne. Ökonomische Gründe zementierten das Institut der Sklaverei selbst noch in dem Augenblick, als die Erträge der Tabakpflanzer massiv sanken und „king cotton" im tieferen Süden seine Herrschaft antrat - angesichts der sich öffnenden Schere zwischen Angebot und Nachfrage im Bereich der Arbeitskräfte ließen sich überschüssige Sklaven mit hohen Profitraten an die Baumwollregionen verkaufen.

Wie sehr gerade auch die Wirtschaft des Herrn von Monticello auf Sklavenarbeit beruhte, belegt ein Blick in sein gewissenhaft geführtes „Farm book" oder sein „Garden book". Akribisch genau verzeichnen die Quellen die Zahl, Namen und „Standorte" der Sklaven, um 1810 herum immerhin etwa 200 von ihnen, in Albemarle wie in Bedford angesiedelt und tätig; der detailbesessene Systematiker vermeldet über Jahre hinweg aufs genaueste alles, was die Verteilung von Nahrungsmitteln, Kleidern oder Decken an seine „servants" anbelangt, hält die Geburten fest und vermittelt Einblicke in die Alters- und Beschäftigungsstruktur „of my people". Dabei darf nicht verschwiegen werden, daß auch auf Monticello Sklaven in ökonomischer Perspektive als Eigentum oder „Sache" galten. Jefferson hat zuweilen Sklaven verkauft, um Schulden abzutragen, fast immer freilich nur solche, die aus der Erbschaft der Wayles-Familie, also aus der Mitgift seiner Frau, stammten, und auch sie, wenn irgend möglich, unter Wahrung humaner Gesichtspunkte. Gelegentlich trägt ein solcher Handel aber auch punitive Züge: im Jahre 1824 läßt er beispielsweise 4 junge Sklaven zum Verkauf nach New Orleans bringen, die zuvor einen seiner Aufseher angegriffen hatten. Er hat Hypotheken auf seine Sklaven aufgenommen und zuweilen fremde Sklaven für Bauarbeiten „angemietet". Zum Lebensende hin wirtschaftete er mit 230 Sklaven; fünf von ihnen wollte er nach seinem Tod in die Freiheit entlassen wissen. Und auch sein Emanzipationsplan orientiert sich an ökonomischen Fakten. Alle Sklaven simultan freizusetzen und auf Schiffen etwa nach Santo Domingo zu expatriieren, hätte den wirtschaftlichen Ruin Virginias und seiner Pflanzergesellschaft bedeutet; auf 900 Millionen Dollar wäre das Unternehmen seinen Berechnungen nach zu veranschlagen gewesen - für die damalige Zeit eine astronomische Summe. Nur die graduelle Emanzipation der zukünftigen Sklavengeneration war zu finanzieren; Jefferson hat dazu detaillierte Berechnungen angestellt.

VI

Nicht erst heute wird Thomas Jefferson der Widerspruch zwischen Theorie und Praxis, zwischen Bekenntnis und Handeln vorgehalten. Der Advokat der Emanzipation hat nur wenige seiner Sklaven, zumeist Mitglieder der Hemings-Familie, in die Freiheit entlassen. Wo ein Mann wie Edward Coles, oben erwähnter Briefpartner Jeffersons, mit seinen (ererbten) Sklaven schließlich in das Exil des „Nordwestterritoriums" aufgebrochen ist, um ihnen ein Leben in Freiheit und sich selbst charakterliche Integrität zu sichern; wo George Washington testamentarisch den aus seinem Besitz stammenden Sklaven Freiheit verhieß (ohne dies aus rechtlichen Gründen auch den Sklaven seiner Frau Martha gewähren zu können) und durch einen Fonds ihre wirtschaftliche Existenzfähigkeit absicherte, sind fast alle Sklaven Jeffersons nach seinem Tod von der Tochter verkauft worden. Versuchen wir wenigstens ein paar Gründe aufzuspüren, die solche Monticello-Politik gewiß nicht rechtfertigen, wohl aber verständlicher machen können. Jefferson hat über Jahrzehnte hinweg mit hohen Schulden zu kämpfen gehabt, die sich zum Lebensende hin auf über 100.000 Dollar potenzierten. Der finanziellen Misere lagen komplexe Ursachen zugrunde, selbst verschuldete wie unverschuldete; sie verhinderte aber jedenfalls die Freisetzung der Sklaven bei seinem Tode, die nach virginischem Recht mit dem Nachweis ihrer ökonomischen Existenzsicherung zu verbinden war - was George Washington geleistet hatte, war von Jefferson nicht (mehr) zu erwarten, der kaum noch seinen eigenen Besitz hatte erhalten können.

Daneben aber offenbaren manche Bekundungen Jeffersons humanitäre Motive, die seine Politik des „Alles oder Nichts" geleitet haben. Wer Sklaven in Virginia freiließ, setzte sie allerlei Fährnissen und einer feindseligen Umwelt aus. Von der Furcht getrieben, die weißen Herren möchten primär die Alten, Kranken, die Unfähigen und Unbotmäßigen freisetzen, die dann als Problemfälle die Gesellschaft belasten würden, hatte der Gesetzgeber enge Grenzen gezogen: Selbst das relativ liberale „Manumission Law" von 1782 (das immerhin die Zahl der Freigelassenen bis 1800 um ca. 10.000 Personen ansteigen ließ) zwang den Sklavenhalter, gerichtlich nachzuweisen, daß der emanzipierte Sklave über einen Beruf und eine Arbeitsstätte oder über ausreichende Mittel verfügen würde, um das Land zu verlassen. Daß hier keine bloße Willkür am Werke war, leuchtet ein, wenn man sich noch einmal der ökonomischen Grundstruktur Virginias vergewissert. Es fehlten außerhalb der Plantagen Akkulturationsplätze für ehemalige Sklaven, urbane Zentren oder größere Hafenstädte, in denen Freigelassene Unterschlupf hätten finden können; und eine Existenz als freier Farmer zu führen, barg in einer Umgebung von weißen Konkurrenten unkalkulierbare Risiken in sich, die freie Schwarze (mit dem bürgerlichen Recht auf Waffenbesitz ausgestattet!) nicht zur Entfaltung kommen lassen wollten. Um die Jahrhundertwende gewann der „white backlash" an Stoßkraft. Das „Manumission Law" ist 1806 mit dem

Ergebnis revidiert worden, daß fortan ein emanzipierter Sklave binnen Jahresfrist Virginia verlassen mußte, was einige Nachbarstaaten prompt veranlaßte, ihrerseits per Dekret die Zuwanderung aus den Reihen dieser (unerwünschten) Personengruppe des „Old Dominion" zu blockieren. Jefferson hat auch deshalb eine sehr zögerliche Freilassungspolitik betrieben, weil er um diese Probleme gewußt hat; daß die Vermehrung der Zahl Freigelassener die angespannten Rassenbeziehungen weiter verschärfen würden, demonstrierte die soziale Realität Virginias aufs eindringlichste. Die Zahlen führen eine eindeutige Sprache. Im „Old Dominion" stellten zu Jeffersons Lebzeiten die Sklaven fast die Hälfte der Gesamtbevölkerung dar; für das Jahr 1782 etwa finden sich in den „Notes" einschlägige Zahlen, die von 296 852 Weißen und 270 762 Sklaven sprechen; die ca. 2000 freien Schwarzen (deren Zahl sich allerdings in den Folgejahren stark vermehrt hat), fielen dabei kaum ins Gewicht.

Schließlich hat Jefferson aber noch einen prinzipiellen Einwand gegen die individuelle oder gruppenweise Freilassung von Sklaven ins Feld geführt: Sie würde den Befürwortern der Sklaverei als zusätzlicher Vorwand dienen, um dem eigentlichen Ziel, der Generalemanzipation, anhaltend auszuweichen. Selbst wenn Jeffersons Argumentation in Sachen Sklavenbefreiung von Opportunismus eingetrübt gewesen sein mag, so ist sie doch um Lichtjahre vom egoistischen Status quo-Denken entfernt, wie es die Mehrheit der virginischen Sklavenhalter weit über seine Lebzeiten hinaus gepflegt hat.

Die Frage aber bleibt, wie der Herr von Monticello mit den Widersprüchlichkeiten zwischen politisch-philosophischen Grundüberzeugungen und seinem alltagsweltlichen Lebenszuschnitt hat fertig werden können. Hilfreich mag dabei die großzügig-humane Behandlung gewesen sein, die er seinen Sklaven hat angedeihen lassen. Im oben zitierten Brief an Edward Coles legt er die Maximen seiner Bewältigung des „amerikanischen Dilemmas" eindringlich dar:

> „My opinion has ever been that, until more can be done for them, we should endeavor, with those whom fortune has thrown on our hands, to feed and clothe them well, protect them from ill usage, require such reasonable labors only as is performed voluntarily by freemen, and be led by no repugnances to abdicate them, and our duties to them."[27]

Daneben aber haben auch Verdrängungsmechanismen eine Rolle gespielt, die nicht allein in der sorgfältigen Vermeidung der Bezeichnung „Sklaven" für die von ihm Abhängigen zu beobachten sind. Jefferson hat wohl eine gewisse Begabung zur Realitätsabwehr als Form der (inneren) Konfliktbewältigung entwickelt:

> „The quick frenzy of Jefferson's dedication to beauty and refinement reflected an urge to hover above the squalor and horror of the slavery that existed below him on his mountain top. His serene optimism, his ability to

immerse himself in aesthetic problems and delights, his resolution to ignore unpleasant realities (his debts, his house's imperiled future, the effects of his expenditures on his slaves) - all these show a will to suspend himself in the air out of sheer determination."[28]

Wo die psychologische Dimension ins Blickfeld rückt, darf auch die andere Vermutung zuguterletzt nicht außer Acht bleiben, Jefferson habe dem Sklavenhalterdilemma durch Herrenmenschendünkel zu entrinnen versucht.

VII

Was hat es mit den „wirklichen, naturgeschaffenen Unterschieden" auf sich, von denen vorher die Rede gewesen ist? Die „Notes" scheinen eine Antwort zu vermitteln, die uns heute schlichtweg schockiert. Da werden zunächst einmal die „Schwächen" der schwarzen Rasse gleichsam naturwissenschaftlich-distanziert aufgelistet. Der Autor verweist auf die schönere Gestalt und edleren Gesichtszüge der Weißen gegenüber der „ewigen Monotonie, welche im Gesichtsausdruck der anderen Rasse vorherrscht", und benennt ohne viel Federlesens Defizite des Intellekts, des künstlerischen Sinns und der Talente ganz generell bei den Schwarzen. Der Tenor der Argumentation nimmt medizinische Konturen an, wenn er schreibt:

> „Sie scheiden weniger durch die Nieren aus und mehr durch die Drüsen der Haut, was ihnen einen sehr starken und widerwärtigen Geruch gibt", ihr „Atmungsapparat, den ein findiger Experimentator als hauptsächlichen Regulator animalischer Wärme entdeckt hat", ist anders als bei Weißen organisiert; ihre Sexualität und Triebhaftigkeit läßt wenig Raum für zartere Empfindungen und richtet sich vor allem auf weiße Frauen, „so einheitlich wie der Orang-Utan schwarze Frauen den eigenen Weibchen vorzieht".

Manche Defizite und Inferioritäten resultieren nach Jeffersons Meinung zwar auch aus der sozialen Situation der Schwarzen, viel mehr aber entspringen sie ihrer rassischen Konstitution.

> „Die körperlichen und geistigen Vervollkommnungen der Schwarzen, in erster Linie durch ihre Vermischung mit den Weißen, ist von jedermann beobachtet worden und beweist, daß ihre Minderwertigkeit nicht bloß die Auswirkung ihrer Lebensbedingungen ist. Wir wissen, daß bei den Römern... die Lage der Sklaven viel beklagenswerter war als die der Schwarzen auf dem amerikanischen Kontinent... Und dennoch waren bei den Römern deren Sklaven oft die größten Künstler... Epiktet, Terenz und Phaedrus waren Sklaven. Aber sie waren von der Rasse der Weißen. Es ist also nicht die Lage, sondern es ist ihre Natur, die den Unterschied geschaffen hat."[29]

Wo Jefferson an dieser Stelle Schwarze und Weiße zum Nachteil der ersteren vergleicht, nähert er sich den Vorurteilen und Überzeugungen seiner Mitbürger so weit an, daß sie die Aussagen des „Weisen von Monticello" für ihre antiemanzipatorischen Antriebe und Interessen instrumentalisieren können. So weit, so schlecht. Und doch sind, so befremdlich dies sich ausnehmen mag, auch in solchen Passagen Züge eines wissenschaftlichen Ethos des Autors zu erkennen, die ihn weit über das bloße Bramarbasieren der Zeitgenossen hinausheben, den Vorwurf des Herrendünkels halbwegs relativieren.

Jefferson beklagt das Fehlen ausreichender Daten und angemessener Kriterien für die Analyse des diffizilen Sachverhalts „Rassenunterschiede", wirft sich und den Mitbürgern vor, „daß wir zwar eineinhalb Jahrhunderte lang die Rassen der schwarzen und roten Menschen vor Augen gehabt, sie aber noch nie als Subjekte der Naturgeschichte betrachtet haben" und zieht aus all dem den Schluß, es dürfe „die Meinung, daß die Schwarzen in den Fähigkeiten der Vernunft und Vorstellungskraft minderwertig seien, nur mit starkem Zweifel vorgetragen werden." Daß sich hier keineswegs bloß ein Herrenmensch (mit halbwegs schlechtem Gewissen) artikuliert, sondern auch ein interessierter Dilettant im Kontext der wissenschaftlichen Diskussion seiner Zeit räsoniert, kann vielfältig belegt werden. Ein in Sachen Sklaverei ganz unverdächtiger Wissenschaftler und Philosoph, der Engländer David Hume, kommt in seiner Schrift „On National Characters" zur Konklusion: „I am apt to suspect the Negroes to be naturally inferior to the whites"; und was das von Jefferson erwähnte Paarungsverhalten des Orang Utans anbelangt, verweist Garry Wills auf den Umstand, daß zum einen im Gefolge der Lockeschen Philosophie die Ähnlichkeiten zwischen allen Lebewesen stark betont, zum andern im Umkreis aufklärerischer Schriften von Naturwissenschaftlern dem Orang Utan quasi-menschliche Eigenschaften zugeschrieben worden sind.

Schwerer fällt aber Jeffersons Aussage ins Gewicht, er wolle keinesfalls „eine ganze Menschenrasse degradieren... aus dem Rang in der Skala der Wesen, den ihnen ihr Schöpfer vielleicht verliehen hat"; sie gewinnt ihre Glaubwürdigkeit im Kontext weiterer Aussagen des Autors zum inkriminierten Sujet.

> „Ob weitere Beobachtungen die Annahme, daß die Natur bei den Geistesgaben [den Schwarzen gegenüber, der Verf.] nicht so freigiebig war, nun bestätigt werden oder nicht: Ich glaube, man wird finden, daß sie ihnen bei den Herzensgaben Gerechtigkeit widerfahren ließ. Jener Hang zum Stehlen, mit dem man sie gebrandmarkt hat, muß ihrer Lage zugeschrieben werden und keiner Verkommenheit des moralischen Gefühls."[30]

Herzensgaben und moralisches Gefühl also weisen die „Notes" den Schwarzen zu; an anderer Stelle ist die Rede vom „equal moral sense". Wer um den Stellenwert dieser humanen Kräfte im Jeffersonschen Gedankengebäude weiß, muß die frühere Vermutung, es sei die schockierende Abwertung der schwarzen Rasse seinem sehr persönlichen „amerikanischen Dilemma" entsprungen, doch wieder in Frage stellen. Historiker haben den Nachweis geführt, daß Jeffersons Grundüberzeugungen seit seinen studentischen Tagen am „College of William and Mary" in Williamsburg stark von der schottischen Moralphilosophie, von den Lehren eines David Hume, eines Adam Smith oder Francis Hutcheson geprägt worden sind. Ihr gilt als eigentliche Essenz des Humanum nicht der Kopf, sondern das Herz, nicht der Intellekt, sondern das „moralische Gefühl". Es stellt nicht bloß das höchste Vermögen der Menschen dar, sondern ist ihnen auch insgesamt zu eigen. Wenn Thomas Jefferson den Schwarzen „integrity..., benevolence, gratitude, and unshaken fidelity" zuerkennt, bewegt er sich damit in Hutchesons Terminologie, listet er in seiner Nachfolge die Kardinaltugenden menschlicher Existenz auf. Was er an „Unmoral" unter den Schwarzen ausmacht, schreibt er den korrumpierenden Konsequenzen der Sklaverei zu, erkennt ihnen aber zugleich Integrität und Verläßlichkeit in einem Sozialverband zu, der sie zur Entfaltung solcher Werte gewiß weder animiert noch verpflichten kann. „Moral sense" ist der Urgrund der Menschenwürde, unterscheidet den Menschen von allen anderen Lebewesen; „equal moral sense" begründet gleiche Menschenrechte, zu denen für den Verfasser der Unabhängigkeitserklärung auch das Recht auf Selbstregierung gehört. Jeffersons Philosophie gestattet sich keine Abweichungen, wo von der „schwarzen Rasse" die Rede ist; ihr entspringt die Forderung nach Generalemanzipation der Sklaven ebenso wie die Akzeptanz ihres Staatsgründungsrechts aus eigenem Rechtsanspruch.

VIII

Die Ambivalenzen des Politikers und Staatsmanns, des Literaten und Gelehrten Thomas Jefferson lassen sich nicht wegretuschieren. Auch seine wohlwollendsten Biographen haben den Graben nicht ganz zuschütten können, der sich im Umfeld des „amerikanischen Dilemmas" zwischen (rigorosem) Denken und (zögerlichem) Handeln des Herrn von Monticello auftut. Sein analytischer Geist erkennt die Unzuträglichkeiten der Zeit ebenso wie ihre Machtkonstellationen; die Diskrepanz zwischen Sollen und Sein treibt ihn im Alter immer stärker in eine Position des distanzierten Beobachters, des unverbindlichen Kritikers. „We have the wolf by the ears, and we can neither hold him, nor safely let him go. Justice is in one scale, and self-preservation in the other"[31], bekennt er fast apathisch im Jahre 1820. Gewiß ist er in der Sklavenfrage nicht über seinen Schatten gesprungen: Zeit seines Lebens hat er Kontroversen und Konflikte gescheut, hat er die „normative Kraft des Faktischen" respektiert und in der politischen Umsetzung des als richtig Erkannten reformerischem Pragmatismus mehr gehuldigt als rigider Konsequenz. Aber immerhin hat der Schatten so weit gereicht, um Thomas Jefferson über seine eigene Zeit und seine Zeitgenossen dort hinausgelangen zu lassen, wo Recht oder Unrecht der Sklaverei auf dem Prüfstand standen und die Konsequenzen ihrer Perpetuierung für das politisch-soziale Gefüge des Landes bedacht wurden.

Sozialwissenschaftler sollten auch ausgangs des zweiten Jahrtausends die Mahnung Peter Gays beherzigen, große Persönlichkeiten „with a little bit more of sophistication" zu traktieren, vor allem dort, ist man geneigt hinzuzufügen, wo Denken und Tun eines so differenzierten und ambivalenten Charakters zu betrachten sind, wie wir ihm in der Person Thomas Jeffersons begegnen.

Anmerkungen

1 TIME, Fall 1992, Special Issue: Beyond the Year 2000, S. 25.

2 Eine deutsche Ausgabe, hrsg. u. bearb. von Hartmut Wasser, liegt vor: Thomas Jefferson, Betrachtungen über den Staat Virginia, Zürich, 1989.

3 Zit. nach Fawn M. Brodie, Thomas Jefferson. An Intimate History, New York/ Toronto, 1975, S. 6.

4 Nathan Schachner, Thomas Jefferson: A Biography, 2 Bde., New York, 1951, Bd. 1, S. VIII.

5 Dumas Malone, Jefferson the Virginian, Boston, 1948, S. VII.

6 Merrill Peterson, Thomas Jefferson and the New Nation, New York, 1970, S. VIII.

7 Etwa in einem Brief an John Adams vom 28. Oktober 1813; siehe Merrill Peterson (Hrsg.), The Portable Thomas Jefferson, New York, 1977, S. 533ff.

8 Lester J. Cappon (Hrsg.), The Adams-Jefferson Letters, Bd. 2, Chapel Hill, 1959, S. 483/84.

9 Siehe Anm. 3.

10 1806 hat die Legislative von Virginia das "manumission law" von 1782 revidiert, welches die Modalitäten der Freilassung von Sklaven geregelt hatte: von jetzt an mußte ein emanzipierter Sklave den Staat Virginia innerhalb eines Jahres verlassen; anderer- seits hätten die in den Südstaaten dominierenden Sozialnormen eine Ehe oder auch nur eine Liaison mit einer "emanzipierten" Schwarzen nicht zugelassen. Liegt es da nicht nahe, daß sich die beiden auf die Fortführung ihrer Beziehung unter dem bergenden Mantel der Sklaverei verständigt haben sollten?

11 Die Verleumdungskampagne der "Anti-Jeffersonians" haben traditionsbildend ge- wirkt, die Gerüchteküche brodelt weiter und kocht auch die alte Legende anhaltend gar von jenem "negro sale" in Richmond, "at which two daughters of Thomas Jefferson, the writer of the Declaration of American Independence, and one of the presidents of the great republic, were disposed of to the highest bidder", wie dies im Roman (oder sollen wir sagen: der historischen Erzählung) von William Wells Brown, "Clotel, or, the President's Daughter" (New York: Arno Press and the New York Times, 1969, S. 64) schon in der Erstauflage des Buches im Jahr 1853 zu lesen steht, das später mehrfach neu aufgelegt und vom Verfasser verändert worden ist; einen Überblick über den (großenteils schwarzen) Revisionismus der letzten Jahrzehnte geben Scot A. French/ Edward L. Ayers, The Strange Career of Thomas Jefferson. Race and Slavery in American Memory, 1943-1993, in: Jeffersonian Legacies, S. 418ff.

12 Die Handschrift verweist auf die Jugend Jeffersons, weshalb E.M. Sowerby in seinem "Catalogue of the Library of Thomas Jefferson" (5 Bde., Washington, D.C., 1952, Bd. 2, S. 11/12) vermutet, das Buch sei bei dem Feuer gerettet worden, das im Winter 1770 Shadwell zerstört hat.

13 John Locke, Zwei Abhandlungen über die Regierung, hrsg. u. eingeleitet von Walter Euchner, Frankfurt/M, 1977, S. 214/15.

14 Zitiert nach Garry Wills, Inventing America. Jefferson's Declaration of Independence, Garden City, N.Y., 1978, S. 293/94.

15 "I made an effort in that body for the permission of the emancipation of slaves, which was rejected", berichtet er in seiner "Autobiography", die u.a. abgedruckt ist bei Adrienne Koch/William Peden (Hrsg.), The Life and Selected Writings of Thomas Jefferson, New York, 1972, S. 5; und in einem Brief an Edward Coles vom 25. August 1814 schreibt er: "In the first or second session of the Legislature after I became a member, I drew to this subject the attention of Col. Bland, one of the oldest, ablest, & most respected members, and he undertook to move for certain moderate extensions of the protection of the laws to these people. I seconded his motion...". Paul Leicester Ford (Hrsg.), The Writings of Thomas Jefferson, 10 Bde., New York, 1892-1899, Bd. 9, S. 477.

16 Koch/Peden, S. 304 (vgl. Anm. 15).

17 Ebda.

18 Zitiert nach Wills, S. 377 (vgl. Anm. 14).

19 Jefferson: Betrachtungen über den Staat Virginia, S. 337ff. (vgl. Anm. 2).

20 Thomas Jefferson's Farmbook, hrsg. von Edwin M. Betts, Monticello, 1987, S. 20.

21 So Jefferson im letzten, erhaltenen Brief vom 24. Juni 1826 an Roger C. Weightman, in: The Portable Thomas Jefferson, S. 585 (vgl. Anm. 7).

22 Ford, Bd. 9, S. 477/78; wie anders äußert sich hier Jefferson als 30 Jahre zuvor in einem Brief an den Engländer Richard Price, wo der Virginier noch stark auf die Jugend gesetzt hatte! Siehe Julian Boyd (Hrsg.), The Papers of Thomas Jefferson, Princeton, 1950ff, Bd. 8, S. 356/57.

23 Dazu und zum folgenden Jefferson, Betrachtungen, S. 291ff. (vgl. Anm. 2).

24 Jefferson, Betrachtungen, S. 292.

25 Ford, Bd. 9, S. 157/58.

26 Dumas Malone, Jefferson And His Time. The Sage of Monticello, Boston, 1981, S. 323.

27 Vgl. Anm. 15.

28 So Garry Wills, The Aesthete. The Worlds of Thomas Jefferson at Monticello, in: The New York Review, 12. August 1993, S. 6ff (S. 8). Wills leitet auch die Nutzung von Speiseaufzügen in Monticello aus dem Bedürfnis Jeffersons her, die Sklaven aus seinem Bewußtsein zu verdrängen - angesichts des tagtäglichen Umgangs mit ihnen vielleicht doch eine etwas weit hergeholte Konstruktion!

29 Betrachtungen, S. 297ff.

30 A.a.O., S. 301.

31 Jefferson an John Holmes, 22. April , 1820 (vgl. Anm. 25).

Texte zu Jeffersons Position(en) in der Sklaven- und Rassenfrage

Die nachfolgend präsentierten Quellen sind Jeffersons Buchsolitär „Betrachtungen über den Staat Virgina" und seiner umfangreichen Korrespondenz entnommen. Die beigefügte Statistik beleuchtet die quantitative Größenordnung des „American Dilemma" an der Wende vom achtzehnten zum neunzehnten Jahrhundert.

1. Jeffersons Abrechnung mit dem Institut der Sklaverei

Ohne Zweifel muß es dadurch, daß unter uns Sklaverei existiert, einen unglückseligen Einfluß auf die Verhaltensformen unseres Volkes geben. Der gesamte Umgang zwischen dem Herrn und dem Sklaven ist eine dauernde Umsetzung der ungestümsten Gemütsbewegungen, des gnadenlosen Despotismus auf der einen Seite und entwürdigender Unterwerfungen auf der anderen. Unsere Kinder sehen dies und lernen, es nachzuahmen, denn der Mensch ist ein zur Nachahmung neigendes Tier.

Diese Eigenschaft ist der Keim seiner gesamten Erziehung. Von der Wiege bis zum Grabe lernt er, das zu tun, was er andere machen sieht. Wenn ein Elternteil weder in seiner Philantropie noch in seiner Eigenliebe ein Motiv finden kann, um die ausschweifenden Temperamentsausbrüche gegenüber seinem Sklaven zu zügeln, sollte es stets ausreichen, daß sein Kind anwesend ist. Der Vater oder die Mutter tobt, das Kind schaut zu und merkt sich die Zornesgebärde, setzt im Kreise jüngerer Sklaven dieselbe Miene aufläßt seinen schlimmsten Gemütsbewegungen freien Lauf und kann, indem es so großgezogen, erzogen und täglich in Tyrannei eingeübt wird, schließlich nur durch abscheuliche Eigentümlichkeiten geprägt werden.

Der Mensch muß als ein Wunder gelten, der seine Umgangsformen und seine Moral von einer Korrumpierung durch solche Umstände freihalten kann. Und mit welchem Fluch müßte man den Staatsmann belegen, der, indem er zuläßt, daß die eine Hälfte der Bürger so auf den Rechten der anderen herumtrampelt, jene in Despoten verwandelt und diese in Feinde; der die Moral der einen Hälfte vernichtet und die Vaterlandsliebe der anderen. Wenn es nämlich für einen Sklaven auf dieser Welt ein Land geben kann, dann wird es keinesfalls dasjenige sein, in dem er geboren wird, um für einen anderen zu leben und zu arbeiten; ein Land, in dem er seine natürlichen Anlagen verschütten und nach Kräften zum Verschwinden der menschlichen Rasse beitragen muß, da er sonst seine eigenen elenden Lebensbedingungen an die endlosen Generationen weitergibt, die von ihm abstammen.

Zusammen mit der Moral dieser Menschen wird ihr Fleiß zerstört. Denn in einem warmen Klima wird niemand selbst arbeiten, der einen anderen für sich arbeiten lassen kann. Dies entspricht dermaßen der Wahrheit, daß man nur einen sehr kleinen Teil der Sklavenbesitzer jemals hart arbeiten sieht. Kann man aber die Freiheitsrechte einer Nation als gesichert betrachten, wenn wir deren einzige feste Grundlage entfernt haben, nämlich eine

Überzeugung im Denken des Volkes, daß diese Freiheiten ein Geschenk Gottes sind? Daß gegen sie zu verstoßen den Zorn Gottes erregt?

Ich zittere in der Tat um mein Land, wenn ich daran denke, daß Gott gerecht ist, daß seine Gerechtigkeit nicht ewig schlummern kann; daß schon in Anbetracht der Zahlenverhältnisse und der Unwägbarkeit der Natur eine neue Drehung des Glücksrads und eine Umkehrung der Situation in den Bereich des Möglichen gehört und daß diese Umkehrung durch ein übernatürliches Einwirken wahrscheinlich werden mag! Denn es gibt nichts im Wesen des Allmächtigen, das in einer solchen Auseinandersetzung für uns spräche.

Es ist aber unmöglich, Zurückhaltung zu üben und gleichzeitig zu diesem Thema politische, moralische sowie natur- und menschheitsgeschichtliche Überlegungen anzustellen. Wir müssen uns mit der Hoffnung zufriedengeben, daß diese Überlegungen sich zum Denken eines jeden Zugang verschaffen werden. Ich glaube, ein Wandel ist schon spürbar seit den Anfängen unserer gegenwärtigen Revolution. Der Geist des Herren verschwindet allmählich, der des Sklaven erhebt sich aus dem Staub, wenn sich seine Lebensumstände mildern; und der Weg wird, so hoffe ich, unter dem Schutze des Himmels bereitet zu einer völligen Emanzipation, die auf geordnete Weise mit Zustimmung der Herren durchgeführt werden wird und nicht durch deren Vernichtung.

Thomas Jefferson: Betrachtungen über den Staat Virginia, hrsg. v. Hartmut Wasser, Zürich 1989, S. 337ff.

2. In einem Brief vom 25. August 1814 an Edward Coles, Privatsekretär von Präsident James Madison, faßt Thomas Jefferson noch einmal die diesbezüglichen Überlegungen zusammen:

DEAR SIR

Your favour of July 31, was duly received, and was read with peculiar pleasure. The sentiments breathed through the whole do honor to both the head and heart of the writer. Mine on the subject of slavery of negroes have long since been in possession of the public, and time has only served to give them stronger root. The love of justice and the love of country plead equally the cause of these people, and it is a moral reproach to us that they should have pleaded it so long in vain, and should have produced not a single effort, nay I fear not much serious willingness to relieve them & ourselves from our present condition of moral & political reprobation. From those of the former generation who were in the fulness of age when I came into public life, which was while our controversy with England was on paper only, I soon saw that nothing was to be hoped. Nursed and educated in the daily habit of seeing the degraded condition, both bodily and mental, of those unfortunate beings, not reflecting that that degradation was very much the work of themselves & their fathers, few minds have yet doubted but that they were as legitimate subjects of property as their horses and cattle. The quiet and monotonous course of colonial life has been disturbed by no alarm, and little reflection on the value of liberty. And when alarm was taken at an enterprize on their own, it was not easy to carry them to the whole length of the principles which they invoked for themselves. In the first or second session of the

Legislature after I became a member, I drew to this subject the attention of Col. Bland, one of the oldest, ablest, & most respected members, and he undertook to move for certain moderate extensions of the protection of the laws to these people. I seconded his motion, and, as a younger member, was more spared in the debate; but he was denounced as an enemy of his country, & was treated with the grossest indecorum. From an early stage of our revolution other & more distant duties were assigned to me, so that from that time till my return from Europe in 1789, and I may say till I returned to reside at home in 1809, I had little opportunity of knowing the progress of public sentiment here on this subject. I had always hoped that the younger generation receiving their early impressions after the flame of liberty had been kindled in every breast, & had become as it were the vital spirit of every American, that the generous temperament of youth, analogous to the motion of their blood, and above the suggestions of avarice, would have sympathized with oppression wherever found, and proved their love of liberty beyond their own share of it. But my intercourse with them, since my return has not been sufficient to ascertain that they had made towards this point the progress I had hoped. Your solitary but welcome voice is the first which has brought this sound to my ear; and I have considered the general silence which prevails on this subject as indicating an apathy unfavorable to every hope. Yet the hour of emancipation is advancing, in the march of time. It will come; and whether brought on by the generous energy of our own minds; or by the bloody process of St Domingo, excited and conducted by the power of our present enemy, if once stationed permanently within our Country, and offering asylum & arms to the oppressed, is a leaf of our history not yet turned over. As to the method by which this difficult work is to be effected, if permitted to be done by ourselves, I have seen no proposition so expedient on the whole, as that as emancipation of those born after a given day, and of their education and expatriation after a given age. This would give time for a gradual extinction of that species of labour & substitution of another, and lessen the severity of the shock which an operation so fundamental cannot fail to produce. For men probably of any color, but of this color we know, brought from their infancy without necessity for thought or forecast, are by their habits rendered as incapable as children of taking care of themselves, and are extinguished promptly wherever industry is necessary for raising young. In the mean time they are pests in society by their idleness, and the depredations to which this leads them. Their amalgamation with the other color produces a degradation to which no lover of his country, no lover of excellence in the human character can innocently consent. I am sensible of the partialities with which you have looked towards me as the person who should undertake this salutary but arduous work. But this, my dear sir, is like bidding old Priam to buckle the armour of Hector „trementibus aequo humeris et inutile ferruncingi.“ No, I have overlived the generation with which mutual labors & perils begat mutual confidence and influence. This enterprise is for the young; for those who can follow it up, and bear it through to its consummation. It shall have all my prayers, & these are the only weapons of an old man. But in the mean time are you right in abandoning this property, and your country with it? I think not. My opinion has ever been that, until more can be done for them, we should endeavor, with those whom fortune has thrown on our hands, to feed and clothe them well, protect them from all ill usage, require such reasonable labor only as is performed voluntarily by freemen, & be led by no repugnancies to abdicate them, and our duties to them. The laws do not permit us to turn them loose, if that were for their good: and to commute them for other property is to commit them to those whose usage of them we cannot control. I hope then, my dear sir, you will reconcile yourself to your country and its unfortunate condition; that you will not lessen its stock of sound disposition by withdrawing your portion from the mass. That, on the contrary you will come forward in the public councils, become the missionary of this doctrine truly christian; insinuate & inculcate it softly but steadily, through the medium of writing and conversation; associate others in your labors, and when the phalanx is formed, bring on and press the proposition perseveringly until its accomplishment. It is an encouraging observation that no good measure was ever proposed, which, if duly pursued, failed to prevail in the end. We have proof of this in the history of the endeavors in the English parliament to suppress that very trade which brought this evil on us. And you will be supported by the religious precept, „be not weary in welldoing." That your success may be as speedy & complete, as it will be of honorable & immortal consolation to yourself, I shall as fervently and sincerely pray as I assure you of my great friendship and respect.

Merrill D. Peterson (Hrsg.), The Portable Thomas Jefferson, New York 1977, S. 544ff.

3. Jeffersons Emanzipations- und Expatriierungspläne

In seinem „Entwurf einer grundlegenden Verfassung für das Commonwealth of Virginia" von 1783 spricht Jefferson der virginischen Legislative die Befugnis ab, „die Zuführung weiter Sklaven zum Aufenthalt in diesem Staat zu erlauben der die Fortsetzung der Sklaverei über Generationen hinaus, welche am 31. Tag des Monats Dezember des Jahres 1800 leben wird. Alle nach diesem Tag geborenen Personen werden hiermit für frei erklärt...".

Jefferson, Betrachtungen, a.a. O., S. 368.

4. In einem maßgeblich von Jefferson geprägten Gesetzentwurf des „Ausschusses zur Revision der Gesetze des Commonwealth" (von Virginia) aus dem Jahr 1777/78 ist festgelegt worden,

daß Sklaven bis zu einem bestimmten Alter bei ihren Eltern bleiben und dann auf öffentliche Kosten je nach ihrer Begabung im Ackerbau, in der Geisteswissenschaft oder in der Naturwissenschaft unterrichtet werden sollen, bis die weiblichen achtzehn und die männlichen einundzwanzig Jahre alt wären. Dann sollen sie an einem Platz angesiedelt werden, den die Zeitumstände am geeignetsten erscheinen ließen, wobei sie mit Waffen, Haushalts- und Handwerksgeräten, Saatgut, Paaren von nützlichen Haustieren usw. losgeschickt und als freie, unabhängige Menschen erklärt würden; unsere Verbundenheit und unser Schutz sollte ihnen gewährt werden, bis sie Kraft erlangt haben würden. Gleichzeitig sollten Schiffe in andere Teile der Welt ausgeschickt werden nach einer gleich großen Zahl weißer Bewohner. Um sie zur Einwanderung hierher zu bewegen, sollte ein entsprechender Ansporn geboten werden.

Man wird wahrscheinlich fragen: Warum nicht die Schwarzen hierbehalten und in den Staat eingliedern, um auf diese Weise die Kosten zu sparen, die anfallen, wenn weiße Siedler importiert werden, um die Lücken zu füllen? Tief verwurzelte Vorurteile bei den Weißen, zehntausend Erinnerungen der Schwarzen an die ihnen zugefügten Verletzungen;

neue Provokationen, die wirklichen, naturgeschaffenen Unterschiede und viele andere Umstände würden uns aufteilen in Parteien und Erschütterungen verursachen, die wahrscheinlich nie enden würden, es sei denn, die eine oder die andere Rasse wäre ausgelöscht.

Jefferson, Betrachtungen, a.a.0., S. 291/92.

5. Jeffersons Äußerungen zur Rassenfrage

Der erste Unterschied, der uns auffällt, ist die Farbe. Ob das Schwarz des Negers in der netzartigen Membran zwischen der Haut und der Oberhaut sitzt oder in der Oberhaut selbst; ob es mit der Farbe des Blutes zusammenhängt, mit der Farbe der Gallenflüssigkeit oder mit der Farbe eines sonstigen Sekrets - der Unterschied ist in der Natur festgelegt und ist genauso real, als wenn sein Sitz und Ursprung uns besser bekannt wären. Und ist dieser Unterschied bedeutungslos? Ist er nicht die Grundlage für ein größeres oder geringeres Maß an Schönheit in den beiden Rassen? Sind nicht die feinen Mischungen von Rot und Weiß, die Ausdrucksformen jeder Leidenschaft durch größere oder geringere Farbüberflutung bei der einen jener ewigen Monotonie vorzuziehen, welche im Gesichtsausdruck der anderen Rasse vorherrscht, in jenem unverrückbaren schwarzen Schleier, der alle Emotionen verhüllt? Man füge wallendes Haar, eine elegantere Symmetrie der Form hinzu und deren eigenes Urteil zugunsten der Weißen, das sie dadurch erklären, daß sie ihnen den Vorzug geben, so einheitlich wie der Orang-Utan schwarze Frauen den eigenen Weibchen vorzieht. Den Umstand überlegener Schönheit hält man bei der Vermehrung unserer Pferde, Hunde und anderen Haustiere für beachtenswert; warum nicht bei der des Menschen?

Neben der Farbe, der Gestalt und dem Haar gibt es noch andere körperliche Merkmale, die einen Unterschied der Rasse beweisen. Sie haben weniger Haare im Gesicht und am Körper. Sie scheiden weniger durch die Nieren aus und mehr durch die Drüsen der Haut, was ihnen einen sehr starken und widerwärtigen Geruch gibt. Durch diesen Grad der Transpiration können sie Hitze besser und Kälte schlechter ertragen als die Weißen. Vielleicht mag sie auch ein Unterschied in der Struktur des Atmungsapparats, den ein findiger Experimentator als hauptsächlichen Regulator animalischer Wärme entdeckt hat, außerstande gesetzt haben, beim Einatmen soviel von jenem Gas der Außenluft zu entnehmen oder sie beim Ausatmen dazu zwingen, mehr davon abzugeben. Sie scheinen weniger Schlaf zu benötigen. Nach der schweren Arbeit des Tages wird ein Schwarzer durch das geringste Amüsement dazu gebracht, bis Mitternacht oder noch länger aufzubleiben, obwohl er weiß, daß er beim ersten Morgengrauen fort muß. Sie sind zumindest genauso tapfer und noch abenteuerlustiger.

Aber dies rührt vielleicht von einem Mangel an Vorausschau her, der sie daran hindert, eine Gefahr zu sehen, bevor sie gegenwärtig ist. Ist sie da, stehen sie diese nicht mit größerer Kaltblütigkeit oder Stetigkeit durch als die Weißen.

Sie sind leidenschaftlicher hinter ihren weiblichen Wesen her; doch die Liebe scheint bei ihnen eher ein heftiges Verlangen zu sein als eine sanfte, zarte Mischung aus Empfindungsvermögen und Sinnenreizen. Ihre Kümmernisse sind vergänglich. Jene zahllosen Heimsuchungen, die es zweifelhaft erscheinen lassen, ob der Himmel uns das Leben aus Gnade oder aus Zorn gegeben hat, werden seltener empfunden und rascher vergessen. Im allgemeinen scheint ihr Dasein mehr an Sinnesempfindungen als an Reflektion zu partizipieren. Dem muß ihr Hang zugeschrieben werden zu schlafen, wenn sie ohne Ablenkungen sind oder während der Arbeitszeit ohne Beschäftigung. Ein Tier, dessen Körper ruht und welches nicht nachdenkt, muß den selbstverständlichen Hang zum Schlafen haben.

Bei Vergleichen hinsichtlich ihrer Fähigkeiten des Erinnerns, des Vernunftdenkens und der Imagination scheint mir, daß sie, was das Gedächtnis angeht, den Weißen ebenbürtig sind; im Vernunftdenken sind sie weit unterlegen, denn ich glaube, es ließe sich kaum einer finden, der fähig wäre, den Forschungen des Euklid nachzuspüren und sie zu begreifen; was die Vorstellungskraft anbetrifft, sind sie stumpf, fade und abnorm.

. . .

Die körperlichen und geistigen Vervollkommnungen der Schwarzen, in erster Linie durch ihre Vermischung mit den Weißen, ist von jedermann beobachtet worden und beweist, daß ihre Minderwertigkeit nicht bloß die Auswirkung ihrer Lebensbedingungen ist. Wir wissen, daß bei den Römern, besonders um das Zeitalter des Augustus herum, die Lage der Sklaven viel beklagenswerter war als die der Schwarzen auf dem amerikanischen Kontinent.

. . .

Und doch waren bei den Römern trotz all dieser und anderer abschreckender Vorfälle deren Sklaven oft die größten Künstler. Sie leisteten auch in den Naturwissenschaften Hervorragendes, insoweit sie meist als Tutoren der Kinder ihrer Herren beschäftigt waren. Epiktet, Terenz und Phaedrus waren Sklaven. Aber sie waren von der Rasse der Weißen. Es ist also nicht ihre Lage, sondern es ist die Natur, die den Unterschied geschaffen hat. Ob weitere Beobachtungen die Annahme, daß die Natur bei den Geistesgaben nicht so freigebig war, nun bestätigen werden oder nicht: Ich glaube, man wird finden, daß sie ihnen bei den Herzensgaben Gerechtigkeit widerfahren ließ. Jener Hang zum Stehlen, mit dem man sie gebrandmarkt hat, muß ihrer Lage zugeschrieben werden und keiner Verkommenheit des Moralgefühls.

. . .

Die Meinung, daß sie in den Fähigkeiten der Vernunft und der Vorstellungskraft minderwertig seien, darf nur mit starkem Zweifel vorgetragen werden. Um eine allgemeine Schlußfolgerung zu rechtfertigen, bedarf es vieler Untersuchungen, selbst solcher, bei denen der Forschungsgegenstand dem Anatomieskalpell, optischen Linsen und der Analyse durch Feuer oder durch Lösungsmittel ausgesetzt wird. Wieviel mehr ist dies nötig, wo wir doch keine Substanz, sondern eine Fähigkeit untersuchen; wo sie sich doch den Forschungen aller Sinne entzieht; wo ihre Existenzbedingungen verschiedenartig sind und unterschiedlich zusammengesetzt; wo die Auswirkungen der Anwesenden oder Abwesenden einer Kalkulation trotzen. Und wo, möchte ich auch als einen sehr heiklen Umstand hinzufügen, unsere Schlußfolgerung doch eine ganze Menschenrasse degradieren würde aus dem Rang in der Skala der Wesen, den ihnen ihr Schöpfer vielleicht verliehen hat.

Als Vorwurf an uns muß gesagt werden, daß wir zwar eineinhalb Jahrhunderte lang die Rassen der schwarzen und der roten Männer vor Augen gehabt haben, sie aber noch nie als Subjekte der Naturgeschichte betrachtet haben. Ich trage es deshalb nur als einen Verdacht vor, daß die Schwarzen, ob sie nun ursprünglich eine ausgeprägte Rasse waren oder durch Zeit und Umstände dazu gemacht wurden, gegenüber den Weißen sowohl in körperlicher als auch geistiger Hinsicht minderwertig sind.

Jefferson, Betrachtungen, a.a.O., S. 292ff.

6. Brief Thomas Jeffersons an John Holmes

(Monticello, 22. April 1820)

I thank you, dear Sir, for the copy you have been so kind as to send me of the letter to your constituents on the Missouri question. It is a perfect justification to them. I had for a long time ceased to read newspapers, or pay any attention to public affairs, confident they were in good hands, and content to be a passenger in our bark to the shore from which I am not distant. But this momentous question, like a fire-bell in the night, awakened and filled me with terror. I considered it at once as the knell of the Union. It is hushed, indeed, for the moment. But this is a reprieve only, not a final sentence. A geographical line, coinciding with a marked principle, moral and political, once conceived and held up to the angry passions of men, will never be obliterated; and every new irritation will mark it deeper and deeper. I can say, with conscious truth, that there is not a man on earth who would sacrifice more than I would to relieve us from this heavy reproach, in any practicable way. The cession of that kind of property, for so it is misnamed, is a bagatelle which would not cost me a second thought, if, in that way, a general emancipation and expatriation could be effected; and, gradually, and with due sacrifices, I think it might be. But as it is, we have the wolf by the ears, and we can neither hold him, nor safely let him go. Justice is in one scale, and self-preservation in the other. Of one thing I am certain, that as the passage of slaves from one State to another, would not make a slave of a single human being who would not be so without it, so their diffusion over a greater surface would make them individually happier, and proportionally facilitate the accomplishment of their emancipation, by dividing the burden on a greater number of coadjutors. An abstinence too, from this act of power, would remove the jealousy excited by the undertaking of Congress to regulate the condition of the different descriptions of men composing a State. This certainly is the exclusive right of every State, which nothing in the Constitution has taken from them and given to the General Government. Could Congress, for example, say, that the non-freemen of Connecticut shall be freemen, or that they shall not emigrate into any other State?

I regret that I am now to die in the belief, that the useless sacrifice of themselves by the generation of 1776, to acquire self-government and happiness to their country, is to be thrown away by the unwise and unworthy passions of their sons, and that my only consolation is to be, that I live not to weep over it. If they would but dispassionately weigh the blessings they will throw away, against an abstract principle more likely to be effected by union than by scission, they would pause before they would perpetrate this act of suicide on themselves, and of treason against the hopes of the world. To yourself, as the faithful advocate of the Union, I tender the offering of my high esteem and respect.

Peterson, The Portable Jefferson, a.a.O., S. 567ff.

Statistik zur Population der Schwarzen in den USA und den Südstaaten

ESTIMATES OF BLACKS AS A PERCENTAGE OF THE POPULATION BY COLONY, 1680 - 1770

Colony	1680	1700	1720	1750	1770
NORTH					
New Hampshire	3.7	2.6	1.8	2.0	1.0
Massachusetts	0.4	1.5	2.4	2.2	1.8
Rhode Island	5.8	5.1	4.6	10.1	6.5
Connecticut	0.3	1.7	1.9	2.7	3.1
New York	12.2	11.8	15.5	14.3	11.7
New Jersey	5.9	6.0	7.7	7.5	7.0
Pennsylvania	3.7	2.4	6.5	2.4	2.4
SOUTH					
Delaware	5.5	5.5	13.2	5.2	5.2
Maryland	9.0	10.9	18.9	30.8	31.5
Virgina	6.9	28.0	30.3	43.9	42.0
North Carolina	3.9	3.9	14.1	25.7	35.3
South Carolina	16.7	42.8	70.4	60.9	60.5
Georgia	-	-	-	19.2	45.2
TOTALS					
North	2.3	3.6	5.2	4.8	4.4
South	5.7	21.1	27.7	38.0	39.7
Thirteen Colonies	4.6	11.1	14.8	20.2	21.4

MEDIAN HOLDINGS OF SLAVES; BY STATE, 1790, 1850, AND 1860

	1790	1850	1860
Louisiana		38.9	49.3
South Carolina	36.2	38.2	38.9
Mississippi		33.0	35.0
Alabama		29.9	33.4
Florida		28.5	28.4
Georgia		26.0	26.4
Arkansas		18.4	23.4
North Carolina	13.3	18.6	19.3
Virginia	17.4	18.1	18.8
Texas		14.9	17.6
Tennessee		15.2	15.1
Maryland	15.5	12.2	14.0
Kentucky		10.3	10.4
Missouri		8.6	8.3
Delaware		5.7	6.3
Total Deep South		30.9	32.5
Total Upper South		15.3	15.6
Total South		20.6	23.0

Peter Kolchin: American Slavery 1619 - 1877, New York 1993, S.240 u. 244

FREE BLACK POPULATION; IN ABSOLUTE NUMBERS AND AS A PERCENTAGE OF TOTAL BLACK POPULATION, 1790 -1860

	1790	1810	1840	1860
United States	59,466 (7,9%)	188,446 (13,5%)	386,303 (13,4%)	488,070 (11,0%)
North	27,109 (40,2%)	78,181 (74,0%)	170,728 (99,3%)	226,152 (100%)
South	32,357 (4,7%)	108,265 (8,5%)	215,575 (8,0%)	261,918 (6,2%)
Upper South	30,158 (5,5%)	94,085 (10,4%)	174,357 (12,5%)	224,963 (12,8%)
Deep South	2,199 (1,6%)	14,188 (3,9%)	41,218 (3,1%)	36,955 (1,5%)

UPPER SOUTH

	1790	1810	1840	1860
Delaware	30.5%	75.9%	86.7%	91.7%
Maryland	7.2%	23.3%	40.9%	49.1%
D.C.	――	32.1%	64.0%	77.8%
Virginia	4.2%	7.2%	10.,%	10.6%
North Carolina	4.7%	5.7%	8.5%	8.4%
Kentucky	1.0%	2.1%	3.9%	4.5%
Missouri	――	16.8%	2.6%	3.0%
Tennesse	9.6%	2.9%	2.9%	2.6%

DEEP SOUTH

	1790	1810	1840	1860
South Carolina	1.7%	2.3%	2.5%	2.4%
Georgia	1.3%	1.7%	1.0%	0.8%
Florida	――	――	3.1%	1.5%
Arkansas	――	――	2.3%	0.1%
Alabama	――	――	0.8%	0.6%
Louisiana	7.3%	18.0%	13.1%	5.3%
Mississippi	――	――	0.7%	0.2%
Texas	――	――	――	0.2%

American Slavery 1619 -1877, a.a.O., S.241.

Robert M. O'Neil

Thomas Jefferson und die Pressefreiheit

Jefferson und die Pressefreiheit - die Bewunderer unseres dritten Präsidenten erblicken darin einen starken Gegensatz, und in den wissenschaftlichen Untersuchungen zum Jeffersonschen Erbe findet man in bezug auf dieses Thema sehr widersprüchliche Urteile. Einerseits wird Jefferson von vielen zu Recht als der hauptsächliche Urheber der weltweit dauerhaftesten Garantie freier Meinungsäußerung gesehen, die sich im „First Amendment" niedergeschlagen hat. Andererseits gibt es etwas, was der Historiker Leonard Levy als „die dunklere Seite" dieses Erbes bezeichnet hat, nämlich Aussagen und Handlungen, die mit der Befürwortung eines Maximums an Meinungsfreiheit nicht im Einklang stehen.

Für jede der beiden Sichtweisen gibt es zahlreiche Belege. Ich werde in meinem Vortrag kurz auf sie eingehen und dann zu dieser Widersprüchlichkeit Stellung nehmen. Zum Schluß möchte ich einige Weiterentwicklungen unserer Gesetzgebung zur Pressefreiheit aufzeigen, in denen etwas von der Jeffersonschen Ambivalenz stecken mag. Wenn wir als Amerikaner weiterhin unsicher sind, wie frei unsere Presse wirklich sein soll - dies geht bis hin zu den Affären, die Präsident Clinton angeblich hatte -, geben wir Thomas Jefferson dafür eine Mitschuld, zumal wir ihn ohnehin für fast alle Verfassungsprobleme verantwortlich machen.

Ich befasse mich zuerst einmal mit der Vorstellung, Jefferson sei ein Vorkämpfer der Pressefreiheit gewesen. Für diese Vorstellung spricht sehr viel, zumindest in der Theorie. Auch in diesem Fall findet man die treffendsten Belege in Jeffersons Schriften. Der Verfassungsentwurf für Virginia, den er 1783 schrieb, enthielt die für die damalige Zeit sehr weitgehende Bestimmung, daß die Presse „keiner anderen Einschränkung unterworfen sein soll als der Strafbarkeit falscher Tatsachenbehauptungen, sofern diese gedruckt und veröffentlicht werden". Diese Bestimmung steht im Zusammenhang mit der 1776 im Artikel 12 der virginischen „Erklärung der Menschenrechte" erfolgten Anerkennung der Pressefreiheit: „Die Pressefreiheit ist eines der stärksten Bollwerke der Freiheit und kann niemals, außer durch despotische Regierungen, eingeschränkt werden."

Aus diesen Bestimmungen ergibt sich eindeutig, daß eine Vorzensur nicht zulässig ist, auch wenn es geboten erscheinen mag, schon vor einer Veröffentlichung zu intervenieren. Zu einer Zeit, als die Zensoren in vielen Teilen der Welt mit Veröffentlichungsverboten arbeiteten, war die von Virginia eingenommene Position eine wichtige Neuerung für ein nach Unabhängigkeit strebendes Land, das seine Freiheitsrechte formulierte.

Aus Jeffersons Zeit in Paris stammt eine Äußerung zur Pressefreiheit, die häufig zitiert wird:

„Da die Volksmeinung die Grundlage unserer Herrschaftsinstitutionen darstellt, sollte das wichtigste Ziel in der Erhaltung der öffentlichen Meinung gesehen werden. Wenn ich zu entscheiden hätte, ob wir Herrschafts-institutionen, aber keine Zeitungen haben sollten oder Zeitungen, aber keine Herrschaftsinstitutionen, würde ich ohne zu zögern letzterem den Vorzug geben."[1]

Auch wenn man berücksichtigt, daß es sich um eine sehr zugespitzte Formulierung handelt, konnte eine solche Aussage nur von einer Person stammen, die zumindest theoretisch eine freie Presse schätzte. Der erste Satz bringt das Grundprinzip Jeffersons klar zum Ausdruck, um dessentwillen er die Meinungsfreiheit verteidig-te - daß es eine wohlinformierte Bürgerschaft geben muß, welche bereit ist, die neuen Befugnisse und Pflichten wahrzunehmen, die ihr in einer demokratischen Gesellschaft übertragen wurden. Ein Teil der benötigten Informationen mußte mündlich weitergegeben werden, doch in der Hauptsache wurden die für Wahlen und eine Teilnahme am öffentlichen Leben erforderlichen Informationen durch Zeitungen und andere Publikationen verbreitet. Die - zugespitzt formulierte - Präferenz für Zeitungen ohne Herrschaftinstitutionen paßt daher genau zu der Auffassung Jeffersons, daß die Information der Regierungsgewalt vorangeht und diese von ihr sogar in gewisser Weise legitimiert wird.

Wie wir gleich sehen werden, trat die eingangs erwähnte Widersprüchlichkeit auf dem Höhepunkt von Jeffersons Laufbahn in Erscheinung. An seiner prinzipiellen Haltung änderte sich jedoch nichts. In seiner ersten Inaugurationsrede sprach er sich im März 1801 für Toleranz aus:

„Wenn unter uns Menschen sein sollten, die diese Union auflösen oder ihre republikanische Form ändern möchten, sollen diese ungestört bleiben und somit den Beweis dafür bilden, daß es sehr wohl möglich ist, einen Meinungsirrtum zu tolerieren, wenn es der Vernunft freisteht, gegen ihn anzukämpfen."[2]

Bei dieser Erklärung handelte es sich nicht um bloße Rhetorik. Im folgenden Jahr verlangte Jefferson von seinem Justizminister Levi Lincoln, daß die neue Administration einen kontinuierlichen Kurs verfolgte:

„Während für Individuen gegen sie betreffende Verleumdungen öffentliche oder private Maßnahmen angebracht sind, lege ich Wert darauf, daß versucht wird, ohne öffentliche Strafverfahren wegen Verleumdung von Ämtern und Amtspersonen auszukommen. Ich glaube, daß das gelingen wird. Geduld und Großzügigkeit statt Strafe könnten, sofern sie sich als wirksam erweisen, eine erfreuliche Neuerung der staatlichen Maßnahmen darstellen."[3]

Obwohl Jeffersons Begeisterung für die Presse, wie wir sehen werden, in späteren Jahren erheblich abnahm, bekräftigte er seine toleranten Ansichten noch im

Herbst des Jahres 1823, knapp drei Jahre vor seinem Ableben, gegenüber einem französischen Korrespondenzpartner. Über die Presse und ihre Rolle in einer demokratischen Gesellschaft schrieb er folgendes:

> „Indem dieser mächtige Kritiker die öffentlichen Amtsträger vor das Tribunal der öffentlichen Meinung stellt, sorgt er dafür, daß Reformen, die andernfalls durch eine Revolution bewirkt werden müßten, auf friedlichem Wege herbeigeführt werden. Sie ist außerdem das beste Mittel, um den Geist des Menschen aufzuklären und zu seiner Weiterentwicklung als rationales, moralisches und soziales Wesen beizutragen.“[4]

Hier zeigt sich noch ein weiteres, ganz anderes Element: Jeffersons Einschätzung der Presse als eines Sachwalters des öffentlichen Interesses gegen potentiellen Machtmißbrauch. Selbst einem Mann, der des öfteren den Standpunkt vertrat, für jede Generation könnte eine Revolution nützlich sein, bot die Annahme, daß eine freie Presse friedliche Reformen herbeizuführen imstande sei, eine einleuchtende Alternative zum umstürzlerischen Treiben, das er in Frankreich erlebt hatte.

Die größte Beachtung fand wohl Jeffersons eloquente (hauptsächlich in den „Kentucky Resolutions“ von 1798 zum Ausdruck gebrachte) Opposition gegen die Strafen, die der Presse durch den „Sedition Act“ der Adams-Administration auferlegt wurden. Unter dem „Sedition Act“ war es strafbar, falsche, skandalöse und böswillige Äußerungen gegen die Regierung, den Kongreß oder den Präsidenten zu veröffentlichen. Für Jefferson waren Gesetze dieser Art einfach unvereinbar mit dem „First Amendment“ der amerikanischen Verfassung und dem Status, den Redakteure und Verleger dadurch erhielten. Aus diesem Grund ließ er, kurz nachdem er Präsident geworden war, eine Gruppe von Redakteuren frei, die wegen Verstößen gegen den „Sedition Act“ eingesperrt worden waren.

Selbst während seiner Amtszeit als Präsident, die seinen Glauben an eine freie Presse auf eine harte Probe stellte, unterstrich Jefferson wiederholt seinen prinzipiellen Standpunkt in Sachen „Presse- und Meinungsfreiheit“. Wenn das „First Amendment“ eingehalten werde, so Jefferson, zeige sich,

> „daß die Wahrheit und die Vernunft sich gegen irrige Meinungen und die damit verbundenen falschen Tatsachenbehauptungen durchsetzen können, so daß die auf die Wahrheit verwiesene Presse keine weiteren gesetzlichen Beschränkungen braucht; das öffentliche Urteil wird nach Anhörung der beteiligten Parteien falsche Überlegungen und Meinungen korrigieren; keine andere klare Grenze kann zwischen der unschätzbar wertvollen Freiheit der Presse und deren verderblicher Zügellosigkeit gezogen werden. Wenn es noch Unzuträglichkeiten geben sollte, die durch diese Regel nicht beseitigt werden, muß Abhilfe durch die von der öffentlichen Meinung geübte Kritik erfolgen.“[5]

Die zweite Hälfte dieser Ausführungen läßt die von Leonard U. Levy untersuchte „dunklere Seite" Jeffersons erahnen. Hier machen sich Zweifel bemerkbar. Der beiläufige Hinweis auf die „verderbliche Zügellosigkeit" der Presse spricht Bände. Zu diesem Zeitpunkt hatte der Präsident Thomas Jefferson als Amtsperson von den Presseorganen der Föderalisten ein noch nie dagewesenes Ausmaß an gehässigen Attacken hinnehmen müssen. Jeffersons Biograph Dumas Malone schreibt, die fortwährenden Presseattacken auf seinen Charakter und seine Moral seien „wahrscheinlich beispiellos in der Geschichte der Präsidenten", was den Grad ihrer „Abwegigkeit und Unanständigkeit" betrifft. Diese Angriffe gingen weit über eine Kritik seiner Amtsführung hinaus. Das Schmerzlichste waren wohl die Vorwürfe persönlicher Verfehlungen, etwa James T. Callenders unverfrorene Behauptung, Jefferson habe mit der Sklavin Sally Hemings über längere Zeit hinweg ein Verhältnis gehabt. Dabei stimmt es, daß Callender zu den Verlegern und Redakteuren gehörte, die Jefferson bald nach seinem Amtsantritt begnadigte. Dies geschah jedoch kurz bevor die Hemings-Stories in Umlauf kamen. Und die Begnadigung mag zum Mißvergnügen der Jefferson-Verehrer eher aus politischen Gründen als aus prinzipiellen Überlegungen erfolgt sein.

Es ist jetzt an der Zeit, auf die Kontroverse um den „Sedition Act" zurückzukommen. Wir müssen uns eingehender mit Jeffersons ablehnender Haltung beschäftigen. Die „Kentucky Resolutions" waren keineswegs ein eindeutiges Loblied auf die Pressefreiheit. Die Behauptung, daß der Kongreß mit der Verabschiedung des „Sedition Act" seine Befugnisse überschritten habe, hatte wohl mehr mit den Rechten der Einzelstaaten als mit den Rechten der Zeitungsredakteure zu tun. Denn Jeffersons Resolution erhob primär den Vorwurf, da s Gesetz sei nichtig, weil es in einen Bereich eingedrungen sei, dessen Regelung den Einzelstaaten vorbehalten sei; diese hätten „das alleinige Recht, darüber zu entscheiden, inwieweit Auswüchse der Rede- und Pressefreiheit beschnitten werden können, ohne diese im Kern zu beeinträchtigen." Wie in der Resolution an anderer Stelle erläutert wurde, war damit die Thematik des „Sedition Act" nicht kategorisch der Entscheidungsbefugnis der Herrschaftsinstitutionen, sondern nur der nationalen Herrschaftsinstitutionen entzogen. Zu einem späteren Zeitpunkt, im September 1804, schrieb Jefferson an Abigail Adams, die seine Begnadigungen in Zweifel gezogen hatte, und versicherte ihr: „Während wir in Abrede stellen, daß der Kongreß ein Recht hat, die Pressefreiheit zu kontrollieren, haben wir stets das Recht der Staaten, und zwar ihr ausschließliches Recht, dies zu tun, bejaht."[6]

Es gibt weitere Belege für eine tiefgreifende Ambivalenz in Jeffersons Denken und Handeln. In seiner Amtszeit als Gouverneur von Virginia, die zugegebenermaßen in eine Periode der Konflikte und Krisen fiel, trat Jefferson beispielsweise dafür ein, daß Treuegelöbnisse abgelegt wurden. Selbst in friedlicheren Zeiten gab es Gegenströmungen. Im Gegensatz zu seiner wohlwollenden ersten „Inaugural Address" enthielt die zweite eine klare Warnung, daß es gegenüber kritischen

Journalisten zu Vergeltungsmaßnahmen kommen könnte. Nachdem er festgestellt hatte, daß „die Artillerie der Presse gegen uns Stellung bezogen hat, geladen mit all dem, was sie sich in ihrer Zügellosigkeit auszudenken oder zu erdreisten vermochte", gab Jefferson der Meinung Ausdruck, daß dieser Mißbrauch „in der Tat durch jene sinnvollen Strafen hätte behoben werden können, welche den Gesetzen der einzelnen Staaten vorbehalten und in diesen enthalten sind gegen die Verbreitung von Unwahrheiten und Verleumdungen."[7]

Diese Überlegungen waren durchaus ernst gemeint. Sie bestätigen einen Wandel seiner Ansichten, der während der ersten Amtszeit stattfand. In einem „streng vertraulichen" Brief an den Gouverneur von Pennsylvania, einen politischen Mitstreiter, schrieb Jefferson Anfang des Jahres 1803 unter Beifügung eines üblen Beispiels föderalistischer Presseerzeugnisse, es müsse dafür gesorgt werden, daß „die Presse ihre Glaubwürdigkeit wiedererlangt". Seiner Meinung nach reichten dafür „die in den Gesetzen der einzelnen Staaten vorgesehenen Maßnahmen" aus, sofern sie auch angewandt würden. Des weiteren schrieb er an Gouverneur McKean:

> „Ich bin deshalb schon lange der Meinung, daß einige Strafverfahren gegen die bekanntesten Täter eine für die Wiederherstellung der Integrität des Pressewesens zuträgliche Wirkung haben könnten. Keine allgemeine Strafverfolgung, denn dies würde nach Verfolgung aussehen, sondern eine selektive… Wenn dasselbe in einigen der übrigen Staaten geschieht, wird die ganze Bande etwas mehr Vorsicht walten lassen."[8]

Ein derartiger Ausbruch (es gibt nur einen Brief mit so deutlichen Formulierungen) mag auf Jeffersons große Verärgerung und zahlreiche Provokationen zurückzuführen sein. Wir wissen nicht, welche Zeitung dem Brief an McKean beigefügt war, doch wurde bald gegen einen gewissen Joseph Dennie Anklage erhoben; er war der Herausgeber einer satirischen Zeitschrift, die insbesondere aus den Gerüchten um Sally Hemings Kapital schlug. Es dauerte Jahre, bis Dennie vor Gericht gestellt wurde. Er wurde schließlich freigesprochen. Daß der Präsident ihn zur Zielscheibe der Strafverfolgung machte, ist nicht erwiesen, doch die Vermutung liegt nahe.

Selbst die glühendsten Bewunderer von Jeffersons Engagement für eine freie Presse müssen einräumen, daß es zwei wichtige Einschränkungen enthalten hat. Die eine betrifft Grundsätzliches. Anders als bei seinem Eintreten für das Prinzip der Religionsfreiheit setzte sich Jefferson nie für eine uneingeschränkte Pressefreiheit ein. Er war stets der Ansicht, daß die Verbreitung von Unwahrheiten und Verleumdungen unter die gesetzliche Strafandrohung der Einzelstaaten gestellt werden sollte. Und als er im Entwurf der Verfassung für Virginia eine derartige Klausel beibehielt, verwarf er damit den Standpunkt seiner Nachbarn in Albemarle County, die ihn in die nachkoloniale Volksvertretung des Landes entsandt hatten.

Diese Wähler hatten in ihren Instruktionen zur Verfassung darauf gedrängt, daß „die Drucker für ihre Erzeugnisse nicht zur Verantwortung gezogen werden sollten" - eine Position, die schon damals unvereinbar war mit Jeffersons bekannter Befürwortung von Strafen für wahrheitswidrige und verleumderische Veröffentlichungen. Gewiß sind die Formulierungen, die er zu dieser Zeit verwendete, als er vom späteren Getümmel des politischen Kampfes noch weit entfernt war, nicht versehentlich entstanden, und sie sind auch nicht als Ausdruck seiner Unfähigkeit zu werten, sich Alternativen auszudenken, die der freien Meinungsäußerung besseren Schutz gewährt hätten.

Eine ähnliche Zwiespältigkeit tauchte ein Jahrzehnt später beim Entwurf der „Bill of Rights" als Teil der US-Verfassung auf. Madisons Vorschlag zur Rede- und Pressefreiheit enthielt keinerlei Einschränkungen. Jefferson hielt diesen Entwurf fürs erste für akzeptabel. Im Sommer 1789 wandte er sich jedoch noch einmal an Madison und drängte darauf, eine Einschränkung anzufügen in Bezug auf „falsche Tatsachenbehauptungen, die das Leben, die Freiheit oder den Ruf anderer beeinträchtigen oder den Frieden der Konföderation mit fremden Nationen stören". Die uneingeschränkte Version Madisons setzte sich jedoch durch, was für die weitere Entwicklung unserer Bürgerrechte durchaus vorteilhaft war. Das „First Amendment", wie es später genannt wurde, kennt keine Einschränkungen, wenn erklärt wird: „Der Kongreß darf kein Gesetz erlassen, das ... die Rede- oder Pressefreiheit ... einschränkt..."

Über Jeffersons schwankende Haltung in der Grundsatzfrage, wie weit die Pressefreiheit gehen sollte, ließe sich noch manches sagen. Der Sachverhalt ist jedoch klar. Selbst sein Biograph Dumas Malone räumt ein, daß Jeffersons Eintreten für die Pressefreiheit stets gewissen Einschränkungen unterworfen war; insofern bleibt er ein ambivalenter Verfechter einer Freiheit, die selbst bei eindeutiger Befürwortung um ihr Überleben bangen muß.

Die andere Zwiespältigkeit ergab sich, wie schon angedeutet, in der Praxis. Was dem Präsidenten von Kritikern wie Leonard Levy am meisten verübelt wurde, war seine Zustimmung zu Strafverfahren gegen feindselig eingestellte Redakteure und Verleger. Der aufsehenerregendste Fall spielte sich in Connecticut ab, einem Staat, in dem besonders scharfe Kritik an der Administration und am Präsidenten selbst geäußert worden war. Ein vehementer Kritiker hatte Jefferson als einen „Lügner, Hurenhalter, Verführer, Trunkenbold und Spieler" hingestellt und später den Vorwurf hinzugefügt, daß der Präsident „eine Magd als seine Hure hält und bei sich zu diesem Zweck schwarze Mädchen aufzieht". In der ersten Hälfte des 19. Jahrhunderts gehörte solche Polemik offenbar zu den Mitteln der Politik.

Gegen mehrere solche „Kritiker" in Connecticut wurde tatsächlich Anklage erhoben. Da die Gerichte der Einzelstaaten immer noch fest in der Hand der Föderalisten waren, kam nur das dortige Bundesgericht als Verhandlungsort in Frage.

Inwieweit Jefferson bei der Einleitung des Verfahrens seine Hand im Spiel hatte, ist nicht klar. Es gibt Hinweise, daß er solche Verfahren insgeheim unterstützt hat; dies stünde im Einklang mit dem zuvor gegenüber Gouverneur McKean gemachten Vorschlag, die Einzelstaaten sollten einige Verfahren einleiten, dann würde „die ganze Bande mehr Vorsicht walten lassen". Als Pennsylvania in einem derartigen Fall ein Verfahren einleitete, hätte Jefferson vermutlich der Strafverfolgungsbehörde Einhalt gebieten können; er tat dies jedoch nicht.

Über die Verfahren in Connecticut war Jefferson durchaus im Bilde. In einem Brief an einen Parteifreund in Connecticut ging er auf die dortigen Prozesse ein und fügte hinzu, seiner Meinung nach werde dadurch „die nützliche Freiheit der Presse nicht geschmälert". Drei der Verfahren wurden schließlich eingestellt. Gegen die übrigen zwei wurde Berufung eingelegt; diese führte zu dem Beschluß, daß das Bundesgericht von vornherein nicht zuständig gewesen sei. Jeffersons zuvor geäußerte Ansicht, daß in solchen Angelegenheiten die Einzelstaaten die ausschließliche Zuständigkeit hätten, wurde dadurch bestätigt. Doch die Geschehnisse in Connecticut haben zwei Seiten.

In "The Constitutional Thought of Thomas Jefferson" (Charlottesville, 1994), der neuesten Veröffentlichung zu diesem Thema, bezeichnet David N. Mayer es als unfair, Jefferson der Komplizenschaft zu bezichtigen. Mayer zitiert einen Brief aus dem Jahr 1809, in dem Jefferson darauf bestand, die Verfahren seien ohne sein Wissen eingeleitet und von ihm sogleich mißbilligt worden; außerdem habe er Anweisung erteilt, sie einzustellen. Es gibt auch noch einen bedeutsamen Entlastungsbrief aus dem Jahr 1814, lange nach Jeffersons Ausscheiden aus dem Amt; dort bezeichnete er die Verfahren in Connecticut als „zu unvereinbar [mit den Prinzipien meiner Administration] ...als daß man ihre Fortführung hätte erlauben können". Doch in Wirklichkeit gingen sie weiter, und dies bildet für alle „Jeffersonians" ein schmerzliches Dilemma. Obgleich die Bundesgerichte für diese Zwecke nie mehr eingesetzt wurden, wird das Erbe Jeffersons durch diese Episode stark beeinträchtigt. Selbst Dumas Malone, der stets bestrebt ist, die positiven Seiten seines Helden hervorzuheben, aber auch unvoreingenommen urteilen will, muß einräumen, daß Jefferson Peinlichkeiten vermeiden und seinen Ruf als Freund der Bürgerrechte vor einer Beschädigung hätte bewahren können, wenn er dem Bezirksstaatsanwalt einen Wink gegeben hätte, daß ihm die erwähnten Verfahren unwillkommen seien.

Die Widersprüchlichkeit, mit der wir uns hier beschäftigen, liegt somit offen zu Tage. Das Jeffersonsche Erbe in Sachen Pressefreiheit hat zwei Seiten - hier ein beredter Vorkämpfer der Meinungsfreiheit, dort ein Mann, dem die damalige Presse so sehr zusetzte, daß er Maßnahmen billigte, die im Gegensatz zu seinen eigenen Überzeugungen standen. Es sind verschiedene Theorien vorgetragen worden, um diese Widersprüchlichkeit zu erklären, wenn sie denn überhaupt erklärt werden muß. Keine von ihnen ist rundum schlüssig, aber alle verdienen, daß man sie zumindest erwähnt. Ich möchte diese Theorien kurz umreißen und zum Schluß nachtragen, welche Entwicklungen in unserer Gesetzgebung zur Pressefreiheit in der Zwischenzeit stattgefunden haben.

Eine Theorie, die ich von vornherein ablehne, besagt, daß Jefferson es einfach nicht besser wußte. Das Gegenteil ist der Fall. Seine eigenen Wähler in Albemarle County drängten ihn, für die Aufnahme uneingeschränkter Pressefreiheit in die Erklärung der Menschenrechte von Virginia zu sorgen. Sein Nachbar und Protegé James Madison bestand nicht nur auf einer Bestimmung für Rede- und Pressefreiheit ohne Ausnahmen, sondern verurteilte auch die Bemühungen, Kritiker der Herrschaftsinstitutionen wegen „Böswilligkeit" oder Verleumdung von Amtspersonen zu bestrafen. Andere Zeitgenossen lehnten es ab, daß gegen eine freie Presse vorgegangen werden sollte wegen so vager Vorwürfe wie die der „Zügellosigkeit" oder der „falschen Tatsachenbehauptungen". Die Jeffersonsche Haltung kann deshalb nicht auf ein ideologisches Vakuum (SIC!) zurückgeführt werden, ganz zu schweigen von deren praktischer Umsetzung.

Die zweite Theorie besagt, daß Jeffersons Ansichten einfach die damalige liberale Mehrheitsmeinung widerspiegelten. Schließlich habe der britische Jurist Blackstone in seinen „Commentaries" bei der Definition der Pressefreiheit lediglich die Vorzensur abgelehnt, für eine nachfolgende Bestrafung aber praktisch freie Hand gelassen. Ein ganzes Jahrhundert danach habe Justice Oliver Wendell Holmes Blackstones Auffassung weiterhin als Maßstab dafür angesehen, wie weit Einzelstaaten „Verleumdung" bestrafen könnten. Das Problem, das Jeffersons Zeitgenossen beschäftigt habe, sei immer noch das der Verleumdungsklage gegen John Peter Zenger aus dem Jahr 1735 gewesen - ob die Wahrheit als Mittel der Verteidigung zuzulassen sei und nicht, ob erwiesene Unwahrheit bestraft werden könne. Blackstones Auffassung war jedoch auf der westlichen Seite des Atlantiks längst in Zweifel gezogen worden. Madison zum Beispiel fand die Unterscheidung zwischen Veröffentlichungsverboten und nachfolgender Bestrafung unlogisch und unhaltbar: „Es wäre unsinnig zu sagen, daß keine Gesetze erlassen werden sollen, welche die Herstellung von Publikationen verhindern, daß jedoch Gesetze erlassen werden können, die diese Publikationen unter Strafe stellen für den Fall, daß sie hergestellt werden."

Madison befand sich bereits in guter Gesellschaft. Andere Verfechter der Pressefreiheit waren der Ansicht, daß die Entschlossenheit zur Verteidigung der Wahrheit und das Vermeiden von Vorzensur nicht ausreichten, um eine freie Presse zu gewährleisten. Man kann daher sagen, daß Jefferson an Blackstone orientiert war; ob Blackstones Ansichten zu diesem Problem aber mit den progressiven Überlegungen im Einklang standen, die in der Neuen Welt nach 1780 angestellt wurden, ist durchaus zweifelhaft.

Es gibt eine dritte, etwas nützlichere These: Daß die „dunklere Seite" von Jeffersons Denken seine Ansichten über die Rechte der Einzelstaaten und die Grenzen bundesstaatlicher Macht offenbare. Sie hätten ihn zu seiner scharfen Attacke gegen den „Sedition Act" veranlaßt; selbst wenn er der Meinung gewesen wäre, daß ein derartiges Gesetz auf irgendeiner Ebene die Rede- und Pressefreiheit einschränke, wäre es nicht nötig gewesen, über die einzelstaatliche Zuständigkeitsfrage hinauszugehen. Daß Jefferson es dabei belassen habe, sei zum damaligen Zeitpunkt politisch sehr vernünftig gewesen. Diese Theorie ist jedoch etwas unzureichend. So gab es andere Gelegenheiten, bei denen Jefferson mehrmals darüber hinausging, bloß die Zuständigkeit des Bundesstaates einfach zu verneinen; er setzte sich vielmehr aktiv für die Zuständigkeit der Einzelstaaten ein, um etwas durchzusetzen, was sich mit dem Kongreß nicht erreichen ließ. Und als es in Connecticut zu den erwähnten Strafverfahren kam, war Jefferson offenbar damit einverstanden, daß die Zeitungsleute vor Bundesgerichte gestellt wurden - aus dem einfachen Grund, daß die Föderalisten nach wie vor die Gerichte der Einzelstaaten unter ihrer Kontrolle hatten. Diese Theorie kann also denjenigen, dem die Widersprüchlichkeit zu schaffen macht, keine befriedigende Lösung bieten.

Es gibt noch einige Erklärungen, die treffender sind. Diejenige, die ich am einleuchtendsten finde, besagt, daß die Meinungsfreiheit in Jeffersons großartiger Freiheitsvision, die er in der Unabhängigkeitserklärung so beredt zum Ausdruck brachte, eigentlich nie einen besonderen Rang einnahm. Bei seinen nachdrücklichsten Aussagen zur Rede- und Pressefreiheit wurden diese als Hilfsmittel zur Erreichung des obersten Ziels einer Teilnahme informierter Bürger am öffentlichen Leben gesehen. Diesem Zweck konnte der ungestörte Informationsfluß durchaus nützen, doch brauchte er dazu nicht eigens geschützt zu werden.

Wer wie Jefferson für eine freie Presse eintrat, konnte daher in der Tat mit einiger Berechtigung deren Freiheit einschränken, sofern sich die von ihr verbreiteten Informationen als unwahr oder irreführend erwiesen. Wer glaubt, daß die Presse um ihrer selbst willen frei sein sollte, wird auch bereit sein, ein gewisses Maß an Irrtümern zu tolerieren. Wer jedoch die Presse als ein Medium betrachtet, das dazu beiträgt, daß die Wählerschaft gut informiert ist, wird offenkundige Irrtümer und Unwahrheiten nicht ohne weiteres hinnehmen.

Zum Schluß müssen die Realitäten der damaligen Zeit Berücksichtigung finden. Nur ein Heiliger oder ein Mensch mit einer sehr dicken Haut hätte in den Anfangsjahren des 19. Jahrhunderts seinem auf innerer Überzeugung beruhenden Glauben an die Pressefreiheit treu bleiben können. Dumas Malone ist, wie erwähnt, der Meinung, die anhaltenden Attacken auf Jeffersons Charakter und seine Moral seien „wahrscheinlich beispiellos in der Geschichte der Präsidenten", was den Grad ihrer „Abwegigkeit und Unanständigkeit" anbetrifft. Vielleicht wurde unser dritter Präsident von der Presse immer mehr desillusioniert, so daß er schließlich sogar tatenlos zusah, als unverantwortliche Redakteure gefangengesetzt wurden. Das wäre verständlich, wenn auch nicht gänzlich entschuldbar. Der Druck, der auf ihn ausgeübt wurde, muß unerträglich gewesen sein.

Überdies gab es, von den Gerichten abgesehen, weit weniger Möglichkeiten der Widerlegung und Gegendarstellung als in unserer Zeit, in der umstrittene Persönlichkeiten des öffentlichen Lebens in den Nachrichtensendungen des Fernsehens zu Wort kommen. Die parteiische Einflußnahme, die andere auf Jefferson ausübten, um ihn zu Reaktionen zu bewegen, muß bisweilen nahezu unerträglich gewesen sein. Natürlich wäre es uns lieber, wenn wir heute ein weniger komplexes Erbe Jeffersons in Erinnerung rufen könnten, etwa von der Art, daß der Verfasser der Unabhängigkeitserklärung an seinem Engagement für die Meinungsfreiheit unabänderlich festhielt - und nicht nur Zeitungsleute begnadigte, die von seinen politischen Gegnern eingesperrt worden waren, sondern auch solche, die von seinen politischen Rivalen aufgestachelt worden waren. Doch das wäre zuviel verlangt, selbst von dieser bisweilen unsterblich anmutenden Gestalt unseres nationalen Lebens. Jefferson war nicht bis ins letzte konsequent, und in seiner Haltung zur Pressefreiheit werden jetzt Schwachstellen sichtbar. Wir sollten diese Realitäten einfach akzeptieren und jene Bereiche seines Erbes würdigen, die uns gute Dienste geleistet haben.

Ich möchte sie in einem kurzen Nachtrag über die weitere Entwicklung unserer Gesetzgebung zur Pressefreiheit beleuchten. Alle Bundesstaaten haben Verfassungsartikel, die die Meinungsfreiheit garantieren, doch gibt es dabei erhebliche Unterschiede. Manche Bundesstaaten gehen über das „First Amendment" hinaus und schützen zum Beispiel Meinungsäußerungen, die nach der nationalen „Bill of Rights" nicht geschützt sind - zum Beispiel Demonstrationen und Flugblattaktionen in Einkaufszentren, die sich in Privatbesitz befinden. Etwa 130 Jahre lang waren diese einzelstaatlichen Rechtsnormen die einzigen, die Konflikte zwischen einzelstaatlichen Gesetzen und der Meinungsfreiheit regelten. Erst Mitte der zwanziger Jahre dieses Jahrhunderts begannen unsere Gerichte damit, das „First Amendment" des Bundes auf die Einzelstaaten anzuwenden. „Der Kongreß darf kein Gesetz erlassen...", steht dort, und bis vor etwa siebzig Jahren blieb es dabei. Jetzt ist klargestellt, daß das „First Amendment" nicht nur für die gesetzgebenden Körperschaften der Einzelstaaten, sondern auch für die Gerichte der Einzelstaaten, die kommunalen Machtträger und alle Behörden in den USA Gültigkeit besitzt. Der Geltungsbereich unserer „Bill of Rights" ist somit umfassend.

Zu einem noch späteren geschichtlichen Zeitpunkt haben wir die spezifischen Probleme gelöst, bei denen wir Thomas Jefferson gegenüber den Vorwurf erheben, er habe sie in einem anderen Licht gesehen als wir selbst. Erst im Jahr 1930 entschied der Oberste Gerichtshof, daß ein Kläger keine gerichtliche Verfügung gegen eine Zeitung oder Zeitschrift erlangen kann, die seine Amtsführung kritisiert hat - ein Prinzip, das selbst Blackstone ziemlich einleuchtend vorgekommen wäre, und Jefferson noch viel mehr. Erst im Jahr 1964 entschied der Oberste Gerichtshof, daß eine Person, die ein öffentliches Amt ausübt, keinen Schadensersatz verlangen kann für verleumderische Behauptungen der Medien über seine Amtsführung. Um Schadensersatz zu erhalten, muß vor Gericht bewiesen werden, daß „tatsächliche Böswilligkeit" oder „fahrlässige Mißachtung der Wahrheit" vorliegt.

Im Jahr 1968 entschied der Oberste Gerichtshof erstmals, daß ein Staatsbediensteter nicht entlassen werden darf wegen falscher Behauptungen über die Behörde, bei der er tätig ist, es sei denn, daß ebenfalls „tatsächliche Böswilligkeit" oder „fahrlässige Mißachtung der Wahrheit" vorliegt. Bezeichnend ist, daß die Bedeutung und Tragweite dieser Probleme vom Zeitalter Jeffersons an bis fast in unsere Gegenwart hinein nicht klar erkannt worden war. Vielleicht wäre es hilfreich gewesen, wenn man seine Meinung, aber auch die von James Madison und anderen, dazu gekannt hätte. Und wenn diese darin übereingestimmt hätten, daß die Pressefreiheit volle Unterstützung verdiente, wäre sie in den nachfolgenden Jahrzehnten möglicherweise rascher vollends in Rechtswirklichkeit umgesetzt worden. Wenn wir aus Anlaß des 250. Geburtstags von Thomas Jefferson Rückschau halten, dürfen wir jedoch nicht vergessen, daß Prinzipien, die wir heute für unumstritten halten, nicht immer so unumstritten waren. Im Falle der Meinungs- und Pressefreiheit wie auch in anderen Bereichen könnten die Geisteshaltung und das freiheitliche Denken Thomas Jeffersons, die beide zu seinem Vermächtnis gehören, für uns nützlicher sein als eine genaue Detailanalyse.

Anmerkungen

1 Brief an Edward Carrington (Paris, 16. Januar 1878), in: Merrill D. Peterson (Hrsg.): The Portable Thomas Jefferson, New York 1977, S. 415.

2 Peterson, a.a.O., S. 290 ff.

3 Zit. nach David N. Mayer: The Constitutional Thought of Thomas Jefferson, Charlottesville, VA, 1994, S. 175.

4 Mayer, a.a.O., S. 183.

5 Zweite Inaugurationsrede vom 4. März 1805, in: Peterson, The Portable Thomas Jefferson, a.a.O., S. 320.

6 Zit. nach Mayer, a.a.O., S. 177.

7 Peterson, a.a.O., S. 319/20.

8 Zit. nach Mayer, a.a.O., S. 176/77.

Texte zum Thema „Pressefreiheit" in der Frühphase der amerikanischen Republik

1. First Amendment (3. November 1791)

(Im 1. Zusatz zur US-Verfassung wird u.a. die Pressefreiheit konstitutionell verankert)

Congress shall make no law respecting an establishment of religion, or prohibiting the free exercise thereof; or abridging the freedom of speech, or of the press; or the right of the people peaceably to assemble, and to petition the government for a redress of grievances.

2. The Sedition Act (14. Juli 1798)

(Gesetz zur Disziplinierung von Journalisten, die gegen die „föderalistische" Mehrheit opponierten und subversiver Aktivitäten zugunsten Frankreichs verdächtigt wurden)

SEC. 1. Be it enacted..., That if any persons shall unlawfully combine or conspire together, with intent to oppose any measure or measures of the government of the United States, which are or shall be directed by proper authority, or to impede the operation of any law of the United States, or to intimidate or prevent any person holding a place or office in or under the government of the United States, from undertaking, performing or executing his trust or duty; and if any person or persons, with intent as aforesaid, shall counsel, advise or attempt to procure any insurrection, riot, unlawful assembly, or combination, whether such conspiracy, threatening, counsel, advice, or attempt shall have the proposed effect or not, he or they shall be deemed guilty of a high misdemeanor, and on conviction, before any court of the United States having jurisdiction thereof, shall be punished by a fine not exceeding five thousand dollars, and by imprisonment during a term not less than six months nor exceeding five years ; and further, at the discretion of the court may be holden to find sureties for his good behaviour in such sum, and for such time, as the said court may direct.

SEC. 2. That if any person shall write, print, utter, or publish, or shall cause or procure to be written, printed, uttered or published. or shall knowingly and willingly assist or aid in writing, printing, uttering or publishing any false, scandalous and malicious writing or writings against the government of the United States, or either house of the Congress of the United States, or the President of the United States, with intent to defame the said government, or either house of the said Congress, or the said President, or to bring them, or either of them, into contempt or disrepute; or to excite against them, or either or any of them, the hatred of the good people of the United States, or to stir up sedition within the United States, or to excite any unlawful combinations therein,for opposing or resisting any law of the United States, or any act of the President of the United States, done in pursuance of any such law, or of the powers in him vested by the constitution of the United States, or to resist, oppose, or defeat any such law or act, or to aid, encourage or abet any hostile designs of any foreign nation against the United States, their people or government, then such person, being thereof convicted before any court of the United States having jurisdiction thereof, shall be punished by a fine not exceeding two thousand dollars, and by imprisonment not exceeding two years.

SEC. 3. That if any person shall be prosecuted under this act, for the writing or publishing any libel aforesaid, it shall be lawful for the defendant, upon the trial of the cause, to give in evidence in his defence, the truth of the matter contained in the publication charged as a libel. And the jury who shall try the cause, shall have a right to determine the law and the fact, under the direction of the court, as in other cases.

SEC. 4. That this act shall continue to be in force until March 3, 1801, and no longer. . . .

Henry Steele Commager: Documents of American History, vol. I, New York, 1963[7,] S.177/78.

3. Kentucky Resolutions (16. November 1798)

(Thomas Jefferson, damals Vizepräsident in der „föderalistischen" Adams-Administration, verfaßt die Vorlage für die Entschließungen der Legislative von Kentucky, die u.a. gegen den „Sedition Act" Stellung beziehen)

I. Resolved, that the several States composing the United States of America, are not united on the principle of unlimited submission to their general government; but that by compact under the style and title of a Constitution for the United States and of amendments thereto, they constituted a general government for special purposes, delegated to that government certain definite powers, reserving each State to itself, the residuary mass of right to their own selfgovernment ; and that whensoever the general government assumes undelegated powers, its acts are unauthoritative, void, and of no force: That to this compact each State acceded as a State, and is an integral party, its co-States forming, as to itself, the other party: That the government created by this compact was not made the exclusive or final judge of the extent of the powers delegated to itself; since that would have made its discretion, and not the Constitution, the measure of its powers; but that as in all other cases of compact among parties having no common Judge, each party has an equal right to judge for itself, as well of infractions as of the mode and measure of redress.

II. Resolved, that the Constitution of the United States having delegated to Congress a power to punish treason, counterfeiting the securities and current coin of the United States, piracies and felonies committed on the high seas, and offenses against the laws of nations, and no other crimes whatever, and it being true as a general principle, and one of the amendments to the Constitution having also declared „that the powers not delegated to the United States by the Constitution, nor prohibited by it to the States, are reserved to the States respectively, or to the people," therefore also [the Sedition Act of July 14, 1798]; as also the act passed by them on the 27th day of June, 1798, entitled „An act to punish frauds committed on the Bank of the United States" (and all other their acts which assume to create, define, or punish crimes other than those enumerated in the Constitution), are altogether void and of no force, and that the power to create, define, and punish such other crimes is reserved, and of right appertains solely and exclusively to the respective States, each within its own Territory.

III. Resolved, that it is true as a general principle, and is also expressly declared by one of the amendments to the Constitution that „the powers not delegated to the United States by the Constitution, nor prohibited by it to the States, are reserved to the States respectively or to the people;" and that no power over the freedom of religion, freedom of speech, or freedom of the press being delegated to the United States by the Constitution, nor prohibited by it to the States, all lawful powers respecting the same did of right remain, and were reserved to the States, or to the people: That thus was manifested their determination to retain to themselves the right of judging how far the licentiousness of speech and of the press may be abridged without lessening their useful freedom, and how far those abuses which cannot be separated from their use should be tolerated rather than the use be destroyed; and thus also they guarded against all abridgment by the United States of the freedom of religious opinions and exercises, and retained to themselves the right of protecting the same, as this State, by a law passed on the general demand of its citizens, had already protected them from all human restraint or interference : And that in addition to this general principle and express declaration, another and more special provision has been made by one of the amendments to the Constitution which expressly declares, that „Congress shall make no law respecting an establishment of religion, or prohibiting the free exercise thereof, or abridging the freedom of speech, or of the press," thereby guarding in the same sentence, and under the same words, the freedom of religion, of speech, and of the press, insomuch, that whatever violates either, throws down the sanctuary which covers the others, and that libels, falsehoods, defamation equally with heresy and false religion, are withheld from the cognizance of Federal tribunals. That therefore [the Sedition Act], which does abridge the freedom of the press, is not law, but is altogether void and of no effect.

Commager, a.a.O., S.178/79.

4. „Give the people full information of their affairs through the channel of the public papers"

(Brief an Col. Edward Carrington (Paris, 16. Januar 1787)

... The tumults in America I expected would have produced in Europe an unfavorable opinion of our political state. But it has not. On the contrary, the small effect of these tumults seems to have given more confidence in the firmness of our governments. The interposition of the people themselves on the side of government has had a great effect on the opinion here. I am persuaded myself that the good sense of the people will always be found to be the best army. They may be led astray for a moment, but will soon correct themselves. The people are the only censors of their governors; and even their errors will tend to keep these to the true principles of their institution. To punish these errors too severely would be to suppress the only safeguard of the public liberty. The way to prevent these irregular interpositions of the people, is to give them full information of their affairs through the channel of the public papers, and to contrive that those papers should penetrate the whole mass of the people. The basis of our governments being the opinion of the people, the very first object should be to keep that right; and were it left to me to decide whether we should have a government without newspapers, or newspapers without a government, I should not hesitate a moment to prefer the latter. But I should mean that every man should receive those papers, and be capable of reading them. I am convinced that those societies (as the Indians) which live without government, enjoy in their general mass an infinitely greater degree of happiness than those who live under the European governments.

Among the former, public opinion is in the place of law, and restrains morals as powerfully as laws ever did anywhere. Among the latter, under pretence of governing, they have divided their nations into two classes, wolves and sheep. I do not exaggerate. This is a true picture of Europe. Cherish, therefore, the spirit of our people, and keep alive their attention. Do not be too severe upon their errors, but reclaim them by enlightening them. If once they become inattentive to the public affairs, you and I, and Congress and Assemblies, Judges and Governors, shall all become wolves. It seems to be the law of our general nature, in spite of individual exceptions; and experience declares that man is the only animal which devours his own kind; for I can apply no milder term to the governments of Europe, and to the general prey of the rich on the poor. . .

The Life and Selected Writings of Thomas Jefferson, hrsg. Adrienne Koch/William Peden, New York, 1972, S. 411/12.

5. Vgl. auch die beiden „Inaugural Addresses" von 1801 und 1805 (S. 226-232)

(Texte zum Thema „Jefferson und die amerikanische Präsidentschaft")

Ausgewählte Literatur zum Thema „Thomas Jefferson
und die Pressefreiheit"

Dumas Malone, Jefferson the President: First Term, 1801-05, Boston, 1970, S. 206 -35. Dumas Malone, Jefferson the President: Second Term 1805-09, Boston, 1974, S. 371-91. David N. Mayer, The Constitutional Thought of Thomas Jefferson, Charlottesville, 1994, S. 166- 84. Leonard W. Levy, Jefferson and the Civil Liberties: The Darker Side, Cambridge, 1963, S. 42-69.

Eugene R. Sheridan

Thomas Jefferson und die amerikanische Präsidentschaft: Vom Bürgerkönig zur populären Führungsfigur

Es ist inzwischen allgemein bekannt, daß zu den zentralen Themen der amerikanischen Geschichte des 20. Jahrhunderts die Entstehung der „imperialen Präsidentschaft" gehört - damit meine ich die tatkräftige, zupackende Führung durch einen populären Präsidenten. Die Entstehung des „nationalen Eingriffsstaats" als Reaktion auf die sich ausbreitenden kapitalistischen Konzerne, des allgemeinen Wohlfahrtsstaats als Reaktion auf das Trauma der „Großen Depression" und andere negative Erscheinungen des modernen Kapitalismus, die Entstehung des „nationalen Sicherheitsstaates" als Folge eines brutalen Weltkriegs mit den Achsenmächten und einer langwierigen Auseinandersetzung mit dem Kommunismus - all diese Faktoren haben im modernen Amerika die Präsidentschaft in den Vordergrund des politischen Lebens treten lassen und das System der Kongreßherrschaft ersetzt, das im letzten Drittel des 19. Jahrhunderts dominierte. Sie bewirkten, daß die Amerikaner im allgemeinen akzeptierten, daß ein starker, aktiver Präsident vonnöten ist, der die Ziele der Nation und die legislativen Aufgaben des Kongresses definiert, im eigenen Land für wirtschaftliche Stabilität und soziale Gerechtigkeit sorgt, im Ausland die nationalen Interessen sichert und durch die modernen Kommunikationsmittel und das Instrumentarium seiner Partei breite Unterstützung für seine Politik mobilisiert. Nach dem Ende des Kalten Krieges, angesichts eines wachsenden Mißtrauens gegenüber zentralistischer Planung der Ökonomie und der Gesellschaft, angesichts einer drastischen Abnahme traditioneller Parteienbindungen und angesichts einer Vielfalt von Interessengruppen mit gegensätzlichen Bestrebungen könnten die Tage der „imperialen Präsidentschaft" in den Vereinigten Staaten gezählt sein. Doch zumindest in der vorhersehbaren Zukunft wird der „imperiale Präsident" wohl in dieser oder jener Form ein wichtiger Teil der amerikanischen politischen Kultur bleiben.

Die meisten Amerikaner und vermutlich auch die meisten Europäer haben sich so sehr an die Tradition einer starken Führungsfigur in den Vereinigten Staaten gewöhnt, daß sich auf beiden Seiten des Atlantiks kaum jemand der Tatsache bewußt ist, daß die Präsidenten in den Anfangsjahren der neuen amerikanischen Nation meist einen ganz anderen Regierungsstil pflegten. Damals waren die Präsidenten bestrebt, Bürgerkönige republikanischen Zuschnitts zu sein und keine populären Führungsfiguren. Sie versuchten, über den Parteien zu stehen und als unparteiische Sachwalter des öffentlichen Wohls zu agieren, ohne sich mit den

Ansichten und Interessen einer bestimmten Partei zu identifizieren. Während sie in auswärtigen Angelegenheiten auf ihre konstitutionellen Vorrechte achteten, überließen sie die gesetzgeberische Initiative gemeinhin dem Kongreß und die administrative Initiative den Mitgliedern ihres Kabinetts. Wesentlich war die Zurückhaltung, nicht der Aktivismus des Präsidenten.

Von Thomas Jefferson abgesehen, übernahmen alle amerikanischen Staatsoberhäupter von George Washington bis John Quincy Adams die Idealvorstellung, daß der Präsident ein über den Parteien stehender Bürgerkönig republikanischen Zuschnitts sei. Obwohl Jefferson von der Tradition des Bürgerkönigtums stark beeinflußt wurde, brach er in mehrfacher Hinsicht mit ihr und begann auf diese Weise mit der Umwandlung der amerikanischen Präsidentschaft von der relativ zurückhaltenden Rolle des republikanisierten Bürgerkönigs zu der wesentlich aktiveren Rolle der populären Führungsfigur, die uns heutzutage so vertraut ist. Jefferson war der erste amerikanische Präsident, der die konstitutionelle Rolle des Staatsoberhaupts mit der politischen Rolle des Parteichefs verband, wodurch sich auf lange Sicht ein Machtzuwachs des Präsidenten ergab, den er sich noch gar nicht vorstellen konnte. Um die ganze Tragweite der von Jefferson initiierten Umwandlung des Führungsmodus amerikanischer Präsidenten aufzuzeigen, befassen wir uns im folgenden mit drei miteinander verbundenen historischen Themen: Welche Wurzeln die Tradition des Bürgerkönigtums in Amerika hat und wie sie durch die Administrationen von George Washington und John Adams verkörpert wurde; wie und aus welchen Gründen Jefferson diese Tradition während seiner Präsidentschaft umwandelte, als er mit Hilfe der Republikanischen Partei regierte; schließlich, warum die Form der Präsidentschaft, bei welcher der Staatschef als populäre Führungsfigur in Erscheinung tritt, sich am Ende in der amerikanischen politischen Kultur durchsetzte, obwohl die drei Amtsnachfolger von Jefferson allesamt zum Führungsmodell des Bürgerkönigs zurückkehrten.

Die Vorstellung, daß der Bürgerkönig das Vorbild für den Führungsstil der Exekutive abgeben könnte, fand in der anglo-amerikanischen politischen Kultur des 18. Jahrhunderts starken Widerhall. Der Gedanke eines über den Parteien stehenden, im höheren Interesse des Landes regierenden Bürgerkönigs erfuhr seine einflußreichste Ausarbeitung durch Lord Bolingbroke, einem im Lager der Tories stehenden politischen Führer und Denker, dessen Werke den sonst eher den Whigs zugeneigten Jefferson tief beeindruckten. Bolinbroke artikulierte dieses Ideal als Heilmittel gegen die verbreitete gesellschaftliche und politische Korruption, von der er England bedroht sah. Einerseits war er beunruhigt darüber, daß die von den Whigs inspirierte finanzielle Revolution eine neue wohlhabende Schicht geschaffen hatte, welche die begüterte Aristokratie und den Landadel als bestimmende Elemente des englischen politischen Lebens zu verdrängen drohte. Andererseits war er besorgt, daß das von seinem großen Rivalen Sir Robert Walpole perfektionierte System ausgedehnter politischer Patronage die Unabhängigkeit des

Parlaments untergraben und damit das labile Gleichgewicht zwischen dem Monarchen, den Lords und dem Unterhaus stören könnte, das man in Großbritannien und in den Kolonien für die beste Garantie der englischen Freiheitsrechte hielt. Um diese angebliche Flut gesellschaftlicher und politischer Korruption aufzuhalten, rief Bolingbroke nach einem Bürgerkönig, welcher die der hannoveranischen Monarchie von der Oligarchie der Whigs angelegten Ketten sprengen sollte, indem er sich über die Parteien erhob und im Interesse der vielen regierte statt im Interesse der wenigen.

Bolinbrokes Ruf nach einem unparteiischen Staatsoberhaupt, das die ursprüngliche Reinheit der englischen Verfassung wiederherstellen sollte, war im Amerika des 18. Jahrhunderts ungemein populär, sowohl in den rapide sich anglisierenden Kolonien vor der Revolution wie auch, mit entsprechenden Abwandlungen, in der neu entstandenen amerikanischen Republik. Daß dieses Ideal so populär war, lag weitgehend an dem tiefen Mißtrauen, das die Amerikaner damals gegenüber Parteien hegten. Im Gegensatz zur späteren Akzeptanz des Zweiparteiensystems als eines wirksamen Mittels zur Erhaltung der individuellen Freiheit und zur Vertretung diverser Interessengruppen waren die meisten Amerikaner des 18. Jahrhunderts der Meinung, Parteien seien dem Allgemeinwohl abträglich. Ihrer Ansicht nach standen Parteien im Gegensatz zu der weit verbreiteten Meinung, daß in der Gesellschaft Eintracht herrschen und ein Konsens in Grundfragen vorhanden sein sollte - eine Haltung, die insbesondere in der weithin harmonischen Gesellschaft Virginias vorherrschte, in welcher Jefferson aufwuchs. Aus dieser Sicht waren Parteien schädlich, weil sie die existierenden gesellschaftlichen Spannungen verschlimmerten und neue schufen. Sie waren Instrumente, mit deren Hilfe Minderheiten Mehrheiten ihren Willen aufzwangen, ein gerader Weg in die Tyrannei. Nach ihrem Bruch mit England verurteilten die Amerikaner insbesondere das Parteidenken, weil dieses die Bürgertugend zu zerstören schien, jene selbstlose Sorge um das öffentliche Wohl nämlich, die die hauptsächliche Triebkraft des republikanischen Experiments in Amerika war, welches eine monarchische Regierungsgewalt ebenso ablehnte wie eine machtvolle Zentralregierung.

Zugegebenermaßen kamen manche Amerikaner, wie zum Beispiel James Madison, mit Bedauern zu der Schlußfolgerung, daß Parteien in einer republikanischen Gesellschaft eben doch ein notwendiges Übel seien. Doch im Jahr 1789, als George Washington als erster Präsident unter der Bundesverfassung sein Amt antrat, gab es keinen ernstzunehmenden Amerikaner, der der Meinung war, Parteien seien für eine Gesellschaft freier Republikaner ebenso notwendig wie gedeihlich. Jefferson faßte die damals vorherrschende Haltung der Amerikaner gegenüber Parteien zusammen, als er leidenschaflich erklärte: „Wenn ich nur mit einer Partei in den Himmel kommen könnte, würde ich lieber gar nicht dorthin gelangen."[1] Angesichts dieser überaus negativen Haltung gegenüber Parteien kann es nicht überraschen, daß die meisten amerikanischen Präsidenten der Frühzeit sich lieber über den Parteien ansiedelten als mit ihnen zu regieren, und daß eben dies von den meisten ihrer Wähler erwartet wurde.

Sowohl George Washington als auch John Adams gaben sich während ihrer Präsidentschaft als republikanisierte Bürgerkönige. Trotz des erbitterten Parteienkriegs, der in den Jahren nach 1790 zwischen Föderalisten und den Republikanern tobte, und trotz der Tatsache, daß sie in der Praxis in den gewichtigen Tagesfragen im allgemeinen die föderalistische Position favorisierten, bemühten sich Washington und Adams gewissenhaft, als Sachwalter des breiten öffentlichen Interesses über den Parteien zu regieren. Beide beklagten die Ausbreitung der Parteien und hofften, diese durch eine aufgeklärte Amtsausübung zum Verschwinden bringen zu können. Beide sahen ihre Aufgabe nicht darin, die öffentliche Meinung widerzuspiegeln, sondern darin, sie zu zügeln. Sie glaubten beide, um der Würde des Präsidentenamtes willen sei es erforderlich, einen gewissen Abstand zum Volk zu halten und sich nicht in die Parteipolitik hineinziehen zu lassen. Und in auswärtigen Angelegenheiten achteten beide eifersüchtig darauf, daß ihre Vorrechte gewahrt blieben.

Da Washington und Adams es außerdem für unziemlich hielten, im Kongreß parlamentarische Unterstützung für ihre Politik zu mobilisieren, führte ihre Zurückhaltung in der Praxis zu einer Art Kabinettsregierung. Es zeigte sich nämlich bald, daß irgend jemand in der Exekutive dem Kongreß klar machen mußte, welche politischen Präferenzen der Präsident hatte; nur so konnte ein Dauerkonflikt zwischen der Exekutive und der Legislative vermieden werden. In der Praxis wurde der Umgang mit dem Kongreß vom Kabinett übernommen. Zuerst war es Alexander Hamilton, der sich als eine amerikanisierte Version von Sir Robert Walpole, dem Premierminister des Königs, betrachtete und für George Washington diese Funktion ausübte. Doch nach kurzer Zeit übernahmen die meisten Kabinettsmitglieder die extrakonstitutionelle Aufgabe, auf informelle Weise beim Kongreß zu intervenieren, um legislative Unterstützung für die Ziele des Präsidenten zu erreichen. In der Praxis wirkte sich diese Prozedur jedoch häufig zum Nachteil des Präsidenten aus. Unter Washington arbeiteten Thomas Jefferson als Minister des Inneren und Auswärtigen und Alexander Hamilton als Finanzminister gegeneinander, da Jefferson den Kongreß in eine profranzösische und Hamilton in eine probritische Richtung drängen wollte. Schlimmer noch: Unter John Adams galt die oberste Loyalität der meisten Kabinettsmitglieder dem inzwischen ausgeschiedenen Hamilton, was vorhersehbare negative Folgen für die Außen- und Innenpolitik des Präsidenten hatte. Doch trotz solcher und anderer Regierungsprobleme waren die institutionellen Grundzüge der beiden Administrationen klar: Washington strebte wie Adams danach, als republikanisierter Bürgerkönig über den Parteien zu herrschen und einem informellen System ministeriellen Regierens vorzustehen, das gewisse Ähnlichkeiten mit dem englischen

System hatte, welches die Amerikaner vor 1776 gemeinhin als Gipfel politischer Weisheit gefeiert hatten.

Thomas Jefferson war der erste amerikanische Präsident, der mit der Tradition des Bürgerkönigs brach und ein neues Amtsverständnis schuf. Im Gegensatz zu seinen beiden Vorgängern sah Jefferson die Präsidentschaft als öffentlichkeitsbezogenes Amt. Hatten Washington und Adams die Präsidentschaft als Auftrag zur Eindämmung der Volksherrschaft begriffen, sah Jefferson sie als Instrument zur Förderung der Volksherrschaft an und strebte danach, sie fest im Volk zu verankern. Jefferson eliminierte insbesondere die ministerielle Form des Regierens und ersetzte sie durch ein System des präsidialen Regierens. Jefferson war der Meinung, in einem republikanischen System, in dem Kabinettsmitglieder zwischen dem Präsidenten und dem Kongreß vermittelten, stecke ein fataler Defekt: Es fehle ihm schlichtweg die Legitimität. Diese Praxis sei weder durch die Verfassung noch durch die Zustimmung des Volkes sanktioniert. Statt dessen war er fest davon überzeugt, daß es in erster Linie die Aufgabe des Präsidenten sei, im Kongreß selbst für Vorhaben der Exekutive Unterstützung zu finden. Um die vom Verfassungssystem der checks and balances zwischen dem Präsidenten und dem Kongreß geschaffene Kluft zu überbrücken, beschloß Jefferson, mit Hilfe der Republikanischen Partei und nicht, wie seine Vorgänger, über die Parteien hinweg zu regieren. Indem Jefferson die Rolle des Regierungschefs mit der des Parteiführers der Republikaner verknüpfte, erreichte er eine tiefgreifende Umgestaltung des bisherigen Modells präsidialer Führung; er vereinte die konstitutionelle Amtsgewalt des Präsidenten mit der politischen Macht des Parteiführers. Die sich daraus ergebende „Popularisierung" der Präsidentschaft beschrieb er wie folgt:

> „Um all das Gute zu tun, das sein Amt verlangt, ist es in einer Herrschaftsform wie der unseren die Pflicht des höchsten Amtsträgers, das Vertrauen des ganzen Volkes in sich zu vereinen. Dies allein kann, inbesondere dann, wenn die Energie der ganzen Nation benötigt wird, eine Vereinigung aller Kräfte bewirken und sie in eine einzige Richtung lenken, so als stellten alle einen Körper und einen Geist dar."[2]

Daß Jefferson mit der Tradition des Bürgerkönigtums brach und mit Hilfe der Republikanischen Partei gleichsam wie ein europäischer Ministerpräsident regierte, lag letztlich an seiner tiefen Überzeugung, daß die zentralistische Politik der Föderalisten für seine Idealvorstellung von einer tugendhaften agrarischen Republik eine tödliche Bedrohung darstellte. Im Mittelpunkt von Jeffersons langem und unglaublich vielfältigem Wirken stand sein fast religiöser Eifer, in den Vereinigten Staaten eine dauerhafte gesellschaftliche und politische Ordnung republikanischer Prägung zu errichten. Der Jeffersonsche Republikanismus war eine dynamische Mischung aus Lockeschem Liberalismus und bürgerlichem Humanismus; er verwarf alle Überbleibsel der Monarchie und der erblichen

Privilegien; statt dessen strebte er danach, die Freiheit zu fördern, die Aufklärung voranzubringen und die kreativen Energien des amerikanischen Volkes freizusetzen im Rahmen der konstitutionellen Staatsgewalt, der Volkssouveränität und einer agrarischen Gesellschaft, die von einer natürlichen, auf Tugenden und Verdiensten statt auf Abstammung und Reichtum basierenden Aristokratie geführt werden sollte. Um sicherzustellen, daß die Herrschaftsinstitutionen die natürlichen Rechte des Menschen respektierten und freien Männern die Früchte ihrer Arbeit beließen, und um zu garantieren, daß die Macht im dauernden Kampf mit der Freiheit nicht erneut triumphierte, bestand Jefferson darauf, daß die Staatsgewalt durch schriftlich fixierte Verfassungen, institutionelle checks and balances sowie häufige Wahlen eingeschränkt und dem Volk rechenschaftspflichtig gemacht wurde. Für Jefferson hing freilich das Überleben des Republikanismus in Amerika nicht allein von der Struktur des amerikanischen Staatswesens ab, sondern mehr noch vom Charakter des amerikanischen Volkes. Er glaubte, daß eine Republik letztlich nur von einem tugendhaften Volk geschaffen und unterhalten werden könne, das unabhängig, genügsam, gemäßigt und fleißig war, bereit, zur Verteidigung der Freiheit zu den Waffen zu greifen und gewillt, wenn nötig die Privatinteressen dem öffentlichen Wohl unterzuordnen. Da er überzeugt war, daß diese Eigenschaften am stärksten bei Farmern und Pflanzern ausgebildet waren, denen der Landbesitz die für eine aktive Teilnahme an einem republikanischen Gemeinwesen nötige persönliche Unabhängigkeit verlieh, bemühte er sich, die agrarisch geprägte amerikanische Gesellschaft für alle Zukunft zu erhalten. Zu diesem Zweck war er auf der Suche nach ausländischen Märkten, welche die agrarische Überproduktion aufnehmen konnten; und er unterstützte das Vordringen der amerikanischen Siedler nach Westen, weil er glaubte, daß die räumliche Expansion den im Laufe der Zeit auftretenden Zerfall, dem Republiken unweigerlich anheimfielen, hinauszögern würde.

Es war unvermeidlich, daß der aus diesem ideologischen Blickwinkel gesehene föderalistische Zentralismus auf Jeffersons erbitterten Widerstand stieß. Bei den drei Schwerpunkten von Hamiltons Finanzpolitik - Tilgung der Staatsschulden, Einstehen für die Kriegsschulden der einzelnen Staaten der USA und Schaffung einer Staatsbank - stieß Jefferson schließlich auf ein ausgedehntes System von Privilegien. Es begünstigte die wenigen auf Kosten der vielen, stachelte das Volk zu einem ungesunden Spekulantentum an, beeinträchtigte die Ausgewogenheit der Besitzverhältnisse und korrumpierte die Legislative. In Hamiltons Forderung, der Staat solle ein breit gefächertes amerikanisches Manufakturwesen unterstützen, sah Jefferson eine ernste Bedrohung der agrarischen Gesellschaftsordnung, die seiner Meinung nach für die Zukunft des amerikanischen Republikanismus von grundlegender Bedeutung war. In Hamiltons Beharren auf dem Standpunkt, daß die Regierung alle Rechte besitze, die die Verfassung ihr nicht ausdrücklich versage, sah Jefferson einen Eingriff in die Verfassung, der darauf abzielte, die Macht der Zentralregierung auf Kosten der Bundesstaaten und der Freiheitsrechte des Volkes auszuweiten. In Hamiltons Unterstützung einer probritischen Außenpolitik entdeckte Jefferson Bemühungen, ein Bündnis zwischen den Vereinigten Staaten und den monarchistischen und aristokratischen Kräften in Europa herzustellen, das den Republikanismus des revolutionären Frankreich beseitigen sollte. In dem von Hamilton geschaffenen stehenden Heer und dessen Einsatz gegen Protestbewegungen in Pennsylvania sah Jefferson eines der klassischen Anzeichen dafür, daß die Macht wieder einmal die Offensive gegen die Freiheit ergriffen hatte. Und in der Verabschiedung des „Alien Act" und des „Sedition Act" unter John Adams im Jahr 1798, Gesetzen, welche die Ausweisung unerwünschter Ausländer und die Verhaftung oppositioneller Journalisten ermöglichten, erblickte Jefferson einen Versuch der Föderalisten, die Republikanische Partei als legitime politische Opposition zu eliminieren.

Auf den Nenner gebracht, interpretierte Jefferson die zentralistischen Bestrebungen der Föderalisten in den neunziger Jahren als eine konzertierte Aktion der Exekutive, die republikanische Freiheit zu vernichten. Darüber hinaus war er von den frühen neunziger Jahren bis zu seinem Tod im Jahr 1826 fest überzeugt, das oberste Ziel der Anführer der Föderalisten bestehe in der Errichtung einer monarchischen Herrschaftsform in Amerika nach dem britischen Vorbild. Dieser Verdacht, der der fundamentalen Verbundenheit auch der Föderalisten mit dem amerikanischen Republikanismus nicht gerecht wurde, mag heute bizarr erscheinen. Er wird jedoch plausibler, wenn wir die historischen Vorgänge betrachten, die bei Jeffersons Beurteilung der Vorhaben der Föderalisten eine so große Rolle spielten, etwa den Untergang der antiken griechischen und römischen Republiken, den Niedergang der Republiken in den Niederlanden, der Schweiz und Venedig und die damalige Instabilität der französischen Republik, während sich umgekehrt die monarchischen Staatsformen hingegen in der gesamten westlichen Welt am Leben erhielten. Durch die Krise der neunziger Jahre gelangte Jefferson zu der Überzeugung, daß der Präsident eine deutliche Führungsfunktion übernehmen müsse, freilich im Benehmen mit dem Volk, um der Bedrohung zu begegnen, die der Zentralismus der Föderalisten für seine Vision einer glorreichen republikanischen Zukunft darstellte. Gleichzeitig war er jedoch verpflichtet, seine Führungsrolle maßvoll auszuüben, denn die Auseinandersetzung mit dem Föderalismus hatte die Republikanische Partei, der Jefferson vorstand, mit einem tiefen Argwohn gegen die Macht der Exekutive und einer starken Präferenz für die Vorherrschaft der Legislative erfüllt. Jefferson war deshalb gezwungen, die während seiner zwei Amtsperioden ständig zunehmenden Republikanischen Kongreßmehrheiten auf indirekte Weise zu lenken, durch informelle Kontakte und Überzeugungsarbeit sowie durch sein Prestige als Parteivorsitzender, und nicht durch die formellen Prärogativen des Amtes.

Als es Jefferson aus den genannten Gründen erforderlich erschien, die Rolle des Bürgerkönigs aufzugeben, bediente er sich als Präsident fünf elementarer Techniken, um mit Hilfe der Republikanischen Partei zu regieren; diese Techniken sind uns mittlerweile vertraut, doch waren sie damals völlig neu.

1. Jefferson unterstrich die Verbindung zwischen der Präsidentschaft und der öffentlichen Meinung, indem er die republikanischen Grundwerte der Gleichheit und Schlichtheit symbolisch verkörperte. So ging er zu seiner ersten Amtseinführung zu Fuß zum Kapitol, ohne sich der prunkvollen offiziellen Eskorte zu bedienen, die Washington und Adams bei diesen Anlässen begleitet hatte. Er rief die Übung ins Leben, dem Kongreß jedes Jahr zu Beginn der Sitzungsperiode eine schriftliche Botschaft vorzulegen (sie hatte bis zur Präsidentschaft von Woodrow Wilson Bestand), weil er und seine Parteifreunde der Meinung waren, daß die bislang gepflegte Rede des Präsidenten vor dem Kongreß zu sehr an die Thronrede des britischen Monarchen ans Parlament erinnere. Er war schlicht, oft sogar schäbig gekleidet und ritt jeden Tag ohne Begleitung in der Hauptstadt umher - ein krasser Gegensatz zu der prächtigen Kutsche und der Schar von Bediensteten, die seine beiden wohlgekleideten Vorgänger üblicherweise bei ähnlichen Anlässen begleitet hatten. Er schaffte bei offiziellen Einladungen im Weißen Haus die Rangunterschiede ab, saß mit seinen Gästen an einem ovalen Tisch, an dem es keinen Ehrenplatz gab, und öffnete das Weiße Haus zweimal im Jahr - am Neujahrs- und am Unabhängigkeitstag - für die Allgemeinheit, um zu unterstreichen, daß er für das Volk zugänglich war. Er führte überdies mit Amerikanern aller Schichten eine umfangreiche Privatkorrespondenz über eine erstaunliche Vielfalt von Themen; diese Korrespondenz macht einen Großteil der 5 500 Briefe aus, die er während seiner zwei Amtszeiten persönlich schrieb, und der über 13 000 Briefe, die ihn damals erreichten. Indem er auf diese Weise dem föderalistischen Pomp eine Absage erteilte und republikanische Gleichheit und Schlichtheit vorlebte, unterstrich der aristokratische Virginier seinen Anspruch, ein Mann des Volkes zu sein. Washington und Adams hätten diese Haltung verabscheut, doch trug sie in einer politischen Kultur, in der die liberale Demokratie allmählich den klassischen Republikanismus als Staats- und Gesellschaftsprinzip verdrängte, viel dazu bei, die persönliche Macht und den Einfluß von Jefferson zu steigern.

2. Jefferson verwandelte das Kabinett in ein effektives Instrument der präsidentiellen Führung. Er achtete darauf, daß alle sechs Kabinettsmitglieder, die während seiner achtjährigen Amtszeit für ihn tätig waren (verglichen mit früheren Administrationen, ist schon dies ein bemerkenswertes Beispiel politischer Stabilität), führende Mitglieder der Republikanischen Partei waren, die bis auf einen dem Kongreß angehört und allesamt in den neunziger Jahren eine aktive Rolle in der Partei gespielt hatten. Er achtete auch sorgfältig auf regionale Ausgewogenheit im Kabinett, indem er zwei „Minister" (Secretaries) aus dem Süden, einen aus der Mitte und drei aus Neuengland berief. Er vergab somit die größte Anzahl von Kabinettsposten an eine Region, in der die Republikanische Partei am schwächsten und eine kleinere Anzahl an die Region, in der sie am stärksten war - eine

Strategie, die sich schließlich auszahlte, denn sie verschaffte der Partei landesweit mehr Zuspruch. Durch fast täglich stattfindende Arbeitsbesprechungen mit einzelnen Kabinettsmitgliedern, durch regelmäßige Sitzungen mit dem gesamten Kabinett, durch seine eigene Überzeugungskraft und sein Prestige als Personifizierung der Republikanischen Sache sorgte Jefferson dafür, daß das Kabinett mit seinen Zielen in Einklang stand und seine Politik getreulich umsetzte. In Jeffersons Regierung waren die unversöhnlichen Meinungsverschiedenheiten bei fundamentalen Fragen von nationaler Bedeutung nicht anzutreffen, die für Washingtons Administration bezeichnend gewesen waren, ganz zu schweigen von der offenen Illoyalität von Kabinettsmitgliedern gegenüber dem Präsidenten, welche der Adams-Administration so schwer zu schaffen gemacht hatte.

3. Jefferson „republikanisierte" die Bundesbürokratie. Als Jefferson sein Amt antrat, waren die Mitglieder der im Entstehen begriffenen Bürokratie hauptsächlich Föderalisten, ansonsten parteilose örtliche Persönlichkeiten. Um die Bürokratie unter seine Kontrolle zu bringen und den Postenhunger seiner eigenen Parteifreunde zu befriedigen, ernannte Jefferson bis auf wenige Ausnahmen nur Republikaner in Regierungsämter. Doch im Gegensatz zu den Forderungen extremistischer Republikaner entließ Jefferson zuerst nur eine relativ kleine Zahl föderalistischer Amtsinhaber; er hoffte, durch diese Nachsicht eine große Zahl föderalistischer Mitläufer zum Überwechseln in die Republikanische Partei zu bewegen. Doch als sich die Föderalisten von solchen Bemühungen nicht ködern ließen und die Republikaner von der Bundesregierung immer nachdrücklicher eine stärkere Berücksichtigung bei der Stellenvergabe verlangten, beschleunigte Jefferson allmählich das Tempo der Entlassungen. Als Jefferson 1809 aus dem Amt schied, hatten Republikaner etwa 70 Prozent der Stellen in der zu diesem Zeitpunkt stark reduzierten Bundesbürokratie. Jefferson vergab im übrigen wesentlich mehr Ämter an Männer von einfacher Herkunft und mittlerem gesellschaftlichen Status, als Washington und Adams dies getan hatten. Indem er seine Entlassungsbefugnisse geschickt einsetzte, verhinderte Jefferson eine bürokratische Obstruktion seiner Administration durch Föderalisten und stärkte die Republikanische Partei in Regionen, in denen sie schwach gewesen war, vor allem in Neuengland.

4. Jefferson gelang es, mit den ständig wachsenden republikanischen Mehrheiten im Kongreß eine äußerst effektive Zusammenarbeit zu organisieren. Wegen des Argwohns der Republikaner gegenüber der Macht der Exekutive verließ er sich dabei mehr auf seine Rolle als Parteiführer, als daß er die formelle Autorität des Präsidenten ins Feld führte. In seinem öffentlichen Umgang mit dem Kongreß zeigte Jefferson größten Respekt vor den konstitutionellen Vorrechten der Legislative; er lenkte deren Aufmerksamkeit in seinen offiziellen Botschaften auf bestimmte Probleme, machte jedoch auf diesem Wege selten konkrete Lösungsvorschläge. Statt dessen bediente er sich verschiedener informeller Methoden der

Überzeugungsarbeit, um seine legislativen Wunschvorstellungen im Kongreß durchzusetzen. Er konferierte mit wichtigen republikanischen Kongreßabgeordneten und entwarf in aller Stille für seine Anhänger im Kongreß gelegentlich Gesetzesvorlagen, die diese dann als ihre eigenen im Zweikammer-Parlament einbrachten. Um ein hohes Maß an Kooperation zwischen der Exekutive und Legislative zu erreichen, bevollmächtigte er einflußreiche Republikaner, in beiden Häusern des Kongresses als inoffizielle Sprecher der Administration aufzutreten. Er lud Kongreßabgeordnete beider Parteien regelmäßig zum Dinner ins Weiße Haus ein, um den gegen ihn gerichteten Argwohn der Föderalisten zu zerstreuen, vor allem aber, um den Zusammenhalt der Republikanischen Partei zu fördern. Er wies Kabinettsmitglieder an, Gesetzentwürfe für den Kongreß anzufertigen und Kongreßausschüsse bei Gesetzesvorhaben zu beraten; da der Kongreß damals noch keinen eigenen Mitarbeiterstab hatte, war dies eine wertvolle Hilfe. Auf diese Weise übte Jefferson einen so umfassenden Einfluß auf die republikanischen Kongreßmehrheiten aus, daß ein Föderalist die - etwas übertriebene - Klage anstimmte: „Nie hat es eine Gruppe von Männern gegeben, die sich so blind dem Willen eines Anführers fügten wie die Mehrheit beider Häuser dem Willen oder den Wünschen des obersten Amtsinhabers."[3]

5. Mit gewissen Einschränkungen übernahm Jefferson als Präsident schließlich die Aufgabe, die Geschicke der Republikanischen Partei unionsweit zu lenken. Da ihm das persönliche Charisma eines George Washington fehlte, sah er davon ab, dessen Beispiel zu folgen und verschiedenen Landesteilen Besuche abzustatten, um dabei zur Unterstützung der Bundesregierung aufzurufen. Da er mit dem rednerischen Geschick eines Patrick Henry nicht wetteifern konnte, machte Jefferson nie den Versuch, Zuhörer mit rhetorischen Glanzleistungen zu beeindrucken. Statt dessen baute er auf seinen wohlverdienten Ruf als Meister der englischen Prosa, wenn es galt, die Sache der Republikaner voranzubringen. Er führte eine ausgedehnte Korrespondenz mit republikanischen Parteiführern im ganzen Land; dabei trug er ihnen seine Ideen vor, ersuchte sie um Unterstützung für seine Politik und erkundigte sich nach Anliegen und Äußerungen der öffentlichen Meinung. Die Eingaben und Denkschriften, die er von zahlreichen Bürgern und Körperschaften erhielt, nahm er zum Anlaß, um Erwiderungen zu veröffentlichen, die die politischen Grundzüge und Prinzipien der Republikanischen Partei beredt zum Ausdruck brachten. Und er bemühte sich, die Presse für die Sache der Republikaner einzusetzen; er drängte seine Anhänger stets, in Gegenden, in denen die föderalistische Presse tonangebend war, republikanische Zeitungen zu gründen; auf seine eigene Initiative hin entstand in Washington der National Intelligencer, eine Zeitung, die rasch landesweite Beachtung fand als wichtigster journalistischer Fürsprecher und Verteidiger der Jefferson-Administration.

Hätte Deutschlands größter Realpolitiker die Jahre zwischen 1801 und 1809 in den Vereinigten Staaten miterleben können, wäre er zweifellos verblüfft und bestürzt darüber gewesen, welche Nutzanwendung Jefferson aus der enormen Amtsgewalt und Macht ziehen wollte, die ihm durch seinen Führungsstil zugefallen war. Otto v. Bismarck glaubte, das Wohl der deutschen Nation hänge davon ab, daß die Macht des deutschen Staates zunehme, damit die preußische Vorherrschaft in einem vereinten Deutschland erhalten und dem deutschen Kaiserreich sein rechtmäßiger Platz im System des europäischen Kräftegleichgewichts garantiert werden könne. Im Gegensatz dazu glaubte Thomas Jefferson, das Wohl des amerikanischen Volkes hänge davon ab, die Macht des amerikanischen Staates zu verringern, damit die Bürger aus der politischen und der wirtschaftlichen Freiheit den angemessenen Nutzen ohne jene Bedrohungen ziehen könnten, die von starken, zentralistischen Herrschaftsinstitutionen stets für beide Formen der Freiheit ausgegangen waren. Da Jefferson überzeugt war, daß die republikanische Freiheit nur in einer Nation überleben könne, deren Herrschaftsinstitutionen die Mittel entzogen waren, mit denen die Macht im Verlauf der Geschichte die Freiheit bedroht hatte, und deren Gesellschaft von unabhängigen Farmern und Pflanzern geprägt wurde, arbeitete er als Präsident dem Zentralismus der Föderalisten entgegen und bemühte sich, die Dominanz des Agrarischen sicherzustellen. Zu diesem Zweck verfolgte Jefferson eine Strategie der Machtverlagerung von der Bundesregierung zu den Bundesstaaten; er entwarf den Plan zur Begleichung der Staatsschulden und verfolgte ihn während seiner Amtszeit mit Macht, schaffte interne Steuern ab, baute das Heer und die Marine drastisch ab, setzte eine deutliche Verringerung des diplomatischen Korps und der Bundesbürokratie durch und schränkte die Macht der von Föderalisten beherrschten Justiz in gewissem Umfang ein. Er unterstützte die Besiedelung des Westens, indem er den Erwerb von indianischen Ländereien durch die Bundesregierung vorantrieb, vor allem aber, indem er das Staatsgebiet um das ausgedehnte Louisiana-Territorium erweiterte. Dieser ungeheuer wichtige Landerwerb war weniger dem Geschick der Jeffersonschen Diplomatie als dem Heroismus der rebellischen Sklaven zu verdanken, die sich Napoleons Bemühungen um eine Wiederinbesitznahme von Santo Domingo erfolgreich widersetzten und damit die französischen Hoffnungen auf ein neues Kolonialreich in Nordamerika durchkreuzten. Um ausreichende Auslandsmärkte für die agrarische Überproduktion zu sichern, führte Jefferson einen Krieg gegen die Piratenherrschaft um Tripolis herum zum Schutz des amerikanischen Handels im Mittelmeer und verteidigte nach dem 1803 wieder ausgebrochenen Kampf zwischen England und Frankreich um die Vormachtstellung in Europa das Prinzip der Freiheit der Meere.

Jeffersons erfolgreiche Bemühungen um eine Dezentralisierung der Macht im eigenen Land wirkten sich jedoch schließlich in der Außenpolitik verhängnisvoll aus. Da es Jefferson an Streitkräften und Schiffen fehlte, um die amerikanische Neutralität gegen britische und französische Vorstöße zu verteidigen, und da er befürchtete, daß ein Krieg für die republikanische Freiheit zwei der klassischen

Gefahren mit sich bringen würde - ein stehendes Heer und gewaltige Staatsschulden -, fühlte er sich gegen Ende seiner zweiten Amtszeit verpflichtet, vom bislang verfolgten Dezentralisierungskurs zumindest vorübergehend wieder abzuweichen. Er setzte zur Verteidigung der amerikanischen Schiffahrtsrechte eine extreme Form wirtschaftlichen Druckes ein - das Embargo. Doch die Sperre für amerikanische Exporte beeinträchtigte England und Frankreich kaum und war in Amerika wegen der beispiellosen zivilen und militärischen Zwangsmaßnahmen, mit denen die Bundesregierung das Embargo durchsetzte, äußerst unpopulär. Das Fehlschlagen des Embargos trug, Jefferson hat das vorausgesehen, dazu bei, daß es 1812 schließlich zum Krieg mit England kam.

Nachdem wir untersucht haben, wie Jefferson den amerikanischen Präsidenten von einem Bürgerkönig zu einem im Volk verankerten Präsidenten machte, kommen wir am Ende zu einem der großen Paradoxe seiner Präsidentschaft. Selbst als Jefferson der Nation als populäre Führungsfigur vorstand, war sein Hauptziel identisch mit dem des Bürgerkönigs: Er wollte die politischen Parteien eliminieren und keinesfalls das Zweiparteiensystem stabilisieren. Jefferson sah im föderalistischen Gegenspieler nie die Existenzweise einer legitimen politischen Opposition. Bis ans Ende seiner Tage glaubte er, die föderalistische Partei sei eine organisierte Verschwörung mit den Ziel, in den Vereinigten Staaten eine monarchische Regierungsform einzuführen. Um 1800 war er zu der Überzeugung gelangt, die meisten Mitläufer der Föderalisten seien unwissentlich Komplizen dieser Verschwörung geworden, und er versuchte deshalb, sie in der Republikanischen Partei zu integrieren. Er zielte auf die Zerstörung der föderalistischen Partei als organisierte Kraft, damit die Amerikaner sich vom institutionalisierten Konflikt zwischen rivalisierenden Parteien wieder befreien und Menschen guten Willens sich vereinen könnten, um selbstlos das republikanische Ziel des allgemeinen Wohls zu verfolgen und schließlich sogar die Republikanische Partei überflüssig zu machen. Jefferson kam diesem Ziel sehr nahe, was die während seiner Amtszeit immer geringer werdende Zahl der Föderalisten im Kongreß beweist. Doch dann führte das Embargo in den Neuengland- und Mittelatlantik-Staaten zu einem zeitweiligen Wiederaufleben des Föderalismus und zu einem erneuten, diesmal länger anhaltenden Mißtrauen der Republikaner gegenüber den Machtbefugnissen der Exekutive. Das brachte die drei Amtsnachfolger von Jefferson dazu, das von ihm propagierte und administrierte Modell der „populären Präsidentschaft" ad acta zu legen und zum früheren Regierungsstil des republikanisierten Bürgerkönigs zurückzukehren.

Doch auch wenn James Madison, James Monroe und John Quincy Adams sich bemühten, als über den Parteien stehende Bürgerkönige zu regieren, sorgte der immer schneller voranschreitende Umwandlungsprozeß des republikanischen zum liberalen Amerika dafür, daß sich der von Jefferson initiierte Führungsstil letztlich durchsetzte. Im ersten Viertel des 19. Jahrhunderts verschwand allmählich die

Generation von politischen Führern, die während der amerikanischen Revolution erwachsen geworden waren und sich die Abneigung des 18. Jahrhunderts gegen Parteien zu eigen gemacht hatten. An ihre Stelle trat eine neue Generation politischer Führer, die in den neunziger Jahren, als die erbitterten Auseinandersetzungen zwischen den Föderalisten und den Republikanern ihren Höhepunkt erreichten, sozialisiert worden waren, und die deshalb den Parteienwettstreit als etwas ganz Normales betrachteten. Als im Norden die Industrialisierung einsetzte, im Süden immer mehr Plantagen und im Mittleren Westen immer mehr Farmen entstanden, wurde deutlich, daß Parteien als Ausgleichsmechanismus für divergierende regionale Interessen erforderlich waren; dieser Trend wurde noch verstärkt durch den weitverbreiteten Wunsch weißer Amerikaner, den zunehmenden Differenzen zwischen dem Norden und dem Süden in der Sklavenfrage ein Ende zu setzen. Als die Zahl der Wahlberechtigten nach dem Wegfall von Zensusbestimmungen stark zunahm, wurde weithin anerkannt, daß die Parteien den wirksamsten Beitrag zur Willensbildung des Volkes zu leisten vermochten. Und als der liberale Grundsatz, die allgemeine Wohlfahrt könne am besten durch die Verfolgung privater Interessen erreicht werden, über die republikanische Überzeugung triumphierte, daß letztere dem Streben nach dem allgemeinen Wohl unterzuordnen seien, verschwand auch der wichtigste intellektuelle Nährboden für die Aversion gegen Parteien aus der amerikanischen politischen Kultur. Diese Faktoren führten in den zwanziger Jahren des 19. Jahrhunderts zu einer neuen Parteientheorie, die erstmals von den Anhängern Andrew Jacksons formuliert wurde; sie unterstrich, daß das Zweiparteiensystem eine positive Errungenschaft sei, weil es die Freiheitsrechte des Volkes sichere, den nationalen Zusammenhalt fördere, die privaten Interessen schütze und dem öffentlichen Wohl diene. Es blieb dem General aus dem Westen vorbehalten, seine Rolle als Präsident und Parteichef mit der Akzeptanz der Legitimität des Parteiensystems zu verbinden und so den Umwandlungsprozeß der amerikanischen Präsidentschaft vom Modell des Bürgerkönigs zum volksnahen „Führer" abzuschließen, den Jefferson in einer ganz anderen Epoche der amerikanischen Geschichte, in der republikanischen Ära der Jahrhundertwende, eingeleitet hatte.

Anmerkungen

1 Jefferson an Francis Hopkinson (13. März 1789), in: Julian P. Boyd et al. (Hrsg.), The Papers of Thomas Jefferson, Princeton, 1950ff., Bd. 14, S. 650.

2 Jefferson an John Garland Jefferson (25. Januar 1810), in: Paul L. Ford (Hrsg.), The Writings of Thomas Jefferson, New York, 1904-1905, Bd. 11, S. 133.

3 James Hillhouse an Simeon Baldwin (11. Februar 1802) (Baldwin Papers, Yale University Library)

Texte und Dokumente zum Thema "Thomas Jefferson und die amerikanische Präsidentschaft"

1. First Inaugural Address (4. März 1801)

Friends and Fellow Citizens,

Called upon to undertake the duties of the first executive office of our country, I avail myself of the presence of that portion of my fellow-citizens which is here assembled to express my grateful thanks for the favor with which they have been pleased to look toward me, to declare a sincere consciousness that the task is above my talents, and that I approach it with those anxious and awful presentiments which the greatness of the charge and the weakness of my powers so justly inspire. A rising nation, spread over a wide and fruitful land, traversing all the seas with the rich productions of their industry, engaged in commerce with nations who feel power and forget right, advancing rapidly to destinies beyond the reach of mortal eye—when I contemplate these transcendent objects, and see the honor, the happiness, and the hopes of this beloved country committed to the issue and the auspices of this day, I shrink from the contemplation, and humble myself before the magnitude of the undertaking. Utterly, indeed, should I despair did not the presence of many whom I here see remind me that in the other high authorities provided by our Constitution I shall find resources of wisdom, of virtue, and of zeal on which to rely under all difficulties. To you, then, gentlemen, who are charged with the sovereign functions of legislation, and to those associated with you, I look with encouragement for that guidance and support which may enable us to steer with safety the vessel in which we are all embarked amidst the conflicting elements of a troubled world.

During the contest of opinion through which we have passed the animation of discussions and of exertions has sometimes worn an aspect which might impose on strangers unused to think freely and to speak and to write what they think; but this being now decided by the voice of the nation, announced according to the rules of the Constitution, all will, of course, arrange themselves under the will of the law, and unite in common efforts for the common good. All, too, will bear in mind this sacred principle, that though the will of the majority is in all cases to prevail, that will to must be rightful must be reasonable; that the minority possess their equal rights, which equal law must protect, and to violate would be oppression. Let us, then, fellow-citizens, unite with one heart and one mind. Let us restore to social intercourse that harmony and affection without which liberty and even life itself are but dreary things. And let us reflect that, having banished from our land that religious intolerance under which mankind so long bled and suffered, we have as yet gained little if we countenance a political intolerance as despotic, as wicked, and capable of as bitter and bloody persecutions. During the throes and convulsions of the ancient world, during the agonizing spasms of infuriated man, seeking through blood and slaughter his long-lost liberty, it was not wonderful that the agitation of the billows should reach even this distant and peaceful shore; that this should be more felt and feared by some and less by others, and should divide opinions as to measures of safety. But every difference of opinion is not a difference of principle. We have called by different names brethren of the same principle. We are all Republicans, we are all Federalists. If there be any among us who would wish to dissolve this Union or to change its republican form, let them stand undisturbed as monuments of the safety with which error of opinion may be tolerated where reason is left free to combat it. I know, indeed, that some honest men fear that a republican government can not be strong, that this Government is not strong enough; but would the honest patriot, in the full tide of successful experiment, abandon a government which has so far kept us free and firm on the theoretic and visionary fear that this Government, the world's best hope, may by possibility want energy to defend itself? I trust not. I believe this, on the contrary, the strongest Government on earth. I believe it to be the only one where every man, at the call of the law, would fly to the standard of the law, and would meet invasions of the public order as his own personal concern. Sometimes it is said that man can not be trusted with the government of himself. Can he, then, be trusted with the government of others? Or have we found angels in the forms of kings to govern him? Let history answer this question.

Let us, then, with courage and confidence pursue our own Federal and Republican principles, our attachment to union and representative government. Kindly separated by nature and a wide ocean from the exterminating havoc of one quarter of the globe; too high-minded to endure the degradation of the others; possessing a chosen country, with room enough for our descendants to the thousandth and thousandth generation; entertaining a due sense of our equal right to the use of our own faculties, to the acquisitions of our own industry, to honor and confidence from our fellow-citizens, resulting not from birth, but from our actions and their sense of them; enlightened by a benign religion, professed, indeed, and practiced in various forms, yet all of them inculcating honesty, truth, temperance, gratitude, and the love of man; acknowledging and adoring an overruling Providence, which by all its dispensations proves that it delights in the happiness of man here and his greater happiness hereafter—with all these blessings, what more is necessary to make us a happy and a prosperous people? Still one thing more, fellow-citizens—a wise and frugal Government, which shall restrain men from injuring one another, shall leave them otherwise free to regulate their own pursuits of industry and improvement, and shall not take from the mouth of labor the bread it has earned. This is the sum of good government, and this is necessary to close the circle of our felicities.

About to enter, fellow-citizens, on the exercise of duties which comprehend everything dear and valuable to you, it is proper you should understand what I deem the essential principles of our Government, and consequently those which ought to shape its Administration. I will compress them within the narrowest compass they will bear, stating the general principle, but not all its limitations. Equal and exact justice to all men, of whatever state or persuasion, religious or political; peace, commerce, and honest friendship with all nations, entangling alliance with none; the support of the State governments in all their rights, as the most competent administrations for our domestic concerns and the surest bulwarks against antirepublican tendencies; the preservation of the General Government in its whole constitutional vigor, as the sheet anchor of our peace at home and safety abroad; a jealous care of the right of election by the people—a mild and safe corrective of abuses which are lopped by the sword of revolution where peaceable remedies are unprovided; absolute acquiescence in the decisions of the majority, the vital principle of republics, from which there is no appeal but to force, the vital principle and immediate parent of despotism; a well-regulated militia, our best reliance in peace and for the first moments of war till regulars may relieve them; the supremacy of the civil over the military authority; economy in the public expense, that labor may be lightly burthened; the honest payment of our debts and sacred preservation of the public faith; encouragement of agriculture, and of commerce as its handmaid; the diffusion of information and arraignment of all abuses at the bar of the public reason; freedom of religion; freedom of the press, and freedom of person under the protection of the habeas corpus, and trial by juries impartially selected. These principles form the bright constellation which has gone before us and guided our steps through an age of revolution and reformation. The wisdom of our sages and blood of our heroes have been devoted to their attainment. They should be the creed of our political faith, the text of civic instruction, the touchstone by which to try the services of those we trust; and should we wander from them in moments of error or of alarm, let us hasten to retrace our steps and to regain the road which alone leads to peace, liberty, and safety.

I repair, then, fellow-citizens, to the post you have assigned me. With experience enough in subordinate offices to have seen the difficulties of this the greatest of all, I have learnt to expect that it will rarely fall to the lot of imperfect man to retire from this station with the reputation and favor which bring him into it. Without pretensions to that high confidence you reposed in our first and greatest revolutionary character, whose preeminent services had entitled him to the first place in his country's love and destined for him the fairest page in the volume of faithful history, I ask so much confidence only as may give firmness and effect to the legal administration of your affairs. I shall often go wrong through defect of judgment. When right, I shall often be thought wrong by those whose positions will not command a view of the whole ground. I ask your indulgence for my own errors, which will never be intentional, and your support against the errors of others, who may condemn what they would not if seen in all its parts. The approbation implied by your suffrage is a great consolation to me for the past, and my future solicitude will be to retain the good opinion of those who have bestowed it in advance, to conciliate that of others by doing them all the good in my power, and to be instrumental to the happiness and freedom of all.

Relying, then, on the patronage of your good will, I advance with obedience to the work, ready to retire from it whenever you become sensible how much better choice it is in your power to make. And may that Infinite Power which rules the destinies of the universe lead our councils to what is best, and give them a favorable issue for your peace and prosperity.

Merrill D. Peterson (Hrsg.), Thomas Jefferson. Writings, New York, 1984, S. 492-96.

2. Second Inaugural Address (4. März 1805)

Proceeding, fellow citizens, to that qualification which the constitution requires, before my entrance on the charge again conferred upon me, it is my duty to express the deep sense I entertain of this new proof of confidence from my fellow citizens at large, and the zeal with which it inspires me, so to conduct myself as may best satisfy their just expectations.

On taking this station on a former occasion, I declared the principles on which I believed it my duty to administer the affairs of our commonwealth. My conscience tells me that I have, on every occasion, acted up to that declaration, according to its obvious import, and to the understanding of every candid mind.

In the transaction of your foreign affairs, we have endeavored to cultivate the friendship of all nations, and especially of those with which we have the most important relations. We have done them justice on all occasions, favored where favor was lawful, and cherished mutual interests and intercourse on fair and equal terms. We are firmly convinced, and we act on that conviction, that with nations, as with individuals, our interests soundly calculated, will ever be found inseparable from our moral duties; and history bears witness to the fact, that a just nation is taken on its word, when recourse is had to armaments and wars to bridle others.

At home, fellow citizens, you best know whether we have done well or ill. The suppression of unnecessary offices, of useless establishments and expenses, enabled us to discontinue our internal taxes. These covering our land with officers, and opening our doors to their intrusions, had already begun that process of domiciliary vexation which, once entered, is scarcely to be restrained from reaching successively every article of produce and property. If among these taxes some minor ones fell which had not been inconvenient, it was because their amount would not have paid the officers who collected them, and because, if they had any merit, the state authorities might adopt them, instead of others less approved.

The remaining revenue on the consumption of foreign articles, is paid cheerfully by those who can afford to add foreign luxuries to domestic comforts, being collected on our seaboards and frontiers only, and incorporated with the transactions of our mercantile citizens, it may be the pleasure and price of an American to ask, what farmer, what mechanic, what laborer, ever sees a tax-gatherer of the United States? These contributions enable us to support the current expenses of the government, to fulfill contracts with foreign nations, to extinguish the native right to the soil within our limits, to extend those limits, and to apply such a surplus to our public debts, as places at a short day their final redemption, and that redemption once effected, the revenue thereby liberated may, by a just repartition among the states, and a corresponding amendment of the constitution, be applied, in time of peace, to rivers, canals, roads, arts, manufactures, education, and other great objects within each state. In time of war, if injustice, by ourselves or by others, must sometimes produce war, increased as the same revenue will be increased by population and consumption, and aided by other resources reserved for that crisis, it may meet within the year all the expenses of the year, without encroaching on the rights of future generations, by burdening them with the debts of the past. War will then be but a suspension of useful works, and a return to a state of peace, a return to the progress of improvement.

I have said, fellow citizens, that the income reserved had enabled us to extend our limits; but that extension may possibly pay for itself before we are called on, and in the meantime, may keep down the accruing interest; in all events, it will repay the advances we have made. I know that the acquisition of Louisiana has been disapproved by some, from a candid apprehension that the enlargement of our territory would endanger its union. But who can limit the extent to which the federative principle may operate effectively? The larger our association, the less it will be shaken by local passions; and in any view, is it not better that the opposite bank of the Mississippi should be settled by our own brethren and children, than by strangers of another family? With which shall we be most likely to live in harmony and friendly intercourse?

In matters of religion, I have considered that its free exercise is placed by the constitution independent of the powers of the general government. I have therefore undertaken, on no occasion, to prescribe the religious exercises suited to it; but have left them, as the constitution found them, under the direction and discipline of state or church authorities acknowledged by the several religious societies.

The aboriginal inhabitants of these countries I have regarded with the commiseration their history inspires. Endowed with the faculties and rights of men, breathing an ardent love of liberty and independence, and occupying a country which left them no desire but to be undisturbed, the stream of overflowing population from other regions directed itself on these shores; without power to divert, or habits to contend against, they have been overwhelmed by the current, or driven before it; now reduced within limits too narrow for the hunter's state, humanity enjoins us to teach them agriculture and the domestic arts; to encourage them to that industry which alone can enable them to maintain their place in existence, and to prepare them in time for that state of society, which to bodily comforts adds the improvement of the mind and morals. We have therefore liberally furnished them with the implements of husbandry and household use; we have placed among them instructors in the arts of first necessity; and they are covered with the aegis of the law against aggressors from among themselves.

But the endeavors to enlighten them on the fate which awaits their present course of life, to induce them to exercise their reason, follow its dictates, and change their pursuits with the change of circumstances, have powerful obstacles to encounter; they are combated by the habits of their bodies, prejudice of their minds, ignorance, pride, and the influence of interested and crafty individuals among them, who feel themselves something in the present order of things, and fear to become nothing in any other. These persons inculcate a sanctimonious reverence for the customs of their ancestors; that whatsoever they did, must be done through all time; that reason is a false guide, and to advance under its counsel, in their physical, moral, or political condition, is perilous innovation; that their duty is to remain as their Creator made them, ignorance being safety, and knowledge full of danger; in short, my friends, among them is seen the action and counteraction of good sense and bigotry; they, too, have their anti-philosophers, who find an interest in keeping their present state, who dread reformation, and exert all their faculties to maintain the ascendency of habit over the duty of improving our reason, and obeying its mandates.

In giving these outlines, I do not mean, fellow citizens, to arrogate to myself the merit of the measures; that is due, in the first place, to the reflecting character of our citizens, at large, who, by the weight of public opinion, influence and strengthen the public measures; it is due to the sound discretion with which they select from among themselves those to whom they confide the legislative duties; it is due to the zeal and wisdom of the characters thus selected, who lay the foundations of public happiness in wholesome laws, the execution of which alone remains for others; and it is due to the able and faithful auxiliaries, whose patriotism has associated with me in the executive functions.

During the course of administration, and in order to disturb it, the artillery of the press has been levelled against us, charged with whatsoever its licentiousness could devise or dare. These abuses of an institution so important to freedom and science, are deeply to be regretted, inasmuch as they tend to lessen its usefulness, and to sap its safety; they might, indeed, have been corrected by the wholesome punishments reserved and provided by the laws of the several States against falsehood and defamation; but public duties more urgent press on the time of public servants, and the offenders have therefore been left to find their punishment in the public indignation.

Nor was it uninteresting to the world, that an experiment should be fairly and fully made, whether freedom of discussion, unaided by power, is not sufficient for the propagation and protection of truth—whether a government, conducting itself in the true spirit of its constitution, with zeal and purity, and doing no act which it would be unwilling the whole world should witness, can be written down by falsehood and defamation. The experiment has been tried; you have witnessed the scene; our fellow citizens have looked on, cool and collected; they saw the latent source from which these outrages proceeded; they gathered around their public functionaries, and when the constitution called them to the decision by suffrage, they pronounced their verdict, honorable to those who had served them, and consolatory to the friend of man, who believes he may be intrusted with his own affairs.

No inference is here intended, that the laws provided by the State against false and defamatory publications, should not be enforced; he who has time, renders a service to public morals and public tranquillity, in reforming these abuses by the salutary coercions of the law; but the experiment is noted, to prove that, since truth and reason have maintained their ground against false opinions in league with false facts, the press, confined to truth, needs no other legal restraint; the public judgment will correct false reasonings and opinions, on a full hearing of all parties; and no other definite line can be drawn between the inestimable liberty of the press and its demoralizing licentiousness. If there be still improprieties which this rule would not restrain, its supplement must be sought in the censorship of public opinion.

Contemplating the union of sentiment now manifested so generally, as auguring harmony and happiness to our future course, I offer to our country sincere congratulations. With those, too, not yet rallied to the same point, the disposition to do so is gaining strength; facts are piercing through the veil drawn over them; and our doubting brethren will at length see, that the mass of their fellow citizens, with whom they cannot yet resolve to act, as to principles and measures, think as they think, and desire what they desire; that our wish, as well as theirs, is that the public efforts may be directed honestly to the public good, that peace be cultivated, civil and religious liberty unassailed, law and order preserved, equality of rights maintained, and that state of property, equal or unequal, which results to every man from his own industry, or that of his fathers. When satisfied of these views, it is not in human nature that they should not approve and support them; in the meantime, let us cherish them with patient affection; let us do them justice, and more than justice, in all competitions of interest; and we need not doubt that truth, reason, and their own interests, will at length prevail, will gather them into the fold of their country, and will complete their entire union of opinion, which gives to a nation the blessing of harmony, and the benefit of all its strength.

I shall now enter on the duties to which my fellow citizens have again called me, and shall proceed in the spirit of those principles which they have approved. I fear not that any motives of interest may lead me astray; I am sensible of no passion which could seduce me knowingly from the path of justice; but the weakness of human nature, and the limits of my own understanding, will produce errors of judgment sometimes injurious to your interests. I shall need, therefore, all the indulgence I have hitherto experienced—the want of it will certainly not lessen with increasing years. I shall need, too, the favor of that Being in whose hands we are, who led our forefathers, as Israel of old, from their native land, and planted them in a country flowing with all the necessaries and comforts of life; who has covered our infancy with his providence and our riper years with his wisdom and power; and to whose goodness I ask you to join with me in supplications, that he will so enlighten the minds of your servants, guide their councils, and prosper their measures, that whatsoever they do, shall result in your good, and shall secure to you the peace, friendship, and approbation of all nations.

A.a.O., S. 518-23.

Ausgewählte Literatur

Clinton Rossiter, The American Presidency, 2d. ed., New York, 1960; Arthur M. Schlesinger, Jr., The Imperial Presidency, New York, 1973; und Forrest McDonald, The American Presidency: An Intellectual History, Lawrence, 1994, bieten kontrastierende Analysen der Herausbildung des amerikanischen Präsidentenamtes.

Ralph Ketcham, Presidents above Party: The First American Presidency, 1789-1829, Chapel Hill, 1984, bietet die umfassendste Darstellung des Einflusses der "Bürgerkönigstradition" auf das Verständnis der frühen amerikanischen Präsidentschaft. Richard Hofstadter, The Idea of a Party System: The Rise of Legitimate Opposition in the United States, 1780-1840, Berkeley, 1969, ist bis heute das Standardwerk zum Antiparteien-Affekt in der politischen Kultur der jungen Republik.

Forrest McDonald, The Presidency of George Washington, Lawrence, 1978; und Stephen G. Kurtz, The Presidency of John Adams: The Collapse of Federalism, 1795-1800, Philadelphia, 1957, bieten wertvolle Einsichten in die Thematik; die beste moderne Analyse der Amtsführung Washingtons und Adams' findet sich bei Stanley Elkins and Eric McKitrick, The Age of Federalism: The Early American Republic, 1788-1800, New York, 1993.

Meine Analyse der republikanischen Ideologie Jeffersons und seiner Kritik am "Föderalismus" stützt sich besonders auf Bernard Bailyn, The Ideological Origins of the American Revolution, Cambridge, Mass., 1967, S. 55-93; Gordon S. Wood, The Creation of the American Republic, Chapel Hill, 1969, S. 46-69; Lance Banning, The Jeffersonian Persuasion: Evolution of a Party Ideology, Ithaca und London, 1978; Drew McCoy, The Elusive Republic: Political Economy in

Jeffersonian America, Chapel Hill, 1980; Garrett W. Sheldon, The Political Philosophy of Thomas Jefferson, Baltimore, 1991; Paul A. Rahe, Republics Ancient & Modern, Chapel Hill, 1992, S. 698-725; Robert E. Shalhope, Thomas Jefferson's Republicanism and Antebellum Southern Thought, in: Journal of Southern History 42 (1976), S. 529-56; Joyce Appleby, What is Still American in the Political Philosophy of Thomas Jefferson?, in: William and Mary Quarterly 39 (1982), S. 287-309; Appleby, Republicanism in Old and New Contexts, in: ebda., 43 (1986), S. 20-34; Banning, Jeffersonian Ideology Revisited: Liberal and Classical Ideas in the New American Republic, in: ebda., 43 (1986), S. 3-19; und Banning, Some Second Thoughts on Virtue and the Course of Revolutionary Thinking, in: Terence Ball and J. G. A. Pocock (Hrsg.), Conceptual Change and the Constitution, Lawrence, 1988, S. 194-212. Siehe auch Richard Buel, Jr., Securing the Revolution: Ideology in American Politics, 1789-1815, Ithaca und London, 1972, für eine gegenläufige Bewertung der Bezüge zwischen den "Föderalisten" und dem "Republikanismus".

Mein eigenes Verständnis von Jeffersons Beitrag zur Entwicklung der amerikanischen Präsidentschaft ist geprägt worden von Robert M. Johnstone, Jr., Jefferson and the Presidency: Leadership in the Young Republic, Ithaca und London, 1978. Dumas Malone, Jefferson the President: First Term, 1801-1805, Boston, 1970, und Jefferson the President: Second Term, 1805-1809, Boston, 1974, bietet eine höchst detaillierte, aber häufig unkritische Analyse von Jeffersons Präsidentschaft. Eine ausgewogenere Darstellung findet sich bei Merrill D. Peterson, Thomas Jefferson & the New Nation, New York, 1970. Noble E. Cunningham, Jr., The Process of Government under Jefferson, Princeton, 1978, ist eine hervorragende Studie über Jefferson als präsidentiellen "Administrator". Leonard D. White, The Jeffersonians: A Study in Administrative History, 1801-1829, New York, 1959, ist ein unschätzbarer Führer für das Verständnis von Jeffersons Amtsführung und das politische Verhalten seiner Republikanischen Partei. Alex B. Lacey, Jefferson and Congress: Congressional Methods and Politics, 1801-1809, Ph.D. Dissertation, University of Virginia, 1963, bietet wichtige Einsichten in den Untersuchungsgegenstand. James R. Sharp, American Politics in the Early Republic: The New Nation in Crisis, New Haven und London, 1993, analysiert präzise die langfristigen Auswirkungen von Jeffersons Ablehnung der "Föderalisten" als legitimer Opposition und seiner prinzipiellen Abneigung gegenüber politischen Parteien auf die politische Kultur der USA.

Zu den oben angeführten Werken von Ketcham und Hofstadter auch noch: Michael Wallace, Changing Concepts of Party in the United States, New York, 1815-1828, in: American Historical Review 74 (1968), S. 453-91; der Beitrag bietet eine vorzügliche Fallstudie in Bezug auf die Kräfte, die schließlich dem Konzept des "Bürgerkönigs" als Präsident eine definitive Absage erteilten.

Herbert Dittgen

Despotismus und Armut.
Thomas Jeffersons Rheinreise am Vorabend der Französischen Revolution

Die Gleichheit der Bürger, die in der Regel auch zu gleichem Vermögen führt, bringt Wohlstand und Leben in alle Teile des Gemeinwesens und verteilt ihn gleichmäßig. Wo dagegen Willkür herrscht, ist das nicht der Fall: Der Fürst, die Höflinge und einige wenige einzelne besitzen allen Reichtum, alle anderen leben in äußerster Armut.
Montesquieu, Lettres persanes, 1721

Ich habe mich gefragt, warum zugelassen wird, daß so viele Arbeitswillige betteln, in einem Land, in dem es einen sehr beachtlichen Anteil von unbearbeitetem Land gibt?
Jefferson in einem Brief aus Fontainebleau an Madison, 28. Oktober 1785

Der Rhein wurde an der Wende vom 18. zum 19. Jahrhundert zu einem Gegenstand mythischer Phantasien. Die Romantik entwarf in Dichtung und Malerei eine Deutung des Rheins und seiner Landschaft, die die Gefühle und sinnliche Wahrnehmung des Publikums ansprechen sollte. Friedrich Hölderlin feierte den „Vater Rhein" in seinen „vaterländischen Gesängen" als einen Halbgott; Heinrich Heine besingt in seinem „Buch der Lieder" die Lorelei. William Turner hat in seinen Gemälden die romantische Sicht des Rheines zum Ausdruck gebracht. Alle ließen sich von der Schönheit der Landschaft und von der Erhabenheit der Burgen und Dome überwältigen und sicher auch von der Köstlichkeit des Weines anregen.[1] Auch Thomas Jefferson ließ sich vom Rhein als Ziel einer Reise anziehen. Aber dem amerikanischen „Aufklärer" lag nichts ferner als einen Bericht über eine Sentimental Journey zu schreiben.

Die Jahre 1784 bis 1789 verbrachte Thomas Jefferson als Vertreter der amerikanischen Konföderation in Paris. Er nutzte seinen Aufenthalt in Europa für drei größere Reisen, eine nach London, eine nach Südfrankreich und Norditalien und schließlich eine Reise entlang des Rheines.[2] Die schriftlichen Mitteilungen, die wir über die Rheinreise besitzen, waren nicht zur Veröffentlichung bestimmt. Seine Eindrücke und Beobachtungen zeichnete er, wie er es bei all seinen Reisen zu tun pflegte, detailliert in ein Reisetagebuch auf. Diese Beobachtungen - „Memorandums on a Tour from Paris to Amsterdam, Strasburg and back to Paris" - publiziert in den Jefferson-Papers - unterscheiden sich grundlegend von den sonst bei europäischen Bildungsreisenden üblichen Aufzeichnungen über die „Grand Tour".[3] Thomas Jefferson berichtet kaum von Landschaften, Kunstdenkmälern und Bekanntschaften. Mehr interessiert er sich für die Entwicklungen der Landwirtschaft, des Handwerks und der Architektur. Auch die sozialen und wirtschaftlichen Bedingungen der verschiedenen Regionen werden von ihm mit großer Aufmerksamkeit studiert.

Dieser Reisebericht sowie eine kurze Reisebeschreibung mit praktischen Ratschlägen, die er nach seiner Rückkehr in Paris für zwei junge amerikanische Landsmänner, Edward Rutledge und Thomas Lee Shippen schrieb, die im Begriff waren, von Holland aus eine Reise in den Süden anzutreten (in den Jefferson Papers unter dem Titel „Hints to Americans Travelling in Europe" veröffentlicht), bilden die beiden Quellen, die ein recht anschauliches Bild der Reise Jeffersons entlang des Rheines vermitteln.[4]

Thomas Jefferson und Georg Forster

Unser Interesse an diesen Reiseaufzeichnungen ist nicht in erster Linie durch den, sicher auch interessanten Bezug Jeffersons zu Deutschland bestimmt, sondern vor allem durch die Art der Reisebeobachtungen, weil sie doch auch viel über den vielseitigen Beobachter und seine Interessen verraten. Gelegentlich werden wir Parallelen ziehen zu anderen Berichten von Rheinreisen, vor allem zu Georg Forsters „Ansichten vom Niederrhein". Forster war durch seine Weltreise mit James Cook und den darüber 1777 veröffentlichten Bericht „A Voyage round the World" berühmt geworden. Nach einer Professur in Wilna für Naturgeschichte kehrt er 1787 nach Deutschland zurück, wo er Erster Bibliothekar in Mainz wird. Forster wird begeisterter Anhänger der Französischen Revolution und 1792 Führer der Mainzer Republikaner. Er arbeitete als kurfürstlicher Bibliothekar in Mainz. Zwei Jahre später als Jefferson - im Jahre 1790 - reist er zusammen mit Alexander von Humboldt von Mainz aus an den Niederrhein und weiter nach Flandern und England und über Frankreich zurück nach Mainz.[5] Sein Buch ist wohl der bedeutendste deutsche Reisebericht seiner Zeit.

Empfehlungen für Amerikaner in Europa

Thomas Jefferson hat in einem aufschlußreichen Brief an die bereits erwähnten Landsleute Rutledge und Shippen allgemeine Empfehlungen für die Planung der Reise eines Amerikaners in Europa ausgesprochen. Dort heißt es unter anderem:

> „Eine vernünftige Auswahl ist anzustreben, indem man dafür sorgt, daß die Trägheit des Augenblicks keinen Einfluß auf die Entscheidung nimmt. Beachte vor allem, daß dich die Kirchenportale, Kabinette usw. mit ihren vielen Einzelheiten nicht in ihren Bann schlagen. Sie belasten nur deine Erinnerung mit Kleinigkeiten, ermatten die Aufmerksamkeit und vergeuden diese und deine Zeit."[6]

Jefferson will die Aufmerksamkeit des reisenden Amerikaners auf den jeweiligen Nationalcharakter lenken. Er warnt aber davor, die Leute, die man am häufigsten auf der Reise trifft - Wirte, Fremdenführer und Postillions - gleichzusetzen mit dem jeweiligen Charakter des Landes. „Denn", so schreibt er, „diese sind in jedem Land gemeine Spitzbuben". Stattdessen empfiehlt er, die Theater, Promenaden und öffentlichen Märkte aufzusuchen. „Dort siehst du", schreibt er, „die Einwohner aus allen Klassen" (inhabitants from high to low).[7]

Jefferson begnügt sich nicht mit diesen allgemeinen Empfehlungen, sondern formuliert auch Ratschläge, die die spezielle Aufmerksamkeit der Reisenden verdienen. Diese Aufzählung zeigt auch die Rangfolge seiner eigenen Interessen. Nicht überraschend ist, daß der Autor der „Notes on the State of Virginia" die Landwirtschaft an erster Stelle nennt. Sodann werden die mechanischen Erfindungen, die Feinmechanik und die Fabrikationsmethoden genannt. All diese Objekte seien auf ihre Nützlichkeit in Amerika hin zu überprüfen. Er wird, wie wir später sehen werden, auf seiner Rheinreise zahlreiche technische Zeichnungen von Dingen anfertigen, die ihm für die Anwendung im heimatlichen Virginia geeignet erscheinen. An vierter Stelle seiner Aufzählung nennt er die Gärten. Er schreibt: „Sie sind der besonderen Aufmerksamkeit eines Amerikaners wert, da Amerika vor allem das Land ist, wo die edelsten Gärten ohne Aufwand angelegt werden können. Wir brauchen nur die überflüssigen Pflanzen herauszuschneiden".[8] Auch die Architektur wird dem amerikanischen Reisenden empfohlen, aber zunächst einmal in praktischer Hinsicht. Jefferson schreibt:

> „Die Architektur ist besonderer Aufmerksamkeit wert. Da wir unsere Einwohnerzahl in 20 Jahren verdoppeln, müssen wir auch die Zahl unserer Häuser verdoppeln. Außerdem bauen wir mit so wenig haltbarem Material, daß die Hälfte unserer Häuser alle 20 Jahre neu gebaut werden muß".

Jefferson fügt diesen Überlegungen die Bemerkung hinzu, daß es auch wünschenswert wäre, in einer so nach außen gerichteten Kunst Geschmack zu beweisen. Die Malerei und Bildhauerkunst hält Jefferson dagegen für weniger wichtig. Er schreibt kurz und bündig: „Zu teuer für unsere sozialen Verhältnisse. Es wäre darum nutzlos und unsinnig, zu versuchen, uns zu Kennern (connoisseurs) in diesen Künsten zu machen. Man sollte sie sich ansehen, aber nicht studieren."

An vorletzter Stelle der Aufzählung nennt der spätere Präsident die Politik eines jeden Landes. Die inneren Angelegenheiten, so schreibt er, verdienen die Aufmerksamkeit.

> „Prüfe ihren Einfluß auf das Glück des Volkes. Nimm jede mögliche Gelegenheit wahr, in die Hütten der Arbeiter zu gehen, besonders zur Zeit ihrer Mahlzeit und sieh, was sie essen und wie sie gekleidet sind, ob sie gezwungen werden, zu hart zu arbeiten, ob ihre Regierung oder ihr Landesherr

ihnen einen ungerechten Anteil ihrer Einkünfte abnimmt, auf welcher Grundlage der Besitz beruht, den sie ihr Eigentum nennen, ihre persönliche Freiheit und so weiter."

Am Ende seiner Aufzählung empfiehlt Jefferson den Besuch der europäischen Fürstenhöfe. Aber er warnt:

„Schon eine flüchtige Bekanntschaft mit ihnen wird genügen, um euch zu zeigen, daß sie unter dem oft imponierenden Äußeren die schwächsten und schlechtesten Vertreter der Menschheit sind. Ihre Manieren, wolltet ihr sie nachäffen, würden euch in eurem eigenen Land nicht beliebt machen, auch würden sie euch dort nicht befähigen, diese rechtschaffende Einfachheit, die nun in Amerika herrscht, auszuschalten, die wert ist, gepflegt zu werden."

Jefferson reist, um sich zu informieren. Ihn interessiert, so könnte man verkürzt sagen, die technische und politische Entwicklung des jeweiligen Landes. Betrachten wir zum Vergleich Georg Forsters Intention. Was reizt ihn daran, die Beschwerlichkeiten einer Reise auf sich zu nehmen? Es ist nicht das abstrakte Interesse an anderen Ländern, sondern die Mißlichkeit seiner persönlichen Situation, die ihn in Reisefieber versetzt. Der rege, vielseitig interessierte Forster fand in Mainz nicht die Wirkungsmöglichkeiten, die er suchte. Er beklagte sich bitter über die „Malignität der Intoleranz", über die Feindseligkeit der Kreise, die eine Übernahme von Protestanten in den Kurmainzer Staatsdienst ablehnten, und über die Etatisierung von Universität und Bibliothek. Trotz allen Fleißes hatte er kein „schriftstellerisches Glück".[9] „Mein Kopf ist leer, ich weiß der Welt nichts Eigenes mehr zu sagen", schrieb er in dieser Situation an seinen Freund Jacobi.

„Wer doch auch nach Italien, oder nach England, oder nach Spanien oder noch weiter hin, wo nur irgend Neues zu sehen ist, reisen könnte! Denn am Ende, mehr hat man doch nicht, als was einem durch diese zwei kleinen Öffnungen der Pupille fällt und die Schwingungen des Gehirns erregt."

Kurzum: Er will hinaus aus Mainz, er sucht das Erlebnis. Nichts von diesen Emotionen finden wir bei Jefferson, zumindest nichts davon in seinem Bericht.

Die äußeren Umstände von Jeffersons Rheinreise

Der Anlaß für Jeffersons Reise durch Holland und Deutschland entlang des Rheines war eher zufällig. Als Gesandter mit uneingeschränkten Vollmachten oblag ihm zusammen mit John Adams, Gesandter am Hof in London und Den Haag, Freundschafts- und Handelsverträge mit den europäischen Staaten abzuschließen. Vor allem galt es auch, Finanzierungsmöglichkeiten für die hohen Schulden der Konföderation aus dem Unabhängigkeitskrieg zu finden. Die Aufgabe, mit den Banken über die weitere Finanzierung der Schulden zu verhandeln, hatte bislang vorwiegend John Adams, der spätere Vizepräsident und zweite Präsident der Vereinigten Staaten, wahrgenommen. Geldgeschäfte waren nicht die Sache von Thomas Jefferson.

Zum Ende des Jahres 1787 wurde Jefferson für weitere drei Jahre in seinem Amt bestätigt. Gleichzeitig erhielt er die Nachricht, daß dem Gesuch von John Adams auf Rückkehr nach Amerika stattgegeben worden war. Diese Nachricht beunruhigte Jefferson außerordentlich, denn sie bedeutete, daß die Verantwortung für die Bewältigung der amerikanischen Schuldenkrise nun allein bei ihm liegen würde. Da Adams noch von London aus seinen Abschiedsbesuch am Hof in Den Haag antreten mußte und gleichzeitig schwierige finanzielle Verhandlungen in Amsterdam anstanden, entschloß sich Jefferson im März 1788 zu einer sofortigen Reise nach Holland, um Adams dort noch anzutreffen. „Unsere Angelegenheiten in Amsterdam lasten auf mir wie ein Gebirge", schreibt er an Adams. „Mir liegt so viel daran, die Sache mit Ihnen zu bereden und mit Ihrer Hilfe eine erfolgreiche Übereinkunft zu treffen, daß ich entschlossen bin, Sie in Den Haag zu treffen".[10]

Die Verhandlungen mit den Bankern in Amsterdam nahmen mit Hilfe John Adams einen unverhofft guten Ausgang. Es wurde nicht nur die aktuelle Schuldenkrise behoben, sondern die Abmachung stellte auch sicher, daß Jefferson für die nächsten zwei Jahre von dieser unangenehmsten seiner Aufgaben in Europa befreit war. Danach würde die noch einzurichtende neue Bundesregierung in Amerika sich mit diesem Problem zu befassen haben.

Der erfolgreiche Ausgang der Verhandlungen bedeutete eine solche Erleichterung für Jefferson, daß er sich kurzfristig entschied, den Aufenthalt in Holland zu verlängern und seinen schon lange gehegten Plan einer Reise entlang des Rheines zu verwirklichen. Auch hoffte er, auf seinem Weg durch Deutschland einen alten Freund, den Baron von Geismar, in Frankfurt wiederzusehen. Baron von Geismar hatte während des amerikanischen Unabhängigkeitskrieges im Dienste des Landgrafen von Hessen gestanden und war in Virginia in Gefangenschaft genommen worden. Geismar wurde in Charlottesville einquartiert und machte die Bekanntschaft Jeffersons, die sich bald zu einer herzlichen Freundschaft entwickelte. Sie spielten gemeinsam die Violine, und Jefferson verhalf ihm schließlich zu einer frühzeitigen Heimkehr nach Deutschland.

Nach einem dreiwöchigen Aufenthalt in Amsterdam trat Jefferson am 30. März 1788 seine Reise an. Bis zu seiner Rückkehr nach Paris sollten weitere drei Wochen vergehen, in denen er dem Lauf des Rheines bis nach Straßburg folgt. Seine Absicht war es, sich möglichst nahe am Rheinufer zu halten, solange es die Wege erlaubten. Da er zwar Französisch, Italienisch, Englisch und Latein, aber kein Deutsch sprach und somit keine Auskünfte bei der Bevölkerung über den Weg einholen konnte, besorgte er sich zur Orientierung in allen größeren Städten Landkarten.

242

Die Reiseaufzeichnungen

Bereits in Amsterdam, wo Jefferson vom 3. März an im Gasthaus „Het Wapen van Amsterdam" wohnt, ist die Ausbeute an technischen Informationen enorm. Er registriert die besondere Bauweise der Häuser, Fenster, die sich so öffnen, daß sie Luft, aber keinen Regen hereinlassen, Schiffsmasten, die man bei Bedarf umlegen kann, eine Maschine, die leere Schiffe über den Damm zieht und Sägemühlen, die mit Wind betrieben werden.

Außerordentlich beeindruckt ist Jefferson von der Brückenbaukunst der Holländer. In der Stadt der Grachten und Kanäle ist kein Mangel an guten Beispielen. Besonders interessiert er sich für eine Brücke, die von zwei Booten getragen wird und sich auseinanderschieben läßt, wenn Schiffe durchfahren wollen.

Aber auch kleinere Dinge finden seine Aufmerksamkeit. So bemerkt er z.B. eine Türlaterne, die so im Oberlicht eingebaut ist, daß sie sowohl auf den Hausflur als auch auf die Straße scheint. Auch von einer praktisch konstruierten Schubkarre fertigt er eine Zeichnung an.

Jefferson informiert sich auch über die deutschen Auswanderer, die damals in großer Zahl von diesem Hafen die Überfahrt in die „Neue Welt" antraten. Er läßt sich das sogenannte Redemptioner-System erklären, wie es für die deutsche Auswanderung im 18. Jahrhundert charakteristisch war.[11] Er berichtet:

> „Mr. Hermen Hend Damen, Handelsagent in Amsterdam, erzählte mir, daß die Auswanderer für Amerika den Rhein herunter aus der Pfalz kommen und sich in Amsterdam einschiffen. Ihre Passage kostet 10 Guineen, wenn sie hier bezahlt wird, und 11 bei Bezahlung in Amerika. Wie er sagt, können sie in beliebiger Zahl nach Amerika gehen und sich ansiedeln, als Pächter zum halben Anteil oder als selbständige Farmer. Wahrscheinlich würden sie die Arbeitserträge eines Jahres für die Begleichung der Passagekosten in Anspruch nehmen, um dann für 7 Jahre verpflichtet zu sein, auf ihren Ländereien zu bleiben. Nach Amsterdam kamen sie auf eigene Kosten. Er glaubt, daß sie jeder mehr als 50 acres (1 acre= 40,5 ar) bebauen, aber es bliebe noch die Frage, was sie tun, wenn sie außerdem 50 acres für ihre Frauen zu bearbeiten haben."[12]

Ein spezielles Interesse hatte Jefferson immer schon für die Architektur gezeigt. Besonders angetan ist er von dem Landsitz des Amsterdamer Handelsunternehmers Henry Hope in der Nähe von Haarlem. Auch hiervon fertigt er eine Skizze an. Ein Vergleich des ersten Entwurfs seines eigenen Landsitzes in Monticello aus dem Jahre 1771, der auf Studien von Palladio zurückgreift, zeigt, daß die Gestaltung der Fassade große Ähnlichkeit zeigt und darum auch von Jefferson aufgezeichnet worden ist.

Reich an neuen Eindrücken verläßt Jefferson am 30. März Amsterdam und fährt mit einem von Pferden gezogenen Kanalboot nach Utrecht. Aufmerksam beobachtet er die ihm ungewohnte Landschaft:

> „Die tiefer gelegenen Teile der flachen Landschaft scheinen dem Meer abgewonnen zu sein, zum Teil aufgeschüttet auf die Ebene, die Yssel, Rhein, Maas und Schelde zusammen bilden... In Utrecht ist nur flaches Land zu sehen, eine reiche dunkle Erde, feucht und tiefer als die Oberfläche der Wassergräben, die es durchschneiden, fast ganz mit Gras bedeckt, wenige oder gar keine Bauernhäuser, da die Weidenwirtschaft nur wenige Arbeiter erfordert. Der Kanal ist mit Häusern gesäumt, welche Wohlstand und Sauberkeit anzeigen, sie sind aber im allgemeinen in einem unförmigen Zustand und zeigen keine regelmäßigen Architekturmerkmale."[13]

In zwei Tagen legt er den Weg von Amsterdam über Utrecht nach Nijmegen zurück.

In Nijmegen besorgt er sich drei Pferde für sein Gespann und trifft auch Vorkehrungen gegen Raubüberfälle. Man hatte ihn davor eindringlich gewarnt und aus diesem Grunde sogar von einer Reise abgeraten.

Am 1. April passiert Jefferson die holländisch-preußische Grenze bei Kranenburg. „Der Wechsel von Unbekümmertheit und Wohlstand zu extremer Armut ist bemerkenswert, wenn man die Grenze zwischen Holland und Preußen überschreitet", berichtet er. „Boden und Klima sind gleich. Allein die Regierungen unterscheiden sich." Die Auswirkungen des preußischen Despotismus fallen sofort ins Auge: „Nicht nur die Armut ist auffällig, sondern auch die Furcht in den Gesichtern der preußischen Untertanen", wie er sie in Amerika nur von den Sklaven kennt.

In der Region des unteren Niederrheines vermißt er Landgüter und Häuser, die von der Existenz einer Mittelklasse zeugen würden.

> „Allgemeine und gleiche Armut ist allgegenwärtig. In den Dörfern, welche zu verfallen scheinen, gibt es unverhältnismäßig viele Frauen. Die Bauern scheinen auf ihren Höfen zu wohnen. Die Bauerhäuser sind aus Lehm, die besseren aus Ziegel, alle mit Stroh bedeckt."[14]

„Kleve ist nicht viel mehr als ein Dorf. Läden und Warenlager haben nur wenig anzubieten. Hier und da sind in den Fenstern einige kleine Artikel hinter den Scheiben aufgehängt." Jefferson empfiehlt das „Wirtshaus zur Post" als das beste Quartier.

Den Rhein überquert er nicht bei Wesel, sondern entscheidet sich, den Weg über Xanten, Rheinberg und Hochstrat nach Essenberg zu nehmen. Hier überquert er am 2. April in einem Boot den Rhein nach Duisburg. Auf diese Weise hofft er, an die Stelle zu gelangen, an der Varus und seine römischen Legionen im Jahre 9 n. Chr. ein Lager aufgeschlagen hatten und durch die Waffen des Arminius fielen.

Es ist anzunehmen, daß Jefferson die Annalen des Tacitus gelesen hatte, dessen Beschreibung ihn diesen Ort hier suchen läßt. Jefferson steht mit seiner Vermutung nicht alleine da. Noch 1767 gibt es Anfragen im „Duisburger Intelligenzblatt" nach den Spuren der Schlacht im Teutoburger Wald, die in Duisburgs Umgebung stattgefunden haben sollte. Dieser Irrtum konnte sich über Jahrhunderte halten, weil die gelehrte Welt Duisburg gelegentlich gern „Teutoburgium" nannte. Auf älteren Flurkarten findet man auch östlich von Duisburg die Bezeichnung „Silva Teutoburgensis".[15]

Nachdem Jeffersons Versuche, Auskunft über diesen Ort zu bekommen, jedoch erfolglos blieben, übernachtet er in Duisburg. „Duisburg ist, obwohl nur ein Dorf, in der Tat mit einer Stadtmauer umgeben: die Gebäude sind vorwiegend aus Ziegel gebaut. Neue Häuser, die eine blühende Stadt auszeichnen, sucht man hier aber vergeblich."

Jefferson und die Malerei

Am nächsten Morgen geht die Fahrt weiter nach Düsseldorf. John Trumbull, Sohn des Gouverneurs von Connecticut und ambitionierter Historienmaler, hatte ihm 1787 bei einem Besuch in Paris von den Eindrücken seiner eigenen Reise durch Deutschland berichtet und ihm besonders empfohlen, die Gemäldesammlung in Düsseldorf aufzusuchen. Derselbe Maler hatte Jefferson in Paris für das lebensgroße Gemälde von der Unterzeichnung der Unabhängigkeitserklärung portraitiert. Dieses Gemälde ist heute in der Rotunda des Kapitols in Washington zu besichtigen.

Tatsächlich ist Jefferson von der Düsseldorfer Sammlung europäischer Malerei stark beeindruckt. Besonders zugesagt hat ihm der Raum mit Bildern des Holländers Adriaen van der Werff. Auffallend ist, daß ihn dessen meist kleinformatige, mythologische und allegorische Darstellungen stark beeindruckten, während er die berühmte Rubens-Sammlung, die 1805 aus Furcht vor einem preußischen Überfall nach München gebracht wurde und heute einen wesentlichen Bestandteil der Alten Pinakothek bildet, mit keinem Wort erwähnt. Ganz anders sind die Eindrücke von Georg Forster, der von seinem Besuch in der Düsseldorfer Gemäldegalerie berichtet: „Laß mich hinweileilen über die geleckten Bilderchen des Ritters van der Werff. Ihre zarte geschliffene Vollendung, ihre kunstreich geworfenen Gewänder, können uns nicht schadlos halten für ihre Kälte und Gleichförmigkeit, für die manierierte unrichtige Zeichnung und das dem Elfenbein ähnliche Fleisch."[16] Ein ganzes Kapitel widmet Forster in seinen „Ansichten vom Niederrhein" dagegen der Sammlung mit Bildern von Rubens, dem, wie er sagt „Ajax unter den Malern".[17] Jefferson war ein exzellenter Kenner der Architektur und Gartenbaukunst, aber ein gutes Urteilsvermögen über die Malerei hat er nie erworben. In einem späteren Brief an seine Geliebte in Paris, Maria Cosway, gibt er sein fehlendes Kennertum unumwunden zu.

> „Ich habe so wenig von einem Kunstkenner, daß ich die Werke von van der Werff und Carlo Dolce den verblichenen roten Dingern von Rubens vorgezogen habe. Ich bin nichts als ein Sohn der Natur. Ich liebe, was ich sehe und fühle, ohne aber einen Grund dafür anführen zu können oder mich viel darum zu scheren, ob es einen solchen gibt."[18]

Von Düsseldorf nach Koblenz

Ausführlicher als über die Düsseldorfer Kunstsammlung berichtet Jefferson über den Westfälischen Schinken. Herstellung, Zubereitung und Preise werden von ihm mit Akribie festgehalten.

> „Ich beobachte das Schwein dieses Landes, aus dem der berühmte Schinken gemacht wird (Jefferson meint irrtümlicherweise, in Westfalen zu sein, Anm. d. Verf.). Es ist groß, hager, mit schweren Schlappohren. Es wird in einem Raum geräuchert, der keinen Kamin hat. Gut informierte Menschen haben mir glaubhaft machen wollen, daß die hier übliche Räucherung von Schinken einzigartig in der Welt sei. Sie wissen nicht, daß wir es in Amerika auch tun."[19]

Es hält Jefferson nicht lange in Düsseldorf. Schon am nächsten Morgen bricht er mit seiner Kutsche in Richtung Köln auf.

> „Die ausgedehnte Ebene zwischen Düsseldorf und Köln geht in unfruchtbare Dünen über, die sich in einigem Abstand vom Fluß hinziehen. Die Dünen erstrecken sich, soweit das Auge sehen kann. Sie düngen hier den Boden mit Kalk. An der Straße von Düsseldorf nach Köln liegt das Schloß des Kurfürsten. Es ist sehenswert."[20]

Es handelt sich hier um Schloß Benrath, das erst zwischen 1755-73 von dem in Paris ausgebildeten kurfürstlichen Oberbaudirektor Nicolas Pigage für den Kurfürsten geschaffen worden war.

In der reichsfreien Stadt Köln beobachtet der Verfechter der religiösen Freiheit und der Trennung von Staat und Kirche, daß der Handel der Stadt vorwiegend in protestantischer Hand liegt. Die Freiheit der protestantischen Bevölkerung wird aber durch eine intolerante katholische Regierung unterdrückt. Zu dem Zeitpunkt des Besuches von Jefferson in Köln kämpfen die Protestanten im sogenannten „Toleranzstreit" vehement für ihre Rechte. Ihnen war die Ausübung des Gottesdienstes und Schulunterrichtes in der Stadt offiziell verboten.

„Es wimmelt von Armen. Der Handel liegt vor allem in den Händen von Protestanten. Ihnen gehören ungefähr 60 Häuser in der Stadt. Sie sind in ihrem Wirken äußerst eingeschränkt und werden auf jede Weise von der Verwaltung unterdrückt, welche katholisch und äußerst intolerant ist.

Ihr Senat hat ihnen vor einiger Zeit durch eine Mehrheit von 22 zu 18 Stimmen erlaubt, eine Kirche zu bauen. Aber dieses Privileg, so hört man, soll widerrufen werden."[21]

Jefferson hat die Lage in der Stadt richtig eingeschätzt. Der erste offiziell genehmigte, protestantische Gottesdienst in Köln fand erst am 23. Mai 1802 im ehemaligen Bauernzunfthaus in der Schildergasse statt, nachdem am 16. Mai mit den „Organischen Artikeln" vom 8. April 1802 die Religionsfreiheit in Köln verkündet worden war.

Nur wenige Tage später kann Jefferson im protestantischen Frankfurt die umgekehrten Verhältnisse kennenlernen. Hier sind es die Lutheraner, die die Katholiken und Calvinisten unterdrücken. Diese Erfahrungen können Jeffersons tiefe Überzeugung nur bekräftigen, daß bei einer Verquickung von Regierung und Religion Gefahr für Freiheit und Toleranz droht.

Jefferson erwähnt zwar die Tatsache, daß in Köln mit etwa 60.000 Einwohnern ungefähr 250 katholische Kirchen zu finden seien, aber über den Kölner Dom verliert er kein einziges Wort. Jefferson übernachtete im gleichen Hotel wie vierzehn Jahre zuvor Johann Wolfgang Goethe auf seiner Rheinreise gemeinsam mit Johann Kasper Lavater und Johann Bernhard Basedow. Bei dessen Bericht in „Dichtung und Wahrheit" über den Aufenthalt in Köln steht der Dom dagegen im Mittelpunkt. Angesichts des noch in Bau befindlichen Domes schreibt er: "Köln war der Ort, wo das Altertum eine solche unzuberechnende Wirkung ausüben konnte. Die Ruine des Doms (denn ein nichtfertiges Werk ist einem zerstörten gleich) erregte die von Straßburg her gewohnten Gefühle."[22] Oder führen wir wieder Georg Forster an. Er schrieb in den Ansichten vom Niederrhein: „Wenn schon der Entwurf, in Gedanken ergänzt, so mächtig erschüttern kann, wie hätte nicht die Wirklichkeit uns hingerissen!"[23]

Nicht die Baustelle des Kölner Doms, sondern die Ausmaße und Preise der berühmten Kölner Mühlsteine interessieren dagegen Jefferson. Diesen Eindruck erwecken zumindest seine Aufzeichnungen. Die Mühlsteine werden zum Rheinhafen nach Andernach gebracht und von dort verschifft. Er würdigt Köln als wichtigen Handelsplatz. „Dieser Platz und sein Handel sind bemerkenswert. Viele Waren werden nach Amerika ausgeführt. Der Quai ähnelt, was die Anzahl der Schiffe betrifft, dem einer Seehafenstadt."

Am Morgen des 4. April bricht Jefferson in Richtung Bonn und Koblenz auf. Der Weinfreund Jefferson vermerkt mit besonderem Wohlgefallen, daß in dieser Region die ersten Rebstöcke anzutreffen sind.

„Hier beginnen die Reben, und es ist die nördlichste Stelle auf der Erde, wo Wein hergestellt wird. Ihre ersten Trauben kamen von Orleans, dann aus dem Elsaß, der Champagne usw. Es ist erst 32 Jahre her, seitdem die ersten Reben von Cassel (Kastel) bei Mainz zum Kap der Guten Hoffnung geschickt wurden, aus denen nun der Kapwein gemacht wird. Später wurden neue Lieferungen aus demselben Gebiet geschickt. Ich nehme an, daß dort der südlichste Platz auf Erden liegt, an dem Wein hergestellt wird. Und es ist einzigartig, daß dieselbe Rebe zwei Weine erzeugt hat, die in Qualität und Lage so weit entgegengesetzt sind.“

An dieser Stelle sollte man erwähnen, daß Jefferson ein besonderes Verhältnis zum Wein hatte. Er hat seine Liebe für den Wein auch als Präsident im Weißen Haus weiter gepflegt. Seine politischen Gegner pflegten zu sagen, daß sie sich wünschen würden, seine Politik sei so gut wie sein Wein. Jefferson hoffte, daß die Amerikaner sich an leichte Weine gewöhnen würden. Wenn sie billig wären, könnten sie die Lust, sich zu betrinken, verringern und ein erfreulicher Ersatz für die Übel des Whiskys werden. Jefferson betrieb in Monticello einen eigenen, umfangreichen Weinanbau. Er ließ sich auch aus Europa immer wieder Wein schicken, so z. B. aus der Toscana von seinem Freund Filippo Mazzei.

Betrachtungen über die Armut

Was die Aufzeichnungen des späteren amerikanischen Präsidenten von den sentimentalen Reisebeschreibungen seiner Zeitgenossen am meisten unterscheidet, ist sein Interesse für und seine aufgezeichneten Beobachtungen zu den sozialen Verhältnissen. Dies gilt in besonderem Maße für das Problem der Armut und die Arbeit der Frauen. So hält er fest, daß die Männer im Weinbau für einen Arbeitstag klägliche 20 Kreuzer im Winter und 26 Kreuzer im Sommer erhalten. Frauen müssen sich mit der Hälfte des Lohnes zufrieden geben. Mit Verwunderung und Ablehnung muß er immer wieder feststellen, daß Frauen die gleichen schweren Arbeiten wie die Männer verrichten. Er schreibt: „Sie graben, pflügen, tragen schwere Lasten und rudern sogar die Boote auf dem Rhein.“

In einem Brief an James Madison schreibt Jefferson, daß er schockiert war über die Extreme von Reichtum und Armut in Europa. Die Begegnung mit einer Bettlerin hätte ihn dazu veranlaßt, eine Reihe von Überlegungen zur ungleichen Verteilung des Besitzes anzustellen. Er schreibt:

„Die Erde ist für die Menschen ein gemeinsamer Bestand, um darauf zu arbeiten und zu leben. Wenn wir sie uns zur Förderung des Gewerbes aneignen, dann müssen wir darauf achten, daß für diejenigen, die von dieser Aneignung ausgeschlossen sind, andere Beschäftigungsmöglichkeiten geschaffen werden. Wenn dies nicht geschieht, fällt das fundamentale Anrecht auf Bearbeitung des Bodens an die Unbeschäftigten zurück.“[24]

In den "Notes on the State of Virginia" weist er mit Stolz darauf hin, daß durch die Fürsorge der Gemeinden kaum Bettler in Amerika anzutreffen seien: „Von Savannah bis nach Portsmouth wird man nur selten einen Bettler treffen".[25]

Auch die Frauenarbeit in Europa verabscheut Jefferson als naturwidrig. Später, auf der Rückreise nach Frankreich, notiert er in seinem Reisetagebuch:

> „Die Frauen verrichten hier, wie in Deutschland, alle Arten von Arbeit. Während man sie für nützliche und vernünftige Kameraden hält, kann man nicht vergessen, daß sie auch Anlaß für unsere Freuden sind. Auch sie können es nicht vergessen. Während sie in Schmutz und Plackerei schuften, soll ein Stück Band, ein Ring, ein Armband, Ohrring oder ein Halsband oder etwas anderes dieser Art zeigen, daß der Wunsch zu gefallen niemals in ihnen aufgehoben wird. Wie wertvoll ist doch die Gesellschaftsordnung, die ihnen nur häusliche Arbeit zuweist und außerhäusliche den Männern. Sie sind von Natur für Aufwartungen geschaffen und nicht für harte Arbeit. Ein Frau vergißt niemals eine aus der langen Reihe ihrer kleinen Aufgaben, ein Mann vergißt oft."[26]

Vergleichen wir Jeffersons Beobachtungen über die Armut mit denen von Georg Forster in seinen „Ansichten von Niederrhein". Auch Forster kommt immer wieder auf die Probleme der Armut im Weinbau und in den Städten zu sprechen. Aber die Beschreibung ist gleichwohl grundverschieden. Während Jefferson beobachtet, daß wirtschaftliches Wohlergehen bzw. Armut in erster Linie von der jeweiligen Regierung abhängig ist, neigt Forster zu moralisierenden Betrachtungen. In der Armut sieht er nicht in erster Linie, wie Jefferson, das Elend der Menschen, sondern stellt den Müßiggang in den Gegensatz zum Wert der Arbeit. Er verherrlicht, um mit Max Weber zu sprechen, das asketische Ideal der protestantischen Arbeitsethik:

> „Der Fleißige, der seine Kräfte rechtschaffen anstrengt, um hernach seines Erwerbes froh zu werden, ihn mit den Seinigen zu theilen, regelmäßig mit ihnen einfache, gute Kost zu genießen, und mit ganzem Rock zu erscheinen - dieser Arbeitsame ist unstreitig sittlicher, gesunder und glücklicher, als der Müßiggänger; er ist ein Mensch, wo dieser nur ein Thier, und zwar mit menschlichen Anlagen ein desto gefährlicheres Thier. Bekanntlich geht die Unsittlichkeit der Bettler in Kölln so weit, daß sie den Müßiggang systematisch treiben und ihre Plätze an den Kirchenthüren erblich hinterlassen oder zum Heirathsgut ihrer Töchter schlagen."[27]

Von Koblenz bis Rastatt

In Koblenz hält sich Jefferson zwei Tage lang auf. Er übernachtet dort im „Wilden Mann". Die Weine des Freiherrn von Breitbach Bürresheim sind ihm unvergleichlich. „Der beste Mosel-Wein kommt aus Brauneberg", erklärt er. Seine vollmundige Beschreibung läßt darauf schließen, daß er ihn ausgiebig genossen hat.

Kehren wir nach diesen vergleichenden Bemerkungen zum Problem der Armut bei Jefferson zu dessen Reisebeschreibung zurück: Außer dem Wein hebt Jefferson noch das Brot der Koblenzer hervor. „Es gibt bemerkenswert gutes Brot hier, besonders als Brötchen zum Frühstück." Eine Hochschätzung, die wohl heute noch von den meisten amerikanischen Touristen geteilt wird und auf einen bislang nicht behobenen Mangel in den Vereinigten Staaten zurückzuführen ist. „Die Philadelphier", schreibt Jefferson, „nennen es 'Französisches Brötchen' (French roll). Es kommt aber nicht aus Frankreich, sondern ist von den Deutschen herübergebracht worden."

Die technischen Raffinessen des stattlichen, frühklassizistischen Schlosses des Trierer Kurfürsten Clemens Wenzeslaus erregen seine Aufmerksamkeit. Hier studiert er eine besondere technische Neuerung, die Warmluftheizung in der Koblenzer Residenz. „Im Palast des Kurfürsten von Trier gibt es große Räume, die durch Warmluft gut geheizt sind, die sie von einem Ofen bekommen, der eine Etage tiefer steht. Die Luft wird durch Rohre in diese Zimmer geleitet." Von einer besonderen Öl- und Essigflasche, die er dort findet, fertigt er eine kleine Skizze an.

Jefferson überquert den Rhein bei Koblenz und schlägt den Weg nach Nassau ein. Über diesen Ort bemerkt er: „Die Pacht für dieses Dorf dürfte nicht mehr als einhundert oder zweihundert Guinees betragen, dennoch gibt es den Titel für ein ganzes Herrscherhaus her, den Fürsten aus dem Hause Oranien".

Seine weitere Reise führt ihn am 6. April über Schwalbach, Wiesbaden und Hochheim nach Frankfurt.

> „Von Koblenz nach Mainz oder Frankfurt führt der Postweg über Nassau, Nastätten, Schwalbach und Wiesbaden. Er ist ebenso gebirgig wie die Passage über die Alpen und eine ganz unfruchtbare Wüste. Wenn ich nochmals daher fahren sollte, würde ich Pferde mieten, die mich am Rhein entlang so weit wie ein benutzbarer Weg gefunden wird, tragen. Dann würde ich mein Gepäck auf ein Schiff verladen, das von einem Pferd oder mehreren Pferden gezogen wird, bis die Felsen passiert sind, welche die Landverbindungen unterbrechen. Das wäre nur wenige Meilen, sagen wir ein halbes Dutzend oder ein Dutzend. Was du sehen wirst, so wurde mir gesagt, ist die malerischste Szenerie der Welt. Die Reisenden kommen extra hierhin, um sie zu sehen. Am ersten Dorf auf der Nordost-Seite kannst du wieder an Land gehen, nachdem du die Felsen passiert hast. Von dort miete Pferde bis Mainz."

Abends erreicht Jefferson Frankfurt. Hier verweilt er vier Tage; er übernachtet im Gasthof „Zum Roten Haus". Es ist gerade Messezeit. Er genießt das emsige Treiben in der blühenden Stadt, besucht zwei Komödienaufführungen und kauft Bücher.

Auch kommt es zu dem erhofften Wiedersehen mit dem Baron von Geismar. „Er war mein Cicerone", schreibt Jefferson.

Von Frankfurt aus unternehmen Jefferson und der Baron einen Ausflug nach Hanau entlang des Main.

„Die Straße führt durch die Main-Ebene, die dunkelbraun und sehr schön ist. Sie ist gut kultiviert, bis man die Linie zwischen der Republik (Frankfurt) und dem Gebiet des Landgrafen von Hessen passiert. Man sieht unmittelbar die Auswirkung der verschiedenen Regierungsformen, ungeachtet der Auswirkung, welche die Nachbarschaft solcher Handelsstadt wie Frankfurt hat, um den Auswirkungen der Tyrannei in ihrer Nachbarschaft entgegenzuwirken und sie der Unterdrückung zum Trotz zu beleben. In Frankfurt ist alles Leben, Geschäftigkeit und Bewegung. In Hanau herrscht Schweigen und die Ruhe von Totenhäusern. Niemand ist zu sehen, der sich auf der Straße bewegt. Jede Tür ist abgeschlossen, kein Geräusch einer Säge, eines Hammers oder eines anderen Geräts, das Betriebsamkeit anzeigt. Trommel und Pfeife sind das einzige, was man hört. Die Straßen sind sauberer als ein Deutscher Fußboden, weil niemand ihn begeht."

Nach vier ereignisreichen Tagen in Frankfurt und Umgebung führt Jeffersons Weg weiter gen Süden über Hochheim nach Mainz. Den Hochheimer Wein beschreibt er als unvergleichlich und er kann der Versuchung nicht widerstehen, einhundert Rebstöcke zu kaufen, um sie in Paris in seinem Garten anzupflanzen. In Mainz überquert er den Rhein. „Das Schwein hier ähnelt außerordentlich dem kleinen Schwein von Virginia, ebenso rund wie dieses, mit schmalem Kopf und kurzen, aufrechten Ohren. Daraus wird der Mainzer Schinken hergestellt, der in Paris so geschätzt ist."

Von Mainz ging die Fahrt weiter nach Rüdesheim, Johannisberg, Markobrunn, Oppenheim und Worms.

„Die Ebene von Mainz bis Rüdesheim ist gut mit Getreide bestellt. Die Hügel tragen meist Weinreben. Obgleich sie, wie schon gesagt, bei Köln beginnen, Reben anzubauen und dies flußaufwärts endlos fortsetzen, werden jedoch nur zwischen Rüdesheim und Hochheim Weine der allerersten Qualität produziert". Den Wein der Abtei Johannisberg beschreibt er als die beste Lage am Rhein. „Er kostet doppelt so viel wie der älteste Hochheimer. Der von 1775 ist der Beste. Ich glaube, sie berechnen in den Gasthöfen 2 1/2 Gulden für die Flasche."

An dieser Stelle erinnert die rheinische Pfalz Jefferson an das obere Maryland und Pennsylvania. „Diese Gegend war wie eine zweite Heimat. Aus der Rheinpfalz kommen die meisten Deutschen, die nach Amerika ausgewandert sind. Nach den Amerikanern britischer Herkunft bilden sie die zweitgrößte Bevölkerungsgruppe". Er amüsiert sich daran, hier den Ursprung der amerikanischen Sitten kennenzulernen, die deutschen Ursprungs sind. Tatsächlich wurden ja auch deutsche Einwanderer häufig ungeachtet ihrer regionalen Herkunft „Palatines" genannt, etwa von Benjamin Franklin in seiner berühmten Warnung vor der Germanisierung Amerikas durch die „palatine boors" und „superstitious paptists" (den pfälzischen Flegeln und abergläubischen Papisten).[28]

Mannheim erreicht Jefferson am 13. April, dem Tage seines 45. Geburtstages. Hier legt er wieder einen mehrtägigen Aufenthalt ein und besichtigt die Sehenswürdigkeiten dieser Stadt: „Die Gemäldegalerie ist beachtlicher als die von Düsseldorf, aber sie hat nicht so viele kostbare Dinge. Das Observatorium ist sehenswert."

Immer wieder macht er sich unterwegs auch genaue technische Aufzeichnungen. So finden wir eine längere Beschreibung des ökonomischen Himmelbetts (an economical curtain bedstead). Der ökonomische Kniff besteht darin, daß man die 4 Stangen, die gewöhnlich den Betthimmel tragen, oben so zusammenbiegt, daß sie sich berühren. Eine Stange verbindet diese Berührungsstellen am Fuß- und Kopfende. Darüber legt man in schönem Faltenwurf den Vorhang.

Einen Abstecher unternimmt er am 14. April nach Heidelberg. Beeindruckt ist er vom Heidelberger Schloß. Sein ansonsten nüchterner Beschreibungsstil gerät hier ausgenommen gefühlsbetont: „Die prächtigste Ruine, die ich je gesehen habe. Die Lage ist unbeschreiblich romantisch und gefällig. In großem Maßstab ist die Lage hier wie die von Petrarcas Schloß in Vaucluse im kleinen." Anders dagegen sein Urteil über die berühmten Schwetzinger Gärten: „Sie zeigen" - so Jefferson- „wie man viel Geld für häßliche Sachen vergeuden kann."

Am 15. April überquert er bei Speyer wiederum den Rhein und setzt die Fahrt nach Karlsruhe fort.

„Karlsruhe ist der Sitz des Markgrafen von Baden", schreibt er, „ein ausgezeichneter Landesherr, wenn man ihn nach dem Erscheinungsbild seines Herrschaftsbereiches beurteilt. Die Stadt scheint nur ein Anhängsel seines Schlosses zu sein. Sie liegt eine Meile von Durlach entfernt auf halbem Wege zum Strom hin. Ich beobachtete, daß sie die Rauchabzüge ihrer Öfen in allen möglichen Formen verdrehen, bloß zum Schmuck, ohne den Rauch zu fürchten."

„Rastatt ist ebenfalls ein Sitz des Markgrafen von Baden. Ich sehe keine Bettler mehr, seitdem ich in seinen Herrschaftsbereich gekommen bin, noch ist der Reisende gezwungen, sich jeden Augenblick durch ein Chausséegeld loszukaufen. Die Straßen sind ausgezeichnet und sind, so schätze ich, aus der Schatulle des Fürsten finanziert. Von Kleve bis zur Markgrafschaft Baden standen die Bettler aufgereiht an der Straße, in Hessen die meisten, und die Wegegebühr war drückend. Wir bezahlten sie jedoch gern durch das Gebiet von Frankfurt und weiter rheinaufwärts, weil dort gut gekieste Straßen unterhalten werden."

Sein Weg zurück nach Paris führt ihn über Straßburg im Elsaß, durch die Lorraine und die Champagne. Am 23. April erreicht er wieder Paris.

In der französischen Hauptstadt ist nun schon eine revolutionäre Stimmung zu verspüren. Er schreibt in einem Brief nach Amerika: „Das fröhliche und gedankenlose Paris hat sich zum politischen Heizkessel entwickelt. Die ganze Welt spielt hier politisch verrückt. Männer, Frauen und Kinder sprechen über nichts anderes mehr."[29] Ein Jahr später wird er Augenzeuge der Französischen Revolution sein - er hat dieses Erlebnis in seiner Autobiographie festgehalten - und wenige Monate später Europa verlassen, ohne es je wiederzusehen.[30] Seine europäischen Erfahrungen trägt er mit sich. An George Washington schrieb er noch von Paris aus: „Ich war bereits ein Gegner der Monarchie, bevor ich nach Europa kam. Ich bin es jetzt zehntausendmal mehr, nachdem ich hautnah erleben konnte, was es bedeutet, unter dieser Form der Herrschaft zu leben. Es ist kaum ein Übel in diesen Ländern bekannt, das sich nicht auf ihren Herrscher als Ursache zurückführen ließe, und nichts Gutes, das nicht von den wenigen Fasern des Republikanismus herrührt."[31] Die Reisen in Europa hatten ihm die geistigen und kulturellen Wurzeln der neuen Republik auf dem amerikanischen Kontinent nähergebracht, aber ihn auch gleichzeitig in der Ansicht bestärkt, daß die Demokratie in Amerika allen anderen Staatsformen überlegen sein wird.

Anmerkungen

1 Siehe hierzu: Mythos Rhein. Ein Fluß - Bild und Bedeutung, hrsg. v. Richard W. Gassen und Bernhard Holeczek, Ludwigshafen: Wilhelm-Hack-Museum, 1992.

2 Dumas Malone verdanken wir eine minutiöse Darstellung von Thomas Jeffersons Leben in sechs Bänden: Dumas Malone, Jefferson and his Time, 6 Bde., Boston, 1948 - 1981. Sein Aufenthalt in Paris und die anschließende Reise sind behandelt im zweiten Band mit dem Titel: Jefferson and the Rights of Man.

   Für spezielle Literatur zu seiner Reise ist hinzuweisen auf: Edward Dumbauld, Thomas Jefferson, American Tourist, Norman, 1946; Marie Kimball, Jefferson. The Scene of Europe, 1784 to 1789, New York, 1950; Willi Dittgen, Jeffersons Rheintour oder das ökonomische Himmelbett, Duisburg, 1991.

3 Die Reiseaufzeichnungen sind in den Jefferson-Papers unter dem Titel "Notes of a Tour through Holland and the Rhine Valley" abgedruckt, in: The Papers of Thomas Jefferson, Bd. 13, March to October 7, 1788, hrsg. v. Julian P. Boyd, Princeton, N.J., 1956, S. 8-36.

4 "Jefferson's Hints to Americans Travelling in Europe", in: The Papers of Thomas Jefferson, Bd. 13, a.a.O., S. 264-267.

5 Zur Biographie Forsters, siehe: Klaus Harpprecht, Georg Forster und die Liebe zur Welt: Eine Biographie, Reinbek, 1987.

6 Jefferson's Hints to Americans Travelling in Europe, a.a.O., S. 268.

7 Ebda.

8   Ebda., S. 269. Die folgenden Zitate beziehen sich auf die gleiche Stelle.

9   Dieses und die folgenden Zitate von Forster aus: ”Einführung”, in: Georg Forsters Werke, Sämtliche Schriften, Tagebücher, Briefe, Bd. 9: Ansichten vom Niederrhein, bearbeitet von Gerhard Steiner, Berlin, 1958, S. 337-373, hier: S. 337f.

10 Thomas Jefferson an John Adams (2. März 1788), zit. bei: Dumbauld, Thomas Jefferson, American Tourist, a.a.O., S. 111f.

11 Siehe hierzu: Günter Moltmann, Charakteristische Züge der deutschen Amerika-Auswanderung im 19. Jahrhundert, in: Amerika und die Deutschen. Bestandsaufnahme einer 300jährigen Geschichte, hrsg. v. Frank Trommler, Opladen, 1986, S. 40-49, hier: S. 42f.

12 Jefferson, Notes of a Tour through Holland and the Rhine Valley, a.a.O., S. 10.

13 Ebda., S. 12.

14 Ebda., S. 13.

15 Vgl. Dittgen, Jeffersons Rheintour, a.a.O., S. 27.

16 Forster, Ansichten vom Niederrhein, a.a.O., S. 61.

17 Ebda., S. 42.

18 Brief von Thomas Jefferson an Maria Cosway, 24. April 1788, in: The Papers of Thomas Jefferson, Bd. 13, a.a.O., S. 103f.

19 Notes, a.a.O., S. 14.

20 Ebda.

21 Ebda.

22 Johann Wolfgang Goethe, Dichtung und Wahrheit, Vierzehntes Buch, Frankfurt, 1975, S. 629f.

23 Forster, Ansichten vom Niederrhein, a.a.O., S. 24.

24 Thomas Jefferson an James Madison, 28. Oktober 1785, in: Thomas Jefferson. Writings, hrsg. v. Merrill D. Peterson, New York, 1984, S. 840-843, hier: S. 842.

25 Thomas Jefferson, Notes on the State of Virginia, ebda., S. 123-325, hier: S. 259.

26 Notes, a.a.O., S. 271f. Zur Beschreibung der Rolle der Frau bei Thomas Jefferson siehe auch: Jan Lewis, ”The Blessings of Domestic Society”: Thomas Jefferson's Family and the Transformation of American Politics, in: Jeffersonian Legacies, hrsg. v. Peter S. Onuf, Charlottesville, 1993, S. 109-146.

27 Forster, Ansichten vom Niederrhein, a.a.O., S. 30.

28 Vgl. Lawrence H. Fuchs, The American Kaleidoscope. Race, Ethnicity, and the Civic Culture, Hanover/London, 1990, S. 11f.

29 Thomas Jefferson an Willing Bingham (11. Mai 1788), in: The Papers of Thomas Jefferson, Bd. 13, a.a.O., S. 151f.

30 ”Autobiography”, in: Jefferson, Writings, a.a.O., S. 1-101.

31 Thomas Jefferson an George Washington (2. Mai 1788), ebda., S. 124-129, hier: S. 128.

Zeittafel zur Biographie Thomas Jeffersons

(Unter Verwendung der Jefferson-Chronologien in „The Papers of Thomas Jefferson", hrsg. v. Julian P. Boyd, Princeton, 1950ff. und dem sechsbändigen Werk „Jefferson and His Time" von Dumas Malone, Boston, 1948-81)

1743	13. April: Thomas Jefferson in Shadwell, einer kleinen Siedlung in der Grafschaft Albemarle, Virginia, geboren als Sohn Peter Jeffersons, Landvermesser und Kartograph, und Jane Randolphs, die aus der virginischen „Aristokratie" stammte.
1757	17. August: Tod des Vaters Peter Jefferson.
1760-1762	Besuch der (damals) wichtigsten Bildungsanstalt im „Old Dominion" Virginia, des „College of William and Mary" in Williamsburg.
1762	Beginn eines mehrjährigen Jurastudiums in Williamsburg bei George Wythe, seinem Mentor und lebenslangen Freund.
1767	Niederlassung als Rechtsanwalt.
1769	Beginn der Bauarbeiten in Monticello, dem künftigen Wohnsitz Thomas Jeffersons in der Nähe der Stadt Charlottesville; im November 1770 Einzug.
1769-1776	Mitglied des „House of Burgesses" (des kolonialen Parlaments) für die Grafschaft Albemarle.
1772	1. Januar: Hochzeit mit der 23jährigen Martha Wayles Skelton, Witwe von Bathurst Skelton und Tochter des vermögenden Grundbesitzers und Rechtsanwalts Wayles. 27. September: Geburt seiner Tochter Martha (die ihn als einziges seiner insgesamt sechs Kinder - die meisten davon schon in früher Kindheit verstorben - überlebt hat).
1774	Veröffentlichung seiner radikalen Streitschrift „Summary View of the Rights of British America", welche die These eines natürlichen Rechts der Amerikaner auf Selbstregierung verkündete.
1775	21. Juni - 31. Juli und 2. Oktober - 28. Dezember: Teilnahme an den Beratungen des (II.) Kontinentalkongresses in Philadelphia.
1776	31. März: Tod seiner Mutter, Jane Randolph Jefferson. 15. Mai - 2. September: Neuerliche Teilnahme am (II.) Kontinentalkongreß, wo er im Juni den Entwurf der Unabhängigkeitserklärung verfaßt.

11. Oktober - 14. Dezember: Als Mitglied des Delegiertenhauses (der Volksvertretung) Teilnahme an den Beratungen der „General Assembly" (des nachkolonialen Gesamtparlaments) von Virginia in Williamsburg; wird in einen „Ausschuß zur Revision der Gesetze des Commonwealth" gewählt.

1777   10. April: Wiederwahl in das Delegiertenhaus von Virginia; zwei Jahre später erneut gewählt.

1779   1. Juni: Wahl zum Gouverneur von Virginia.

18. Juni: Jefferson übergibt zusammen mit George Wythe und Edmund Pendleton den Bericht zur Revision der (früheren) Gesetze von Virginia der Öffentlichkeit, worin Gesetzentwürfe für eine Liberalisierung des Strafrechts, für eine breitere Volksbildung, für die Gewähr von Glaubensfreiheit und Vorschläge zur Änderung der Satzung des William-and-Mary-College enthalten sind.

1780   Wahl zum Mitglied der „American Philosophical Society".

10. April: Übersiedlung als Gouverneur nach Richmond, der neuen Hauptstadt Virginias.

2. Juni: Wiederwahl als Gouverneur.

Militärische Erfolge der englischen Truppen in Virginia.

November: Jefferson macht sich an die Beantwortung des Fragenkatalogs von Marbois; Ursprung der „Notes on the State of Virginia".

1781   3. Juni: Jeffersons Amtszeit als Gouverneur endet; englische Truppen verwüsten einen Tag später Monticello, worauf Jefferson bei Freunden Unterkunft nehmen muß.

12. Juni: Das Delegiertenhaus beschließt eine Untersuchung, die Amtsführung der Administration Jefferson in den vergangenen zwölf Monaten betreffend.

12.-15. Dezember: Die „General Assembly" verabschiedet einstimmig eine Resolution, die Jefferson für seine Dienste als Gouverneur Dank und Anerkennung ausspricht.

20. Dezember: Jefferson schickt die Antworten auf den Fragebogen Virginia betreffend an Marbois in Philadelphia; damit ist die Hauptarbeit an den „Notes" abgeschlossen.

1782   6. September: Tod seiner Frau Martha Wayles Jefferson.

12. November: Jefferson wird vom Kongreß zum Mitglied einer Verhandlungsdelegation ernannt, die in Paris über Friedensbedingungen mit Großbritannien verhandelt. Ein vorläufiger Friedensvertrag wird kurz darauf unterzeichnet, noch ehe Jefferson sich nach Europa einschiffen kann.

1783	Mai/Juni: Jefferson schreibt einen Verfassungsentwurf für Virginia.

1783 | Mai/Juni: Jefferson schreibt einen Verfassungsentwurf für Virginia.
6. Juni: Jefferson wird zum Kongreßdelegierten gewählt; Initiator wichtiger nationaler Gesetzentwürfe.

1784 | 7. Mai: Ernennung zum Bevollmächtigten der Konföderation für den Abschluß von Freundschafts- und Handelsverträgen (mit europäischen Staaten).
5. Juli: Jefferson verläßt Amerika und hält sich in den kommenden Monaten, nach kurzer Zwischenstation in Großbritannien, in Paris auf.

1785 | 10. März: Wahl zum Nachfolger Benjamin Franklins als amerikanischer Gesandter in Frankreich durch den Kongreß.
10. Mai: Erscheinen der Erstausgabe der „Notes on the State of Virginia" in Paris.

23. November: Wahl zum Mitglied der „South Carolina Society" zur Förderung und Verbesserung der Landwirtschaft.

1786 | März/April: Aufenthalt in London, wo er unter anderem einen Freundschaftsvertrag mit Portugal unterzeichnet.
13. September: Ehrendoktorwürde der Yale-Universität.
28. September: Jefferson schenkt der Stadt Paris im Auftrag des virginischen Staates eine vom französischen Bildhauer von Houdon geschaffene Lafayette-Büste.

1787 | 12. Oktober: Sein Mandat als amerikanischer Bevollmächtigter in Paris wird um drei Jahre verlängert.

1788 | März/April: Reisen nach Holland und Deutschland, unter anderem nach Düsseldorf, Frankfurt, Mannheim, Heidelberg und Karlsruhe.
14. November: Jefferson schließt Verhandlungen über einen Konsularvertrag zwischen Amerika und Frankreich mit Erfolg ab.
Dezember: Jefferson empfängt Porträts von sich selbst und von Thomas Paine, die der berühmte amerikanische Maler John Trumbull in Paris geschaffen hat.

1789 | 13. Februar: Ehrendoktorwürde des Harvard College.

Juni/Juli: Jefferson berät Lafayette bei dessen Arbeit an einer „Erklärung der Menschenrechte".
26. September: Der amerikanische Senat stimmt dem Vorschlag Präsident Washingtons zu, Jefferson zum „Secretary of State" (und damit auch, aber nicht nur zum Außenminister) zu machen.
Oktober/November: Überfahrt unter widrigen Bedingungen von Frankreich nach Amerika.

23. Dezember: Ankunft in Monticello.

1790   23. Februar: Hochzeit seiner Tochter Martha mit Thomas Mann Randolph, Jr.

1. März: Jefferson reist von Monticello ab.

21. März: Jefferson kommt nach einem Besuch bei Benjamin Franklin in dessen Heimatstadt Philadelphia in New York an und erstattet George Washington Bericht.

4. Juli: Er legt einen Bericht über ein einheitliches Maß- und Gewichtssystem in den USA vor.

29. August: Er unterbreitet einen Vorschlag für die künftige Hauptstadt der USA und konferiert bald darauf mit Landbesitzern in Georgetown über Grunderwerb.

22. Dezember: Ankunft der ersten von 27 Sendungen mit französischen Möbeln.

1791   15. Februar: Jefferson legt Präsident Washington schriftlich seine Auffassung über die Verfassungsmäßigkeit einer nationalen Bank vor. Konflikte mit Finanzminister Alexander Hamilton im Kabinett nehmen laufend zu.

10. März: Er entscheidet sich für harte Konfrontationspolitik gegenüber Spanien in der Mississippi-Frage.

8. September: Jefferson wirkt an der Benennung der künftigen Hauptstadt - Washington - und des sie umgebenden Distrikts - Columbia - mit.

1792   15. Januar: Jefferson beschließt, nach Ablauf von Washingtons Amtszeit aus der Regierung auszuscheiden.

März-Dezember: Spannungen zwischen Jefferson und Hamilton erreichen trotz Washingtons Ausgleichsbemühungen einen Höhepunkt; sie kommen auch in gegenseitigen Zeitungsattacken und Pamphleten zum Ausdruck.

1793   7. Februar: Jefferson revidiert seinen Entschluß vom vergangenen Jahr und informiert Washington über seine Bereitschaft, noch eine Zeitlang als „Secretary of State" zu dienen.

24. März: Jefferson setzt die US-Repräsentanten in Europa von der Entschlossenheit der Regierung in Kenntnis, im Falle eines (nach der Exekution Ludwigs XVI. zu erwartenden) Krieges Neutralität zu bewahren.

31. Dezember: Jefferson tritt von seinem Ministeramt zurück, nachdem Washington sich in außenpolitischen Fragen zunehmend an Hamilton und dessen englandfreundlichen Kurs anlehnt.

1794	Jefferson arbeitet in Monticello, führt eine umfangreiche Korrespondenz und empfängt Besucher.
1795	Auseinandersetzungen um die Ratifikation des Jay-Vertrags mit Großbritannien, der von den Republikanern und Jefferson bekämpft wird.
1796	Februar: Beginn von Umbauten in Monticello. Mai-November: Prominente Besucher in Monticello, unter anderem der französische Philanthrop La Rochefoucauld; Wahlkampf um die Nachfolge George Washingtons.
1797	20. Februar: Jefferson reist nach Philadelphia ab, um dort als Präsident der „American Philosophical Society" etabliert zu werden.

4. März: Amtsantritt als Vizepräsident der USA im Kabinett von Präsident John Adams; Adams, Vertreter der „Federalists", war nur mit knapper Mehrheit vor Jefferson und seiner Demokratisch-Republikanischen Partei durchs Ziel gegangen.

| 1798 | März/April: Spannungen zwischen Adams und Jefferson im Hinblick auf die Beziehungen zu Frankreich. |

Juni/Juli: Die „Federalists" um Adams nutzen die sich am Konflikt mit Frankreich verschärfende Fremdenfeindlichkeit, um Staatsschutzgesetze zu erlassen, die sich gegen die „Opposition" der Jefferson-Republikaner richten.

16. November: Das Parlament von Kentucky verabschiedet von Jefferson entworfene Resolutionen, welche diese Staatsschutzgesetze als verfassungswidrig bezeichnen.

24. Dezember: Die „Virginia Resolutions", von James Madison verfaßt, machen gleichfalls Front gegen die Staatsschutzgesetze.

| 1799 | Jefferson reist ständig zwischen Philadelphia und Monticello hin und her. |
| 1800 | Jefferson arbeitet als Vizepräsident und Vorsitzender des Senats anhaltend am Entwurf einer parlamentarischen Geschäftsordnung; tatkräftige Mitwirkung bei der Gründung der Library of Congress. |

17. November: Der Kongreß tagt zum erstenmal in Washington, D.C.

November: An verschiedenen Tagen werden in den einzelnen Staaten Wahlmänner gewählt.

3. Dezember: Die Republikaner gewinnen die Präsidentenwahl im „Electoral College" (Wahlmännerkollegium); Pattsituation zwischen Thomas Jefferson und Aaron Burr.

1801	Januar: Die „Federalists" entschließen sich, die Präsidentschafts-ambitionen von Burr zu unterstützen.
	17. Februar: Im 36. Wahlgang siegt Jefferson über Burr im Repräsentantenhaus, das nach der Verfassung den Präsidenten wählt, wenn das „Electoral College" durch eine Pattsituation blockiert ist.
	4. März: Amtseinführung von Präsident Jefferson in Washington.
	14. Mai: Jefferson schickt Kriegsschiffe ins Mittelmeer, um den Herausforderungen der Seeräuberstaaten an der Küste Nordafrikas unter Führung des Paschas von Tripolis zu begegnen.
	8. Dezember: Jefferson legt dem Kongreß seine Jahresbotschaft schriftlich vor - eine Tradition, die erst von Woodrow Wilson wieder gebrochen wird.
1802	Jefferson pendelt aufgrund seiner Geschäfte ständig zwischen Washington und Monticello hin und her.
1803	30. April: Frankreich akzeptiert Jeffersons Forderungen und tritt für etwa 15 Millionen Dollar Louisiana - die westliche Hälfte des Mississippi-Tals - an die USA ab, die damit ihr Territorium verdoppeln.
	31. August: Jefferson entsendet Captain Mariwether Lewis und William Clark auf eine Expedition in das neuerworbene Gebiet. Sie beginnen ihre Forschungsreise mit der Fahrt auf dem Ohio.
1804	17. Januar: Jefferson erklärt seine Absicht, sich ein zweitesmal um die Präsidentschaft zu bewerben.
	25. Februar: Die Kongreß-Republikaner nominieren Thomas Jefferson und George Clinton für das Amt des Präsidenten/Vizepräsidenten.
	November: Das „Electoral College" wird gewählt. Jefferson läßt sich von Saint-Mémin porträtieren.
1805	4. März: Beginn der zweiten Amtsperiode Jeffersons.
1806	April: Durch die napoleonischen Kriege wird die amerikanische Neutralität erneut schweren Belastungen ausgesetzt. Probleme mit Großbritannien über Auslegung der Neutralität. Jefferson und der Kongreß verbieten im „Nicholson Non-Importation Act" die Einfuhr einer Reihe von britischen Waren.
	September/Oktober: Jefferson ist mit der Burr-"Verschwörung" beschäftigt, einer Aktion zur Abtrennung der westlichen Staaten von der Union.
	24. Oktober: Jefferson erfährt von der Ankunft der Lewis/Clark-Expedition in St. Louis.
	November/Dezember: Jefferson wird von vielen Seiten bedrängt, eine dritte Präsidentschaft anzustreben.

1807	2. März: Der Kongreß verbietet ab 1. Januar 1808 die Einfuhr von Sklaven.
	2. Juli: Nach dem sogenannten „Chesapeake"-Zwischenfall schließt Jefferson die amerikanischen Häfen für alle bewaffneten britischen Schiffe und fordert sie zum Verlassen der amerikanischen Hoheitsgewässer auf.
	10. Dezember: Jefferson lehnt offiziell eine dritte Präsidentschaft ab.
	18. Dezember: Jefferson empfiehlt angesichts britischer und französischer Handelsrestriktionen ein Embargo für alle ausländischen Erzeugnisse.
1808	Ständige Konflikte zwischen den europäischen Kriegführenden und den USA, die Jeffersons letztes Amtsjahr verdüstern.
1809	Februar/März: Unter dem Druck der Neuenglandstaaten und New Yorks erläßt Jefferson den „Non-Intercourse Act", mit dem das Embargo wieder aufgehoben wird.
	4. März: Inauguration James Madisons zum Präsidenten der USA.
	11. März: Thomas Jefferson verläßt Washington.
1809-1813	Jefferson führt ein zurückgezogenes Leben in Monticello, ist literarisch tätig und zumeist von Teilen seiner großen Familie umgeben.
1814	25. März: Jefferson wird in das Kuratorium der Albemarle Academy berufen.
	7. September: Jefferson entwirft in einem ausführlichen Brief an Peter Carr den Plan eines öffentlichen Erziehungswesens.
	21. September: Er schlägt dem Kongreß den Ankauf seiner Bibliothek vor, nachdem die Buchbestände des Parlaments von den Engländern am 24. August bei der Einnahme Washingtons und der Zerstörung des Kapitols vernichtet worden waren.
1815	Familienhochzeiten in Monticello. Jeffersons Bibliothek nach Washington verbracht.
1816-1820	Jefferson schreibt, reist und treibt die Vorbereitungen zur Gründung einer „University of Virginia" in Charlottesville voran.
1821	6. Januar: Jefferson beginnt mit der Arbeit an seinen Memoiren.
1821-1825	Jefferson ist weiterhin als Gründungsmitglied der „University of Virginia" stark eingespannt, die am 7. März 1825 ihre Lehrtätigkeit aufnimmt. Empfängt eine Vielzahl von Besuchern in Monticello, entwirft Gutachten zu außenpolitischen und konstitutionellen Fragen.
1826	4. Juli: Thomas Jefferson und John Adams sterben am 50. Jahrestag der Unabhängigkeitserklärung.

Amerikanische Geschichte

Hamilton/Madison/Jay

Die Federalist-Artikel

Politische Theorie und Verfassungskommentar der amerikanischen Gründerväter

Mit dem englischen und deutschen Text der Verfassung der USA herausgegeben, übersetzt, eingeleitet und kommentiert von *Angela Adams* und *Willi Paul Adams*

1994. XCIII + 602 Seiten, kart.,
ISBN 3-8252-1788-4
= Uni-Taschenbücher UTB 1788

Ein Klassiker des politischen Denkens der Neuzeit liegt hier in neuer, kommentierter Übersetzung und mit ausführlicher Einleitung versehen vor.

Die 85 "Federalist"-Artikel von **Alexander Hamilton, James Madison** und **John Jay** (1787/88) bilden einen Höhepunkt der politischen Theorie der Aufklärung. Als authentischer Kommentar der bis heute gültigen Verfassung der USA durch drei ihrer Gründerväter sind sie ein zentraler Quellentext für die Entstehung und Begründung der repräsentativen Demokratie und des modernen freiheitlichen Verfassungsstaates. Ihr Vorbildcharakter für spätere demokratische Verfassungen und Verfassungstheorien ist bis heute aktuell (Föderalismus, Gewaltenteilung, Pluralismus).

Ergänzt wird dieser Standardtext durch den englischen und deutschen Text der Verfassung der USA, so daß der Leser die Bezüge zwischen Verfassung und Kommentar mühelos herstellen kann.

Die Herausgeber:

Willi Paul Adams, geb. 1940, Prof. der Geschichte Nordamerikas an der Freien Universität Berlin, veröffentlichte u.a. "Republikanische Verfassung und bürgerliche Freiheit" (1973) und "Die Vereinigten Staaten von Amerika" (Fischer Weltgeschichte, Bd. 30, 1977 u.ö.).

Angela Adams, geb. 1943, Übersetzerin, studierte Geschichte, Soziologie und Politikwissenschaft in Hamburg und an der Freien Universität Berlin; übersetzte u.a. Richard M. Nixon, "Memoiren" (1980).

Schöningh

Ferdinand Schöningh GmbH · Postfach 2540 · D-33055 Paderborn

Zeitgeschichte bei Schöningh

Wolfram F. Hanrieder

Deutschland, Europa, Amerika

Die Außenpolitik der Bundesrepublik Deutschland 1949–1994

2., völlig überarbeitete u. erweiterte Aufl. 1995, 608 S., Leinen mit Schutzumschlag, ISBN 3–506–73691–4

Schon die 1. Auflage wurde unbestritten *das Buch zum Thema*. Die 2. Auflage hat der Autor völlig neu bearbeitet, um vier Kapitel erweitert und auf den Stand der Jahreswende 1994/95 gebracht. So ist ein neues Buch entstanden, das wiederum *das Buch zum Thema* zu werden verspricht.

Stimmen zur 1. Auflage:

„Seit 1970 ist dies die brillanteste Gesamtdarstellung der Außenpolitik der Bundesrepublik."

DIE ZEIT

„Diese auf profunder Sachkenntnis und souveräner Beherrschung des Stoffes beruhende Gesamtdarstellung wird auf Jahre hinaus das Standardwerk zum Thema Deutschland, Europa und Amerika bleiben."

DEUTSCHE WELLE

Franz Knipping/Klaus-Jürgen Müller (Hrsg.)

Aus der Ohnmacht zur Bündnismacht

Das Machtproblem in der Bundesrepublik Deutschland 1945–1960

1995. 259 S., geb., ISBN 3–506–77493–X

Franz Knipping/Klaus-Jürgen Müller (Hrsg.)

Machtbewußtsein in Deutschland am Vorabend des Zweiten Weltkrieges

1984. 390 S., kart., ISBN 3–506–77470

Der Vorgängerband zu „Aus der Ohnmacht zur Bündnismacht": ein Panorama Deutschlands an der Schwelle zum Kriege.

„This valuable collections offers the most comprehensively interlocking survey to date of the different perspectives of power in Germany on the eve of war. It deserves to be widely read."

ENGLISH HISTORICAL REVIEW

„A vrai dire l'ouvrage dépasse largement le cadre du ‚sentiment de puissance'. Il dresse un tableau de tous les facteurs qui déterminaient la politique du IIIe Reich dans les années 1938/40."

FRANCIA

Artur Hajnicz

Polens Wende und Deutschlands Vereinigung

Die Öffnung zur Normalität 1989–1992. Mit einem Vorwort von *Friedbert Pflüger*

1995. 224 S., kart., ISBN 3–506–73906–9